旅游企业人力资源管理

（第2版）

主编　张英华

参编　梁成堂　秦晓梅　张迎霞

　　　岳永红　吕开伟　严海涛

　　　迟巨贵

重庆大学出版社

内容简介

本教材针对高职院校旅游管理类专业学生编写。教材的设计体现"以工作过程为导向"的项目教学思想,依照旅游企业人力资源管理的内容和工作程序,全书分为10个项目。本教材广泛吸收了国内外旅游企业人力资源管理理论与研究成果,参考了国内外有关教材、专著、案例和文献资料,系统整合了旅游企业人力资源的基本原理和构架,突出基于竞争优势的企业经营战略与人力资源管理互动关系,引用最新人力资源管理的典型案例,将基本理论与重要事件赋予其中,欲将现代企业人力资源管理的新观点、新理论、新思想、新方法呈现给学习者,以启迪思想,进而推广、提炼、发展。

图书在版编目(CIP)数据

旅游企业人力资源管理 / 张英华主编.--2版.--
重庆:重庆大学出版社,2019.7(2023.8重印)
ISBN 978-7-5624-8534-6

Ⅰ.①旅… Ⅱ.①张… Ⅲ.①旅游企业—人力资源管理—高等职业教育—教材 Ⅳ.①F590.6

中国版本图书馆 CIP 数据核字(2019)第 157466 号

旅游企业人力资源管理
(第2版)

主编 张英华
策划编辑:鲁 黎

责任编辑:文 鹏 夏 婕 版式设计:鲁 黎
责任校对:刘雯娜 责任印制:张 策

*

重庆大学出版社出版发行
出版人:陈晓阳
社址:重庆市沙坪坝区大学城西路 21 号
邮编:401331
电话:(023) 88617190 88617185(中小学)
传真:(023) 88617186 88617166
网址:http://www.cqup.com.cn
邮箱:fxk@ cqup.com.cn (营销中心)
全国新华书店经销
POD:重庆愚人科技有限公司

*

开本:787mm×1092mm 1/16 印张:20.75 字数:453千
2019 年 8 月第 2 版 2023 年 8 月第 7 次印刷
ISBN 978-7-5624-8534-6 定价:49.80 元

前 言 PREFACE

改革开放以来,伴随着中国旅游业的高速发展,旅游业已经成为我国工业化社会发展最快的经济支柱产业之一,人力资源管理及战略方法在旅游企业发展中的意义和核心作用日趋凸显。旅游企业人力资源管理不仅是高质量完成服务过程、实现组织目标的必要保证,也成为旅游企业实施服务及发展竞争战略的基础。

本教材广泛吸收了国内外旅游企业人力资源管理理论与研究成果,参考了国内外有关教材、专著、案例和文献资料,系统整合了旅游企业人力资源的基本原理和构架,突出基于竞争优势的企业经营战略与人力资源管理互动关系,引用最新人力资源管理的典型案例,使基本理论与重要事件融于其中,欲将现代企业人力资源管理的新观点、新理论、新思想、新方法呈现给学习者,以启迪思想,进而推广、提炼、发展。

本书的设计体现"以工作过程为导向"的项目教学思想。依照旅游企业人力资源管理的内容和工作程序,全书分为人力资源管理概述、人力资源规划、工作分析、员工招募与甄选、绩效管理、薪酬管理、激励理论、员工的培训与发展、劳动关系、企业文化与人力资源管理10个项目,每个项目均由如下内容组成:

1. 案例阅读

选择的案例均为近几年发生的、具有较大社会影响的、与项目内容相关的案例,其中附有可以"启发思考"的问题,供学生讨论,方便教师导入课堂理论教学。

2. 理论要点

理论要点是每个项目教学内容的理论基础和构架。教师可以采取灵活的方式,对学生进行管理理论基础知识的灌输和渗透,在此基础上不断形成和完善适合自己教学特色的理论体系。

3. 管理实务

除项目1外,其他项目均根据项目工作过程,将项目内容分为几个项目任务,对完成相关任务中所需要的步骤、方法、技巧等方面进行系统的阐述和指导,理论指导与实践练习紧密结合,提高教学的实效性和应用性。理论学习之后,进行相关的"要点思考",以巩固所学基础知识。

4. 案例讨论

运用丰富的案例内容,学生对相关问题进行分析与讨论,训练学生分析与解决实际问题的能力。

5. 奇思妙想

除项目1外,其他项目均按照旅游企业人力资源管理项目教学内容,选用与之相关的一些小品文,供学生课外或课后品读,内容涉及管理理念、方法、逸闻趣事,既可以启迪学生思想与智慧的火花,又可以为枯燥的理论学习注入幽默与生动的元素。

6. 初涉职场

除项目1外,其他项目均根据项目工作过程设计了与管理实务紧密相关的实训项目,明确了实训的目的、任务及考核指标,可操作性强,重点训练学生的实践能力、团队协作能力和创新工作能力,培养学生的创新思维。

本教材针对高职院校旅游管理类专业学生编写,涉及的相关理论也适合学习研究旅游业人力资源管理的各类人员参考阅读。在教材使用过程中,针对高职学生的学习实际,进行一定的理论知识灌输,目的在于管理理念的渗透和启发。理论学习为学生项目任务的理解和实施提供了指导,学生在团队任务活动过程中对相关理论进行了印证并加深了理解,从而对未来人力资源管理工作的实践起到了进一步启发思维、升华理论水平、为职业发展开拓空间的作用,以避免过分重实践、轻理论的职业教育思想,强调"理论—实践—理论提升—实践提高"、理论水平与职业技能交互发展的教学理念。在理论教学中,要以发展的科学态度不断完善理论体系;在实训中,要重视理论重点的归纳;在教学方法上,讲授法、案例法、讨论法、情景法等多种方法灵活运用,充分调动学生的学习主动性;在学习方法上,鼓励学生以小组为项目任务完成单位,利用互联网,合作完成项目任务。在课程考核上,注重对团队任务实施的过程评价及学生分析解决实际问题的能力,激发学生的学习兴趣。教学过程充分体现"以项目为主线、以教师为引导、以学生为主体",创造学生主动参与、自主协作、探索创新的教学模式。

本教材由酒泉职业技术学院张英华主编,梁成堂、秦晓梅、张迎霞、岳永红、吕开伟、严海涛、迟巨贵等参编。编者都是长期工作在一线的双师型教师、骨干教师,具有丰富的理论教学与企业实践经验,在教材编写过程中提出了很多宝贵的建议。本教材在编写过程中广泛吸纳了国内外最新人力资源管理理论与研究成果,参考了大量的教材、专著及文献资料,在此谨向原作者致以诚挚的谢意。

本教材虽然经过了作者较长时间的试用,并作了多次的修改,但由于水平有限,书中仍有诸多不足之处,恳请读者批评指正。

编　者

2013 年 10 月

目 录 CONTENTS

项目1 人力资源管理概述

- **知识目标** 学习了解人力资源及人力资源管理的内涵、概念、管理模式，认识人力资源管理理论的形成和发展，了解关于人的管理哲学及旅游业发展与人力资源管理的关系，获得人力资源战略管理的方法等。
- **技能目标** 学习获取竞争优势的人力资源战略管理模式及方法。

基本内容

- 人力资源
- 人力资源管理
  ——人力资源管理的目的　人力资源管理的内涵
- 人力资源管理模式
  ——适配管理模式　哈佛管理模式
- 人力资源管理理论的形成与发展
  ——科学管理阶段的人事管理　行为科学的人事管理　从人事管理到人力资源管理
- 关于人的管理哲学——人性假设
  ——"经济人"假设、X理论与科学管理　"社会人"假设、"霍桑实验"与组织行为理论　"自动人"假设、Y理论与工作内满足　"复杂人"假设、超Y理论与权变模式　"主权人"假设、W理论与主人翁精神
- 旅游业发展与人力资源管理
  ——旅游业的性质　旅游业的特点　旅游企业人力资源管理
- 人力资源管理的发展趋势
- 人力资源战略管理
  ——人力资源战略管理的概念　人力资源战略管理的方法　人力资源战略管理的模式　人力资源管理战略的实施

案例阅读

艾尔逊公司的人力资源管理

艾尔逊公司是一家中等规模的私有企业,员工约有2 000余人。该公司主要从事电信行业的生产与销售,连续多年出现了高利润、高增长的发展趋势,未来发展潜力看好。在当今激烈的市场竞争中,公司提出以人为动力的"人本原则",倡导"沟通、合作、团队、奋斗"的企业文化。鲍尔今年29岁,获得MBA学位后进入艾尔逊公司工作,担任人事部经理。在此之前,他曾在一家设备安装公司做过3年的人力资源管理工作,现在,他准备到新公司好好干一番事业。

艾尔逊公司人事部有40多名员工,相对于全公司而言,大体是一个人事员工对应50名普通员工。人事部有多名职能主管,分管薪酬设计、人员招聘和培训开发以及绩效考核工作。鲍尔到任之后不久便发现了问题。比如,公司各部门的工作很少有"规划",每个员工的工作都没有明确的分工,一份工作可以由甲干,也可以由乙干,全凭各人的技能和兴趣完成。有不少个人能力强于本人职务要求的雇员为此感到不快。当问及公司为何如此时,回答是:"一开始就是这样的。"另外,人事部仅有一半员工具备人力资源及相关专业的学历,仅有1/4的员工具备人力资源管理经验。除此之外,很多员工都是由普通员工转任或提升上来的。人事部的4名主管,一位原先是图书馆管理员,一位是办公室秘书,另两名主管虽然有人事工作经验,但都没有专业学历。至于4名主管手下的员工,更是五花八门。公司内部其他职能部门的员工,拥有公认的学历与相关的工作经验后,就获得了一种"资历",这些拥有"资历"的员工可以对新员工进行业务上的指导和帮助。在人事部一般无人具备这种"资历",所以很少有人能对新员工进行帮助和指导,大家都是各干各的,彼此很少沟通。尽管人事部的工作任务非常繁重,但其他部门的人似乎并不满意,总认为人事部不能及时对他们的要求作出反应。而且,人事部对公司的战略规划了解甚少,而且人事部的决策也很难对公司的大政方针产生影响。鲍尔的前任比尔在担任人事部经理期间,员工工资涨幅不大,员工不满情绪日益高涨。比尔也曾向公司总裁提出调整雇员工资标准的方案,并建议公司适当修改一下薪资制度。总裁虽然表示可以考虑,但至今没有动静。

鲍尔认为,公司的实际情况与先前所想象的大不一样。但仔细想想,自己又不能对此提出太多的异议。公司的每项制度与管理方式都有其自己的传统,鲍尔还不敢说这种传统有多么不好,况且,目前公司运转情况还是不错的。正当他犹豫不决时,他无意中听到财务部经理在训斥一名雇员:"你最近怎么搞的?连连出错!这样下去对你没什么好处!你知道吗?像你这样,即使送你去人事部,恐怕人家也不要你!"

鲍尔听后,心里很不是滋味。他该怎样强化人事部的职能作用呢?

启发思考

1. 艾尔逊公司人力资源管理上存在哪些问题?
2. 鲍尔该怎样强化人事部的职能?

理论要点

一、人力资源

资源是一个经济学术语,它泛指社会财富的源泉,是指能给人们带来新的使用价值和价值的客观存在物。一般把资源分为两大类:物质资源和人力资源。我们通常所说的管理中的"人、财、物","人"即人力资源,"财"和"物"均属物质资源。当代经济学家将企业的人力资源划分为四大类,即人力资源、自然资源、资本资源和信息资源,人力资源是其中最重要的资源。人力资源是指一切能为社会创造财富,能为社会提供劳务的人及其具有的能力,具体指存在于人的体能、知识、技能、能力、个性行为特征等载体中的经济资源。企业人力资源则是指一切能为企业创造财富,能为社会提供企业规定服务的人及其所具有的能力。

一般认为人力资源是指能够推动整个经济和社会发展的劳动者的能力,它反映一个国家或地区人口总体所拥有的劳动能力。人力资源包括数量与质量两个方面:人力资源数量是指一国或一地区拥有劳动能力的人口的数量,可分为3个经济层次,即理论人力资源(一国或一地区可资利用的全部人力资源)、现实人力资源(现实国民经济活动可以利用的就业人口和谋求职业人口的总和)、直接人力资源(已经被使用的资源,表现为就业人口);人力资源质量指一国或一地区拥有劳动能力的人口的身体素质、文化素质、思想道德以及素质与专业(职业)劳动技能水平的统一。

人力资源具有如下特性:

(1)能动性

人力资源在被开发的过程中,有意识、有目的地进行活动,能主动调节与外部的关系,在企业经济活动中是最积极最活跃的主动性生产要素,并由此决定了其在企业生产、服务、经营各项社会经济活动中具有的主导地位。企业人力资源的能动性主要表现在职业选择、自我学习、自我完善和积极工作等方面;创造性的劳动、服务意识和敬业精神是企业人力资源最重要的方面,也是企业人力资源潜力发挥的关键因素。这一能动性也被概括为"可激励性",这就要求人们在从事人力资源开发工作时,不能只靠技术性指标增减和数学公式的推导,还要靠政策去调动人们的积极性。

(2)再生性

人力资源表现为可再生资源,既可以通过休息、饮食来恢复消耗掉的人力资源,也可以通过学习来提高和恢复已有人力资源的质量。企业人力资源同其他行业人力资源一样,会因员工身体疲劳呈现出生理衰老、体质下降、感官退化等不可逆转的生理规律,由于行业的特殊性(24 小时不间断工作),以及对员工在生理、心理上的特殊要求,在员工使用上要通过劳动保护、医疗保健等积极预防措施,以减缓员工体质下降;也可以通过各项有效的培训和教育,在相当程度上提高企业人力资源的个体和整体素质,最大范围地延长企业人力资源的使用期限,最大限度地发挥企业人力资源的使用价值。

(3)时效性

人力资源在它的生命周期中,有幼年、青年、壮年和老年各个时期不同的工作能力表现,有明显的体力、智力的差异以及能力、经验的差异。人才开发与使用必须及时。开发使用时间不一样,所得效益也不相同。这些时效性特征向企业人力资源管理提出了人才使用培养和再使用再培养的各项战略与战术的不同任务。它要求人力资源管理者能充分利用老员工的经验,带好新员工,让他们尽快学会各项复杂的技术,提高人际交往能力和服务能力;也要求人力资源管理者能积极发挥青年员工学习能力强、身体素质好、文化程度高的优势,完成中老年员工无法胜任的工作,并且让那些经过一定实践锻炼的优秀中青年员工在生命周期的黄金时段成为企业发展的中坚力量。

(4)两重性

企业人力资源是企业经营的生产资源,也是企业投资的结果,它与其他资源一样具有投入产出规律。企业人力资源的开发和维持是企业的投资行为,而人力资源的使用和创造财富是生产行为。企业员工的招募、培训、管理,不管能否为企业创造效益,都需要消耗企业成本;而企业员工的生产、经营、服务行为又受到年龄、能力、机会以及岗位设置等多种因素的影响。因此,充分重视和处理好企业人力资源生产与消费的关系以及数量与质量的关系,是企业开发利用和管理人力资源的重要任务。

(5)社会性

人力资源开发的核心在于提高个体的素质,每一个个体素质的提高,必将形成高水平的人力资源质量。在高度社会化大生产的条件下,个体要通过一定的群体来发挥作用,合理的群体组织结构有助于个体的成长及高效地发挥作用,不合理的群体组织结构则会对个体造成压抑。群体组织结构在很大程度上又取决于社会环境,社会环境构成了人力资源的大背景,它通过群体组织直接或间接地影响人力资源开发。企业人力资源作为一种社会资源,更由于企业作为社会经济、生活的集中反映,从而表现出强大的社会性。从宏观方面分析,企业人力资源的形成、配置和使用无不受到社会经济生活和文化以及风俗等各种因素的影响;从微观方面分析,企业人力资源实际上往往是一个独立构成的相对自主的小社会。它既以接待顾客的经营单位进行人际跨文化交流,又在企业员工内部进行着精神、制度、人际、价值、团队和利益等多元文化交流与整合活动。企业文化就是这种种活动的集中表现。

二、人力资源管理

人力资源管理可以被定义为一种具有战略性的含有内在联系的方法。通过这种方法，可以对一个组织或企业具有价值的财产进行管理，即对在这个组织或企业工作的人员进行管理，他们以个人或集体的方式为该组织或企业取得的成就作出贡献（迈克尔·阿姆斯特朗，1977）。

（一）人力资源管理的目的

人力资源管理的总目的是要确保一个组织或企业能够通过人而获得企业的成功，"人力资源管理是使组织进行学习和利用新的机遇的源泉"，最重要的是，人力资源管理关系到以下目标的实现：

1. 人力资源的获得与开发

人力资源的获得与开发能确保一个组织或企业获得和留住一批有技能、有责任感、受良好激励的员工。这意味着通过给员工提供学习和发展的机会，采取措施对员工进行评估，使未来的员工需求得以满足，以此来加强和开发员工的潜力，即让员工为他们的企业作出贡献，发挥自己的潜力，培养敬业精神。通过引入发展高效率的工作制度，包括"严格的招聘过程，基于业绩上的奖励制度以及管理开发和进行与企业利益有关的培训活动"，以期加强灵活性。（贝克尔　等，1997）

2. 评价员工

通过介绍政策和程序来激励员工和加强其责任感，可以根据员工的行为、所取得的成绩、技能水平及工作能力的大小等，来对员工进行正确的评价和奖励。

3. 与员工关系

通过在管理者和被管理员工之间建立一种伙伴关系，鼓励团队工作，维持一种有助于提高工作效率的氛围，建立起团队的和谐关系。引入高责任感的管理活动，使员工认识到他们在企业中都是企业的利益相关者，这样有助于创造一种协作和信任的氛围。这种关系的处理，包括如何对待不同的员工，考虑个体与团队工作需要的差异性以及工作方式和期望的差异性，采取措施，确保员工面前机会平等，用一种职业道德的方法来管理员工，同时考虑到员工的切身利益，做到公平并增加透明度。

（二）人力资源管理的内涵

大多数管理学家认为，任何管理者都要执行五种基本职能：规划、组织、人事、领导和控制。这些职能代表了我们通常所说的管理过程(赵西萍,2001)。

①规划:确立目标和标准,制订规则和程序,拟订规划以及进行预测——估计或设想将来有可能会发生什么事情。

②组织:给每位下属分配一项特定的任务,设立工作部门,向下属授权,建立权力流动和信息沟通渠道,协调下属之间的工作。

③人事:确定什么样的人才能被录用,招募员工,甄选员工,确定工作绩效标准,给员工支付报酬,进行工作绩效考评,向员工提供建议,对员工实施培训和技能开发。

④领导:促使其他人完成他们的工作,维持组织成员的士气,激励下属。

⑤控制:制订像销售定额、质量标准或生产水平一类的标准,对照上述标准检查实际的工作绩效,在必要时采取适当的行动。

这五大职能之一即人事管理职能,与组织的经营战略联系起来则称为人力资源管理。

通过不断地获得人力资源,把得到的人力整合到组织中而融为一体,保持和激励他们对本组织的忠诚与积极性,控制他们的工作绩效并作相应的调整,尽量开发他们的潜能,以支持组织目标的实现,这样的一些活动、职能、责任和过程被称为微观人力资源管理。具体包括以下几个环节:

①获取。首先包括职务分析。组织根据其文化价值观、使命、目标与战略,确定了它的职能分工与劳动分工的形式,设计出它的结构后,分析并具体制订出每一工作岗位的职务说明;根据组织内、外条件与目标,作出人力资源近期、中期与远期规划;据此进行对所需人员的吸引、招聘、考评、选拔、委派与安置。

②整合。整合又称为一体化,即使招录到的人员不仅在组织上参加到本组织中来,而且在思想上、感情上和心理上与组织认同并融为一体。这包括对员工的培训,介绍组织的宗旨与目标,启发和指引他们接受这些宗旨与目标,协调好组织中的人际和群际关系。

③保持与激励。指对招聘的人员采取适当措施,使其对工作的条件和环境感到满意,培养和保持工作热情。组织通过设计并执行公平合理的奖酬、福利、保健等制度,建立起激励机制,激发劳动者的内在潜力。

④控制与调整。这包括合理而完整的绩效考评制度的设置与执行,并在此基础上采取适当的措施,如晋升、调迁、解雇、离退、奖励、惩戒等的实行与落实。

⑤开发。这是指企业为有效地发挥人的才干和提高人的能力而采取的一系列活动。开发活动的主要环节有人才发现、人才培养、人才使用与人才调剂。它包括两个目标:一是提高人力资源的质量,二是提高其活力。具体活动有教育训练、组织发展、提高生活质量等活动。

这5个方面是互相关联的,并且都是为实现组织的既定目标与使命而服务的。

人力资源管理就是运用现代化的科学方法,对与一定物力相结合的人力进行合理的组织、培训和调配,使人力、物力经常保持最佳比例,同时对人的思想、心理和行为进行恰当的诱导、控制和协调,充分发挥人的主观能动性,使人尽其才、事得其人、人事相宜,以实现组织的目标。

　　具体地说,人力资源管理的基本职能包括人力资源规划、工作分析、招聘与甄选、员工培训、绩效管理、激励机制、薪酬管理、劳动关系等。各项职能间的逻辑关系和目标可用图1.1所示。

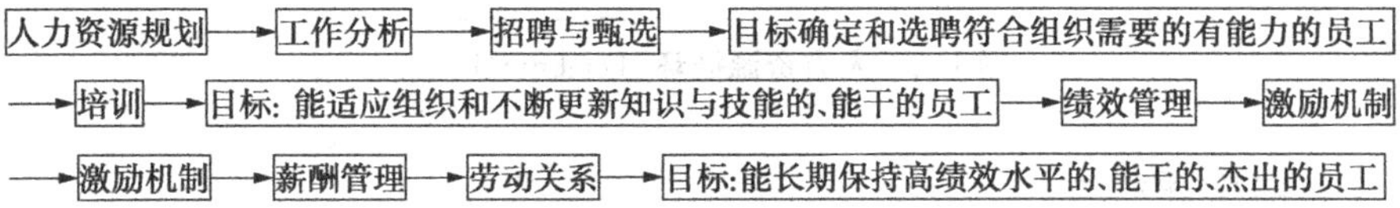

人力资源规划 → 工作分析 → 招聘与甄选 → 目标确定和选聘符合组织需要的有能力的员工

→ 培训 → 目标:能适应组织和不断更新知识与技能的、能干的员工 → 绩效管理 → 激励机制

→ 激励机制 → 薪酬管理 → 劳动关系 → 目标:能长期保持高绩效水平的、能干的、杰出的员工

图1.1　人力资源管理的职能

　　人力资源管理被认为是以上实践内容所组成,每一家企业都可以从以上菜单中选择出一套适合自己战略的人力资源实践。人力资源管理部门在向直线管理部门提供专业的帮助时,在工作中发挥着3种不同的功能。

　　①直线功能。他们在人力资源管理部门行使的是直线职权。另外,他们还可能行使一种暗示职权。因此他们经常同企业高层管理人员接触,有机会进行建议。这种建议往往成为"正面的意思"或被看成是"上面的意思"。

　　②协调功能。人力资源管理部门的管理者可以说是企业高层管理人员的"左膀右臂",他们履行着人事活动协调者的功能,这种功能通常被称为控制功能。通过协调达到和谐统一,从而调动和激发人们的工作积极性。有效的疏导沟通是协调的一大杠杆。有效的协调可以减少内耗,确保组织有效;同时可以使信息通畅,从而制订有效决策,增强企业凝聚力。

　　③服务功能。为直线管理人员提供服务和帮助。

三、人力资源管理模式

(一)适配管理模式

　　人力资源管理的一个最明确的思想是由密歇根学派(福姆布朗 等,1984)提出的。他们认为,人力资源系统与企业组织结构应同企业战略一致,"适配管理模式"因此而得名,人力资源的循环链是由4个普通的程序和功能组成的,并在所有企业中得到实施。它们是:

　　①甄选——选择适合的人做不同的工作;

　　②评价——对管理工作的评价;

　　③奖励——既奖励取得的短期成绩,也奖励取得的长期成绩,同时牢记"企业今天的成绩是为了未来的成功";

　　④开发——开发高素质的雇员(见图1.2)。

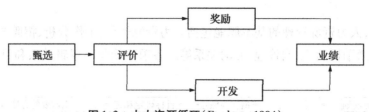

图 1.2　人力资源循环（Fombrun，1984）

（二）哈佛管理模式

哈佛学派的比尔等（1984）继承了博克斯维尔（1992）所谓的"哈佛管理模式"，这一模式基于这样的理念，那就是历史的人事管理问题的解决。哈佛派认为，人力资源管理有两大特点：一是一线管理者承担更多的保证竞争战略和人事政策的实施的任务；二是人事部门有制订管理人员活动的使命，并且付诸实施，使人事关系得到加强（见图 1.3）。

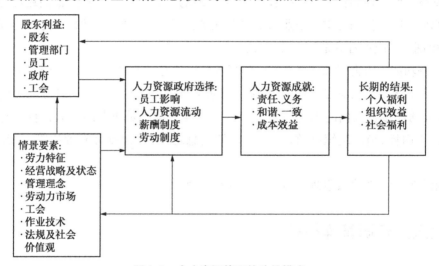

图 1.3　人力资源管理的哈佛模式

另外，"最佳实践模式"强调责任、义务，而不是一味地服从，提倡文化管理的过程，取得文化上的控制。"权变实践模式"强调在企业和人力资源策略方面找到最佳配置。

四、人力资源管理理论的形成与发展

人事管理是随着企业管理理论的发展而逐步形成的。我国是具有五千年文明史的古国，在长期的生产斗争中积累了丰富的管理经验。国外管理学界认为，世界上第一部系统地论述管理问题的著作是我国春秋末期的《孙子兵法》。自古以来，我国的书籍资料中记述了大量"人事管理"的原则与方法，如任人唯贤、唯才是举、知人善任、人尽其才等都是与现代人事管理的内容相吻合的。

人事管理作为一门独立的学科，形成于 20 世纪初美国科学管理兴起时期，迄今已有 80

多年的历史。它是企业职工福利工作的传统与泰勒科学管理方法相结合的产物。随后,工业心理学和行为科学的兴起对这门学科产生了重大的影响,并使之趋于成熟。

(一)科学管理阶段的人事管理

19世纪末至20世纪初,管理才真正成为一门科学。这一时期称为科学管理时期,泰勒是科学管理的主要代表人物。泰勒在1900年左右,在伯利恒钢铁公司进行了著名的"搬铁块"实验。他为搬铁块的工人设计了一套标准的动作方式,按照这套标准动作干活,每个工人的平均日产量由原来的2.5英吨提高到了47.5英吨,这就是后来被称为"时间与动作研究"的基础实验。以后,他又组织进行了"铁锹试验""金属切削试验"等一系列实验。实验证明,企业管理当局不懂得用科学方法来进行管理,不懂得工作程序、劳动节奏和疲劳因素对劳动生产率的影响,而工人缺乏训练,没有正确的操作方法和合用工具,这些都会大大妨碍劳动生产率的提高。在人事管理方面,泰勒主要倡导以下几点:

一是倡导劳资双方的"合作"。劳资双方为如何分配收益而争吵,并造成彼此的敌对和冲突,是因为劳动效率不高、盈余不足,只要双方友好合作,就可以使双方均获益。

二是倡导管理人员和工人均分工作和责任,责权利分明。

三是提出了工作定额原理。这一原理要求,先是通过工作研究制订出标准的操作方法,然后对全体工人进行训练,让他们掌握这套最优工作法,再据此制订工作定额。

四是提倡实行一种有差别的、有刺激性的计件工资制度,以鼓励工人完成较高的工作定额。

科学管理提出的"劳动定额""工时定额""工作流程图""计件工资制"等一系列的管理制度与方法奠定了人事管理学科的基础。

科学管理的精髓"时间与动作研究(Time & Motion Study)"就是以工作效率为目标对各项劳动进行的研究。这一理论目前仍在酒店、餐厅的人事管理中发挥着积极的作用。为了使工作简化,从而节省劳动力支出、降低劳动成本、在同样的劳动时间内完成更多的工作,旅游企业有必要对工作中各重要环节进行时间和动作研究。其含义是将完成某项工作的过程系统化分解各项动作,消除那些不必要的动作与环节,从而达到节省时间、节省劳动力的目的。时间与动作研究中得到的基本原理同样适用于旅游企业的服务工作。

目前,"时间与动作研究"在旅游企业尤其是饭店企业的管理中可以广泛运用。从餐厅服务程序到厨房工作环节及工作台的设计,从客房清扫程序到前台业务环节的设计,都离不开这一科学管理的基本原理。例如,在餐厅服务中托盘的使用、步伐要求、看台分工等都能减轻服务员的劳动。厨房内部设备的设计和厨具的使用以及冲洗、切配、灶台、成品台的位置都应体现出减少无效劳动的原则。总台的设计中要求行李台靠近大门、以客房状况控制盘为中心设计前台工作等也都体现了科学管理的原理。"时间与动作研究"运用最广、产生实效最明显的是在客房清洁工作程序中的研究。客房清洁工作的固定空间、固定工作、固定程序,使得该项工作具有较强的独立性。不仅饭店希望从工作方法的研究中确定最佳工作定额,而且客房服务员也想从研究中获得提高工作效率的启迪,因此国内外饭店都曾进行过工作方法的研究和跟踪调查。根据科学管理的基本原则,在酒店客房管理中,清洁车的使用、清洁工具和物品的配备、做床的方法和客房清洁工作遵循的基本原则如"先上后下、先里后外"以及清洁工作的分工都有利于节省劳动时间和体力消耗,从而达到提高劳动生产率的目的。

(二)行为科学的人事管理

随着生活水平和知识水平的提高,在西方国家,人们对精神生活的要求也日渐提高,单纯地把人看成工具、无限制地压榨工人血汗以求提高工作效率的管理手段遭到工人阶级的普遍反抗。因此,如何在新的形势下满足工人的心理需求,调动其工作积极性,就成为一个新的课题,行为科学的人事管理由此应运而生。

行为科学学派强调从心理学、社会学的角度去研究管理问题。它重视社会环境、人们之间的相互关系对提高工作效率的影响。行为科学学派认为,生产不仅受到物理、生理的影响,而且受到社会因素、心理因素的影响,不能只重视物理、技术因素而忽视社会因素、心理因素对生产效率的影响。简单地说,行为科学学派重视人的因素,重视企业中人与人之间的关系,主张用各种方法去调动人的工作积极性。

行为科学基于"社会人"的假设即人们在工作中得到的物质利益对于调动人们的生产积极性只有次要意义,人们最重视的是在工作中与周围的人友好相处。"社会人"的假设是由霍桑实验的主持者梅奥提出的,梅奥等人在霍桑工厂进行了著名的"照明实验""福利实验""群体实验""谈话实验",通过这一系列实验,行为科学学派提出了新的管理措施:

①管理人员不能只注意指挥、监督、规划、控制和组织,而更应重视员工之间的关系,培养和形成职工的归属感和整体感。

②管理人员不应只注意完成生产任务,而应把注意力放在关心人、满足人的需要上。

③在实行奖励时,提倡集体奖励制度,而不主张个人奖励制度。

④管理人员的职能还应该增加联络职工与上级管理者的内容,并提倡在不同程度上让职工和下级参与企业决策和管理工作的研究与讨论。

行为科学学派研究的问题范围很广,它包括领导人的培训、群体动力、动机与满意、参与管理、个人与群体关系、行为矫正、敏感性训练、工作扩大化与丰富化、社会技术系统、组织变革、目标管理以及提高工作生活质量等。

行为科学极大地丰富了现代人事管理学的内容,表现为人事管理领域的扩大。它除了对员工的选用、迁调、待遇、考评、退休等进行研究之外,还注意对人的动机、行为目的加以研究,以求了解员工的心理,激发他们的工作意愿,充分发挥他们的潜力。

行为科学的引进使人事管理由静态管理逐渐发展为动态管理,由以往重视制度以求人事稳定、规章细密难以变动的情况,逐步发展到一方面注意法规,另一方面强调法规具有弹性,以适应管理对象的复杂状况,在所规定的范围内注意个别差异,注意尊重员工自身的意志和愿望,努力使他们的工作成就与其自身的追求与利益相结合,通过合理组织与利用人力资源,最大程度地激发员工的劳动积极性,提高工作质量和经济效益。

随着员工生活水平的提高、精神需要的增加,现代旅游业的人事管理也必须适应时代的需要。忽视员工的需求心理,完全采用强制、惩罚的手段,将员工视为工具的管理方式已不适合现代旅游业的需要。企业管理者必须在了解员工社会需求和心理需求的基础上,尊重员工,采取一定的管理手段,激发员工的积极性,提高"士气",以利于实现企业的经营目标。

(三)从人事管理到人力资源管理

人力资源管理与人事管理是两个不同的术语,它代表了在人的管理方面不同的历史阶段的不同特点。人事部门的正式出现大致在 20 世纪 20 年代,其背景是产业革命促成了工厂系统的生成,不仅给人们提供了众多就业的机会,也给工厂主提供了选择劳动力的机会。这样,如何用较少的人干较多的事,如何提高劳动生产率,就成为人事部门必须考虑的问题。

在"人—生产力—产品"这个链条中,管理者首先本能地倾向于通过更好地使用机器来降低成本。后来发现,改革管理人力资源的方式、开发人的潜在能力、充分发挥人的主观能动作用是更为重要的手段,并认识到,在一切资源中,人力资源是最为重要的资源。由此可知,从人事管理向人力资源的开发与管理的过渡,是一个前因与后果相互联系的历史演变过程,是难以截然分割的。

关于人事管理和人力资源管理的区别,阿姆斯特朗(1987)认为:

"人力资源管理被一些人事管理者看作是一组标记,或是一些装在新瓶子里的陈年老酒。它的确可以或多或少地被认为是人事管理的另一种代名词。但是,正如人们常常所认为的那样,它至少有一特点,那就是强调把人当作一种重要的资源来对待;对这种特殊资源的管理,管理人力资源被高层管理部门作为企业战略计划过程的一部分。虽然在这种思想中没有什么新的东西,但许多企业还是缺乏重视。所以这瓶新酒或这种标记有助于克服这一不足。"

1. 人事管理与人力资源管理的相似点

①都来自于企业的战略。

②承认一线管理者的责任是管理人,人事职能都提出了必要的方法及各种支持的服务,使管理者能够履行他们的职责。

③人事部门的重要价值被认为都是"尊重员工个人",平衡企业与个人的需求,培养和发展人,让他们进行最大限度的竞争,以获取自己的满足,并有助于企业目标的实现。

④两者最基本的职能之一是要让人适应不断变化的组织需求,将员工放到合适的岗位,并发展他们。

⑤员工的征聘过程、能力分析、业绩管理、培训、管理发展和奖励管理技巧等在这两者之

间同样被适用。

⑥重视员工关系中的沟通与参与过程。

2. 人事管理与人力资源管理的不同点

人事管理和人力资源管理之间的不同之处可以被看作是重视和方法的问题,而不只是一种实体。莱格(1989)认为:

①人事管理是一种活动,主要针对的是非管理者。而人力资源管理没有明确的目标,但肯定是与管理人员有关。

②人力资源管理是一种一线管理活动的整合,而人事管理是怎样对一线的管理产生影响。

③人力资源管理强调的是高级管理部门参与企业文化管理的重要性;而人事管理部门常对企业发展产生怀疑,集权制和社会心理导向相关联。

国内学者将传统的人事管理和人力资源管理的差别总结为以下 4 个方面(赵西萍,2001):

①人力资源开发与管理的视野更为宽阔。传统的劳动人事工作,考虑的是员工的选拔、使用、考评、报酬、晋升、调动、退休等。人力资源管理打破了工人、职员的界线,统一考虑一个国家或地区的组织中所有体力、脑力劳动者的管理。除考虑"从入到出"这个管理过程外,还考虑各类人力资源之间如何以适当的比例平衡发展。

②人力姿源开发与管理内容更为丰富。传统人事管理部门的功能是招募新人,填补空缺,即所谓"给适当的人找适当的事,为适当的事找适当的人",人事相宜之后,就是一系列管理环节督导执行了。人力资源管理不仅具有这种功能,还要担负进行工作设计、规划工作流程、协调工作关系的任务。这是因为传统的人事部门视组织编制为固定不变,只是试图提供所需人力。而随着时代的发展,人们更加关注工作岗位与人的关系以及在岗人员的积极性、创造性的发挥,因此,对各种岗位进行重新设计,使工作面更宽、内容更丰富、更具有挑战性就成为一种必然的要求。

③人力资源开发与管理更加注重开发人的潜在才能。传统的人事管理以降低成本为宗旨,它是把每一个所雇用的人的工资都打入成本之内的。而人力资源管理则首先把人看作一种可以开发的资源,认为通过开发和科学管理,可以使其升值,创造出更大的甚至意想不到的价值;其次,它非常关心如何从培训、工作设计与工作协调等方面开发人的潜能,因此,这种管理将实现从消极压缩成本到积极开发才能的转化,具有重大意义。

④人力资源管理更具有系统性。传统的人事管理在我国是被分割的,如劳资科管企业的工资及员工的调配,人事科管技术人员及科室的调配、晋升,教育科管员工的培训,党委组织部负责各级主管人员的管理。人力资源管理要求将企业现有的全部人员,甚至包括有可能利用的企业外的人力作为统一的系统加以规划,制订恰当的选拔、培养、任用、调配、激励等政策,以达到尽可能利用人的创造力增加企业及社会财富的目的。

以往的人事管理者处在幕僚地位,他们只是为领导者提供某些建议,并不参与决策。随着人力资源管理与开发地位的提高,越来越多的人力资源管理部门上升为具有决策职能的业务部门。二者的差异如表1.1所示。

表1.1　人事管理与人力资源管理差异比较

	人事管理	人力资源管理
管理视角	视人为成本	视人为资源
管理活动	多为被动反应	多为主动开发
管理内容	简单	丰富
管理地位	处执行层	处决策层
管理性质	非生产与效益部门	生产与效益部门

托林顿(1989)认为,人事管理通过强调事件与经验的结合而得到了发展,并获得更多经验,而人力资源管理没有变革,只是在多层面的管理上迈进了一步。劳里(1990)认为:

　　"人事工作总是包括了战略方面的事。目前强调的战略问题仅仅代表了另一种环境的变化,对此,人事管理者通过增强能力来适应新的环境。人力资源管理只不过是人事管理的一种延续——它没有什么不同。"

劳里的观点具有一定的意义。正是在这样变化的环境中,员工被管理。人事管理部门不得不给自己在变化的环境中重新定位,这种环境充满了全球竞争,充满了新的技术、新的工作和组织工作的方法。在私营企业里,可持续的竞争优势、增加价值、核心竞争力以及战略能力才是最关键的问题。

五、关于人的管理哲学——人性假设

确立什么样的管理思想,制订什么样的管理原则,选择什么样的管理方法,都与对人性的假设有关。所谓人性的假设,就是指管理者对被管理者的需要、劳动态度和工作目的的基本估计,即对劳动者追求什么的基本看法。西方管理学中有4种与管理有关的人性假设:经济人假设、社会人假设、自我实现人假设和复杂人假设。由于对人性的假设不同,相应的管理措施不同,出现了X理论、人际关系理论、Y理论、权变理论和W理论等。

(一)"经济人"假设、X理论与科学管理

1."经济人"假设

"经济人"假设认为人的一切行为都是为了最大限度地满足自己的私利,人都要争取最大的经济利益。人由经济诱因而引发工作动机,因而人在组织中是被动地受组织操纵、激发和控制的。

2. X 理论

美国工业心理学家麦格雷戈在《企业的人性面》一书中,出于与新理论比较的需要,对以"经济人"假设为基础的传统观点进行了概括,称之为 X 理论。其主要内容为:一般人天生懒惰,厌恶工作,总是尽可能少干工作;多数人都没有雄心大志,无进取心,不愿负责任,而宁愿接受他人指挥和管理;人生来以自我为中心,对组织的要求与目标不关心;人是缺乏理性的,本质上不能自律,但又容易受他人影响。因此,对大多数人必须实行强制、控制、指挥和以惩罚相威胁,以使之为实现组织目标作出充分的贡献。由这种人性假设所导出的管理方式为:

①以经济报酬收买员工的效率和服从,对消极怠工的行为采取严厉的惩罚,以权力或控制体系来保护组织本身和引导员工;

②管理的重点是提高劳动生产率,完成工作任务;

③制订严格的工作规范,加强规章制度管理;

④组织目标的实现程度取决于管理人员对员工的控制。

3. 科学管理

"经济人"假设是西方早期企业管理(包括人事管理)思想和实践的基础。由著名的"科学管理之父"泰勒及其同伴所创造的"科学管理"理论和实践则是全面而具体地将这种人性假设运用于企业人事管理的典型。科学管理理论的主要内容包括:

①工作定额原理。即根据工时研究与工作方法研究,制订出标准的操作方法和日工作定额。

②第一流员工制。即必须为每项工作挑选第一流的人。由于人具有不同的天赋和才能,因而只要工作对人合适,本人又愿意从事工作,就能成为第一流的员工。人事管理就是要使人的能力与工作的要求相适应,为人寻找最适合的工作,并通过培训和经济激励使之成为第一流的员工。

③作业标准化原理。对员工进行训练,使之掌握效率最高的标准作业方法,达到标准日工作定额。

④奖励性的计件工资制,即有差别的计件工资制。

⑤规划管理职能与执行作业分离的原则。为提高劳动生产率,必须将规划管理职能集中在专门部门,与执行操作活动分开,由专门的管理部门进行定额和操作方法研究,并对实际作业者实施控制。

⑥实行"职能制"。为提高工效,让每一管理者只承担一两种管理职能。每位管理者都拥有对员工的指挥权。

在 20 世纪初的相当一段时间,"科学管理"理论和方法极大地提高了劳动生产率。据估算,仅实行计件工资制一项,就至少使当时的劳动生产率提高了25%。"科学管理"思想在西方企业管理和人事管理发展中具有极为重要的指导意义,尽管因其以对人性分析失之偏颇的"经济人"假设为基础,忽视人的感情需求而受到过人们激烈的批评,但是,"科学管理"的一些原则和方法作为公认的科学,在现代企业管理和组织的人事中仍得以沿用和发展。

(二)"社会人"假设、"霍桑实验"与组织行为理论

1."社会人"假设

"社会人"假设认为人不只为经济利益而生存,人也有社会方面的需求。人在工作中得到的物质利益对于调动其积极性只具有次要意义。人最重视的是在工作中与周围人的友好相处。良好的人际关系是调动人的工作积极性的决定因素。

2."霍桑实验"

20世纪二三十年代,由哈佛大学的埃尔顿·梅奥教授等人在芝加哥的西方电气公司霍桑工厂进行了一系列人际关系方面的试验性研究。这些试验使人们注意到:社会性需求的满足往往比经济报酬更能激励员工;员工们为解决因竞争失败带来的威胁,会拒绝被安排与他人竞争,并联合起来共同抵抗。根据试验结果,梅奥提出了"社会人理论",其要点是:人是社会的人,影响人的生产积极性的因素,除物质条件以外,还有社会和心理因素;生产率的提高和降低主要取决于员工的"士气",而士气则取决于家庭和社会生活以及企业中人与人之间的关系;组织中存在着某种"非正式群体",这种无形的组织具有特殊的规范,影响着群体成员的行为;领导者在了解合乎逻辑的行为的同时,还必须了解不合乎逻辑的行为,要善于倾听员工意见,善于沟通看法,使正式组织的经济需求与非正式组织的社会需求取得平衡。社会人理论主张采取的管理方式为:管理人员将注意的重点放在关心员工、满足员工的需求上;管理人员不能只注重指挥、监督、规划、控制和组织,而更应重视与员工之间的关系,培养和形成员工的归属感及整体感;提倡集体奖励制度,而不主张个人奖励制度;增加管理人员的联络沟通职能。

3.组织行为理论

在社会人理论的基础上,20世纪50年代形成了现代管理支柱之一的组织行为学。其理论要点是:重视人的因素,发挥人的主动精神,挖掘人的潜能;重视研究个人需要,并将满足个人需要与实现组织目标联系起来;重视将正式组织与非正式组织的作用结合起来,为实现组织目标服务;重视领导行为的研究,协调领导与部属的关系;重视对组织设计、组织变革和组织发展的研究。在人的管理方面,组织行为学强调,不仅要依靠一定的规章制度和一定的组织形式,而且要保持组织对其成员的吸引力,激励并保持组织成员的责任感、成就感、事业心、集体精神和高涨的士气。

（三）"自动人"假设、Y理论与工作内满足

1. "自动人"假设

"自动人"亦称"自我实现人"，是美国心理学家马斯洛首先提出的一种人性假设。所谓自我实现是指个人才能得以充分展示和发挥，个人理想与抱负得以实现，以及人格趋于完善。这种假设认为自我实现是人的最高层次的需求，只有使每个人都有机会将自己的才能发挥出来，才能最大限度地调动人的积极性。

2. Y理论

麦格雷戈总结并深化了"自动人"假设，结合管理问题提出了Y理论。他认为：一般人都是勤奋的，只要环境条件合适，人是乐于工作的；人对工作的态度取决于对工作的理解和感觉；人在工作中具有自我指导和自我控制的愿望和能力，外来的控制和惩罚不是驱使人们工作的唯一手段；大多数人都具有相当程度的想象力、独创性和创造力，只要不为外界因素所指使和控制，这种想象力、独创性和创造力就会得到正常发挥；在适当条件下，一般人都主动承担责任；在现代工业条件下，一般人的潜力只利用了一部分。根据Y理论，现代组织应采取的管理方式为：尽量使工作富有意义和挑战性，使人们从工作中得到满足和自尊。管理者的主要职责就是要创造一个允许和鼓励每位员工都能从工作中得到内在奖励的工作环境，让员工自我激励，使个人需要与组织目标自然和谐地统一起来。

3. 工作内满足

古典管理理论把员工看成"经济人"，所以在激励方式上过分强调金钱刺激、物质激励，即在工资报酬、工作条件、福利待遇上下功夫，其关注的焦点是员工工作的外部条件，亦被称为"外在激励"。而"内在激励"关注的焦点不是工作的外部条件，而是工作本身，是工作本身能否使工作人员产生兴趣，满足其求知求美的欲望，能否使工作人员在工作中取得成就，发挥其个人潜力，满足其自尊和自我实现的需要。显然，内在激励比外在激励更深刻、更持久。近30年来，在发达国家中方兴未艾的"工作重新设计"即"工作扩大化、丰富化"，以及企业内的民主参与制度、自我培训规划等，都是通过提高工作生活质量，满足员工的高层次需要，以调动其工作积极性。

（四）"复杂人"假设、超Y理论与权变模式

1. "复杂人"假设

"复杂人"假设是针对经济人、社会人、自动人假设的局限性而提出的一种人性假设。它认为人是复杂的，人的差别不仅因人而异，而且同一个人在不同年龄、不同地位、不同时间、

不同地点会有不同的行为、动机和需求。根据这一假设形成了超 Y 理论,即权变理论。

2. 超 Y 理论(权变理论)

这种理论认为,人们是怀着多种不同的需要参加工作与组织的,一个人在不同单位、不同部门工作时,其工作动机和个人需要也可能不同。不同的人对管理方式有不同的要求,企业管理方式要根据企业所处的内外条件随机应变。不存在也没有一套能适合于任何人、任何时期的普遍行之有效的管理模式。一个人的需要能否得到满足,取决于其自身的动机结构及其与所在组织的关系。针对人的这种复杂性,管理对策为:了解组织成员的能力、动机及其差异,及时发现问题,根据差异解决问题。管理者本身要有较大弹性,其行为应能随时改变和调整,以适应不同人的不同情况。

3. 权变模式

权变模式认为不存在一个适应不同环境、不同人员的统一管理模式;而一个企业具体采取什么样的管理模式,要根据不同情况权变解决。这一模式的主要观点有:

①组织形式的研究。根据工作性质的不同,有的采取较固定的组织形式效果好,有的则采取灵活、变化的形式效果好。

②领导方式。企业情况不同,领导方式亦应不同。若企业任务不明确,工作混乱,应采取较专权的领导方式,使企业走上有秩序的轨道;若企业任务明确,分工清楚,工作亦有秩序,则应更多地采取授权的领导方式,以充分发挥下属的积极性和主动性。

③善于发现员工的个别差异,因人而异地采取灵活多变的管理方式。

了解这些有关的人性理论,能使我们把握西方管理学中关于人性观点的演变过程。人性假设各种关系示意图如图 1.4 所示。

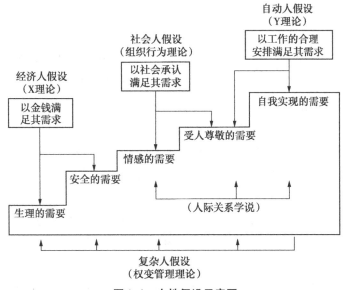

图 1.4　人性假设示意图

（五）"主权人"假设、W理论与主人翁精神

1. 主权人假设

在社会主义制度下，人民当家做主，生产力得到解放。如何把蕴藏在人民群众中的巨大潜力充分发挥出来，加快社会主义建设的步伐呢？中国学者在马列主义指导下，试图吸收和借鉴西方管理学研究工作中的合理部分，开展社会主义制度下的人类行为规律的研究，创造具有中国特色的人力资源管理理论，用来激励人们的积极性。他们在分析了社会主义制度下人的属性的基础上，提出了一种新的行为理论假设——"主权人"假设，并把这一假设及由此推演出的有关企业组织理论、激励理论等一系列观点，概括称为W理论。

2. W理论

W理论的基本观点是：

①随着社会生产力的发展以及文化水平的提高，劳动者在改造客观世界的同时，日益表现出争取在企业中当家做主的强烈愿望；

②公有制创造了使劳动者从雇佣地位过渡到主人翁地位，即主权人的现实可能性；

③主权人的形成是一个过程，不可能在一夜之间形成；

④劳动者积极性和创造性的充分发挥，在于劳动者是否由雇佣人过渡到主权人；

⑤当劳动者认为自己仍处于雇佣人地位时，他将主要为自身的利益而劳动，当他认为自己是工作的主人时，他的奋斗目标将从自身的利益转向工作本身；

⑥社会主义企业人力资源管理的重要任务之一就是从各方面创造条件，加快企业全体员工成长为主权人的步伐。

3. 主人翁精神

主权人的观点强调将工作隶属于员工，使员工成为工作的主人，这时产生的责任心和积极性是发自内心的，是持久的、自觉的。劳动者主体能动性、创造性的充分发挥，取决于它自身是不是具有支配自己的活动的自主性或自决权。自主性或自决权的丧失，必然导致创造性的萎缩。也就是说，人的能动性、创造性，是建立在人对自己的行为和活动能够自我做主、自我支配的基础上的，而自我做主、自我支配又是出于个性的要求，出于自尊的要求。人离开了自主和自尊，就不可能对自己的活动实行自我支配、自我控制和自我调节，这样，也就谈不上什么能动性和创造性。

现实生活中许多成功企业的经验告诉人们，员工的积极性和创造力来自他们的主人翁责任感。唤起员工的主人翁责任感，靠的是尊重员工的主人翁地位，保证员工当家做主的主人翁权力。

对人性的假设是否全面合理，直接影响到人力资源管理的效果。因此，人性假设就成为

人力资源管理的理念基础。

六、人力资源管理与旅游企业的发展

现代旅游业的发展起源于第二次世界大战之后,并一直保持着高速度发展的趋势。进入20世纪90年代以后,旅游业成为当今后工业化社会发展最快的产业之一,旅游业作为经济建设的重要产业越来越受到世界各国和地区政府的高度重视,许多国家特别是发展中国家已把旅游业当作实现当地经济腾飞的重点产业来扶持。改革开放以来,伴随着中国旅游业的高速发展,我国旅游业发生了巨大的变化,特别是近十年来,行业规模不断扩大,从业人员不断增加,经营体制不断创新,经营环境不断改善,旅游业已经成为我国拉动经济增长、扩大就业渠道的重要服务行业之一。

旅游业的产品由住宿业、旅行业、餐饮业、交通运输业、商业等多项产业共同提供和构成,几乎旅游目的地的各种产业都与旅游业有关,旅游资源、旅游设施和旅游服务是旅游业经营管理的三大要素,旅游饭店、旅游交通和旅行社构成了旅游业的三大支柱,各级旅游管理机构、旅游行业组织虽非直接盈利的企业,但它们在促进和扩大商业性经营部门的盈利方面起着重要的支持作用,因而也属于旅游业的构成之中,旅游业同时还包括支持发展旅游的各种旅游组织。

(一)旅游业的性质

1.经济性

旅游业是一项高度分散的行业,它由各种大小不同、地点不同、性质不同、组织类型不同、服务范围不同的企业组成。这些企业是以盈利为目的,并进行独立核算的经济组织,由它们构成的旅游业则不可避免地成为一项经济产业。经济性是旅游业的根本性质。

2.文化性

从旅游消费者的角度来看,旅游业又是具有文化性质的服务行业,旅游者在旅游过程中可以陶冶情操、丰富文化知识、增长见识,因而旅游者在旅游时付出的费用,其本质是文化消费。

3.旅游业是资金密集型产业和劳动密集型产业

劳动密集型企业是指技术设备程度较低,投资少,用人多,产品或服务成本中活的劳动消耗比重大的企业。旅行社企业、旅游商店企业和旅游配套企业中的部分旅游产品生产企业,包括部分旅游商品以及旅游副食品和食品原料生产企业,一般都属于劳动密集型企业。判断某一行业是资金密集型或劳动密集型的标准有以下3点:一是企业投入的技术装备的固定资产和劳动力配合比例的高低,即每个劳动力占有固定资金的多少;二是企业生产经营成本中活的劳动消耗所占比重的大小;三是企业资金或资本有机构成的高低。

根据这三条标准,我国涉外饭店每个劳动力所占用的固定资产一般达2.5万～5万美元,涉外餐馆、大型游乐场占1.5万～3万美元,公寓写字楼占5万～8万美元。它们的有机构成一般都高于重工业,这些企业的活的劳动消耗比重一般占总成本费用的7%～8%,但与总收入比较只占2%～5%,这些企业的兴建时间和投资偿还期较长。所以旅游业的饭店、涉外餐厅、大型游乐场等,大多数属于资金密集型企业。

(二)旅游业的特点

旅游业是国民经济中的一个服务行业,但是它与社会上一般服务行业相比有着许多其自身的特点。

1.综合性

由于旅游业经营者必须为旅游者提供食、住、行、游、购、娱等一体化服务,为了满足旅游者的这种多重需要,就要由多种不同类型的企业为旅游者提供商品和服务,因而它必须联系到国民经济中其他的行业和部门。它实际上是许多有关行业的综合体,满足旅游者需要的这一业务关系纽带把它们联系到了一起。

2.依赖性

旅游业的依赖性表现在3个方面:一是要有旅游资源作为依托。二是有赖于国民经济的发展。客源国的经济发展水平决定着旅游者的数量、消费水平和消费频率;接待国的经济发展程度决定着旅游综合接待能力的强弱,并在一定程度上影响服务质量。三是有赖于有关部门和行业的全力合作、协调发展。任何一个相关行业脱节,都会使旅游业经营活动难以正常运转。

3.敏感性

旅游业的发展必然要受到许多因素的影响和制约,比如各种自然的、政治的、经济的、社会的因素和旅游业内部各组成部分之间以及与旅游业相关的多种行业、部门之间的协调因素等,都会对旅游业的发展产生影响。另外,旅游业是一种高层次消费,需求弹性大,影响旅游需求的各种因素有微小的变化就会在较大程度上对旅游需求发生作用,使其产生大幅度波动,从而增加了旅游业的不稳定性。

(三)旅游企业人力资源管理

根据旅游业的性质、特点,旅游企业是提供服务产品的企业,员工参与服务生产过程,向顾客提供面对面、高接触的服务。当今,科学技术越来越发达,但旅游企业所提供的服务无法为机器或物质生产过程所代替,而且顾客越来越需要高接触、体贴入微、富有人情味的个性化服务。旅游企业应特别重视人力资源的管理。美国罗森帕斯旅游管理公司总裁罗森帕斯曾向"顾客就是上帝"的传统观念挑战,认为"员工第一,顾客第二(Employees come first, customers second)"是企业成功之道。他认为只有把员工放在第一位,员工才有顾客至上的意识。由此可见,旅游企业人力资源管理,不仅是高质量完成服务过程、实现组织目标的必要保证,也是企业实施服务竞争战略的基础。西方旅游企业把人力资源管理的重点放在激励、安抚员工,挖掘员工潜能上;我国旅游企业人力资源管理近年的重点是培训、调整劳动关系和稳定员工队伍。

1. 旅游企业的员工流动

旅游饭店员工流动率是一个世界性的问题。根据美国饭店基金会《1998 年饭店业流动率和多样性研究报告》(以下简称报告),1997 年美国饭店业一线员工的流动率为 91.7%,经理为 13.5%,督导为 11.9%。由于美国近年来失业率降低,饭店业招聘员工,尤其是优秀员工的难度加大。根据 1998 年对美国独立型饭店管理公司总经理的调查报告,大多数总经理将人力资源列为本公司面临的最大挑战。另根据 1998 年全美餐饮企业协会的研究,餐饮企业每位员工的流失平均所带来的损失为 5 000 美元。AHF 的研究也表明,饭店业平均每位员工流失的费用也大致如此,而经理人员的平均流失费用为 50 000 美元或者更多。美国许多饭店企业将流失一位训练有素的经理人员的损失等同于该职位一年的年薪,因为新经理人员需要一年才能变得富有效率。据珀杜大学餐旅管理系罗伯特·伍兹(Robert Woods)教授的研究,美国有 20% 的最低工资收入者来自饭店业。

2. 旅游企业人员流动的原因与控制

美国著名管理学家麦克菲林(Jame M. Mcfillen)、瑞杰尔(Carl D. Rlegel)和恩兹(Cathy A. Enz)认为旅游企业员工流动模式如图 1.5 所示。

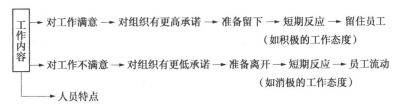

图 1.5　旅游企业员工流动模型

以上模式表明,员工有离开(即流动)的愿望是由两个因素相互作用的结果,一个是工作的满意程度;另一个是个人对组织的承诺度。例如,员工与饭店签约 8 年,而是否干满 8 年是由其承诺度决定的。若承诺度高则不仅会干满 8 年,而且还有可能续约;若承诺度低则会很快离开,干不满 8 年。员工个人特点、某项具体工作内容和特点相结合,就影响到员工工作的满意程度。如果工作满意程度高,员工对组织的承诺度就会强烈而且对工作经常抱有积极的态度,这样,员工就可能留在饭店;反过来,如果工作满意程度低,员工对组织的承诺度就会减弱,工作态度变得消极,一有机会,员工就会流失。

麦克菲林等研究发现,饭店员工最关心的 3 个因素是:①足够的培训;②管理人员的管理技巧;③饭店组织结构和政策。他们认为,有 4 个主要因素影响员工流动:①接受的培训;②工作时间与班次安排;③管理人员的管理技巧;④组织和政策。他们认为,报酬与员工流动只有相对较弱的联系,对报酬的不满只是普遍不满的一种反映,如果工作要求超过其承受能力,增加报酬只能暂时降低不满情绪。

1995 年,美国著名管理学家西蒙(Tony Simon)和恩兹用序数效应的方法,让我国香港特别行政区 12 家饭店的 278 名员工对柯维奇的十因素进行排序,发现最重要的 3 个因素依次为:职业发展机会、对员工的忠诚感和良好的工资报酬。类似研究也表明饭店员工对职业发展有着强烈的愿望,他们将其作为个人生活很重要的一个方面。"对员工的忠诚"排在第二位,表明饭店员工重视别人对自己的尊重和信任。"良好的报酬"突出,是由于持续的通货膨胀、不断上升的生活标准以及脆弱的社会福利体系。因此,根据国内外相关的研究结果,职业发展机会、饭店对员工的忠诚(即对员工的尊重和信任)以及良好的工资报酬是饭店员工最关心的 3 个要素,饭店对这 3 个因素的不重视,是导致员工流动最重要的原因。因此,饭店要控制员工的流失,也应从上述几个方面着手。

3. 旅游服务与工作生活质量

卡尔·布莱特(Karl Albrecht)和让·塞莫科(Ron Zemke)在他们的《美国,服务万岁!》(*Service America*!)一书中指出,在服务行业中,"一些关键事件既可以成全你也可以毁了你",并且他们认为,他们所谓的"最后四步"正是既可能使企业成功也可能使企业失败的关键所在。例如,在谈到家具零售连锁店时,他们描述了"当一位顾客走进商店却遇到一个令人心情不快的购物环境时,巨大的广告投资是如何付诸东流的"。如果能吸引顾客走进商店的前厅,那么数以千计的广告费支出就可以说是有效的了。而一旦顾客走进了门内,"就是轮到商店里的人来完成顾客走最后四步时所发生的事情了"。在这时,如果顾客遇到一位反应迟钝或不愿意讲解各种不同产品优缺点的售货员,或者遇到一位(更为差劲的)干脆毫不客气的售货员,那么商店在此之前所作的所有其他努力就都白费了。服务型组织除了出售服务之外,实际上没有什么好卖的,因此对这类组织来说,更为突出的是要唯一性地依赖员工的才能与热情。

人力资源管理在服务型企业中处于关键地位。旅游企业员工的服务质量与员工获得的工作生活质量密不可分。要想使员工发挥最佳工作状态,就要求企业形成一种积极的文化、情感和心理环境,这种环境的形成与否,可以用工作现场的总体工作生活质量来衡量。工作生活质量可以定义为:员工重要的个人需要能够在工作中得到满足的程度。根据专家们的意见,它至少包括以下十个要素:①一种值得去做的工作;②安全无虑的工作条件;③足够的薪资和福利④有保障的就业状态⑤充分的工作指导;⑥工作绩效反馈;⑦在工作中学习和发展的机会；⑧增长才干的机会；⑨积极的社会环境；⑩公正公平的交往。

人力资源管理者的主要职责就是设计和实施一套制度体系来改善上述的这些要素。因此，一个有效的人力资源管理部门，会有助于创造一种能够激励从事服务型工作的员工积极工作的总体构架——工作生活质量。

4.服务与员工甄选

从许多方面来说，有效的员工甄选活动是服务型企业所设置的第一道防线。正如有人所强调的，"有不少人对于频繁的人际接触缺乏热情、缺乏耐心、缺乏社会技能，也缺乏起码的容忍度"。因此，防止出问题的第一步就是认真进行员工的甄选和测试选拔。然而，麻烦的是，服务型企业中的许多一线工作岗位都是薪资最低并且职业发展潜力相对较小的岗位，这样，被雇用到这些最低层次工作岗位上的员工大多数工作经历比较简单，而这就使得员工甄选活动更加复杂。

5.服务与员工培训

所受培训极差或完全未经培训的一线服务人员为了做好工作，往往不得不临时去找可能的应对办法，而这将有损服务效果。并且，由于许多服务型企业中的员工都是整天同顾客打交道，所以这些一线服务人员如果出了差错，主管人员往往不太容易觉察到，不像对办公室工作人员和生产线上的人的监督那样方便。

6.服务与绩效考评及反馈

由于一线服务人员大多不是处在容易被监督的传统工作岗位上，这就要求企业有一种能够对他们的工作绩效进行有效衡量和评价的办法。

七、人力资源管理的发展趋势

人力资源管理已经成为我国经济与社会发展的重要领域。中国人民大学人力资源管理系主任石伟在2011年对200多家企业进行了调查，基于数据分析和纵贯研究的结果，归纳出了如下10项前瞻性预测：

趋势一：人力资源管理模式从战略导向向文化—战略导向迈进。

中国人力资源管理模式已经完成了从事务型到战略型人力资源管理的转变，即从过去注重各个模块的单一功能而发展到注重整体功能，并将其统辖到组织战略之中。研究者发现，组织文化和战略一样，也是人力资源管理关乎成败的因素。更由于我国特殊的文化环境，人力资源管理中融入国家文化和组织文化的新要素之后，连同组织战略一道，构建了极具中国特色的人力资源管理模式。整体性人力资源管理连同组织文化—战略为一体，避免了过去人力资源各自分割的状况，强调整体、联系和动态是这一时期的首属特征。信息技术飞速发展会使得人力资源管理领域,尤其是 e-HR 的发展从原来单一功能的人力资源管理出发,并依次构建出一个广阔的平台。过去一些被动反应式的要素能够整合起来,人力资源管理信息系统将逐渐发展成决策支持系统,人员的选、育、用、留等环节可以实现资源共享,咨询公司、门户网站将发挥巨大的功能,人力资源管理外包将成为许多中小企业的选择。

趋势二:从实践驱动到理论驱动。

由于前 20 年中国特色的人力资源管理模式一直只是引进、尝试,理论上也是照猫画虎,或者是新概念的堆砌,人力资源管理更多的是实践驱动,理论滞后现象明显。而伴随着中国研究领域的国际化进程和许多既了解前沿理论,又了解中国的国家文化、组织文化的复合人才的出现,人力资源管理工作者会从专业文献和研究中获取并运用更多前沿理论指导实践,而不再是摸着石头过河。

趋势三:工作分析从注重静态的写实到注重动态的管理。

工作分析是人力资源管理的基础,在过去的十年,职位说明书的影响深入人心。但是,由于组织面对产品和技术快速变化、全球化竞争等趋势,静态的工作职责和任职资格的写实正在让位于职位扩大化、职位轮换以及职位丰富化,组织中的职位变得越来越难以定义,职位弱化,即扩大公司工作的职责,鼓励员工超出职位说明书的内容来完成工作是未来的趋势。扁平型组织、工作团队、无边界组织、流程再造会受到更多的推崇,职位说明书会变成一种更为灵活、实用和动态的程序文件。

趋势四:人力资源规划从近期规划到中长期战略规划。

在我国,年度规划和战略规划通常在人力资源管理领域得到普及。近年来一个重要的趋势是,规划的时间从短期向中长期延伸,这就要求人力资源未来能着眼于更长远、更持久的目标,选用科学的预测方法作好人员的需要和供给方面的预测,进而采取更加符合组织要求的人员配置工作。

趋势五:人员招募从内生型过渡到外源型。

在新一轮的思想解放、经济发展中,引进全球高端人才将会成为人才招募的又一途径,跨文化人力资源管理成为显学。同时,伴随着国内户籍制度的改革、人员身份管理的弱化、人员流动的加速,劳动力市场化更趋明显,组织的招募途径更加宽广,更多的人选会来自于外部而不仅仅立足于内部。这一趋势使得人员招募的科学性和程序化得以提高,各种人员素质测评、心理测评等选录方式会大量使用,加上中介组织的发展和进步,人员招募领域会向着公开、公正,注重效用方向发展。

趋势六:培训与开发从人才导向过渡到全员导向。

以往对于人员的培训和开发受制于观念和经费,对技能型人才、农民工培训等投入不多,培训效率低、重开发、轻培训等问题一直存在。在未来,国家不断整合培训资源,增加投入,在国家、集体和个人层面,培训和开发的力度会不断增加,全员培训的理念会不断深化。

趋势七：绩效管理从注重结果到结果与过程并重。

在以往，注重绩效考核的结果、注重量化硬性指标的考核成为主流，在未来，绩效管理更多考虑个人与组织而不仅仅是个人与岗位的匹配，绩效管理将会重视结果，也注重过程；既考核量化指标，也考查个体的能力、态度等"软性"行为指标；既注重考核、评估，更关注规划、反馈。在这一过程中，绩效考核主体、程序、方法会更加科学，考核的功能会与其他职能紧密相连而发挥整体功效。

趋势八：职业管理从纵向管理到"横向交错"式管理发展。

过去的职业管理强调的是干一行，爱一行，专一行。当80、90后进入职场时，其职业价值观、工作态度和社会文化的变化使得职业管理除了组织发动之外，个体驱动也日益重要。组织在职业管理中除了注重晋升与降职之外，还会更多考虑个体的个性化需求，从职业生涯的设计与开发出发，对个体加以合理的使用是大势所趋。多途径、多通道的职业发展路径，分类分层管理等职业管理手段会更加丰富多样，更加精巧和个体化。

趋势九：薪酬、福利的方式、总量由少及多。

在我国，薪酬制度一直都是向经营、管理、技术类人才倾斜，而技能类以及普通员工在组织中缺乏话语权，薪酬的形式、总量一直处在较低的水平。因此，逐步提高居民收入在国民收入分配中的比重，提高劳动报酬在初次分配中的比重成为共识。在微观层面，随着国家的重视和组织投入的增加，报酬形式会增多，报酬总额不断加大。除了使用薪酬、福利作为吸引和留住人才的重要手段之外，组织在未来的薪酬制度设计上会使薪酬、福利在外部更具竞争性，内部更加公平。从形式上看，员工帮助规划、自助式福利的形式会大范围使用，方式也更加灵活多样。

趋势十：劳动关系、劳动安全与卫生从冲突到双赢。

2008年的《劳动合同法》的实施，使得企业劳动关系的发展步入法制化轨道。企业劳动关系的主体正在由国家主体变为企业管理者和劳动者双方主体，企业劳动关系的确立已经由行政手段变为契约手段，劳动者的权益维护有了很大改善。未来将正是农民工进城、国家产业和技术升级的关键时期，劳动力市场的供过于求使得劳资冲突仍会继续，因此，规范化、市场化、契约化和法制化是未来发展的方向。

八、人力资源战略管理

（一）人力资源战略管理的概念

人力资源战略管理是一种方法，它在雇佣关系、甄选、培训、发展、业绩、薪酬管理以及在员工关系、政策和实践等方面作出决策，它是一种集成，它与经营战略纵向整合，横向则整合自身内部各环节，它是由人力资源战略管理方法发展而来，并成为企业战略的组成部分。人力资源战略管理涉及的是一个公司人力资源管理和战略的管理之间关系的问题，指的是一个企业追求的整体发展方向,并通过人来达到其目标。人力资源管理战略对行动最为关注,并以此区分竞争者(普瑟尔,1999)。

人力资源战略管理有4种意义(亨得里等,1986):

①使用规划;

②是基于雇佣政策和以观念为基础的人力战略的用来设计和管理人事系统的一组有内在关系的方法;

③把人力资源管理活动和政策与某些明确的业务战略相匹配;

④把企业员工看作一种"战略的资源",以获得竞争优势。

人力资源战略管理的基本宗旨是通过确保企业拥有良好技能、有责任心、有良好动机的员工,激发他们的能力,以获得持续的竞争优势。其目标就是要让员工在一个经常动荡的环境中有一种方向感,以便使企业、个人、集体的员工的需求,通过发展和实施人力资源的政策和项目来得到满足。

(二)人力资源战略管理的方法

以资源为基础的方法,侧重于满足企业智力资本的需求,这样,人力资源战略管理就大大与开发资源能力和获得战略调试有关。

1. 资源能力

资源能力方法关系的是获得、发展并留住智力资本。人力资源被看作一种重要的竞争优势,这一方法的依据就在于要承认一个公司到底有没有"技术储备积累"(卡蒙奇,1996)。

2. 战略适配

人力资源战略管理的重要特点就是调试或者说是整合,就是人们常说的"适配模式",是"将人力资源管理融入业务战略中去的管理"(沃克,1992)。人力资源战略是企业战略整体的一个组成部分,对企业的规划过程起着重要作用,要与企业战略相匹配,这是一种纵向的整合,它能为企业人力资源之间带来一种和谐,与人力资源战略的其他方面还要进行横向的整合,以便把不同的要素聚合在一起。

3. 三种重要的方法

(1)最佳实践

这一方法认为,有一系列人力资源管理实践活动,一旦采用它们,将导致极佳的企业运作。如表1.2所示。

表 1.2　人力资源的最佳实践

（1990 年）	（1997 年）	（1994 年）	（美国劳工部 1993 年）
• 选择并仔细选用选择测试，以确定那些有潜在能力为组织作出贡献的员工 • 认识到培训是一个持续不断的过程 • 工作设计确保工作柔性、员工责任心和激励，给员工责任，让他们自治，使他们的知识和能力得到充分的发挥和使用 • 注重劳资双方相互沟通，使信息传递通畅 • 倡导员工持股计划，让员工明白工作缺勤、人员流失对公司账务动作的影响	• 引入复杂的选择程序 • 引入复杂的员工上岗程序 • 引入复杂的员工培训程序 • 前后连贯的员工评估系统 • 掌握多种工作技能的员工队伍 • 车间中员工工作的多样性 • 使用正式团队 • 频繁、广泛地与员工沟通 • 使用质量改进团队 • 使工作环境和谐 • 高于竞争对手的薪酬 • 采用奖金计划	• 雇佣保障 • 有选择性的雇佣 • 自我管理团队 • 基于业绩的薪酬 • 培训员工使其具备较高技能并得到激励 • 减少员工的等级和地位概念 • 共享信息	• 有一个详细而又内容广泛的招聘、甄选和培训员工的系统 • 通过正试的系统与员工分享信息 • 明确的工作设计 • 员工较高程度地参与过程 • 监控员工的工作态度 • 工作效果评估 • 得体的员工申诉功能 • 提供认可员工工作成绩和基于高绩效工薪酬的晋升制度和薪酬制度

（2）最佳适配

在了解哪些做法有用，哪些没有用之后，该做什么就取决于企业，由企业来决定什么是有关的，可以吸取什么教训，可以采纳什么东西，以便与其自身的战略和运作需求进行调试。首先，就是要分析企业的要求，包括文化、结构、技术和过程。此后，就能有利地选择和融合各种各样的"最佳实践"要素，同时使用一种方法来使它们得以运用，让它们在某种程度上做到最佳适应，以适应企业业务的需要。

（3）构造法

构造法指的就是把若干人力资源活动聚合在一起发展和实施，以便他们之间产生内在联系并因此相互补充，相互支持。"构造法"理念的含义就是实践（迈克达菲，1995），在此过程中，它们互相关联，内部保持一致，"越多越好"，注重对业绩的影响，多种实践重叠在一起，共同加强工作的效果。

（三）人力资源战略管理的模式

人力资源管理模式的形成是人力资源管理活动动态发展和调整的结果，不同的企业战略与组织结构形态要求有具体的模式与之相适应。人力资源战略管理概念是建立在这样的思想基础上的，即战略的组成是合理的，是线性的过程，如图 1.6 所示。

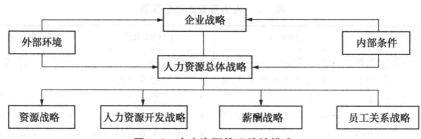

图1.6　人力资源管理线性模式

赵西萍(2001)提出如下人力资源战略管理模式,如图1.7所示。

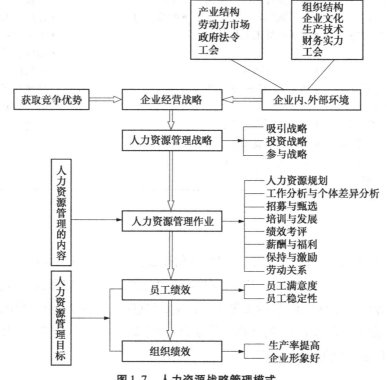

图1.7　人力资源战略管理模式

(四)人力资源管理战略的实施

1.人力资源管理战略的分类

企业必须基于其竞争战略、企业文化、生产技术和财务实力,制订出适合本企业的人力资源管理战略。美国康奈尔大学的研究显示,人力资源管理战略可分为3大类:吸引战略(Inducementstrategy)、投资战略(Investment strategy)、参与战略(Involvement Strategy)。

(1)吸引战略

使用吸引战略的企业,其竞争战略常以价廉取胜。企业组织结构多为中央集权,而生产技术一般较为稳定。因此,企业为创造和培养员工的可靠性和稳定性,工作通常是高度分工和严格控制。企业所要求员工的乃是在指定工作范围内有稳定和一致的表现,而不在乎创新或谋求指定工作范围以外的突破。

为了培养这些工作行为和信念,这些企业主要依靠薪酬制度的运用,其中包括奖励规划、企业利润分享、员工绩效奖金及其他绩效薪酬制度。由于多项薪酬政策的推行,员工薪金收入都不低。可是从企业的角度来看,人工成本是受严格控制的,一切与企业业务无关的成本和开支应尽量减少,员工人数亦以最低数目为目标。由于工作的高度分化,员工招募和甄选都较为简单,培训费用亦很低,企业与员工的关系纯粹是直接和简单的利益交换关系。此战略的理论依据是科学管理理论(Scientific Management)。

(2)投资战略

采用投资战略的企业,其企业内在环境与以吸引战略为主的企业大不相同。此类企业的生产技术一般较为复杂,因此,为了适应市场的变化和生产技术的演变,这些企业经常处于一个不断成长和创新的环境中。

为了配合及创造这个企业环境,采用投资战略的企业通常都聘用较多的员工,以提高企业弹性和储备多样专业技能。此外,员工的训练、开发和关系(Employee Relation)尤其重要。管理人员在这些方面担任重要角色,以确保员工得到所需的资源、训练和支援。企业与员工旨在建立长期工作关系,员工工作保障高。故此员工关系变得十分重要,企业通常十分重视员工,将员工视为主要投资对象。美国IBM乃典型的投资策略企业。

(3)参与战略

采用参与战略的企业,其特点在于将很多企业决策权力下放至最低层,使大多数员工能参与决策,使他们有归属感,从而提高员工的参与性、主动性和创新性。这些员工行为和信念皆有助于企业的高品质竞争战略(Quality Enhancement)。

参与战略的重点,在于工作设计,以求员工有更多参与决策的机会。例如,自管工作小组(Self-Managed Work Team)的成立,使小组成员享有极大自主权,企业的训练内容重视员工间的沟通技巧、解决问题的方法和群体作用等。薪酬制度多以小组为单位。

2. 人力资源战略的形成

(1)战略制订

不管是人力资源战略还是其他战略,必须具有两个要素:一是必须要有战略目标,即该战略要获得的目的;二是必须有行动实施规划。战略制订要更为具体,以便他们得到实施。人力资源战略管理在很大程度上是一种态度:明确目标,确保规划适合于企业的战略,同时,人力资源战略的不同要素要彼此融合,它不是一个可以减少成一系列逻辑步骤的过程,更多的是要在不确定条件下对变化的管理以及对一个逻辑规划严格发展和实施。

(2)战略规划

两个基本的战略规划问题是:"我们去哪儿?"和"我们需要做什么来到达这里?"要回答

第一个问题,就要搞清楚该企业打算做什么,如果要实现这些想法,企业的需求才能被实现。在执行战略规划的过程中,重要的是描述人力资源战略管理方法的不同模式,即高效率的业绩管理、高责任心的管理和高参与性的管理。

(3)高效率业绩管理

高效率业绩管理旨在通过员工对一个公司的业绩产生影响,具体表现在以下几个方面:生产率的提高、质量的保证、对顾客的服务水平、成长、利润以及最大限度提升股东价值。高效率业绩管理活动包括严格的招聘、相关的培训和经营发展活动,激励薪酬制度和业绩管理过程。

(4)高度责任心管理模式

人力资源管理的一个显著特征就是要强调加强共同责任心的重要性。伍德(1996)认为:一种管理形式,旨在引出一种责任或义务,以便使行为得到自我规范,而不是由制裁或外部压力来控制,企业之间的关系建立在高度的信任感上。

(5)深度参与管理

深度参与管理的宗旨就是要创造一种氛围,在这样的氛围中,管理者和团队成员之间能够产生对话,以便明确方向,分享有关企业使命的信息,还包括企业的价值和目标,建立起劳资双方相互信任的基础,明确达到的目标框架,并且通过发展员工能力来保证目标的实现。

(6)将业务与人力资源战略整合,取得纵向调试

企业和人力资源管理问题会互相影响,会影响到公司战略和业务单元战略。在建立起这些联系的时候,必须考虑到:战略的变化必须与外部和内部环境的变化融合在一起。在适当的时候,调试才会发生,如果情况发生变化,其调试也就不存在了。要把企业和人力资源战略联系起来的一个可行的办法就是把后者与公司的竞争战略联系起来。表1.3作了进一步的说明。

表1.3　人力资源管理与竞争优势的关联

竞争战略	人力资源战略		
	人力资源的来源	人力资源发展	奖　励
通过创新获得竞争优势	通过技能创新和记录技能创新来录用和留住高素质员工	发展公司的战略能力,鼓励发展员工的创新技能,提高公司的智力资本	提供金钱奖励并对员工成功的创新工作给予认可
通过质量获得竞争优势	采用复杂的员工甄选程序,录用那些能给顾客带来高水准服务的员工	鼓励发展学习型组织,发展实施知识管理过程,注重员工培训,以提高整体质量和关心顾客的首创精神	将奖励同工作质量和顾客提供高水准的服务挂钩

竞争战略	人力资源战略		
	人力资源的来源	人力资源发展	奖 励
通过低成本获得竞争优势	制订雇用核心员工或使用非全职员工的雇用体系,使员工为公司创造附加值,否则只能采取其有人造主义的减员	以员工培训促进生产率提高,引入准时制以适应业务频繁变化的需求,产生可见的成本削减效果	重新审视公司奖励的实践,达到既要金钱奖励,又不增大不必要的开支
通过雇用比竞争对手更优秀员工获得竞争优势	采用复杂的员工甄选程序,录用那些具备公司所需特殊才能的员工	开发组织学习过程,通过作为业绩管理一部分的员工职业发展计划鼓励员工自我管理式学习	制订业绩管理过程,使金钱手段和非金钱手段对员工的能力和技能进行奖励,并使公司的薪酬水平高于竞争对手

(7)实现横向适配

不同人力资源战略之间的互相关联、相互支持就取得了横向调试,这一切可以通过"组合"的过程来实现。如果有意去"组合",该过程就需要根据企业的需求和特点来进行,需要如下步骤:

①分析企业需要及其特点;

②对人力资源管理战略如何帮助满足企业的需要进行评估,同时,与企业的特点保持一致;

③辨别员工必须拥有的工作能力和行为;

④对现存的人力资源管理实践活动的有效性和变化的需要进行评估;

⑤辨别融合在一起的活动;

⑥制订规划发展这些活动。

"组合"的目的就是要获得一致,这意味着要采纳一种整体的方法,创新不能割裂同其他方面的关系,找到每个实践都能相互支持的方法,达到协同效果。表1.4中列出了一些例子。

表1.4 人力资源战略的常见组成部分

人力资源总战略	人力资源战略的常见组成部分		
	人力资源的来源	人力资源发展	奖 励
增强业绩管理	基于能力的甄选、评估中心	基于能力的培训、发展中心	基于能力的薪酬
延伸员工技能基础	确认甄选中的技能发展需求	能力分析,根据需要集中培训,为技能合格者颁发证书	基于技能的薪酬

续表

人力资源总战略	人力资源战略的常见组成部分		
	人力资源的来源	人力资源发展	奖 励
为员工能力和职业发展服务	确定能力框架,通过业绩管理来确认能力水平和潜力	以业绩管理和人事管理为基础,确定并满足学习需求,建立较宽的员工职业发展带,以此为员工提供横向发展道路,用能力术语描述员工在一组不同工作组中的职业阶梯	建立起较宽范围的一组不同的工作,并用能力的术语定义对其定义,明确表明"目标点"(即一组不同的工作之内或之外所需要的能力),在不同的工作范围之内为员工横向工作发展建立薪酬制度
增强就业质量	在确认和发展可转换技能的基础上发展有益的心理契约,提供工作内容扩大化的范围,为员工轮岗创造机会	用人事发展计划来确定员工技能发展需求,建立发展员工可转换技能的项目	发展较宽范围的一组不同的工作结构,以此确定不同工作所需的不同能力,并确定学习需求的基础
增强员工责任感	分析事业心强的员工的特点,采用复杂的甄选程序来把事业心强的员工招募到公司中,确定并向员工传达公司核心价值观	在分析事业心强的员工的特点的基础上,为增强员工了解并接受公司核心价值观念提供学习经历,鼓励有利于增加价值的行为	强化以价值为导向的行为,奖励那些有证据证明坚持公司核心价值观的员工
增加激励效果	受到良好激励的员工的特点,以及构建甄选面试的结构,找出容易达到良好激励状态的员工	为受到良好激励的员工提供学习机会,强化他们的特点	以业绩管理为基础,以非金钱的方式奖励给员工发展和成长的机会

（8）战略形成

以下是战略形成和实施规划：

①基础：

• 业务需求是指业务战略的重要成分；

• 环境因素及其分析；

• 文化因素——可能对实施有利,也可能给实施带来妨碍。

②内容——人力资源战略的细节。

③基本原理——建立在业务需求和环境/文化因素基础上的业务战略案例。

④实施规划：

• 行动规划；

• 每一阶段的任务；

- 所需要的各种资源；
- 提出来的各种规划,如交流、咨询、参与和培训；
- 项目管理的各种安排。

⑤成本及利润的分析。

总的来说,人力资源管理战略,旨在有效地、有系统地协调各人力资源管理作业,以使人力资源管理作业一方面能适合企业内在环境,另一方面能协助企业竞争战略的完成。人力资源管理若能有效地设计和推行,将直接影响员工的信念和行为,而员工的信念和行为又是决定竞争战略成败的关键。

企业人力资源管理的结果可以从两方面来衡量(赵西萍,2001):员工绩效、组织绩效。员工绩效方面将侧重讨论工作满足感。工作满足感既是员工工作的结果体验,同时也是激发员工后继工作行为的主要动力之一。组织绩效涉及组织生产率和效益的变化,人力资源管理活动的最终目的是提高员工和企业的工作绩效和效益,在实现企业目标的基础上,努力实现员工的个人目标,使企业与员工实现共同发展。

要点思考

1. 现代人力资源管理有哪些特点?
2. 结合旅游业的发展,谈谈旅游企业人力资源发展的趋势。
3. 如何在旅游企业实施战略性人力资源管理?

案例讨论

泰姬酒店的平凡英雄

2008年11月26日,印度联合利华公司的董事长哈里什·曼瓦尼与CEO尼廷·帕兰杰佩在孟买的泰姬玛哈大酒店举行宴会。联合利华集团的董事、高管及其配偶欢聚一堂,送别卸任的集团CEO帕特里克·塞斯科,欢迎新当选的CEO保罗·波尔曼。当时,孟买泰姬酒店的35名员工,在24岁的宴会经理玛利卡·贾格德带领下,在二楼的一个宴会厅操办这一

活动。晚上九点半左右上主菜的时候,外面传来了爆炸声,起初大家以为是附近举办婚礼燃放烟花爆竹的声音。而事实上,这是袭击泰姬酒店的恐怖分子打响的第一波枪声。

酒店员工很快意识到情况有点不对劲。贾格德让人锁上门,关掉所有的灯。她叫所有人不声不响地躺到桌子下面,不要使用手机。她坚持让丈夫们和妻子们分开躲避,以降低给家庭带来的

风险。大家在宴会厅待了整整一个晚上,听着恐怖分子在酒店里横冲直闯,投掷手榴弹、开枪,把酒店掀翻了天。客人们后来说,泰姬酒店的员工沉着冷静,不时走到四下里给客人们送饮用水,并询问是否还需要其他什么。第二天凌晨,宴会厅外的走廊着火了,大家不得不试着爬出窗户。一队消防人员发现了他们,用梯子帮助被困的人们迅速逃离。酒店的员工让所有客人先走,最终无一伤亡。"这是我的职责……我也许是宴会厅中年龄最小的,但是我仍然尽到了自己的责任。"贾格德在事后接受采访时说。

在这次事件中,武装恐怖分子袭击了孟买的十几个场所,包括两家豪华酒店、一家医院、火车站、一家饭店,以及一个犹太人中心。袭击中,159人被杀害,其中既有印度人,也有外国人,受重伤人数超过200人。尽管印度对恐怖主义并不陌生,但被称为"11·26"事件的这次恐怖袭击还是暴露了该国面临恐怖主义时的脆弱,给该国人民带来了心灵创伤。熊熊火光中的孟买泰姬酒店的圆顶和顶尖——燃烧了两天三夜——将永远成为"11·26"悲剧事件的象征。

在孟买泰姬酒店袭击事件中,31人遇难,28人受伤,但事后酒店获得的却是一片赞扬声。酒店的员工恪尽职守、不顾个人安危保护顾客、思维迅捷,他们的表现深深打动了客人。当时,餐厅和宴会厅的员工迅速将人们转移到安全地点,比如厨房和地下室;电话接线员坚守岗位,提醒客人们锁上房门,不要出来,厨房员工在撤离时组成人体盾牌保护客人。多达11位酒店员工献出了自己的生命,这个数字占到了伤亡总人数的三分之一;而在他们帮助下逃生的客人则多达1 200~1 500名。

从某种程度上说,这并不令人意外。作为世界顶级酒店之一,孟买泰姬酒店在知名旅游杂志《康德纳斯旅行者》海外商务酒店排名中位列第20名。该酒店素以一流品质、能够不遗余力地取悦顾客、员工训练有素而著称,有些员工已经在此工作了数十年。这家酒店好像一台运转顺畅的机器,每个人都清楚自己的职责,对常客的喜好了如指掌,并且轻松自如地为客人提供服务。

表1.5　泰姬集团的人力资源管理方法

寻找新手,而不是有经验的老手	**招募**的人才来自高中和二流高学院,而非大学和顶尖商学院	**注重**招聘正直、尽职的员工,而非有才华、有技能的员工	**确保**员工无须请示上级即可自主地应对客人	**坚持**要求员工将客人的利益,而非公司的利益放在首位	**运用**及时的认可而非金钱去奖励员工
招聘的员工来自小城镇,而非大都市	**引进**寻求在一家公司工作到底并身体力行的经理	**培训**新员工的时间长达18个月,而非12个月	**教育**员工要灵活地即兴发挥,而不要墨守成规	**延请**在任经理而非外部顾问来培训员工	**确保**认可来自直接主管,而非最高管理层

把认可作为奖励。泰姬集团的奖励制度基于这样一个观念:有快乐的员工就有快乐的客人。公司相信,要做到这一点,一个方法是让管理层亲自表示感谢,表明公司对一线员工

以及二线员工所做工作的认可。高管们认为，必须由员工的直接上司向员工本人表达谢意，因为顶头上司往往决定了员工对公司的看法。此外，感谢的时机常常比感谢本身更为重要。

在这些观念的基础上，2001 年泰姬集团建立了一个"特别感谢与认可系统(special Thanks and Recognmon System,STARS)"，将客人的满意度与员工的奖励挂钩。每位员工全年在三个方面累计积分：客人的赞誉、同事的赞誉及自己提出的建议。最重要的是，每天工作结束时，由每家酒店的总经理、人力资源部经理、培训经理和相关部门负责人组成的 STARS 委员会，会评估所有的赞誉和建议。委员会的成员会判断赞誉是否表明员工有出众的表现，以及员工的建议是否良好，然后将评语发布在公司的内部网上。如果该委员会没有在 48 小时之内作出决定，员工会自动获得积分。

通过积累分数，泰姬集团的员工力争达到五个层次的绩效水平：董事总经理俱乐部、首席运营官俱乐部以及白金、黄金和白银等水平。对于达到后三种水平的员工，部门会发放礼品券、STARS 徽章、STARS 盾形奖牌和奖杯。对于进入首席运营官俱乐部的员工，奖品由酒店发放。而在每年一度的整个公司的"泰姬卓越奖"颁奖典礼上，进入董事总经理俱乐部的员工会获得水晶奖杯、礼品券和荣誉证书。

根据独立专家的说法，在实施 STARS 项目后，泰姬集团的服务水准和顾客保留率均得到提升，因为员工感到自己的贡献得到了重视。事实上，STARS 由全球酒店业的最佳人力资源管理创新，于 2002 年获得了赫尔墨斯奖。

泰姬集团的招聘、培训以及认可系统共同创造了非凡的服务文化，但是你可能仍然会想，泰姬孟买酒店员工对"11·26"恐怖袭击作出的反应是否只是单一事件？也许是，也许不是。

2004 年 12 月 26 日上午 9 点半左右，印度洋发生了一次席卷印度尼西亚和印度两国沿海地区的海啸，造成了大约 185 000 人丧生。受灾地区包括岛国马尔代夫，海浪摧毁了该国的好几家度假酒店，包括两家属于泰姬集团的酒店：泰姬珍品岛酒店和泰姬珊瑚岛酒店。

据客人们说，巨浪一袭来，泰姬集团的员工便飞快地跑到每一间客房，将客人护送到地势高的地方。妇女和儿童被带到岛上唯一的一幢两层建筑避难。很多客人惊慌失措，认为还会有第二波海浪袭来。但酒店员工一直保持冷静、乐观。

海浪没有再次袭来，但是第一波海浪淹没了厨房和储藏室。泰姬集团的一个团队，在厨师长的带领下，立即开始抢救储备的食物，将烹饪设备搬到地势高的地方，开始准备一顿热腾腾的饭菜。客房服务人员则从积水中打捞家具，将餐厅里的水排出，将一切恢复正常。尽管困难重重，下午一点还是供应了午餐。

这两家酒店在困境中又想方设法坚持了两天，直到印度的救援人员到达，然后他们将所有的客人用泰姬集团的一架包机转移到了金奈。据客人们说，没有伤亡，也没有恐慌，一些客人非常感激酒店，以致后来主动帮助重建这一岛国。泰姬集团的这些员工表现得就像平凡的英雄一样，可与四年之后他们的泰姬孟买酒店同事相媲美。这似乎就是泰姬之道。

（摘自：《商业评论》，2012(5)）

问题讨论

1. 在这次恐怖袭击中,孟买泰姬酒店的员工还赋予了"顾客服务"一种全新的意义。是什么创造了这种完全以顾客为中心的文化,从而使得员工们在本可以救自己时却纷纷留下来救客人？其他组织应如何仿效,使自己无论在危急时刻还是在平常工作中,都能达到那样的服务水平？企业能否把极大地以客户为中心的文化进一步提升,并一直坚持下去？

2. 试对泰姬酒店的招聘系统和培训系统的特色作出分析和评价。

项目2 人力资源规划

□ **知识目标** 掌握人力资源规划的概念、人力资源规划的必要性及其作用、人力资源规划的内容、步骤及规划的基本要求、掌握人力资源需求预测、人力资源供给分析的方法，能够进行人力资源规划方案的制订。

□ **技能目标** 掌握人力资源规划的内容与程序，能够进行旅游企业人力资源规划和岗位配置。

基本内容

□ **人力资源规划概述**
——人力资源规划的概念　人力资源规划的必要性　人力资源规划的作用　人力资源规划的内容　人力资源规划的步骤　人力资源规划的基本要求

□ **人力资源规划的核心内容**
——人力资源需求预测　人力资源供给分析　人力资源调整　人力资源规划方案的制订　人力资源规划的实施与控制

案例阅读

沃尔玛的人力资源战略

沃尔玛的优势之一是其员工的献身精神和团队精神。沃尔玛的人力资源战略可以归纳为三句话:留住人才、发展人才、吸纳人才。

一、留住人才

沃尔玛致力于为每一位员工提供良好和谐的工作氛围、完善的薪酬福利规划、广阔的事业发展空间,并且已经形成了一整套独特的政策和制度。

1. 合伙人政策

在沃尔玛的术语中,公司员工不称为员工,而称为合伙人。这一概念具体化的政策体现为3个相互补充的规划:利润分享规划、雇员购股规划和损耗奖励规划。

利润分享规划:每个在沃尔玛工作两年以上并且每年工作1 000小时的员工都有资格分享公司当年的利润。截至20世纪90年代,利润分享规划总额已经约有18亿美元。

雇员购股规划:让员工通过工资扣除的方式以低于市值15%的价格购买股票。这样员工利益与公司利益休戚相关,实现了真正意义上的合伙。

损耗奖励规划:如果某家商店能够将损耗维持在公司的既定目标之内,该店每个员工均可获得奖金,最多可达200美元。

2. 门户开放政策

沃尔玛公司重视信息的沟通,提出并贯彻门户开放政策,即员工在任何时间、任何地点,只要有想法或者意见,都可以口头或书面的形式与管理人员乃至于总裁进行沟通,并且不必担心受到报复。任何管理层人员如借门户开放政策实施打击报复,将会受到严厉的纪律处分甚至被解雇。

沃尔玛以各种形式进行员工之间的沟通,大到年度股东大会,小至简单的电话会谈。公司每年花在电脑和卫星通讯上的费用达数亿美元。

3. 公仆领导

在公司内,领导和员工是倒金字塔的组织关系。领导处于最低层,员工是中间的基石,顾客永远是第一位的。

员工为顾客服务,领导则是为员工服务,是员工的公仆。对于所有走上领导岗位的员工,沃尔玛首先提出这样的要求:如果你想事业成功,那么你必须要你的同事感觉到你是在为他们工作,而不是他们在为你工作。

公仆不是坐在办公桌后发号施令,而是实行走动式管理。管理层人员要走出来直接与员工交流、沟通,并及时处理有关问题。

在沃尔玛,任何一个普通员工佩戴的工牌都注明OUR PEOPLE MAKE DIFFERENCE(我们的同事创造非凡）。除了名字之外，工牌上没有标明职务，包括最高总裁。公司内部没有上下级之分，可以直呼其名。

二、发展人才

沃尔玛把加强对现有员工的培养和安置看作首要任务。

1. 建立终身培训机制

沃尔玛重视对员工的培训和教育，建立了一套行之有效的培训机制，并投入大量的资金予以保证。

各国际公司必须在每年的9月份与总公司的国际部共同制订并审核年度培训规划。

培训项目分为任职培训、升职培训、转职培训、全球最佳实践交流培训和各种专题培训。在每一个培训项目中又包括30天、60天、90天的回顾培训，以巩固培训成果。沃尔玛培训又分为不同的层次：有在岗技术培训，如怎样使用机器设备、如何调配材料；有专业知识培训，如外国语言培训、电脑培训；有企业文化培训，全面灌输沃尔玛的经营理念。更重要的是沃尔玛根据不同员工的潜能对管理人员进行领导艺术和管理技能培训，这些人将成为沃尔玛的中坚力量。

沃尔玛非常注重提高分店经理的业务能力，并且在做法上别具一格。

沃尔玛的最高管理层不是直接指导他们怎样做生意，而是让分店经理们从市场、其他分店学习这门功课。例如，沃尔玛的先进情报信息系统，为分店经理提供了有关顾客行为的详细资料。此外，沃尔玛还投资购置专机，定期载送各分店经理飞往公司总部，参加有关市场趋势及商品采购的研讨会。后来又装了卫星通信系统，总部经常召开电话会议，分店经理无须跨出店门便能彼此交换市场信息。

2. 重视学习与责任感

沃尔玛在用人中注重的是能力和团队协作精神，学历、文凭并不十分重要。在一般零售公司，没有10年以上工作经验的人根本不会被考虑提升为经理。而在沃尔玛，经过6个月的训练后，如果表现良好，具有管理员工、擅长商品销售的能力，公司就会给他们一试身手的机会，先做助理经理或去协助开设新店。如果干得不错，就有机会单独管理一家分店。

3. 内部提升制

过去沃尔玛推行的是招募、保留、发展的用人哲学，现在则改为保留、发展、招募的模式。公司期望最大限度地发挥员工的潜能，并创造机会使其工作内容日益丰富和扩大，尽可能鼓励和实践从内部提升管理人员。对于每一位员工的表现，人力资源部门会定期进行书面评估，并与员工进行面谈，存入个人档案。

沃尔玛对员工的评估分为试用期评估、周年评估、升职评估等。评估内容包括这位同事的工作态度、积极性、主动性、工作效率、专业知识、有何长处以及需要改进之处等。这些将作为员工日后获得晋职提升的重要依据。

三、吸纳人才

沃尔玛适时从外部引进高级人才，以丰富公司的人力储备。在招聘员工时，对于每一位应聘人员,无论种族、年龄、性别、地域、宗教信仰等,沃尔玛都为他们提供相等的就业机会。

从1998年开始,沃尔玛开始实施见习管理人员规划,即在高等院校举行CAREER TALK (职业发展讲座),吸引了一大批优秀的应届毕业生,经过相当长一段时间的培训,然后充实到各个岗位,此举极大缓解了公司业务高速扩展对人才的需求。

启发思考

1. 沃尔玛的人力资源战略有什么特点?试分析沃尔玛的竞争环境,并考虑沃尔玛制订这样的人力资源战略的原因。

2. 结合本案例,你认为人力资源战略对企业发展有什么重要作用?

理论要点

一、人力资源规划概述

人力资源规划是人力资源开发与管理的重要组成部分。人力资源规划是企业为实施其发展战略、实现其目标而对人力资源需求进行预测,并为满足这些需求而进行系统安排的过程。人力资源规划通过对企业人力资源的供需分析,预见人才需求的数量和质量要求,以此确定人力资源工作策略,是企业建立战略型人力资源管理体系的前瞻性保障。旅游企业人力资源规划,是旅游企业发展战略及年度规划的重要组成部分,是人力资源管理各项工作的依据。制订人力资源规划的主要任务包括下述4个方面:①详尽分析企业所处行业和地域等外部环境,透彻了解企业现有的人力资源基础,结合强大的数据基础,准确预测旅游企业未来发展所需的各类人力资源的数量、质量、结构等方面的供求状况;②结合市场供需确定企业人力资源工作策略,制订切实可行的人力资源规划方案,制订供求平衡的措施;③规定各项人力资源管理活动的具体目标、任务、步骤和预算;④使各项人力资源管理业务规划保持平衡,并使人力资源规划与旅游企业的其他规划相互衔接。

(一)人力资源规划的概念

在本文中,人力资源规划的定义为:根据企业的发展规划和发展战略,通过对企业未来的人力资源需要和供给状况的分析及估计,对人力资源的获取、配置、使用、保护等各个环节进行职能性策划,以确保组织在需要的时间和需要的岗位上,获得各种必需的人力资源的规划。人力资源规划的实质是促进企业实现其目标,它必须具有战略性、前瞻性和目标性,要体现组织的发展要求。人力资源规划最显著的特点是把员工看作资源,这与传统的只涉及员工的招聘与解雇问题的人事规划完全不同。这样一来,人力资源规划的概念包括以下4层含义:①人力资源规划的制订必须依据组织的发展战略、目标;②人力资源规划要适应组织内外部环境的变化;③制订必要的人力资源政策和措施是人力资源规划的主要工作;④人力资源规划的目的是使组织人力资源供需平衡,保证组织长期持续发展和员工个人利益的实现。

旅游企业人力资源规划,是指为使旅游企业在不断变化的环境中能够稳定地拥有一定质量和必要数量的人力资源,以实现该组织目标而拟订的一套措施,从而使人员需求量和人员拥有量在组织未来的发展过程中相互匹配(赵西萍,2001)。这个定义也包含四层含义:①一个组织的环境是变化的,这种变化带来了组织对人力资源供需的动态变化;②从组织的目标和任务出发,要求旅游企业人力资源的质量、数量和结构符合特定的要求;③在实现组织目标的同时,也要满足个人的发展;④保证人力资源与未来组织发展各阶段的动态变化相适应。

(二)人力资源规划的必要性

"人无远虑,必有近忧"。任何组织或企业,要想拥有合格、高效的人员结构,都必须进行人力资源规划。其必要性表现在以下4个方面。

①变动的环境和战略需要人力资源的质量、数量作出相应的调整。任何组织和企业都处在一定的外部环境中,而这外部大环境的各种因素均处于不断的变化和运动状态。其中一些因素对企业的影响甚大,可以直接影响到企业或组织的人力情况。所以,企业或组织所处环境中的政治、经济、技术等一系列因素的变化,都要求企业或组织作出相应的调整,而这种适应环境的调整一般都会带来人员数量和结构的变化。

②企业或组织内部自身因素的变化导致人员数量和结构的变动,需要预先采取相应的措施。企业或组织内部各种因素无时无刻不在运动和变化着,人力因素自身就处于不断的变化之中,如离职、退休等可能造成人力缺口。通过人力资源规划等手段可以做到心中有数,适时引导,恰当调整。

③企业或组织现有人力资源分布可能存在不合理的现象,需要有规划地调整。企业或组织的人力资源结构要考虑年龄、资历、知识等因素。如果一个企业中经验丰富或缺乏经验的人很多,而处于这两者中间的人员很少,待这批有经验的人退休之后,老资历人员将出现短缺。

④人力资源从补充到适应需要一个过程,过程的长短与所需人员类型及补充人员素质有关,必须作出周密的安排。

(三)人力资源规划的作用

人力资源规划的作用,是通过规划人力资源管理的各项活动,努力使员工需要与组织需要相吻合,形成高效率—高士气—高效率的良性循环,确保企业总体目标和战略的实现。旅游企业属于劳动密集型的服务性行业,人在所有资源中起着重中之重的作用。旅游企业通过制订人力资源规划可以起到下列作用:

1. 确保实现旅游企业的目标

人力资源规划是组织发展战略的重要组成部分,同时也是实现组织战略目标的重要保证。人力资源规划的特点是全面考虑企业的经营战略与文化氛围,在实现企业总体目标的前提下,关注人力资源的引进、保留、提高和流出 4 个环节,因此能较好地促进目标的整合,有利于组织制订战略目标和发展规划,推动企业目标的达成。

2. 为企业管理提供重要依据

随着旅游企业规模的扩大和结构的复杂化,管理的工作量和难度都在迅速提高,无论是确定人员的需求量、供给量,还是职务、人数以及任务的调整,不通过一定的周密规划显然难以实现。例如,何时需要补充人员,补充哪些层次的人员,如何补充;如何组织多种需求的培训,对不同层次和部门的人员如何考评和激励等。这些管理工作在没有人力资源规划的情况下,必然陷入相互分割和混乱的状况。因此,人力资源规划是企业管理的重要依据,它为企业员工的录用、晋升、培训、考评、激励、人员调整等活动提供准确的信息和依据。人力资源规划在广泛搜集内外部信息的基础上,具体规定了人力资源管理需要做哪些工作和事项,可以消除人力资源管理的盲目性、无系统性与混乱性。通过人力资源规划,可以建立有效的内部劳动力市场,并务求使企业的成员能够人尽其才。人力资源规划作为各项人力资源管理活动的基础,是企业人力资源管理的一个蓝图,为这些活动提供了明确的发展方向和评价的依据。

3. 有利于人力资源管理活动的有序化

人力资源规划是企业人力资源管理的基础,它由总体规划和各种业务规划构成,为管理活动(如确定人员的需求量、供给量、调整职务和任务、培训等)提供可靠的信息和依据,进而保证管理活动的有序化。通过规划可以及早发现问题,对企业需要的人力资源作适当的储备,对紧缺的人力资源发出引进与培训的预警,使人力资源管理动静结合、有条不紊,并同时有规划地调整人力资源的分布结构,加强人力资源管理的事前控制。

4. 使管理者与员工对要达到的人力资源开发与管理目标更加清晰

通过制订人力资源规划,可以加强与员工的沟通与交流,使管理层与员工在参与中达成共识,形成良好的氛围,以更好地促进目标的完成。

5. 促进人才合理有效地流动

人力资源规划有助于检查和测算出人力资源规划方案的实施成本及其带来的效益。要通过人力资源规划预测组织人员的变化,调整组织的人员结构,把人工成本控制在合理的水平上,这是组织持续发展不可缺少的环节。随着市场经济的发展和现代企业制度的建立,劳动力走向市场是必然的。一方面,建立稳定、有效的内部劳动力市场,不仅可以使旅游企业内部人力供给和运作维持适当的流动和稳定,还可以成功地将富余职工有规划地分离出来,逐步走出企业,进入外部劳动力市场;另一方面,人力资源规划可以使人才进行合理流动,有利于控制人力资源成本,优化企业的人员结构,最大限度地实现人尽其才、才尽其用,为企业在竞争中充分发挥人才优势提供基础和保证。

6. 有利于调动员工的积极性和创造性

人力资源管理要求在实现组织目标的同时,也要满足员工的个人需要(包括物质需要和精神需要),这样才能激发员工持久的积极性,只有在人力资源规划的条件下,员工对自己可满足的东西和满足的水平才是可知的。

(四)人力资源规划的内容

从内容的性质上讲,人力资源规划可以分为战略规划和策略规划。战略规划阐述了人力资源管理的原则和目标;策略规划则重点强调了每项工作的实施规划和操作步骤。一个完整的人力资源规划应包括以下 8 个方面:

①总规划。人力资源总规划阐述了人力资源规划的总原则、总方针和总目标。

②职务编制规划。职务编制规划阐述了企业的组织结构、职务设置、职务描述和职务资格要求等内容。

③人员配置规划。人员配置规划阐述了企业每个职务的人员数量、人员的职务变动、职务人员空缺数量等。

④人员需求规划。通过总规划、职务编制规划、人员配置规划,可以得出人员需求规划。需求规划中应阐明需求的职务名称、人员数量、希望到岗时间等。

⑤人员供给规划。人员供给规划是人员需求规划的对策性规划。主要阐述了人员供给的方式(外部招聘、内部招聘等)、人员内部流动政策、人员外部流动政策、人员获取途径和获取实施规划等。

⑥教育培训规划。包括教育培训需求、培训内容、培训形式、培训考核等内容。

⑦人力资源管理政策调整规划。规划中明确了规划期内人力资源政策调整的原因、调整步骤和调整范围等。

⑧投资预算。上述各项规划的费用预算即为投资预算。

人力资源规划包括两个层次,即总体规划及各项业务规划。人力资源的总体规划是有关规划期内人力资源开发利用的总目标、总政策、实施步骤及总的预算安排。各项业务规划包括配备规划、退休解聘规划、补充规划、使用规划、培训开发规划、职业规划、绩效与薪酬福利规划、劳动关系规划。

按照人力资源规划的时限划分,人力资源规划分为 3 种类型:长期(战略)人力资源规划、中期人力资源规划和短期(战略)人力资源规划。但对具体的时限却没有统一标准。有的企业将短期规划定为 3 ~ 6 个月,将中期规划定为 6 个月至 2 年,长期规划则定为 2 ~ 5 年。而有的企业,即使短期规划,也定在 10 年以上。显然,具体的规划时限应根据组织的性质、规模来定。

(五)人力资源规划的步骤

旅游企业人力资源规划的程序模型如图 2.1 所示。人力资源规划共分为 7 个步骤:确定目标、搜集信息、预测人力资源需求、预测人力资源供给、综合平衡并制订人力资源规划、实施人力资源规划和搜集反馈信息。

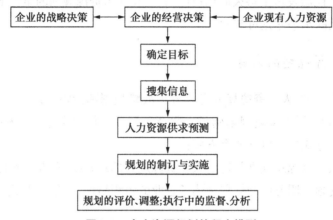

图 2.1　人力资源规划的程序模型

1. 确立目标

确定目标是人力资源规划的第一步,主要根据旅游企业的总体目标来制订。旅游企业不同的产品组合、经营规模、特色、档位等都会对从业人员提出不同的要求。弄清企业的战略决策与经营目标,是人力资源规划的前提。

2. 搜集信息

根据已确定的目标,广泛搜集旅游企业内部和外部的各种有关信息。内部信息主要包括旅游企业经营战略、组织结构、组织文化、人力资源数量、分布、利用及潜力状况等。外部信息包括宏观经济发展趋势、旅游行业的发展前景、主要竞争对手的动向、劳动力市场的趋势、人口趋势、政府相关政策法规、风俗习惯演变等。

3. 预测人力资源需求与供给

这是人力资源规划中技术性较强的关键工作,全部人力资源开发、管理、规划都必须根据预测决定。需求预测是根据旅游企业的组织结构状况和未来的经营业务水平,对企业的人力资源需求进行估算。供应预测要求首先对旅游企业现有人力资源使用情况进行分析,然后根据旅游企业内外部人力资源供应的情况,对旅游企业人力资源的供应进行估算。经过供需分析,便可确定旅游企业未来的人力剩余和短缺的情况。

4.综合平衡并制订人力资源规划

这是人力资源规划中比较具体细致的工作,要求在人力资源预测的基础上,制订出具体的适合旅游企业发展的人力资源规划。人力资源规划与经营规划是同步的,也分为长、中、短期规划。

5.实施人力资源规划

通过旅游企业各部门的共同合作,经过这一步骤才能实现原先确立的目标。

6.搜集反馈信息

对人力资源规划执行过程进行监督,分析、评价规划质量,找出不足,给予及时、适当的修正,以保证旅游企业总体目标的实现。

在评价人力资源规划时,一定要公正、客观和准确,同时考虑成本效益比。而且,要注意在评价时一定要征求部门经理和基层管理者的意见,因为他们是规划的直接受益者。

(六)人力资源规划的基本要求

旅游企业在进行人力资源规划时要做到以下几个方面:

①人力资源规划必须与企业的经营目标相结合。企业的经营目标是企业在一段时期内的经营方向和经营规划,企业各项活动必须围绕经营目标的实现进行,人力资源管理同样必须以此为基础。企业的人员配管、培训和教育等必须与经营目标决定的岗位设置、人员素质要求及各种协作、合作关系相配合,而且对企业员工的激励必须和工作目标相结合,在执行目标任务过程中发挥人的积极性与创造性。

②人力资源规划必须与企业的发展相结合。企业员工的智慧和创造力是促进企业发展的根本源泉,而企业的发展也必须以一定数量和质量的人员为基础,企业人员的招聘、培养等都必须考虑到企业长期发展的需要。

③人力资源规划必须有利于吸引外部人才。现代企业的竞争是人才的竞争,对一个企业而言,单从企业内部很难配齐企业经营和发展所需的各种人才,因此向外招聘优秀人才是必需的。企业只有招进所需的各种人才,才能在竞争激烈的市场上立于不败之地。

④人力资源规划必须有利于增强企业内部员工的凝聚力和有利于企业员工素质的逐步提高。企业内部员工是企业真正的主体,能否把企业员工团结在企业总体目标的周围,是人力资源管理的关键。这要求企业必须建立"以人为中心"的企业文化,真正从关心人、爱护人、促进人的积极性和创造性的发挥这一目标出发,促使人的价值不断实现,使员工个体目标同企业目标和企业文化紧紧地结合在一起。

任务一　人力资源需求预测

(一)制约企业人力资源需求的因素

在企业的人力资源需求预测实践中,对企业未来人力资源需求影响最大的因素是市场和客户对企业的产品和服务的需求。大体说来,企业在人力资源需求预测问题上需要考虑的因素有3类:企业外部环境因素、企业内部因素以及企业人力资源状况。

1.企业外部环境因素

企业外部环境因素包括社会的经济、政治、法律环境,新技术和科技的发展以及企业竞争者的状况等。社会整个经济的发展态势、政治环境的稳定以及相关法律的变化等都对企业未来人力资源的需求产生很大影响。另外,对于越来越依赖技术和科技的现代企业来说,是否能跟上新技术和科技的发展已经成为一个决定成败的重要因素。最后,"知己知彼,百战不殆",对竞争者未来战略和发展状况的了解也是一个不容忽视的因素。

2.企业内部因素

企业的战略发展规划、人力资源方面的预算、生产和销售规划等方面的因素属于企业内部因素。企业的战略目标规划了其发展的方向和速度,企业关于提高产品或服务质量或开辟新市场的规划决定了企业未来所需的人力资源质量和数量,企业对于人力资源方面的预算更是直接影响了企业的人力资源规划的展开,从而对未来的人力资源需求产生重要的影响。

3.企业人力资源状况

企业的人力资源状况包括可能的员工流动比率(辞职或中止合同)、自然减员比率(退休、死亡等)以及员工的质量和性质。很明显,这些因素都直接影响了企业的人力资源需求。

(二)人力资源需求预测的一般步骤

人力资源需求预测分为现实人力资源需求、未来人力资源需求和未来流失人力资源需求预测3部分。具体步骤如下:

①根据职务分析的结果,来确定职务编制和人员;

②进行人力资源盘点,统计出人员的缺编、超编及是否符合职务资格要求;

③将上述统计结论与部门管理者进行讨论,修正统计结论;

④该统计结论为现实人力资源需求;

⑤根据企业发展规划,确定各部门的工作量;

⑥根据工作量的增长情况,确定各部门还需增加的职务及人数,并进行汇总统计;

⑦该统计结论为未来人力资源需求;

⑧对预测期内退休的人员进行统计;

⑨根据历史数据,对未来可能发生的离职情况进行预测;

⑩将⑧、⑨统计和预测的结果进行汇总,得出未来流失人力资源需求;

⑪将现实人力资源需求、未来人力资源需求和未来流失人力资源需求汇总,即得企业整体人力资源需求预测。

(三)人力资源需求预测的简单模型

人力资源需求预测的简单模型需要考虑以下4个因素:

1. 自然减员因素(X_{1i})

自然减员因素包括员工的老(退休)、病(病退、退养)、死(病故、工伤死亡等在职死亡)等要素。

(1)退休人员的需求量(X_{11})

退休人员的预测应当根据本企业员工年龄分布进行。假设以2016年为预测年度,则从2002—2016年,共15年。而国家规定男员工是55岁退休,干部是60岁退休;女员工是50岁退休,干部是55岁退休。那么把员工按工人和干部,男和女进行细分,分别统计41—45岁,46—50岁,51—55岁,56—60岁阶段的人数。

(2)死亡减员的需求量(X_{12})

根据本企业在岗死亡的历史统计数据得出年平均死亡率,而后进行推算。计算公式如下:

死亡减员的需求量 = 目前在岗人数×平均死亡率×预测期间(如从2002—2016年,共15年)

(3)内退的需求量(X_{13})

目前有些国有企业对于某些尚未达到退休年龄,而且又无工作能力的员工,采取一定的灵活政策让其内退。他们所造成的岗位空缺即为内退需求量。

可得

自然减员需求量(X_{1i}) = $X_{11} + X_{12} + X_{13}$

2. 现有岗位的需求量(X_{2i})

(1)科学而合理地设置岗位和工种

参照国家对职业类别和性质的界定,结合行业、地方和企业自身特点,确定本企业所需的岗位和工种。对于那些重复设置的岗位,应作些相应的调整和合并,严格按照因事设岗,而非因人设岗。

(2)统计各岗位、各工种的人员情况(X_{21})

对本企业各岗位、各工种的类型、年龄结构及文化结构进行分析和评价,其目的就是反映各岗位的实际情况。

(3)定额定员(X_{22})

在完成(2)程序后,对本企业的工作进行量化分析。这也是企业使用劳动力的基本依据,同时也为劳动力的管理和合理流动创造了良好的条件。当然,企业定额定员时也应考虑到发展的需要。

(4)征求专家的意见

根据各岗位所定的人员情况编制规范性文件,组织专家讨论,征求意见后再确定岗位所需的名额。可得:

岗位的需求量(X_{2i})=预测年度岗位规范数(X_{21})-现岗位人数(X_{22})

3. 企业规模扩大需求量(X_{3i})

(1)企业发展的相关因素

企业规模的变化有诸多因素,如人员的变动、企业的兼并和重组、组织机构的调整以及资本的运营等,这些因素对人才的选择有很大关系。

(2)分析相关因素

对以上这些权变因素进行分析和筛选,剔除一些干扰因素,统一口径。

(3)建立数学模型

这是分析上述因素最为关键的一步。一般采用一元线性回归方程。一元线性回归方程为:

$$Y = a + bX$$

式中　Y——所需人员数;

　　　X——相关变量;

　　　a,b——模型系数。

(4)利用数学模型进行计算

该项计算工作技术性较强,最好由专家进行测算,从而增加数据的可靠性和准确性。

4. 技术发展的需求量（X_{4i}）

①搜集与本企业技术发展有关的一切资料,包括本企业、本行业今后技术发展状况,本企业技术发展规划、国外有关企业的资料等。

②用调查方法请专家进行预测,进行几次反馈,直到取得较一致的结果为止。

③对专家意见进行处理。最后用加权平均方法预测出具体的被预测年度技术发展的需求量。

把上述各预测量进行汇总,可得:

$$人员需求预测量 = X_{1i} + X_{2i} + X_{3i} + X_{4i}$$

（四）人力资源需求预测的方法

1. 总体需求结构分析预测法

总体需求结构分析预测法可以用下面的公式来表示:

$$NHR = P + C - D \tag{2.1}$$

式中 NHR——未来一段时间内企业需要的人力资源;

    P——现有的人力资源;

    C——未来一段时间内需要增减的人力资源。如果未来一段时间内由于某项业务的发展需要增加人力资源数量,例如饭店推出新的商务服务项目或其他服务举措,C 就是正的;反之,如果未来一段时间内某项业务萎缩,C 就可能是负的;

    D——由于技术提高或设备改进后节省的人力资源。

例如,某饭店现有员工300人,在一年后打算推出特色商务服务,预计需增加25人;同时由于计算机管理系统与网络预订等新技术广泛渗透到饭店的整个服务流程中,带来了效率的提高与人力的节约,因此饭店预计可以节省10人。现求一年后该饭店的人力资源需求。

根据式(2.1),已知:$P=300$,$C=25$,$D=10$,则

$$NHR(一年后需要的人力资源) = P + C - D$$
$$= 300 + 25 - 10$$
$$= 315(人)$$

因此,根据预计,一年后该饭店的人力资源需求量为315人。

2. 人力资源成本分析预测法

人力资源成本分析预测法是从成本的角度进行预测,其公式如下:

$$NHR = \frac{TB}{(S + BN + W + O) \times (1 + a\% \times T)} \tag{2.2}$$

式中　NHR——未来一段时间内需要的人力资源；

　　　　TB——未来一段时间内人力资源预算总额；

　　　　S——目前每人的平均工资；

　　　　BN——目前每人的平均奖金；

　　　　W——目前每人的平均福利；

　　　　O——目前每人的平均其他支出；

　　　　$a\%$——企业规划每年人力资源增加的平均百分数；

　　　　T——未来一段时间的年限。

例如，某饭店两年后人力资源预算总额是每月 300 万元，目前每人每月的平均工资是 1 000 元，平均奖金是 2 000 元，平均福利是 250 元，平均其他支出是 80 元。饭店规划人力资源平均每年增加 5%。求该饭店两年后的人力资源需求。

根据式(2.2)，已知：$TB = 3\,000\,000$，$S = 1\,000$，$BN = 2\,000$，$W = 250$，$O = 80$，$a\% = 5\%$，$T = 2$，则

$$NHR = \frac{TB}{(S+BN+W+O) \times (1+a\% \times T)}$$

$$= \frac{3\,000\,000}{(1\,000+2\,000+250+80) \times (1+5\% \times 2)}$$

$$= 819 (人)$$

因此，根据测算，该饭店两年后需要人力资源数量为 819 人。

3.人力资源学习曲线分析预测法

每个人的效率由于个人的经验不同会有所变化，因此可以根据学习时间与相应的效率得出一条学习曲线，更加精确地预测人力资源的需求，如图 2.2 所示。

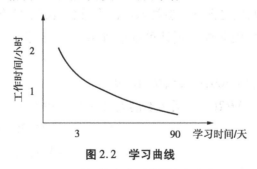

图 2.2　学习曲线

图 2.2 的横轴表示学习所经历的时间，纵轴表示对应某学习经历时间所达到的工作时间。为了举例说明，其中横轴的单位设定为天，纵轴的单位设定为小时。例如，某饭店客房部的员工在清理客房时，若完成同样的工作任务，只有 3 天经验的员工需要 1 个半小时，而有 3 个月经验的员工只需 20 分钟，那么后者的效率与前者的效率相比提高的百分比为：

效率提高百分比=(学习经历较短者的工作时间-学习经历较长者的工作时间)÷学习经历较短者的工作时间

$$= (90-20) \div 90$$

$$= 77.8\%$$

这样可以更精确地预测人力资源的需求,但同时应考虑员工的流动与新旧结构。

4. 比例法

旅游企业中各部门的人员数量都有相互配比的大致比例关系。例如,饭店的前台人员、餐厅人员、客房人员、管理人员等人员数量与饭店的规模、档位、经营特色等直接相关,因此可按同等饭店的经验数量与比例确定。如一般情况下,饭店客房部门的员工占饭店员工总人数的20%~30%,餐饮部门的员工占40%~50%;饭店员工总人数与饭店客房数的比例一般在1:1.5~1:2。饭店管理人员也可按员工总数找到一些经验比例。

另外,也可以根据旅游企业各部门、各工作班组的劳动任务分析其工作量,在制订劳动定额的基础上,按照一定比例来确定定员人数。在饭店中,它主要运用于客房、餐厅、厨房、洗衣房等部门的定员编制。如客房可以根据劳动定额规定每个服务员每天负责多少房间,然后根据这一比例确定整个客房部门的定员编制;餐厅可以根据劳动定额规定每个服务员每天看管几张台面,然后按这一比例编制每个餐厅的定员人数,各餐厅人数相加,就是餐饮部门餐厅服务员的定员人数。

5. 分合性预测法

这是一种先分后合的预测方法。先分是指企业要求各个部门根据各自的人员状况、工作岗位与任务等先对本部门将来对人员的需求进行预测,在此基础上,企业人力资源部对各部门预测数据进行综合平衡,从中得出整个企业在规划期内对各种人员的总需求数。

这种方法较能发挥下属各级管理人员在人力资源规划中的作用,但是人力资源部门要给予一定的指导。这种方法较适于中、短期的预测规划。

6. 团体预测法

团体预测法是集结多位专家和管理者的推断而作出的规划,主要方式有德尔菲法(Delphi Technique)和名义团体法(Nominal Group Technique)。

德尔菲法是有步骤地使用专家的意见去解决问题。企业首先须设定要预测的问题,并将之细分为不同的组成部分,再从有关方面搜集相关的资料,并设定不同的分析角度,然后通过中间人整合所有参与专家的意见,在整合过程中,中间人将背景资料和问题以问卷的形式个别传递给参与的专家,然后将专家所作出的预测整理后,再将这些意见个别传递给参与的专家,让他们重新作预测,如此反复数次直至专家的意见渐趋一致而得出结论。这种方式的特点是故意将专家分开以拓展预测的幅度。

名义团体法则是将专家放在一起讨论,让他们先进行脑力激荡(Brainstorming),以便将所有意见列出,再逐一分析这些意见,并排列出意见的优先次序。

以上的各种方法并非相互独立,旅游企业可根据自身战略综合运用,并有所侧重。

任务二　人力资源供给分析

人才供给预测是为了满足企业对人才的需求,对将来某个时期内企业从组织内部和组织外部所能得到的人才的数量和质量进行预测。

(一)制约企业人力资源供给的因素

影响人才供给的因素可以分为两大类:

①地区性因素。其中具体包括8个方面:企业所在地和附近地区的人口密度,当地的就业水平、就业观念,当地的科技文化教育水平,所在地对人才的吸引力,企业本身对人才的吸引力,其他企业对人才的需求状况,当地人才的供给状况,当地的住房、交通、生活条件。

②全国性因素。其中具体包括5项内容:全国劳动人口的增长趋势,全国对各类人才的需求程度,全国各级各类学校的毕业生规模与结构,教育制度变革而产生的影响,改变学制、高校改革、改革教学内容等对人才供给的影响,国家就业法规、政策的影响。

在企业的运营过程中,企业始终处于人力资源的供需失衡状态。在企业扩张时期,企业人力资源需求旺盛,人力资源供给不足,人力资源部门用大部分时间进行人员的招聘和选拔;在企业稳定时期,企业人力资源在表面上可能会达到稳定,但企业局部仍然同时存在着退休、离职、晋升、降职、补充空缺、不胜任岗位、职务调整等情况,企业处于结构性失衡状态;在企业衰败时期,企业人力资源总量过剩,人力资源需求不足,人力资源部门需要制订裁员、下岗等政策。

(二)人力资源供给分析的一般步骤

人力资源供给分析的具体步骤如下:

①分析公司目前的人才状况,包括公司人才的部门分布、技术知识水平、工种、年龄构成等,了解和把握公司人才的现状;

②分析目前公司人才流动情况及其原因,预测将来人才流动的态势,从而采取相应措施避免不必要的流动,或及时补充人才;

③掌握公司人才提拔和内部调动情况,确保工作和职务的连续性;

④分析工作条件(如作息制度、轮班制度等)的改变和出勤率的变动对人才供给的影响;

⑤掌握公司人才的供给来源和渠道,人才可以来源于公司内部(如安排富余人才、发挥人才潜力等),也可以来自公司外部。

总之,在整个企业的发展过程中,企业的人力资源状况始终不可能自然地处于平衡状态。人力资源部门的重要工作之一就是不断地调整人力资源结构,使企业的人力资源始终处于供需平衡状态。只有这样,才能有效地提高人力资源利用率,降低企业人力资源成本。

(三)人力资源供给分析的方法

对于运营中的旅游企业,预测了人力资源需求后,就要决定这些需求是否有供给,以及要在何时何地获得供给。在进行人力资源供给分析时,管理者必须考虑内在劳动力市场和外在劳动力市场两项因素。一般来讲,管理者会先分析已有的劳动力供给,倘若内在市场未能有足够的供给,就需分析外在劳动力市场;也有些时候,管理者会因为希望改变企业文化或需要引进某些专业人才而决定向外招募。因此,人力资源供给预测首先从内部开始,弄清规划期内现有人力资源能够满足企业经营战略目标的需要到什么程度,这就需要考虑规划期内人员的流动及适应未来工作的能力状况。

1. 人力资源内部供给预测

1)内部员工流动可能性矩阵表

旅游企业是员工流动率较高的行业,内部员工每年都在流动。了解流动的趋势就可以知道人力资源内部的供给量,具体方法如表2.1所示。

表2.1　员工流动矩阵表

流动率/%		工作级别(终止时间)								流出率/%	总量
		A	B	C	D	E	F	G	H	I		
工作级别(起始时间)	A	1.00										1.00
	B	0.15	0.80								0.05	1.00
	C		0.16	0.76	0.04						0.04	1.00
	D		0.01	0.23	0.73						0.03	1.00
	E					0.85	0.05				0.10	1.00
	F					0.25	0.65	0.05			0.05	1.00
	G					0.40	0.50	0.03			0.07	1.00
	H						0.02	0.15	0.75		0.08	1.00
	I								0.20	0.50	0.30	1.00

表2.1中,工作级别从A到I。其中A最高,I最低。如果起始时间是前年,终止时间是去年,那么这张矩阵表就是员工流动调查表;如果起始时间是今年,终止时间是明年,其中的数据一般根据调查表的转移率推算得出。

小框中的数字是百分比。例如,AA为1是指在这个时间段内,最高工作级别的人员未流动,BB为0.8是指在这个时间段内,这个级别的人员留住80%,15%晋升到A岗位,5%流出企业;以此类推。

从矩阵表中可以看出员工流动的趋势。例如,I 岗位上流走的人最多,占 30%;其次是 E 岗位,占 10%;B,D,H 和 I 岗位只有晋升,没有降级;G 和 F 两岗位晋升比例较大,但有降级。

2)马科夫(Markov)分析矩阵表

马科夫分析矩阵表与流动可能性矩阵表有相似之处,但前者更清楚一点。从表 2.2 中可以看出,马科夫分析矩阵表的上半部分与流动可能性矩阵表完全相同,只是多了下半部分的现任者应用矩阵。

表 2.2　马科夫分析矩阵表

流动可能性矩阵						
流动率/%		工作级别(终止时间)				
		A	B	C	D	流出率/%
工作级别 (起始时间)	A	0.70	0.10	0.05	0	0.15
	B	0.15	0.60	0.05	0.10	0.10
	C	0	0	0.80	0.05	0.15
	D	0	0	0.05	0.85	0.10
现任者应用矩阵						
	原有员工 人数/人	A	B	C	D	流出人数/人
A	62	44	6	3	0	9
B	75	11	45	4	8	7
C	50	0	0	40	2	8
D	45	0	0	2	38	5
终止期员工 人数/人	—	52	51	49	48	29

从现任者应用矩阵来看,A 岗位原有员工 62 人,到了 AA 便只有 44 人(62×70% =44 人),到了 AB 便只有 6 人(62×10% =6 人),到了 AC 便只有 3 人(62×5% =3 人),流出人数为 9 人(62×15% =9 人),以此类推。

根据马科夫分析矩阵表,可以很清楚地看出在终止时间时各工作岗位的人数以及流出的人数。应用马科夫模型进行人力资源供给预测的好处在于它考虑了个人晋升的前景,由于人员转移是推进式的,所以预测过程中也包括了晋升政策的产生。旅游企业中由于对晋升机会感到渺茫而带来的人员流动比较严重,因此这种方法有利于充分考虑内部晋升。但此法尽管广为人们运用,但对其准确性及可行性人们并未进行过广泛研究。

3)技术调查法

技术调查法是为了追踪员工的工作经验、受教育程度、特殊技能等与工作有关的信息而设计的一套系统。企业可以在员工正式聘用之时将资料输入电脑,并于日后不断更新,以便在需要人力资源时随时查用。

运用技术调查法可以知道旅游企业内人力资源供应的状态,主要作用有:①评价目前不同种类员工的供应状况;②确定晋升和换岗的候选人;③确定员工是否需要进行特殊的培训和发展项目;④帮助员工确定职业规划与职业发展途径。

4)继任卡法

继任卡法就是运用继任卡来分析企业管理人才的供应状态。这是一种最简单有效的方法。

(1)继任卡

典型的继任卡如图2.3所示。其中A填入现任者晋升可能性,可用不同颜色填入不同等级:甲(红色)表示应该立即晋升,乙(黑色)表示随时可以晋升,丙(绿色)表示在1~3年内可以晋升,丁(黄色)表示在3~5年内可以晋升。

A				
B				
C	D			E
C_1	1	D_1	B_1	A_1
C_2	2	D_2	B_2	A_2
C_3	3	D_3	B_3	A_3
C_E	紧急继任者	D_E		B_E

图2.3 继任卡

图中B填入现任者的职务;C填入现任者的年龄,这只是为了考虑工作年限;D填入现任者姓名;E填入现任者任现职的年限。另外,1,2,3分别代表三位继任者。其中C_1,C_2,C_3分别填入三位继任者的年龄;D_1,D_2,D_3分别填入三位继任者的姓名;B_1,B_2,B_3分别填入三位继任者的职务;A_1,A_2,A_3分别填入三位继任者晋升的可能性。

紧急继任者是指在特殊紧急情况下(如现任者突然死亡、现任者突然辞职等)谁是继任者。

(2)继任卡的运用

为了更好地满足管理人员,尤其是高级管理人员的供应,企业可以运用继任卡规划人力资源的供应,这种方式称为替补图。图2.4表示某饭店前厅部替补图的一部分。

继任卡的运用应建立在员工资料的基础上,是一种动态的、事前性的内部人力资源供应预测。

（3）继任卡的作用

由于继任卡的制订，企业不会由于某个人离去而使工作受到太大的影响。另外，以组织结构与员工资料为基础的替补图有利于调动员工的积极性。当然，继任卡也显示了某些员工需要经过一段时间的培训和实践才能晋升，这样有助于员工的提高，并有利于保持晋升员工的高水准。

乙（黑）			
	前厅部经理		
37 岁	吴朝勇		5 年
35 岁	1	周新	大堂经理	乙（黑）
30 岁	2	朱明	大堂副理	丙（绿）
26 岁	3	陈小东	前台主管	丙（绿）
35 岁	紧急继任者	周 新	大堂经理

乙（黑）			
	大堂经理		
35 岁	周 新		2 年
30 岁	1	朱 明	大堂副理	乙（黑）
26 岁	2	陈小东	前台主管	乙（黑）
27 岁	3	叶 平	前台主管	丙（绿）
30 岁	紧急继任者	朱 明	大堂副理

图 2.4 替补卡

2. 人力资源外部供应预测

人力资源外部供应预测在某些时候对旅游企业制订人力资源规划更加重要。而且，人力资源外部供应预测受到的影响因素较为广泛且不易控制，因此应引起足够的重视。

（1）劳动力市场

劳动力市场是人力资源外部供应预测的一个重要因素。劳动力市场又称人才交流市场，是指劳动力供应和劳动力需求相互作用的场所。通俗地讲，劳动力市场就是指员工寻找工作、雇主寻找雇员的场所。

劳动力市场对旅游企业的人力资源供应的预测有十分重要的影响。主要涉及以下方面：①劳动力供应的数量；②劳动力供应的质量；③劳动力对职业的选择；④当地经济发展的现状与前景；⑤旅游企业提供的工作岗位数量与层次；⑥旅游企业提供的工作岗位地点、工资、福利等。

（2）科学技术的发展

科学技术的发展对旅游企业人力资源供应预测主要有以下一些影响：

①科学技术的发展使人们从事工作的时间越来越少，闲暇时间越来越多，因此服务行业

的劳动力需求量越来越大。

②对员工的技能要求提高,尤其是对计算机的操作运用能力。同时,也要求企业持续进行对内部员工的培训,不断更新培训内容。

③由于办公室自动化和网络的普及,中层管理人员会适当削减,而有创造力的人员则更显珍贵。

(3)旅游企业的政策法规

旅游企业人力资源供应预测一定不能忽视政府的政策法规。各地政府为了各自经济的发展,为了保护本地劳动力的就业机会,都会颁布一些相关的政策法规,企业应及时进行环境扫描,及早作出反应。

任务三　人力资源调整

分析过人力资源需求预测和人力资源供给预测之后,会有如下发现:①人力资源管理面临的组织需要和个人需求之间的矛盾,主要表现在旅游企业增强组织功能、提高组织效率的目标和个人满足精神与物质需求的目标不一致。②人力供给与人力需求可能出现如下不平衡:人力不足;人力过剩;两者间而有之的结构性失调,即某些类别人力不足,某些类别人力过剩。③人力资源规划中各项专业规划之间的不平衡。人力资源规划所涉及的人员补充、培训、安置、使用、晋升、薪资等方面是具有内在联系的,因此在制订各项专业规划时应注意相互之间的平衡与协调。例如人员培训、人员使用以及与激励有关的劳动报酬规划必须相互协调,若人员通过培训提高了素质,在使用及报酬方面却无相应政策,就容易挫伤员工接受培训的积极性。另外,还要搞好每一项专业规划的配套平衡。以上问题就要求旅游企业制订一连串相互整合的人力资源规划方案,制定相应的政策并规定具体的措施及步骤,使规划具有可操作性,以平衡人力资源供给与需求,保证规划目标的实现。

(一)人力短缺调整方法

(1)外部招聘

外部招聘是最常用的人力短缺调整方法,当人力资源总量缺乏时,采用此种方法比较有效。但如果企业有内部调整、内部晋升等规划,则应该选择实施这些规划,将外部招聘放在最后使用。

(2)内部招聘

内部招聘是指当企业出现职务空缺时,优先将企业内部员工调整到该职务的方法。它的优点首先是丰富了员工的工作,提高了员工的工作兴趣和积极性;其次,它还节省了外部招聘成本。利用内部招聘的方式可以有效地实施内部调整规划。在人力资源部发布招聘需求时,先在企业内部发布,欢迎企业内部员工积极应聘,任职资格要求的选择程序和外部招聘相同。当企业内部员工应聘成功后,对员工的职务进行正式调整,员工空出的岗位还可以继续进行内部招聘。当内部招聘无人能胜任时,再进行外部招聘。

(3)内部晋升

当较高层次的职务出现空缺时,优先提拔企业内部的员工。在许多企业里,内部晋升是员工职业生涯规划的重要内容。对员工的提升是对员工工作的肯定,也是对员工的激励。由于内部员工更加了解企业的情况,会比外部招聘人员更快地适应工作环境,提高工作效率,同时节省外部招聘成本。

(4)继任规划

继任规划在国外比较流行。具体做法是:人力资源部门对企业的每位管理人员进行详细的调查,并与决策人员共同确定哪些人有权利升迁到更高层次的位置。然后制订相应的"职业规划储备组织评价图",列出岗位可以替换的人选。当然,上述的所有内容均属于企业机密。

(5)技能培训

对公司现有员工进行必要的技能培训,使之不仅能适应当前的工作,还能适应更高层次的工作,这样就为内部晋升政策的有效实施提供了保障。如果企业即将出现经营转型,企业应该及时向员工培训新的工作知识和工作技能,以保证企业在转型后,原有的员工能够符合职务任职资格的要求。这样做的最大好处是防止了企业的冗员现象。

(6)临时性员工

如果公司人力资源短缺属于短期现象,则可采用雇用临时工的办法,临时工既可以是全日制的,也可以是非全日制的.

(二)人力过剩调整方法

(1)提前退休

企业可以适当地放宽退休的年龄和限制条件,以促使更多的员工提前退休。如果将退休的条件修改得有足够的吸引力,会有更多的员工愿意接受提前退休。

(2)减少人员补充

当出现员工退休、离职等情况时,对空闲的岗位不进行人员补充。

(3)增加无薪假期

当企业出现短期人力过剩的情况时,采取增加无薪假期的方法比较适合。比如规定员工有一个月的无薪假期,在这一个月没有薪水,但下个月可以照常上班。

（4）裁员

裁员是一种最无奈，但最有效的方式。在进行裁员时，首先制定优厚的裁员政策，比如为被裁减者发放优厚的失业金等；然后，裁减那些主动希望离职的员工；最后，裁减工作考评成绩低下的员工。

任务四　人力资源规划方案的制订

（一）人力资源政策的制定

人力资源规划中一项的重要内容是人力资源政策。企业的人力资源政策是根据不同情景而灵活制定的。情景主要有两种：人力资源短缺和人力资源富余。

1. 人力资源短缺时的政策制定

当企业人力资源短缺时，应该制定以下政策来弥补人力资源的不足：
①把内部富余人员安排到人员短缺的岗位上去；
②培训一些内部员工，使他们能胜任人员短缺但又很重要的岗位；
③鼓励员工加班加点；
④提高员工的效率；
⑤聘用兼职人员；
⑥聘用临时的全职员工；
⑦聘用正式的员工；
⑧把一部分工作转包给其他公司；
⑨减少工作量；
⑩添置新设备，用设备来弥补人员的短缺。

以上政策中，①、②、③、④是挖掘内部潜力，虽然也要增加一些成本，例如增加工资、奖金、福利等，但相对代价较低，有利于企业的长远发展，是企业的首选政策。⑧、⑨、⑩属于较消极的政策，不仅代价大，而且不利于企业的发展，不到万不得已，决不轻易使用。⑤、⑥、⑦属于中策，当内部挖掘潜力已相当充分时，不妨运用一下，但也要谨慎。

2. 人力资源富余时的政策制定

当企业人力资源富余时，应当制定以下政策来克服人力资源的多余：
①扩大有效业务量；
②培训员工；

③提前退休;

④降低工资;

⑤减少福利;

⑥鼓励员工辞职;

⑦减少每个人的工作时间;

⑧临时下岗;

⑨辞退员工。

以上政策中,①、②是相当积极的,但许多企业不一定能做到,这是对企业家的一种挑战,可以把人员富余的危机当作一次企业发展的机会。⑨是十分消极的,但在关键时刻也不得不用,因为这种舍卒保车的措施毕竟可以使企业渡过难关,有利于以后的发展。③、④、⑤、⑥、⑦、⑧均属于中策,在企业中运用得最多,也较易起作用。

(二)制定人力资源规划

在确立目标、搜集信息、预测人力资源需求和预测人力资源供给的基础上,可以开始制定人力资源规划了。

旅游企业人力资源规划包括两个层次,即总体规划与各项业务规划。人力资源的总体规划是有关规划期内人力资源开发利用的总目标、总政策、实施步骤及总的预算安排。人力资源所属业务规划包括人员招聘规划、使用规划、提升规划、培训规划、薪酬规划、劳动关系规划等。这些业务规划是总体规划的展开和具体化。每个企业的业务规划各不相同,但典型的业务规划至少应包括以下方面:规划的时间段、目标、情景分析、具体内容、制定者和制定时间。

①规划的时间段。具体写出从何时开始、至何时结束,若是一份战略性的人力资源规划,可以至3年以上;若是一份年度人力资源规划,则以1年为限。

②规划达成的目标。在这里要遵循3个原则:a. 与旅游企业的目标紧密联系,因为人力资源规划是一种局部性规划,它一定要为企业的目标服务;b. 不应泛泛而谈,最好有具体数据;c. 简明扼要。

③目前情景分析。主要在搜集信息的基础上分析企业目前人力资源的供需状况,指出制订该规划的依据。

④未来情景分析。主要在搜集信息的基础上,在规划的时间段内,预测企业未来的人力资源供需状况,进一步指出制订该规划的依据。

⑤具体内容。这是人力资源规划的核心,涉及的方面很多。例如工作分析的启动、新的员工绩效考评系统、改进后的报酬系统、规划中的培训工作、招聘方案等。每一方案都包括以下内容:具体内容、执行时间、负责人、检查人、检查日期和预算。

⑥规划制订者。规划制订者可以是一个人(如人力资源部经理李小民先生),也可以是一个群体(如董事会),也可以包含个体与群体。

⑦规划制订时间。主要指该规划正式确定的日期。

如图2.5所示为某饭店人力资源规划。

人员分类	现有人数	高职率/%	离职人数	增长率/%	增长人数	预测需求人数（含潜离职人员）	明年人数/人
生产及维修工人	850	8	68	5	43	111	893
文秘和行政职员	56	4	3	10	6	9	62
工程技术人员	40	3	2	6	3	5	43
中层与基层管理人员	38	3	2			2	38
销售人员	24	6	2	15	4	6	28
高层管理人员	10	1	1			1	10
合计	1 018		78		56	134	1 074

图2.5 某饭店人力资源规划

任务五 人力资源规划的实施与控制

实施与控制人力资源规划是最后的十分重要的一环。如果前面的规划定得十分理想，但是在执行过程中出了问题，就将前功尽弃。

实施与控制人力资源规划主要包括4个步骤：执行、检查、反馈、修正。

1.执行

在执行过程中要注意以下3点：
①按规划执行；
②在执行前要做好准备工作；
③执行时应全力以赴。

2.检查

检查是不可缺少的步骤，否则可能会出现使执行流于形式、执行缺少必要的压力、不能掌握第一手信息等问题。

检查者最好是实施者的上级，至少是平级，切忌是实施者本人或实施者的下级。

检查前，检查者要列出检查提纲，明确检查目的与检查内容。检查时要根据提纲逐条检查，千万不要随心所欲或敷衍了事。检查后，检查者要及时、真实地与实施者沟通检查结果，以利于激励实施者，使其以后更好地实施项目。

3.反馈

反馈是执行人力资源规划各环节中的一个重要步骤。提供反馈,从而可以知道原来规划中的哪些内容是正确的,哪些是错误的,哪些不够全面,哪些比较符合实际情况,哪些需要加强,哪些需要引起注意等重要信息。

反馈中最重要的一点是保持信息的真实性。由于环境和个体的不同,有许多信息不一定真实,因此去伪存真显得格外重要。

反馈可以由实施者进行,也可以由检查者进行,或者由两者共同进行。

4.修正

修正是最后一个步骤,谁也不能保证人力资源规划一经制订就完全正确。因此,根据环境的变化,根据实际情况的需要,根据实施中的反馈信息,及时修正原规划中的一些项目显得十分必要。

一般来说,修正一些小的项目,或修正一些项目中的局部内容,涉及面不会很大。但如果要修正一些大的项目,或要对原规划中的许多项目进行修正,或要对预算作较大的修正,往往需经过最高管理层的首肯。

要点思考

1.旅游企业进行人力资源规划有何必要性和作用?

2.旅游企业预测人力资源需求与供给有几种方法? 试分析各种方法的长处与短处。

3.你认为在旅游企业人力资源规划的实施与控制过程中应注意哪些问题?

案例讨论

西门子公司的人力资源开发

德国西门子公司的人力资源开发和管理有许多显著的特点,是该公司十分重要的成功要素之一,具体如下:

人力资源部门地位高、有权威

各层的人事主管都是领导班子的成员,人事总裁马力先生就是西门子公司董事会的董事。这样做,对于把人力资源管理与开发纳入企业经营总战略和总决策之中是非常有利的。有人曾经调查过欧洲1 000家大型企业,结果表明,50%以上企业的人事主管都是由董事兼任的,西门子公司的做法就是例证。欧洲出现这一特点不是偶然的,这与发展所处的时代背景有着直接的关系。有人曾对欧洲企业近几十年来的用人情况作过这样的分析:1945—1955年10年间,由于第二次世界大战导致商品极度匮乏,企业大多注重从生产人员中选拔高层主管;1955—1965 年 10 年间,由于市场饱和、产品滞销,企业大多注重从销售人员中选拔高层主管;1965—1975 年 10 年间,由于合资经营、跨国经营的出现,财务问题日趋复杂起来,企业大多注重从财务人员中选拔高层主管;1975 年以来,由于市场竞争加剧,人才问题越来越成为各种竞争之关键,因此选拔高层主管的注意力开始转向人力资源管理开发上来。

实施"爱发谈话"制度

"爱发谈话"是西门子公司实行的一项人事制度,主题是"发展、促进、赞许",德文缩写是 EFA。

在西门子公司 40 万员工中,有 26 000 名是高级管理者,实行年薪制,其余一律按工资税章表领取工资。"爱发谈话"的对象是实行年薪制的各领域高级管理人员,谈话每年一次,成为制度。

"爱发谈话"由职员、上司、主持人三方参加。职员,即 26 000 名高级管理者;上司,即谈话对象的直接主管;主持人,通常是人事顾问。

这种"爱发谈话"是以谈心方式进行的,上司是主角,在谈话中处于主动地位,但是他不是以上司身份出现,而是教练角色,从心理上与职员构成伙伴关系,设身处地帮助职员分析优势劣势,帮助职员更好地实现个人的设想。职员在谈话中的任务是:客观分析自己的现状,找出自己的强项和弱项,提出培训进修的意愿,根据自己的兴趣、爱好、潜力以及目前所处的位置设计调整职业生涯规划,达到关心自我、拓展职能、确立目标的目的。主持人的任务:协调谈话各方、咨询有关问题、提供市场信息。为了保证谈话效果,在谈话前三方都要做好必要的准备,尤其是上司的准备必须充分。其中包括了解谈话对象当年完成任务情况、能力状况、有何要求等,这些情况可以事先通过问卷调查获取,包括企业能为职员发展提供什么样的可能;对职员的能力、优劣势、目前状况、所在位置的评价意见。为了提高谈话能力,公司还组织了 80 名专家对 800 名谈话者进行专项培训,然后再由 800 名经过培训的谈话者去实施对 26 000 人的"爱发谈话",谈话结果三方签字后归入人事档案,作为确定年薪、岗位变动、职务升迁、培训进修的重要依据。在"爱发谈话"基础上实施的高级管理人员培训的针对性极强,缺什么补什么,参加培训者不是强迫而是自愿参加。

大力开发国际化经营人才

西门子公司的业务几乎覆盖了整个世界。经济一体化和经营国际化程度之高都是其他企业不可及的。西门子公司的战略:把西门子公司的发展融入所在国的经济发展之中。为此,公司作出规定,选拔的领导干部必须具有 1~3 年的国外工作经验,而且把外语以及对所在国家文化状况的了解作为重要条件。

人才资源开发投资力度大

西门子公司的管理者认为:创新是公司的命脉,技术是造福人类的力量,领先的技术是立于不败之地的保障。因此,他们始终把人才开发、推动科技进步作为公司发展的首选之策。从世界上第一台指针式发报机的诞生到现代高科技太阳能芯片的生产,在 100 多年的科技发展较量中,西门子公司在同领域始终是一路领先。该公司现有员工中大学以上学历者已超过50%。目前每年还要接收3 000名新大学生,仅用于这批学生的继续教育的费用,公司每年就要拨3亿马克。另外,公司每年还要投入70亿美元和45 000名人员专门用于研究与发展,以迎接本领域的挑战。

着力于团队精神培养

这是西门子公司人才开发的一个最大特点。西门子公司的管理者认为,企业的未来在很大程度上取决于人才资源的开发,企业主应当通过与员工的真诚合作来增加公司的价值,要爱护自己的员工,在创造一个人的就业机会的同时创造一个人的发展机会,努力培养员工对本企业的归属意识,把个人的发展同企业命运紧密地联系在一起。在西门子公司,企业主与员工的伙伴关系体现得非常充分。当外界问及西门子公司的员工在哪儿工作时,回答近乎异口同声:在西门子公司!这回答听起来似乎很平常,但就在这平常之中却展现出西门子公司员工热爱企业、视厂为家的主人翁责任感,这就是西门子文化所培养出来的西门子人。是西门子文化给企业不断注入了活力,使企业发展始终充满生机。

问题讨论

1. 由西门子公司人力资源开发战略可以看出该公司需要什么样的人才?
2. 试结合国际通信领域竞争环境,分析西门子公司开发这样的人力资源的原因。

奇思妙想

人力资源也要战略定位

●叶阿次

战略在企业管理中扮演着非常重要的角色。中欧国际工商学院的杨国安教授认为,企业的绩效取决于战略与组织能力,而组织能力主要包括员工能力、员工思维和员工治理方式。毋庸置疑,人力资源部门在打造组织能力上有着不可推卸的责任,在这个过程中,一个企业的人力资源部门确定什么样的战略和定位将会产生完全不同的效果。

一般认为,思路决定出路,定位决定地位,深度决定高度!那么人力资源部该如何定位自己,从而更好地完成这个至关重要的任务?

专业化与职业化

就笔者所接触到的公司而言,人力资源的定位基本上可以分为3种不同的方式。第一种定位是追求人力资源的专业化与职业化。在这种定位阶段,人力资源从业者成功的关键是效率。其基本表现形式是:专业的招聘与面试技巧、课程体系的设计、岗位体系与能力模型的打造、专业的薪酬体系设计等。

在这一阶段,人力资源从业资格证书会是他们的一个标识。这种定位者大多来自于成长中的公司,这也与其公司追求专业化和职业化有关。也有一些大公司如此定位,这也就是我们所说的在大公司,每个人都是一颗螺丝钉的原因。当一个人加入一个这样的大公司,基本上他的工作职责在哪个领域,他所能知道的就是哪个领域的内容了,这些内容也基本构成其专业化和职业化的核心。

这种定位在当下很有市场,基本上大学里开设的专业就是为这些而服务的。从职业定位角度看,甚至很多女孩认为这是一个很好的职业选择,因为其有一定的专业性,又没有如同业务部门般的数字业绩压力。在这样的指导思想下,HR成为一个专业的内容,在专业咨询公司的帮助下,一个个专业术语被不断提出,有的公司甚至把薪酬搞得很神秘,从而突显自己的专业性与独特性,但这样一来,最终也就与业务渐行渐远。

成为业务伙伴

第二种定位是成为业务伙伴。这是当下许多公司人力资源部的口号。

在这种定位阶段,人力资源从业者成功的关键是信任,能否获得业务部门的信任,对于这一定位的实现起着至关重要的作用。之所以有这种定位,一般来说是因为公司大到一定程度,因为不同的业务单元存在,人力资源部为了更好地接近业务,因而产生了业务部门的HR。

在这种定位下,人力资源从业者会更加关注人的问题。人不仅产生人力成本,更是一种资源,需要大力开发。资源利用得好与不好会对业务产生很大的影响,因此这个定位基本上是为了帮助业务部门更好地开发人力这个资源而存在的。

伙伴有两种,一种是能真正帮到业务部门的,也被认可的伙伴。而另外一种则是你认为是伙伴,而你的伙伴并不这样认为。在后一种情形下,HR一般会认为自己并没有得到相应的重视,甚至有些公司的人力资源负责人并不是向总裁汇报工作的。其实,成为业务伙伴的首要关键是与业务部门有共同的语言体系,能听懂业务部门的话,知道业务需要什么,知道什么是业务的战略目标,知道如何能帮助业务目标的实现。由此能切切实实从人力资源的角度提出有效的解决方案,帮一线经理人完成管理团队的任务,能提供有效的工具,甚至包括教会一线经理人如何使用这些工具。

成为业务的一部分

第三种定位是成为业务的一部分。这种定位成功的关键是效果。当HR定位为业务伙伴的时候,一个潜在的假设是:我只是业务伙伴,因而业务的好坏与人力资源部关系不是很大,业务部门才是对业务的成败负主要责任的。事实上,我们从未见过一个公司的财务部、销售部或市场部提过要成为业务伙伴这样的口号,这是为什么呢? 原因很简单,他们有主人翁意识。我们都知道,业务的好坏第一个要素就是人,因为所有业务都是要靠人去完成的。成为业务的一部分,实质上是树立起主人翁意识,主动站在业务的立场上,主动承担起责任,一切以业务部门为重,此时,已经不存在共同语言的问题了,而是在某种程度上,人力资源会极大主导和影响业务的发展,HR已经成为制订业务战略时不可或缺的最重要的角色。

这个阶段成功的标志是如同管理大师彼得·杜拉克所说的:企业管理的实质是人力资

源管理,人力资源管理是企业管理的代名词。

做到这种定位,人力资源部真正在做的事情当然就不再是业务本身,而是超越业务,因为人力资源部其实是在打造这家企业的企业文化,如同我们所思考的问题那样:为了实现公司的战略目标,我们需要什么样的人? 这些人具有什么样的特征? 他们存在于市场的哪个地方? 我们如何才能得到这些人? 现有的人离我们的要求有多远? 我们如何才能将现有的人提升到这样的水平? 现有的优秀人才如何才能被很好地保留?

能够很好地回答这些问题的 HR 才能被称为业务的一部分。无论是引入所需要的人,还是打磨现有的人成为所需的人,这些都是企业文化的一部分。只有强势文化才会如此影响人。企业文化的建设推手完全在于企业的最高领导层,而人力资源部也是其中的一部分,因为文化的形成首先是精神层,它取决于最高领导;其次是制度层,这极大地取决于人力资源部;再次是物质层,取决于人力资源部和各级管理者的执行;最后是行为层,只有把前面三个层次完全做好,我们才可以很容易地做到第四层,只有到了第四层,才可以说企业文化基本形成。

人力资源管理者任重而道远,最终采取什么样的定位,还要与企业目前的发展阶段相结合,不可盲目地提出不切合企业实际水平的管理方法,定位也与整个管理团队的管理水平和一线经理人的成熟度有着极大的关系。

(摘自:《中外管理》,2013(1))

初涉职场

实训项目:旅游企业的组织结构设置和员工岗位配置。

实训目的:掌握人力资源供给预测的方法,并能够熟练应用。

实训任务:

1.实训指导教师选定一家旅行社、景区或饭店,以观摩的形式,学生对以上旅游企业的组织结构和岗位分配情况有一个直观的认知。

2.学生选定一家企业,预测在旅游旺季时间需要增加的各工作岗位人数,进行企业组织机构设置,并画出组织机构图。

3.学生为选定的一家企业做出员工岗位配置规划。

考核指标:

1.旅游企业组织机构图;

2.企业员工岗位配置规划表;

3.制作若干岗位继任卡;

4.运用马科夫矩阵模式制作人员流动情况表;

5.以小组为单位,对任务结果进行说明,考查小组的综合协作能力。

项目3 工作分析

- □ **知识目标** 掌握工作分析的概念和要素，了解工作分析的作用；掌握工作分析的程序、基本方法及主要内容；掌握工作说明书和岗位规范的编写方法和步骤等。
- □ **技能目标** 运用恰当的方法进行工作说明书和岗位规范的编写。

基本内容

- □ **工作分析的概念和作用**
  ——工作分析的概念和要素　工作分析的作用　工作分析的程序
- □ **工作分析的关键技术**
  ——工作分析的基本方法　工作说明书和岗位规范

巧用职位说明书，防范用工风险

制订和填写职位说明书，不但是一个职位分析的过程，也是法律应用的过程。在这一过程中，不仅要了解和掌握法律的相关规定，还要考量纠纷产生的原因和可规避的方法。

某物业公司人力资源部经理刘某刚上任就接到报告，新招聘来的一名门卫张某，因为血液黏稠，在岗期间总是迷糊、瞌睡，有时还有视物不清的现象，用工部门认为其不能胜任门卫工作，要求予以辞退。因为该员工还在试用期，刘经理认为，张某被证明了不符合物业公司《员工守则》中聘用员工"身体健康状况需符合岗位劳动强度要求"的通用条款，依据《劳动合同法》第39条之规定，随即通知张某办理离职手续。但张某却提出异议，认为自己身体健康状况符合岗位劳动强度要求，拒绝办理离职手续。

刘经理查阅了公司内部管理文件，查找有关门卫岗位的身体健康详细标准，但由于公司人员众多，岗位名称十分繁杂，各岗位的身体健康标准并没有作为劳动规章制度写入《员工守则》，只是作为人力资源部招聘员工时内部掌握的参考文件。刘经理因为缺乏执行依据，无法辞退张某。为了避免类似问题再次发生，刘经理开始着手进行如表3.1至表3.6所示的规范《职位说明书》的管理工作。

表3.1　招聘主管岗位标识示例

部门	人力资源部	岗位名称	招聘主管	岗位编号	R0102
员工姓名	张××	职等职级	中级职员	直接上级	人力资源部经理
身份证号	××××××××××××××××××			合同编号	20120123

表3.2　招聘主管工时安排示例

工作起止时间	上午8:00—12:00；下午13:00—17:00	休息日	周六、周日
调休说明	若休息日有工作任务，经双方协商，劳动者工作后，可按实际工作时间适时安排补休。		

表3.3　招聘主管职责任务示例

	职责内容	业绩衡量标准
职责任务	1. 根据企业发展规划，制订员工招聘规划。	制订可行的招聘计划书。
	2. 依据岗位空缺情况及时招聘员工。	正式提出岗位需求后，一般员工15天内招聘到岗；高级管理及专业技术人才2月内招聘到岗。
	3. 建立人才储备信息库。	按照不低于1∶1的比例储备各岗位人才。
	4. 组织招聘程序性工作。	收集简历，组织笔试、面试。

表 3.4　招聘主管操作规范示例

操作规范	1. 对高级管理人员、高级专业技术人员,需将拟聘人员提交企业管理层集体决策,不得擅自决定。 2. 对于本人涉及近亲属、姻亲的聘用,需主动回避。 3. 不得收取任何应聘人员财物。

表 3.5　招聘主管劳动规章名录示例

劳动规章名录	1.《××公司员工守则》 2.《××公司员工招聘制度》 ……
	注:上述规章制度在公司网站发布,公司新聘员工需在入职 7 日内学习完毕。公司在职员工对公司新制订和新修订的制度需在 3 日内自行学习完毕。超过上述规定时间,视为对公司网站发布的规章制度已全部知悉。

表 3.6　薪酬项目构成情况示例

薪酬项目	固定项	基本工资		等级工资		岗位津贴	
	变动项	业绩奖励		加班费		福利费	

启发思考

以上职位说明书主要包括哪几个方面的内容？是如何规避劳动法律风险的？

理论要点

(一)工作分析的概念和要素

工作分析(或称职务分析、岗位分析等)是现代人力资源管理所有职能工作的基础和前提。工作分析就是对特定的工作作出明确规定,并确定完成这一工作所需要的知识技能等资格条件的过程。通过工作分析,对企业各类岗位或工作的性质、任务、程序、劳动条件和环境,以及员工承担本岗位或工作应具备的技能、责任和知识等资格条件所进行的系统分析和研究,制订出岗位规范和工作说明书等人事文件的过程,确定某一工作的任务和性质是什么,哪些类型的人适合从事这项工作。工作分析从以下 8 个要素着手(6 W2H):

①Who:谁从事此项工作,责任人是谁,对人员的学历及文化程度、专业知识与技能、经验以及职业化素质等资格要求是怎样的。

②What：做什么，即本职工作或工作内容是什么，负什么责任。

③Whom：为谁做，即顾客是谁。这里的顾客不仅指外部的客户，也指企业内部的员工，包括与从事该工作的人有直接关系的人：直接上级、下级、同事、客户等。

④Why：为什么做，即工作对其从事者的意义所在。

⑤When：工作的时间要求。

⑥Where：工作的地点、环境等。

⑦How：如何从事或者要求如何从事此项工作，即工作程序、规范以及为从事该工作所需的权利。

⑧How much：为此项工作所需支付的费用、报酬等。

工作分析的主要成果是写出工作说明书，也可称作职务说明书、工作岗位描述。工作说明书要详细说明该岗位的基本资料、工作情况、任职资格、工作环境等。我国企业中常见的岗位责任制是工作说明书的演变形式。

正确的工作分析方法大致包括以下要点：

①进行工作分析的工作班子要包括工作分析专家、技术专家以及企业有关部门经理和员工等各方面人员。

②要先进行培训、宣传发动等准备工作，取得全体职工的配合。

③工作说明书要基于现实，还要高于现实，要在充分调查的基础上分析现存的问题，总结提高。

④要在招聘、培训、考核等工作中应用工作说明书，并根据实际情况的变化及时修改。

旅游企业人力资源开发工作的一个重要方面是使人与工作之间实现最佳匹配，从而做到人适其职、职得其人、人尽其才、才尽其用。要达到这一目的，就要了解各种工作的特点以及能胜任各种工作的人员特点，这就是工作分析的主要内容。

（二）工作分析的作用

工作分析是各项人力资源管理工作的核心，是旅游企业建立人力资源管理制度的基础，也是各项人力资源管理程序所必须依据的文件。目前，在许多企业人力资源管理实务中，都强调"以岗位为核心的人力资源管理整体解决方案"。实际上，就是指企业人力资源管理的一切职能，都是以工作分析（岗位分析）为基础的。具体关系见图3.1：

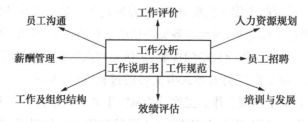

图3.1 工作分析是各项人力资源管理工作的核心

通过工作分析可以产生如下信息：

1. 总体目标

每一个部门的工作职务安排和人员配备,都必须有一个合理的计划,并根据发展趋势作出人事预测。工作分析的结果是,分析出工作存在的原因,以及工作者能作出的贡献,对工作职务安排和人员配备作出一个合理的规划,可以为有效的人力资源规划提供可靠的依据。企业有多少工作岗位,这些岗位目前的人员配备能否达到要求,今后一年或几年内职务和任务将发生哪些变化,人员结构应作哪些相应的调整,人员增减的趋势如何,后备人员的素质应达到什么水平等问题,都可以根据工作分析的结果作出适当的处理和安排。

2. 征聘标准

旅游企业员工的招聘、选拔和任用对企业开发利用人力资源,加强员工队伍的组织建设,提高员工队伍的总体素质,保证企业生产任务的完成,推动企业的发展,具有十分重要的意义。而工作分析是企业员工招聘、选拔、任用的基本前提。工作分析所形成的人力资源文件,如工作说明书,对某类工作的性质、特征,以及担任此类工作应具备的资格、条件,都作了详尽的说明和规定,这就使人力资源专业人员明确了招收的对象和标准,在组织人员考评时,能正确地选择考试科目和考核内容,避免了盲目性,保证了"为事择人、任人唯贤、专业对口、事得其人"。

3. 发展因素

人力资源管理是对人力加以系统化的组织,其目的是实现人与工作的最佳匹配。要达到这一目的,可以通过科学的人员选拔与任用,尽可能为各种岗位配备适合的人员。然而在实践中,一方面很难使所选用的人在知识、能力、技能、个性特征方面完全达到工作的要求;另一方面,随着旅游企业的发展,工作会发生变化。所以,旅游企业需要对员工进行培训。企业职务培训是指为了满足职务的需要,有针对性地对具有一定文化素质的在岗在职人员进行职务专业知识和实际技能的培训。职务培训是员工培训的重要组成部分,除具有员工培训的一般特征外,还有以下特点：

①职务培训具有很强的针对性和实用性,其根本目的是为了帮助员工获得职务必备的专业知识和技能,具备上岗任职资格,提高职工胜任本岗本职工作的能力。因此,职务培训的内容必须从职务的特点和要求出发而加以规定。

②职务培训还具有在职性、全员性、效益性。

③职务培训的前提是职务规范化,职务规范包括职务标准和职务培训规范。

职务培训的上述3个特点说明,工作分析的结果如工作规范等相关文件,是职务培训必不可少的客观依据。通过工作分析,我们可以明确从事各项工作所应具备的技能、知识和各种心理条件,依照工作分析的结果,我们可以根据实际工作要求和受训人员的不同情况,有区别、有针对性地设计和制订培训方案。

4. 绩效标准与激励因素

通过工作分析,找到可能激励或打击工作者的特别工作特征,利用工作分析在培训、职业开发、工资、奖金、人际关系、员工咨询等方面提供的建设性意见,全方位地有效激励员工,充分调动员工的积极性,制定出评估工作是否圆满完成的标准、措施或指标,使考评工作更加合理、准确和客观,从而使建立在考评基础上的激励系统能够更加有效、公平地运作。

5. 工作和生产效率

在调动企业员工生产的积极性、主动性,提高劳动效率方面,工作分析具有重要的推动作用。由于工作分析保障同工同酬,并使员工明确了自己的职责以及今后努力的方向,他们必然会在生产中服从领导,积极工作,不断进取,其最终结果将是企业经济效益的不断提高。

通过工作测定和分析,不断对工作进行重新设计和改进,推动各工作在劳动组织中的合理配置,促进劳动组织的科学化;保证生产过程尽可能均衡、协调地进行劳动力与生产要素配置的合理化、科学化,并节约生产成本,提高劳动生产率。

6. 环境因素

通过工作分析,从而改善和优化工作条件、卫生、安全、非正常工作时间、流动等与工作设计和劳动环境相关的工效因素。

简言之,只有做好了工作分析与设计工作,才能据此有效地完成具体的现代人力资源管理工作。

(三)工作分析的程序

旅游企业工作分析是一个细致而全面的评价过程,这个过程可以分为 4 个阶段:准备阶段、调查阶段、分析阶段和总结阶段。这 4 个阶段相互联系、相互影响。如图 3.2 所示为工作分析的流程。

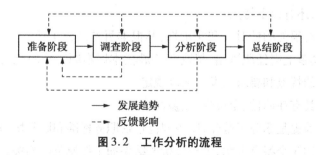

图 3.2　工作分析的流程

1. 准备阶段

准备阶段是工作分析的第一阶段,具体工作如下:

①明确工作分析所获得的信息将用于何种目的。因为工作分析所获得信息的用途直接决定了需要搜集何种类型的信息,以及使用何种技术来搜集这些信息。

②对所分析的工作职务类型、基础资料和工作环境等情况进行初步了解。可以先对能够得到的与工作有关的背景信息作一个大致了解,如组织结构图、工作流程图和工作说明书等。

③确定工作分析的方法和步骤。

④向工作分析的相关人员宣传、解释。

⑤同与工作分析有关的工作人员建立良好的人际关系,并使他们作好心理准备。

⑥以精简、高效为原则组成工作小组。

⑦根据人员、设备和工作任务等方面的代表性确定调查和分析对象的样本。

⑧把各项工作分解成若干工作要素和环节,确定职务的基本维度。

2. 调查阶段

调查阶段的主要任务是对整个工作过程、工作环境、工作内容和工作人员等主要方面作一个全面的调查,具体工作如下:

①编制各种调查问卷和提纲,使调查工作具有针对性。

②灵活运用访谈、问卷、观察、关键事件法等各种调查方法。

③广泛深入地搜集有关工作职务特征以及要求的数据资料,尤其应注重人员特征和工作特征方面的情况。

④要求被调查的管理人员、员工对各种工作特征的重要性和发生频次评出等级。

3. 分析与总结阶段

分析阶段中十分重要的一环是对有关工作性质、人员特征的调查结果进行深入分析。工作分析并不是简单机械地搜集和积累某些工作标准信息,它包含的具体工作如下:

①仔细审核已经搜集到的各种信息。

②创造性地发现、分析有关工作和工作人员的关键成分。

③归纳、总结出工作分析的必需材料和要素。

在分析的基础上,提出工作分析报告。总结阶段的任务主要是根据搜集到的信息编制工作说明与岗位规范。

管理实务

任务一　掌握工作分析的基本方法

为了搜集用于工作分析的信息,一般采用访谈法、问卷法、清单法、观察法、工作日记法及关键事件法等方法。

1. 访谈法

为了获得充分信息,有必要与工作者进行面谈,并与管理者或小组长加以核实,面谈的目标是获得关于工作的相关事实。访谈法主要有以下三种:

①对每个员工进行个人访谈;

②对做同种工作的员工群体进行群体访谈;

③对完全了解被分析工作的主管人员进行主管人员访谈。

群体访谈通常适用于大量员工做相同或相近工作的情况,可以以一种迅速而且代价相对较小的方式了解到工作的内容和职责等方面的情况。在进行群体访谈时,应注意遵循的基本原则是这些工作承担者的上级主管人员应该在场。如果他们当时不在场,事后也应该单独和这些主管人员谈一谈,听取他们对被分析工作中所包含的任务和职责所持的看法。

访谈的内容包括:

①工作者的工作名称;

②工作者的管理者或小组长的工作名称;

③向工作者报告的人的工作名称和数目;

④总体工作作用和目标的简介;

⑤工作者承担的主要任务和义务一览表,利用的资源、设备,进行的接触和任务完成的频率。

访谈时应注意的几个问题:

(1)访谈时要设法得到被访问者的充分合作

被访问者往往有所猜疑。为此,工作分析者必须受过面谈技巧训练,必须能与被访谈者建立起和谐的关系;他还必须能极简要地向被访谈者说明访谈的目的,使他们确信访谈并不是为了了解他们的工作能力,从而消除他们的抗拒心理和防御行为。

(2)准备访谈清单

为了保证访谈取得成效,访谈中要问的问题应事先拟好,准备一份访谈清单,核心是"尽量简单",使工作分析机构化,目标明确,做到有的放矢,获得有效的信息。访谈法工作岗位分析表如表 3.7 所示。

表 3.7 访谈法工作岗位分析表

职位名称		主管部门	
所属部门		工作地点	
间接主管		监督者	
直接主管			

本职位设置的目的是什么?

按顺序列举说明本职位的工作责任及其重要性(责任分为每日、一定时期内和偶尔担负的3种类型)

1.每日必须做的工作	完成该任务的时间百分比
(1)_____	_____
(2)_____	_____
(3)_____	_____
(4)_____	_____
2.一定时间内必做的工作	完成任务的时间百分比(季、月、周)
(1)_____	_____
(2)_____	_____
(3)_____	_____
(4)_____	_____
3.偶尔要做的工作	完成该任务的时间百分比
(1)_____	_____
(2)_____	_____
(3)_____	_____

(3)核实信息

有时被访谈者会有意无意地歪曲其职务情况。比如把一件容易的工作说得很难或把一件很难的工作说得比较容易,这就需要通过和多个同职者访谈,与工作者的管理者和小组长核实信息,协调对工作的不同看法,将所搜集的资料进行对比来加以校正,以修正偏差。

2. 问卷法

问卷法是利用已编制的问卷,让有关人员以书面形式回答相关职务问题,从而获取与工作相关信息的快速而有效的调查方法。通常,问卷的内容是由工作分析人员编制设计的问题或陈述,这些问题和陈述涉及具体的行为和心理素质,要求被调查者根据这些行为和心理素质对他们工作的重要性以及在工作中出现的频次按给定的方法作答。工作分析问卷如表3.8、表3.9所示。

表3.8 一般工作分析问卷

(1)职务名称:
(2)比较适合任此职的性别: A.男性 B.女性 C.男女均可
(3)最适合任此职的年龄: A.20岁以下 B.21—30岁 C.31—40岁 D.41—50 E.51岁以上
(4)能胜任此职的文化程度: A.初中以下 B.高中、中专 C.大专 D.本科 E.研究生以上
(5)此职的工作地点: A.本地市区 B.本地郊区 C.外地市区 D.外地郊区 E.其他
(6)此职的工作主要(指75%以上时间): A.在室内 B.在室外 C.室内室外各一半
(7)此职信息主要来源: A.书面材料 B.数字材料 C.图片材料 D.模型材料 E.知觉显示 F.测量装置 G.人员

表3.9 工作分析调查问卷样本

姓名		职称		责任职务		工龄	
性别		部门		直接上级		进入企业时间	
年龄		学历		月均收入		从事本工作时间	
工作的时间要求	1.正常的工作时间每日自( )时开始至( )时结束。						
	2.每周平均加班时间为( )小时。						
	3.所从事的工作是否忙闲不均。(是,否)						
	4.若工作忙闲不均,则最忙时常发生在哪些时间段:＿＿＿＿＿＿						
	5.外地出差情况每月平均( )次,每次平均需要( )天。						
	6.本地外出情况平均每周( )次,每次平均需要( )天。						
	7.出差时所使用的交通工具按使用频率排序(由高到低):＿＿＿＿＿＿						
	8.其他需要补充说明的问题:						

工作目标	主要目标			其他目标		
	1.					
	2.					
工作概要	用简练的语言描述一下你所从事的工作:					

工作活动程序	名　称		程　度			依　据

工作活动内容	名　称	结　果	占全部工作时间的百分比	权　限		
				承　办	报　审	全权负责

失误的影响	若你的工作出现失误,会发生下列哪种情况?	说　明
	1.不影响其他工作的正常进行。	如出现多种情况,请按影响程度由高到低依次填写在下面括号中。 (　　　　　　　　　　　)
	2.只影响本部门内少数人。	
	3.影响整个部门。	
	4.影响其他几个部门。	
	5.影响整个企业。	
	企业形象损害	1　　2　　3　　4　　5 轻　较轻　一般　重　较重
	经营管理损害	
	其他损害	

接触	内部	
	外部	

监督	1.直接和间接监督人员数量。(　　　)
	2.被监督的管理人员数量。(　　　)
	3.直接监督人员层次:一般职工、基层领导、中层领导、高层领导。

工作的基本特征	责任性	1.只对自己负责。
		2.对职工有监督指导的责任。
		3.对职工有分配工作、监督指导的责任。
		4.对职工有分配工作、监督指导和考核的责任。
	决定性	1.在工作中时常作些小的决定,一般不影响其他人。
		2.在工作中时常作些决定,对有关人员有些影响。
		3.在工作中时常作些决定,对整个部门有影响,但一般不影响其他部门。
		4.在工作中时常作些大的决定,对自己部门和相关部门有影响,但一般不影响其他部门。
		5.在工作中要作重大决定,对整个企业有重大影响。

续表

工作的基本特征	权限	1. 有关工作的程序和方法均由上级详细规定,遇到问题时可随时请示上级解决、工作结果须报上级审核。
		2. 分配工作时上级仅指示要点,工作中上级并不时常指导,但遇困难时仍可直接或间接请示上级,工作结果仅受上级要点审核。
		3. 分配任务时上级只说明要达成的任务或目标,工作的方法和程序均由自己决定,工作结果仅受上级原则审核。

工作的基本特征	1. 完成本职工作的方向和步骤:	
	(1)完全相同　　(2)大部分相同　　(3)有一半相同 (4)大部分不同　　(5)完全不同	
	在工作中你所接触的信息经常为:	说　明
	1. 原始、未经加工处理的信息。	若出现多种情况,请按"经常"的程度由高到低依次填写在下面的括号中。 （　　　　　　　　　　　）
	2. 经过初步加工的信息。	
	3. 经过高度综合的信息。	
	在你作决定时常根据以下哪种资料?	说　明
	1. 事实资料。	若出现多种情况,请按"依据"的程度由高到低依次填写在下面的括号中。 （　　　　　　　　　　　）
	2. 资料、模糊的相关资料。	
	3. 难以确定是否相关的资料。	
	在工作中,你需要计划的程度:	说　明
	1. 在工作中无须计划。	若出现多种情况,请按"作计划"的程度由高到低依次填写在下面的括号中。 （　　　　　　　　　　　）
	2. 在工作中需要作一些小的计划。	
	3. 在工作中需要作部门计划。	
	4. 在工作中需要作企业整体计划。	
	在你的工作中接触资料的公开性程度:	说　明
	1. 在工作中所接触的资料均属公开性资料。	若出现多种情况,请按"公开"的程度由高到低依次填写在下面的括号中。 （　　　　　　　　　　　）
	2. 在工作中所接触的资料均属不可向外公开的资料。	
	3. 在工作中所接触的资料均属机密资料,仅对中层以上领导公开。	
	4. 在工作中所接触的资料均属企业高度机密,仅对少数高层领导公开。	

续表

任职资格要求	1.你平常起草或撰写的文字资料有哪些？	等级	频率
	(1)通知、便条、备忘录　(6)企业文件 (2)简报　　　　　　　　(7)研究报告 (3)信函　　　　　　　　(8)法律文件 (4)汇报文件或报告　　　(9)合同 (5)总结　　　　　　　　(10)其他		1.极少 2.偶尔 3.不太经常 4.经常 5.非常经常

2.学历要求：□高中　□职专　□大专　□大本　□硕士　□博士

3.为顺利履行工作职责,应进行哪些方面的培训？需要多少时间？

培训科目	培训内容	最低培训时间/月

4.一个刚刚开始你所从事的工作的人,要多长时间才能基本胜任该工作？

5.为了顺利履行你所从事的工作,需具备哪些方面的其他工作经历？经历年限是多少？

工作经历要求：	最低时间要求：

6.在工作中你觉得最困难的事情是什么？你通常是怎样处理的？

困难的事情：	处理方法：

7.你所从事的工作有何体力方面的要求？

(1)轻　(2)较轻　(3)一般　(4)较重　(5)重

8.专业技能的要求(如计算机等)

	等级：	需要程度：
9.其他能力要求： (1)指导能力　　　(6)资源分配能力 (2)激励能力　　　(7)管理技能 (3)授权能力　　　(8)时间管理 (4)创新能力　　　(9)倾听敏感性 (5)计划能力　　　(10)人际关系 其他：		

考核

对于你所从事的工作,你认为应该从哪些角度进行考核？基准是什么？

考核角度	考核基准

建议

你认为你所从事的工作有哪些不合理的地方？应如何改善？

不合理处	改进建议

备注

你还有哪些需要说明的问题？

直接上级确认符合事实后签字：

问卷法的最大优点是比较规范化、数量化,适于用计算机对结果进行统计分析,并且节省人力与时间。但它的设计比较费工,也不像访谈那样可以双向交流进行沟通,因此,不易了解被调查对象的态度和动机等较深层次的信息。此外,问卷不易引起被调查对象的兴趣,加之被调查对象对该项工作的认真程度不同,文字表达能力也有所差异,所填内容与实际工作往往有一定差距,因此,还需要用其他方法来补充。

3. 清单法

清单和问卷类似,但所需的回答更客观,通常为"是"或"否"的类型,清单覆盖的工作可达 100 多种,工作者在相关的项上打钩。和问卷一样,清单需要充分准备,实地测试对于确保正确填写及回答有意义是很重要的。打分制是对相对粗糙的清单的改进,对每一项进行打分,对每一分都有标准说明。打分情况表如表 3.10、表 3.11 所示。

表 3.10 工作分析评分实例

工作描述	工作分析评分等级	
	工作所花时间	工作的重要性
电话征询信息	几乎不花时间(不到 10%)	绝对不重要
	工作的一小部分(10% ~24%)	非常不重要
	不到一半(25% ~44%)	不是非常重要
	约为工作的一半(45% ~54%)	相对重要
	工作的一大半(55% ~74%)	重要
	相当大的一部分(75% ~89%)	非常重要
	几乎整个工作(90% 以上)	绝对重要

表 3.11 饭店销售部员工工作分析(部分)

职　责	得分(最重要的打 10 分,最不重要的打 0 分)
1. 和重要客人保持联系	
2. 接待好每一位客人	
3. 详细介绍饭店产品	
4. 正确记住各种产品的价格和折扣范围	
5. 拒绝客户不正当的送礼	
6. 掌握必需的销售知识	
7. 参加在职培训	
8. 把客户意见反馈给相关部门	
9. 讲话口齿清楚	
10. 思路清晰	

续表

职　责	得分(最重要的打10分,最不重要的打0分)
11.向经理汇报工作	
12.每天总结自己的工作	
13.每天锻炼身体	
14.和同事保持良好的关系	
15.不怕吃苦	

4.观察法

观察法是指在工作现场运用感觉器官或其他工具,通过观察员工的实际工作行为,并用文字或图表形式进行记录来搜集工作信息的一种方法。

在应用问卷法、访谈法等工作分析方法时,存在一个较大的问题,即有经验的员工并不总是很了解自己完成工作的方式。许多工作行为已经成为习惯,员工并未意识到工作程序的细节。因此,采用观察法对员工的工作过程进行观察,记录工作行为的各方面特点,可以从一定程度上克服这个问题。

使用观察法应注意以下事项:

①观察的工作应相对静止,即在一段时间内,工作内容、工作程序、对工作人员的要求不会发生明显的变化;

②要注意工作分析行为样本的代表性,有时候,有些行为在观察过程中可能未表现出来;

③不适用以智力活动为主的工作,例如管理工作,因为管理工作不是靠单纯的动作所能体现出来的,其中还包括规划、方案的制订等我们无法直接观察到的思维活动;

④观察多个在职者的工作以纠正对单个在职人员观察可能造成的偏差,同时要注意在不同的时间对他们进行观察,因为必须把诸如疲劳等因素考虑进去;

⑤观察前要有详细的观察提纲和行动标准。工作分析观察提纲如表3.12所示。

表3.12　工作分析观察提纲

被观察者姓名		日　期	
观察者姓名		观察时间	
工作类型		工作部分	
观察内容			
1.什么时候开始正式工作?			
2.上午工作多少小时?			
3.上午休息几次?			

续表

4. 第一次休息时间从_____到_____。
5. 第二次休息时间从_____到_____。
6. 上午完成产品多少件?
7. 平均多长时间完成一件产品?
8. 与同事交谈几次?
9. 每次交谈约多长时间?
10. 室内温度_____℃
11. 上午抽了几次烟?
12. 上午喝了几次水?
13. 什么时候开始午休?
14. 出了多少次品?
15. 搬了多少次原材料?
16. 工作场地噪声分贝是多少?

观察法也存在一些潜在问题。首先存在的一个问题是,被观察的员工无论是否被观察,工作行为表现一致才能保证观察方法的有效性。但是,在多数情况下,员工的表现并不一致。例如,有些员工喜欢炫耀,在被观察的情况下有出色的表现;而一些人会异常紧张。另外,大多数被观察者认为,被观察时的行为表现与工资的评定有一定的关系,因而尽力而为。这些现象都会影响到主管人员对真实情况的掌握。

观察法的第二个问题是工作量大,所耗人力、物力过多,时间过长。即使对企业各部门有代表性的工作进行观察,往往也需要近一年时间。

5. 工作日记法

工作日记(Detailed Record of Work Days)是指对操作者整个工作日的工时利用情况,按时间消耗的顺序进行记录和分析的一种方法。

工作日记可以全面分析、研究工时利用的情况,找出工时损失的原因,拟订改进工时利用的措施,总结推广工时利用的先进经验,帮助广大工人充分利用工时,提高劳动生产率,为制订或修订定额所需要的布置工作地时间、休息与生理需要时间和准备与结束时间提供资料,为最大限度增加作业时间,规定工人与设备在工作日内合理的负荷量提供必要的数据。

工作日记的对象可以是先进的、一般的或后进的工人,也可以对设备的运转进行写实。范围可以是个人的,也可以是集体的;日记的内容可以是典型的,也可以是全面的。这些都要根据工作日记的目的和要求来决定。

工作日记分为准备、观察记录和整理分析3个阶段。

(1)准备

其一,选择对象。为了分析和改进工时利用的情况,找出工时损失的原因,可以分别选择先进、中间和后进工人为对象,便于分析对比;为制订定额提供资料,应选择介乎一般和先进之间的工人为对象;为了总结先进经验,应选择具有代表性的先进工人为对象。

其二,调查日记对象和工作地情况,如设备、工具、劳动组织、工作地布置、工人技术等级、工龄、工种等。如果写实是为了提供制订定额的数据资料,需要消除生产和管理方面的不正常因素,以便使测定资料具有代表性。

其三,要把日记的意图和目的向日记对象讲清楚,以便取得其积极配合。

其四,明确划分写实事项,并规定各类工时的代号,以便记录。

工作日记的格式如表3.13所示。

表3.13　工作日记的格式

填写日期:　　年　　月　　日

序号\内容\名称	工作活动内容	工作活动结果	时　间	备　注

(2)观察记录

日记应从上班开始,一直到下班结束,并将整个工作日的工时消耗毫无遗漏地记录下来,以保证写实资料的完整性。在观察记录过程中,日记人员要集中精力,在工人的配合下,按顺序判明每项活动的性质,并简明扼要地记录每一事项及起止时间。如果发生与机动时间交叉的活动项目,应记清其内容。

(3)资料的整理与分析

第一,计算各项活动事项消耗的时间。

第二,对所有观察事项进行分类,通过汇总计算出每一类工时的合计数。

第三,编制工作日写实汇总表,在分析、研究各类工时消耗的基础上,分别计算出每类工时消耗占全部工作时间和作业时间的比重。

第四,拟订各项改进工时利用的技术组织措施,计算通过实施技术组织措施后可能提高劳动生产率的程度。

第五，根据日记结果写出分析报告。

6. 工作参与法

这种方法是由工作分析人员亲自参加工作活动、体验工作的整个过程，从中获得工作分析的资料。要想对某一工作有深刻的了解，最好的方法就是亲自去实践，通过实践，可以细致深入地体验、了解和分析某种工作所需的各种心理品质和行为模型。所以，从获得工作分析资料的质量方面而言，这种方法比前几种方法效果好。但由于它要求工作分析人员具备从事某项工作的技能和知识，因而有一定局限性。即使有些工作分析人员能够参与一部分工作，也很难像熟练员工那样完成所有工作职责。因此，这种工作参与法需要分析人员多才多艺，在企业各项服务工作中都拥有丰富的经验。

7. 关键事件法

关键事件法的主要原则是认定员工与职务有关的行为，并选择其中最重要、最关键的部分来评定其结果。比如把文秘人员的打字、收发文件等一系列行为搜集起来进行归纳分类，得到有关工作内容、职责等方面的信息。

这种方法可直接描述员工在工作中的具体行为，它首先从领导、员工或其他熟悉职务的人那里搜集一系列职务行为的事件，然后，描述"特别好"或"特别坏"的职务绩效。这种方法考虑了职务的动态特点和静态特点。对每一事件的描述内容包括：

①导致事件发生的原因和背景；

②员工的特别有效或多余的行为；

③关键行为的后果；

④员工自己能否支配或控制上述后果。

在大量搜集这些关键信息以后，可以对他们作出分类，并总结出职务的关键特征和行为要求。关键事件法既能获得有关职务的静态信息，也可以了解职务的动态特点。

关键事件法的主要优点是研究的焦点集中在职务行为上，因为行为是可观察、可测量的。同时，通过这种职务分析可以确定行为的任何可能利益和作用。但这个方法也有两个明显缺点：一是费时，需要花大量的时间去搜集那些关键事件，并加以概括和分类；二是关键事件的定义是显著地对工作绩效有效或无效的事件，但是，这就遗漏了平均绩效水平。而对工作来说，最重要的一点就是要描述"平均"的职务绩效。利用关键事件法，就难以涉及中等绩效的员工，因而全面的职务分析工作就不能完成。

总之，以上各种方法各有优缺点，就某项工作来说，究竟用何种方法为佳，主要应考虑获得完整资料的需要及所付出的代价两方面因素。

任务二　编写工作说明书和岗位规范

工作分析就是对旅游企业某一特定工作或职务的目的、任务或职责、权利、隶属关系、工作条件、任职资格的描述和研究的过程。在这个过程中,通过对有关的工作信息进行搜集、分析,然后作出明确规定,确认完成工作所需要的能力和资格。工作分析的结果包括工作说明和岗位规范两份文件。

(一)工作说明书的编写

1. 工作说明的主要内容

①职位名称。指旅游企业对一定的工作活动所规定的职位名称或职位代号,以便于对各种工作进行识别、登记、分类以及确定企业内外的各种工作关系。

②工作活动和工作程序。包括所要完成的工作任务、工作职责、使用的资料、机器设备与材料、工作流程、与其他人的工作关系、接受监督以及进行监督的性质和内容。

③工作条件和物理环境。包括工作地点的温度、光线、湿度、噪声、通风设施以及工作位置和地理环境等。

④社会环境。包括工作群体的情况、同事的特征及相互关系、社会心理氛围、各部门之间的关系以及工作点内外的文化设施、社会习俗等。

⑤职业条件。包括工作时间、工作季节性、工资结构、支付工资的方式、福利待遇、晋升机会、进修机会、该工作在企业中的正式位置与地位等。

2. 工作说明的功能

工作说明的主要功能如下:
①利于员工迅速而全面地了解工作的大致情况,有助于新员工尽快适应工作;
②建立明确的工作标准与工作程序;
③阐明工作任务、职责与职权,利于组织运行;
④有助于员工的招募与甄选;
⑤为员工绩效考评提供依据;
⑥有助于确定员工培训与发展方向。

3. 编写工作说明的基本要求与注意点

①工作说明描写的着眼点是工作,而不是工作中的人。

②描述要具体,尽量减少抽象术语的使用。例如,在对饭店前台接待员提出计算要求时,不应说:"需要较高的教育程度,数学好,有很好的准确度。"而最好叙述为:"必须懂得加、减、乘、除,能够准确快捷地找付。"

③避免将工作描述得过于详细。像"时间与动作研究"那样记录工作内容对于编写工作说明书是完全没有必要的。

④句子要简明扼要。尽管各项工作说明的内容有所差异,但其长度应有所限制。

⑤技术性术语的使用要附加解释。

4. 工作说明书范例

工作说明书可采用叙述式和表格式如表3.14、表3.15所示。

表3.14　叙述式工作说明书范例

部门	办公室	职等	七	职位	办事员	职系	行政管理
工作内容:负责公司人事及总务管理事项							
1. 人员招募与训练 2. 人事资料登记与整理 3. 人事资料统计 4. 员工请假、考勤管理 5. 人事管理规章草拟 6. 人员任免、调动、奖惩、考核、薪资等事项办理 7. 劳工保险、退保与理赔事宜 8. 文体活动与员工福利事项办理 9. 员工各种证明书的核发 10. 文具、设备、事务用品的预算、采购、修缮、管理 11. 办公环境安全及卫生管理工作 12. 公司文书、信件等的收发事宜 13. 书报杂志的订购与管理 14. 接待来访人员							
职务资格							
1. 专科毕业,曾任人事及总务工作二年以上 2. 高中毕业,曾任人事、总务工作六年以上 3. 现任分类职位七职等以上 4. 具有高度服务精神与善于处理人际关系者 5. 男性为佳,女性亦可							

表3.15　表格式工作说明书范例

职称	职系	工资等级	工资水平	定员	所属部门	分析日期	分析人
工作描述				工作执行人员的资格条件			

续表

工作概要		执行工作条件		需求程度
工作概要		智力条件	基础知识	
			作业知识	
工作时间	1. 正常班(实际劳动时间　小时)		规划能力	
	2. 早到(约　分)		注意力	
	3. 加班(约　小时/周)		判断能力	
	4. 轮班(　　)		语言能力	
工作姿势	1. 坐(　%)2. 立(　%)		领导能力	
	3. 走动(　%)4. 蹲、弯腰(　%)		控制能力	
工作程序及方法	1.　　　　　　(1%)	身体条件	体力	
	2.　　　　　　(1%)		运动能力	
	3.　　　　　　(1%)		手眼配合能力	
	4.　　　　　　(1%)		效应	
工作环境	分　类	程　　度	身体疲劳程度	
	温度		精神疲劳程度	
			熟练期	
	湿度		同类工作	年
	粉尘		相关工作	年
	异味		经验　1	年
	污秽		2	年
	噪声		3	年
	危险性		4	年
使用设备:		备注:		

用于评估的工作说明要包括组织描述的信息,对工作环境进行大致介绍,对工作性质进行概况描述,使评估者对于工作种类有大致的了解,使主要责任有血有肉,如表3.16所示。

表3.16　工作说明——人力资源部门主任

总体目标

提供人力战略和政策建议,并提供其实施的人力资源保证和"世界级"人事进程有效进行的保证。

主要职责

1. 作为董事会成员参加公司战略、政策、计划和预算的制订和公司绩效的监控,确保实现公司的宗旨和目标。

2. 向行政主管和同事提供有关公司在人力资源管理方面所需的人力和雇员关系的建议,坚持核心价值观,承担社会责任。

续表

3. 制订并实施公司的人力资源战略,协调人事管理,制订战略的实施计划。 4. 规划和指导人力资源开发、绩效管理和职业管理以及提高个人和组织有效性,赋予个人在公司发挥才干机会的方案。 5. 制订管理和资金(包括养老金)的政策,内部公平,外部具有竞争力,操作有成本效应的吸引、留住和激励员工的机制。 6. 对使参与和支持最大化,冲突最小化的员工关系和沟通战略、政策提供建议。 7. 对知识管理提供建议。 8. 指导和监控人力资源部门的运作,确保对整个组织提供成本效应服务。 9. 通过建议和监控确保人力资源政策得到一贯实施,坚持公司关于人的核心价值观,特别是关于公平、同等机会和工作生活平衡的价值观。

(二)岗位规范

为了更加利于员工工作的顺利进行,在实际工作中需要比工作说明书更加详细的文字说明,规定执行一项工作的各项任务、程序以及在执行过程中所需的确切技能和知识。为此,旅游企业可在工作分析的基础上,单独设立岗位规范书或者将此项内容包括在工作手册、工作指南之中。

岗位规范是指完成某项工作所需技能、品格等生理要求和心理要求,以及对工作程序、任务的具体说明。岗位规范的内容主要包括任务(做什么,如何做,为什么做)、责任、经验、教育、训练、判断能力、主动性、体力动作、体力技能、沟通信息技能、嗅觉、视觉、听觉等。它是工作分析结果的组成部分。

确定岗位规范的要求,可从以下几个方面来考虑:

(1)工作性质。根据工作性质所需要的知识、技能和经验等不同,可分为技术类、行政管理类、专业类,而技术类中又分为工程类、化学类等。在工程类中又可分电力工程类、机械工程类、土木工程类。根据工作性质,可了解需用人员的来源,处理工作所需要的学识、技能和经验等。

(2)工作繁简难易。根据工作繁简难易程度的高低可分为若干层次,凡工作越繁而难者,处理工作所需要的知识、技能和经验的水平也就越高。否则,相反。

(3)工作责任的轻重。根据工作责任轻重程度的高低,也可分为若干层次,凡工作责任越重者,处理工作所需要的学识、技能和经验的水平也就越高。否则,相反。

岗位规范的格式如表 3.17 所示。

表 3.17 岗位规范

职务名称:	秘书
隶　　属:	经理
教育程度:	大学毕业或同等学历。

续表

专业训练:	至少半年的秘书实践训练,包括打字及速记训练。
技　巧:	双手及手指的正常活动足以胜任电动打字机的操作。每分钟打字速度不少于40字。
适应能力:	必须能适应工作的经常变化,例如打字、草拟文件、接待、访客、翻阅档案等工作的变换。
判断能力:	有足够能力判断访客的重要性、事情的轻重缓急,并决定是否立即呈报上司或延缓为之。
仪表谈吐:	必须仪表端正、谈吐文雅。

案 例

××饭店餐厅服务员岗位规范摘要

职位名称:餐厅服务员

部门:餐饮部

职责:

(1)布置餐厅和餐桌,做好开餐前的准备工作;

(2)迎接客人,安排就座,介绍菜肴;

(3)落单、分酒、看台服务;

(4)清理餐桌,做好餐厅清洁卫生工作;

(5)整理和补充餐具。

业务知识:

(1)餐厅摆台知识;

(2)餐厅上菜程序、看台知识及酒水知识;

(3)涉外风俗礼仪、服务心理以及营养卫生知识。

技能要求:

(1)具有独立完成餐厅服务操作程序的能力;

(2)动作敏捷,反应灵活,准确自然,善于领会客人的心理,满足客人的需求;

(3)口齿清楚、语言得体;

(4)有一定外语功底,尤其应熟练掌握餐饮英语;

(5)处事应变能力强。

社交技巧:

(1)帮助客人点菜,扩大菜品销售;

(2)帮助客人点酒,推销酒水;

(3)与客人维持良好的关系;

（4）良好处理客人投诉。

要点思考

1. 什么是工作分析？工作分析需要掌握哪些方法技术？各种方法的利弊如何？
2. 工作分析的要素有哪些？
3. 工作分析在旅游企业人力资源管理中有何意义？

案例讨论

A公司的职位分析

A公司的人力资源管理的变革首先从进行职位分析、确定职位价值开始。

首先，他们开始寻找进行职位分析的工具与技术。在阅读了国内目前流行的基本职位分析书籍之后，他们从其中选取了一份职位分析问卷来作为搜集职位信息的工具。然后，人力资源部将问卷发放到了各个部门经理手中，同时他们还在公司的内部网也上发了一份关于开展问卷调查的通知，要求各部门配合人力资源部的问卷调查。

据反映，问卷在下发到各部门之后，却一直搁置在各部门经理手中而没有分发下去。很多部门是直到人力资源部开始催收时才把问卷发放到每个人手中。同时，由于大家都很忙，很多人在拿到问卷之后，没有时间仔细思考，草草填写完事。还有很多人在外地出差，或者任务缠身，自己无法填写而由同事代笔，此外，据一些较为重视这次调查的员工反映，大家都不了解这次问卷调查的意图，也不理解问卷中那些陌生的管理术语，何为职责，何为工作目的，许多人对此并不理解。很多人想就疑难问题向人力资源部进行询问，可是也不知道具体该找谁。因此，在回答问卷时只能凭自己个人的理解来进行填写，无法把握填写的规范和标准。

一个星期之后，人力资源部收回了问卷。但他们发现，问卷填写的效果不太理想，有一部分问卷填写不全，一部分问卷答非所问，还有一部分问卷根本没有收上来。辛苦调查的结果却没有发挥它应有的作用。

与此同时，人力资源部也着手选了一些职位进行访谈。但在试着谈了几个职位之后，发现访谈的效果并不好。因为，在人力资源部，能够对部门经理访谈的人只有人力资源部经理一人，主管和一般员工都无法与其他部门经理进行沟通。同时，由于经理们都很忙，能够把双方的时间凑一块实在不容易。因此，两个星期时间过去之后，只访谈了两个部门经理。

人力资源部的几位主管负责对经理级以下的人员进行访谈，但在访谈中，出现的情况却出乎意料。大部分时间都是被访谈者在发牢骚，指责公司的管理问题，抱怨自己的待遇不公等。而在谈到与职位分析相关的内容时，被访谈者往往又言辞闪烁，顾左右而言他，似乎对人力资源部的这次访谈不太信任。访谈结束之后，访谈者都反映对该职位的认识还是停留在模糊的阶段。这样持续了两个星期,访谈了大概1/3的职位。王经理认为时间不能再拖延下去了,因此决定开始进入项目的下一个阶段——撰写职位说明书。

可这时,各职位的信息搜集却还不完全。怎么办呢?人力资源部在无奈之中,不得不另觅他途。于是,他们通过各种途径从其他公司搜集了许多职位说明书,试图以此作为参照,结合问卷和访谈搜集到一些信息来撰写职位说明书。

在撰写阶段,人力资源部还成立了几个小组,每个小组专门负责起草某一部门的职位说明,并且还要求各组在两个星期内完成任务。在起草职位说明书的过程中,人力资源部的员工都颇感为难,一方面不了解别的部门的工作,问卷和访谈提供的信息又不准确;另一方面,大家又缺乏写职位说明书的经验,因此,写起来都感觉很费劲。规定的时间快到了,很多人为了交稿,不得不急急忙忙,东拼西凑了一些材料,再结合自己的判断,最后成稿。

最后,职位说明书终于出台了。然后,人力资源部将成稿的职位说明书下发到了各部门,同时还下发了一份文件,要求各部门按照新的职位说明书来界定工作范围,并按照其中规定的任职条件来进行人员的招聘、选拔和任用。但这却引起了其他部门的强烈反对,很多直线部门的管理人员甚至公开指责人力资源部,说人力资源部的职位说明书是一堆垃圾文件,完全不符合实际情况。

于是,人力资源部专门与相关部门召开了一次会议来推动职位说明书的应用。人力资源部经理本来想通过这次会议来说服各部门支持这个项目。但结果却恰恰相反,在会上,人力资源部遭到了各部门的一致批评。同时,人力资源部由于对其他部门不了解,对于其他部门所提的很多问题也无法进行解释和反驳。因此,会议的最终结论是,让人力资源部重新编写职位说明书。后来,经过多次重写与修改,职位说明书始终无法令人满意。最后,职位分析项目不了了之。

人力资源部的员工在经历了这次失败的项目后,对职位分析彻底丧失了信心。他们开始认为,职位分析只不过是"雾里看花,水中望月"的东西,说起来挺好,实际上却没有什么大用,而且认为职位分析只能针对西方国家那些管理先进的大公司,拿到中国的企业来,根本就行不通。原来雄心勃勃的人力资源部经理也变得灰心丧气,但他却一直对这次失败耿耿于怀,对项目失败的原因也是百思不得其解。

问题讨论

1. 试分析该公司为什么决定从职位分析入手来实施变革,这样的决定正确吗?为什么?
2. 分析在职位分析项目的整个组织与实施过程中,该公司存在着哪些问题?
3. 该公司所采用的职位分析工具和方法主要存在着哪些问题?请用课程中的知识加以分析。

奇思妙想

乔布斯的领导真经

简化 乔布斯会本能地简化一切事物,他会抓住事物的本质,去除不必要的部分。

产品先于利润 乔布斯说过:"我致力于打造一家经久不衰的公司,员工们努力开发卓越产品。其他一切都是次要的。当然,能赚钱最好,有了钱你才能生产出卓越产品。但动力应该来自产品,而不是利润。"

不要盲信焦点小组 深入关切顾客想要什么与不断问顾客想要什么存在很大的不同,前者需要你发挥直觉和本能,预见顾客尚未形成的需求。乔布斯解释说:"我们的任务是读出那些还没写在纸上的东西。"

扭曲现实 乔布斯很善于敦促别人去完成不可能完成的任务。这种特质可能让人窝火,但也因此创造了非凡的业绩。

灌输 乔布斯知道,人们都是根据产品或公司的呈现和包装方式对它们作出评判的。因此,他会利用产品设计向用户"灌输"一种信号。

只容忍 A 级人才 乔布斯虽然脾气暴躁、态度严厉,但他这样做是为了追求完美,防止出现"庸人泛滥"。

面对面交流 乔布斯认为面对面交流非常必要。他说:"在这个网络时代,我们往往认为通过电子邮件和 iChat 照样能开发出创意。这种想法太离谱了。创造力来自自发的碰面,来自随意的讨论。"

融合文理 乔布斯贯通文理、创造力和技术、艺术和工程。在我们这个时代,能够创造性地将诗意和处理器连接在一起的,可以说无人能出其右。

求知若渴,虚心若愚 在乔布斯的职业生涯中,在他人生的每个方面,他的行为都反映出了这样一种变化:从冲突、合流,到最终所有这些不同方面的融合。

(摘自:《商业评论》,2012(5))

初涉职场

实训项目:编写职务说明书和岗位规范。

实训目的:掌握工作分析的方法以及编写职务说明书和岗位规范的方法等。

实训任务:

1. 选定一家旅行社、景区或饭店,搜集工作岗位的信息;

2. 编写该旅游企业单位人力资源部职员的职务说明书和岗位规范。

考核指标：

1. 搜集到的工作岗位信息；

2. 职务说明书；

3. 岗位规范；

4. 以小组为单位对任务结果进行说明。

项目**4** 员工招募与甄选

- ☐ **知识目标** 掌握员工招聘的意义、原则、招聘流程，熟悉员工招募途径、招募简章及求职申请表的设计；掌握心理测验的概念及采用的心理测验方法；掌握选拔人才的有效方法。
- ☐ **技能目标** 运用有效的招聘方法，做好员工的招募与甄选。

基本内容

- ☐ **员工招聘概述**
  ——员工招聘的意义与原则 员工招聘流程
- ☐ **员工的招募**
  ——明确招聘要求 员工的招募——吸引应聘者
- ☐ **员工的甄选**
  ——识别"千里马" 招聘评估 避免甄选过程中常见的问题

案例阅读

引领校园招聘的新时代(1)

他曾在宝洁公司建立起第一个在中国高校的企业俱乐部,他曾在百事可乐负责中西区人力资源管理工作,如今的他则负责强生(中国)医疗器械公司的人力资源营运工作。他和国内很多知名大学保持着良好的合作关系,有清华大学颁发的职业发展指导专家的聘书。作为校园招聘的受益者,他十几年的职业生涯也都在努力促进企业在校园中树立起雇主品牌,促进职场新人尽快成长。他就是知名 HR 经理人张承光。

大学毕业后的 13 年里,一直工作在外企,张承光已被外企相对公平的文化氛围所浸透,目前的他已经不太习惯别人称呼他的中文名字及头衔,总觉得英文名字"Ray"更有亲和力,更像自己。

助推强生(中国)未来领袖学院

一年以前,Ray 辞别工作了 4 年的百事公司,来到了强生(中国)医疗器械公司负责人力资源营运工作。非常巧合的是强生在人才战略上十分注重为所有刚踏出校门的培训生们提供无限的学习资源及广泛的发展机会,并且在全中国十多家知名院校开始建立校园俱乐部——强生未来领袖学院,而这些内容对于曾经创建过宝洁校园俱乐部的 Ray 而言无疑是驾轻就熟的,进一步将强生未来领袖学院发扬光大,助力企业在校园中雇主品牌的建设,也成为其崭新的使命之一。

在强生,一年一度的暑期夏令营是公司和学校老师同学的年度盛会。Ray 告诉记者,每年的盛会,强生都会把各个高校未来领袖学院的核心学生成员集中到上海或者北京进行为期数天、内容丰富多彩的活动。活动之一是高层沟通。比如 2010 年的活动邀请了强生医疗器械公司总裁谢文坚先生亲临训练营为同学们介绍各个不同子公司的情况,2011 年的活动则邀请了西安杨森一位韩国籍女性高管为同学们介绍公司的经营理念、发展情况、价值观和信条等。在夏令营活动中,各个高校的老师和未来领袖学院的学校代表会向其他同学分享过去一年中在本校展开俱乐部建设的成就,并就下一年度的活动进行展望。公司也会通过这个项目安排丰富多彩的团队建设活动。2010 年公司就安排同学们一起参观了上海世博会,由于强生中国是上海世博会美国馆的合作伙伴,同学们也幸运地通过绿色通道直达美国馆。在夏令营的每天晚上,公司都会安排同学们和公司的很多高层一起沟通和交流,并通过同学们自编的表演和游戏一起来更好地相互了解。2011 年夏令营取得圆满成功,给每个人都留下了难忘的回忆。三年来,强生和各高校密切合作,共同致力于为大学生们打造一个分享经验、规划人生的平台。强生未来领袖学院便是公司和高校沟通的桥梁,它在公司和学校领导的共同指导下扎实开展工作,帮助大学生做好自身职业规划,为大学生迎接毕业后的精彩生活做好准备。

强生未来领袖学院还开展了各类活动,例如四川强生未来领袖学院组织了一个求职精英选拔赛——"强生未来领袖之谁是职场达人"活动。整个四川校区的1 000余名精英通过简历投递、初步面试产生了"四川职场达人100强",百强选手随后进入"达人训练营"环节,这一环节首先由 Ray 以及招聘经理为选手们进行专业的职场培训,培训后再通过"商业实战"以及面试,从100强筛选出30强进入"终极24小时"的终极 PK 环节,在决赛之夜,强生医疗器材的人力资源部副总裁王震先生、区域销售总监和经理们亲临现场担任评委和点评老师,共同选拔出此次比赛的最终10强。整个活动不仅是一个比赛,更多的是想通过比赛,让同学们更好地接触职场,让选手们相互了解,相互学习,共同进步。这是一个盛大的节日,节日之后,每个人都可以带着收获在日后体会、提高。

另外一个例子是2010年11月份,复旦大学强生未来领袖学院的品牌活动"强生大学生创意策划大赛",由复旦、上海交大和华东理工的学子们共同参与,鼓励大学生去关注他人、关怀他人。进入决赛的团队到强生总部参加 Shadow Day,与公司经理面对面交流。这个活动借助了强生的资源,为大学生踏入未来职场提供机会,同时发现具有领导才能、创新思维的优秀人才。

今天,强生已经在全国高校建立了14个未来领袖学院,通过校园招聘进入强生各个公司的同学很多已经成为地区经理和部门高层。

在强生,Ray 最兴奋的是公司高层已经在战略层面确立了校园招聘的重要性,而且经过几年的不断努力,通过校园渠道入职的同学们已经慢慢成长起来,内部培养的机制和文化已经形成。在校园竞争激烈的今天,Ray 认为有效的校园策略就是尽可能用更多的时间、更多的精力与目标学生候选人进行接触和交流,让公司和学生候选人彼此之间互动。通过这样的互动使双方都能对互相匹配深度了解。而且,Ray 认为强生未来领袖学院并不仅限于为强生培养人才,他更希望在五年至十年之后,曾经是强生未来领袖学院的学生,彼此之间有一个高质量的人际网络,这对于学生、高校、企业都有很大的推动和影响力。总结未来领袖学院业已取得的成果,Ray 感到最重要的在于公司充分调动了学生的积极性,并在雇主品牌建设过程中提前吸引了最合适的人选。

启发思考

1. 强生在校园建立俱乐部的战略目的是什么?
2. 思考和研究留用人才的关键问题是什么?

理论要点

在企业组织里,人力资源的获取必须依据企业人力资源规划而进行。在竞争激烈的社会环境中,企业的竞争归根到底是人才的竞争,而人才的获得依赖于人力资源的有效获取,招聘无疑是一个重要途径,它既是人员选拔的基础,也是宣传组织形象的窗口。

招聘是企业吸收与获取人才的过程,是获得优秀员工的保证。招聘包括两个相对独立的过程,即招募(Recruitment)和甄选聘用(Selection)。

招募是聘用的基础与前提,聘用是招募的目的与结果。招募主要是通过宣传来扩大影响,树立企业形象,达到吸引人应征的目的;而甄选聘用则是使用各种技术测评与选拔方法挑选合格员工的过程。

招募与甄选有3个阶段:

①明确要求——工作描述,明确需要人员的条件,决定雇佣条款和条件;

②吸引应聘者——总结和评估应聘者从组织内还是从组织外来,明确利用广告招聘,还是代理或顾问;

③选拔应聘者——筛选求职函,面试、考核、评估备选对象,利用评估中心作出评估,提供就业,获取推荐应聘者的推荐信,准备签订劳动合同。

(一)员工招聘的意义与原则

1.员工招聘的意义

随着经济的发展,各行各业对人才的需求也越来越强烈,企业要发展就必须不断地吸纳人才。招聘,就是替企业或机构的职位空缺挑选具有符合该职位所需才能的人员的过程;求才的目的在于选择一位最适宜、最优秀的人才。

通用电气公司前总裁韦尔奇说:"我们所能做的是把赌注押在我们所选择的人身上。因此,我们的全部工作就是选择适当的人。"为此,韦尔奇总裁总是亲自接见申请担任通用电气公司500个高级职位的候选人。其实,世界上很多著名企业都把招聘优秀人才放在实现企业目标的首要位置,能否吸引到优秀的人才,直接关系到组织是否能生存和发展。

在整个旅游企业人力资源管理工作中,招聘工作是一项基础性的工作。企业经营战略发展的各个阶段必须要有合格的人才作为支撑。员工流动的问题是当代企业,尤其是旅游企业普遍面临的问题。旅游企业要想永远留住自己所需要的人员是不现实的,也不是人力资源管理手段所能控制的。有人员流动就有人员招聘,而且旅游企业内部存在着正常的人员退休、人员辞退及人员调动,所以人员招聘工作是旅游企业人力资源管理中经常性的工作。

旅游企业招聘人员的意义在于:

①人员招聘工作关系到旅游企业的生存和发展。如同生产高质量的产品需要高质量的原材料一样,组织的生存与发展也必须有高质量的人力资源。在竞争激烈的旅游市场中,没有较高素质的员工队伍和科学的人事安排,企业将面临被淘汰的后果。员工招聘就是为确保旅游企业获得高质量人才而进行的一项重要工作。

②招聘是确保员工队伍良好素质的基础。旅游企业只有招到合格的人员,将合适的人安排到合适的岗位上,并在工作中注重员工队伍的培训和发展,才能确保员工队伍的素质。

③员工招聘是旅游企业增补新员工的重要途径。为了满足旅游企业的经营需要,有规划地从社会上招收录用一定数量的新员工是旅游企业人员管理的基本任务。根据工作分析的结果,人员的补缺、人员的流动增补都需要进行招收与录用工作。人员的及时与合理补充是旅游企业顺利经营的重要保证。

2. 员工招聘的原则

人员招聘是确保组织生存与发展的一项重要的人力资源管理活动。旅游企业进行员工招聘的原因一般有以下几种:①新成立的旅游企业;②现有职位因种种原因发生空缺;③旅游企业的业务不断扩大,需要增补人员;④调整结构不合理的职工队伍等。旅游企业在人员招聘工作中必须遵循以下原则:

(1)公平原则

招考单位、种类、数量,报考的资格、条件,考试的方法、科目和时间,均应面向社会公告周知,公开进行。一方面给予社会上的人才以公平竞争的机会,达到广招人才的目的;另一方面使招聘工作置于社会的公开监督之下,防止不正之风。

(2)守法原则

在招聘中应坚持平等就业、相互选择、公平竞争、禁止未成年人就业、照顾特殊群体、先培训后就业、不得歧视妇女等原则。由于用人单位的原因订立无效劳动合同或违反劳动合同者,旅游企业应承担相应的责任。

(3)效率原则

努力降低招聘成本,提高招聘效率。这里所指的招聘成本包括:招聘时所花的费用,即招聘费用;因招聘不慎,重新再招聘时所花的费用,即重置成本;因人员离职给企业带来的损失,即机会成本(费用)。

(4)择优原则

择优是招聘的根本目的和要求。我国人力资源管理工作的指导思想是服务于社会主义现代化建设,其根本任务就在于发现人才和合理地使用人才。坚持这个原则,才能广揽人才,选贤任能,为单位引进或为各个岗位选择最合适的人员。

(5)竞争原则

这是确保人员任用质量的一种有效手段,通过考试竞争和考核鉴别确定人员的优劣和人选的取舍。为了达到竞争的目的,一要动员、吸收较多的人报考,二要严格考核程序和手段,科学地录选人才。考查成绩的优劣是评价员工的依据,也是促进员工发挥积极性和创造性的重要措施。大多数旅游企业在人员选聘中采用"公开考试招聘,择优聘用"的方法,已被实践证明是人力资源管理与开发的有效方法,并取得了很好的效果。

(6)能级原则

能级原则是指承认人的能力有大小,本领有高低,工作有难易,要求有区别。招聘时不一定要最优秀的,而应量才录用,做到人尽其才、用其所长、职得其人,这样才能持久、高效地发挥人力资源的作用。旅游企业人力资源管理部门遵照实行能级原则,首先要借助于工作分析,明确各个职位的要求与条件;其次,还要明确了解个人专长、才能和志向、性格等,只有全面地了解人,才能合理地使用人。能力测验、性格测验、兴趣测验等心理测验有助于我们了解人的专长、才能、志向和性格。

(二)员工招聘流程

员工招聘的过程是发现求职者并根据工作要求对他们进行筛选的过程,这个过程包括通过合理的渠道宣布哪些岗位出现了空缺,并对求职者作出评估,即谁是填补空缺的合适人选。由于需要招聘员工的部门主管真正掌握着填补空缺岗位的人员应具备条件的信息,因而他应该直接参与员工的招募与甄选。

员工招聘流程如下:

①制订招聘规划。在人力资源规划与工作分析的基础上,根据工作说明和岗位规范,确定具体的用人标准和任用人员的种类及人数。

②确定招募途径。确定是内部选拔还是外部聘用,是员工推荐还是广告招募,是聘用大中专毕业生还是一般高中毕业生等。

③应聘者填写求职申请书。求职申请书是了解应聘者情况最常用的方法。通过求职申请书,旅游企业可以大致了解应聘者的基本条件,并作为对应聘者面试和综合判断的依据。

④核查应聘者个人资料。为了进一步了解应聘者的情况,需到应聘者原来所在企业、学校或街道去了解其一贯表现、同事关系、技术熟练程度等,核实应聘者的基本情况。

⑤初次面谈。企业通过与应聘者面对面的接触可以确定应聘者仪表、表达能力等是否符合企业的要求,并能迅速了解应聘者对待遇、工作环境、工作时间的要求以及其经历和学历等大致情况。如果认为初步合格,则要进一步核对应聘者的有关资料,进行综合判断。

⑥测试。为了了解应聘者的知识和能力水平,旅游企业要对应聘者进行测试。测试的内容与方式以职务所要求的范围和标准为基础,通过测试达到客观评估的目的。

⑦任用面谈。应聘者被基本确定后,在任用之前还要进行任用面谈,进一步了解其个性、抱负、经验、兴趣、技能等,以考查应聘者对将来从事的工作是否有充分的了解,其兴趣、技能是否适合此项工作,能否长期干下去,有无发展前途等,防止其日后发生工作与理想不相符而感到失望、工作不安心等情况。

⑧体格检查。体检是旅游企业招聘与录用工作中绝不能忽视的环节。比如饭店企业,其各项工作都关系到客人健康,为此首先要绝对防止传染病患者被录用;其次是尽可能挑选身体健康的员工,减少企业医疗费用的支出;同时要建立健康卡片,为将来防病治病备留资料。而旅行社导游人员由于经常带团出行,对身体要求也比较高。

⑨审查批准。将应聘者的申请书、参考资料、面谈记录、健康卡片统一汇总,由旅游企业高层管理者作最后的批准。

⑩录用报到。通过以上环节,确定录用人员之后,则要颁发录用通知,为了郑重,录用通知以书面形式为宜。

⑪对未被录用者表示感谢。对没有被录用的人员发未被录用通知,感谢其对企业的信任,并表达美好祝愿。

员工招聘整体流程如图4.1所示。

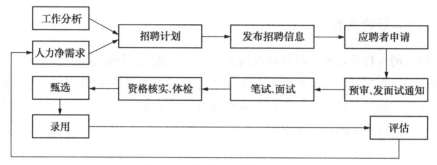

图4.1　员工招聘整体流程图

管理实务

任务一　员工的招募

(一)明确招聘要求

在招聘规划中列出对所要求的人数和种类,还需要寻找替补人员来填充空缺的位置或做新的工作,对于这些需求要专门审查,以确保操作是公正的,挑选的人员是合适的。

1. 工作描述

在一份工作说明中应列出基本的工作细节、限定报告关系、开展的主要活动和完成的主要任务以及其他一些工作的具体要求与特征。为了达到招聘的目的,还应提供培训安排、个人发展和就业前景机会等方面的信息,工作的条款、条件——报酬、福利等也应包含在内,还应涉及工作流动、差旅或工作中的非社交时间等。

2. 个人详细条件

一份个人详细条件,也像招聘书、个人或工作说明一样,描述了对工作者的受教育程度、受培训程度、资质、经历和能力等方面的要求。

①能力——个人能够胜任的,包括某些特殊的技能或才能要求;

②资质和培训——所要求的专业、技术或学术上的资质,或应聘者必须参加的有关培训;

③经验——特别是工作种类或组织类型,已经取得的成就和参加的活动;

④具体要求——对应聘者加入工作后在一些方面应有所成就的要求;

⑤组织适合度——组织文化以及对应聘者能在其中工作的需要程度;

⑥特殊要求——差旅、工作中非社交时间、工作流动等;

⑦满足应聘者期望值——组织在工作机会、培训、安全性等方面能符合应聘者期望的程度,如表4.1所示。

表4.1　HR办公室工作人员的条件

1. 工作能力
　①基本能力
　●包括考核行政管理能力的招聘要求的各个方面;
　●面试技巧;
　●工作分析;
　●把数据输入计算机;
　●能较好地掌握文件处理方法。
　②有利能力
　●掌握OPQ测试;
　●职位评价;
　●提供技术;
　●举办培训活动。
2. 行为能力
　●能够与别人友好相处,并能运用人际关系能力达到所期望的目标;
　●在招聘和处理他人的个人问题等方面,能够对人们的行为和决策产生影响;
　●能随机应变,灵活地处理不确定事务;
　●了解问题的症结所在,解决问题,并用自己的大脑思考;
　●努力取得结果;
　●能保持对目标的动力和精力,能自我控制并不断学习新的行为方式;
　●较好的表达能力,无论是口头的还是书面的。
3. 资历/经历
　●人事管理学院毕业生,并具有相关工作经验。

3. 使用一个以能力为基础的方法

以能力为基础的方法是指对一个角色在选拔过程中对其应具备的能力的定义。罗伯茨(1997)认为:

　　使用能力方法的好处在于人们可以把用于选拔基础的主要能力特征与其他方面能力的特征进行识别和区分,而且这些特征能够以被理解、被接受的术语和方式描述出来……因此成为选拔过程的一个基本组成部分。

能力方法有助于找出那些选拔方法,最能反映出应聘者的实际能力,它为进行结构性的面试提供了必要的信息和在面试中所问的问题。

(二)员工的招募——吸引应聘者

人员招募的主要目的在于吸引更多的人前来应聘。吸引应聘者的工作就是识别评估和广泛地搜集应聘者的求职信息,使组织有更大的人员选择余地。员工的招募活动主要包括招聘规划的制订与审批、招募途径的选择、应聘人员填写求职申请表或递交个人简历、应聘者资料审查等。

1. 招募途径

旅游企业为空缺岗位招募新员工常有如下几种途径。

1)内部选拔

当旅游企业内部职位发生空缺时,应首先考虑在现有的企业从业人员中调剂解决,如果内部员工中没有合适的人选,则进行外部招聘。内部招募的主要方法有:

(1)推荐法

推荐法可用于内部招聘,也可用于外部招聘。它是由本企业员工根据企业的需要推荐其熟悉的合适人员,供用人部门和人力资源部门进行选择和考核。由于推荐人对用人单位及被推荐者的情况都比较了解,使得被推荐者更容易获得企业与岗位的信息,便于其决策,也使企业更容易了解被推荐者,因而这种方法较为有效,成功的概率较大。

在企业内部最常见的推荐法是主管推荐,其优点在于主管一般比较了解潜在候选人的能力,由主管提名的人选具有一定的可靠性。而且主管们也会觉得他们具有全部的决定权,满意度比较高。它的缺点在于这种推荐会比较主观,容易受个人因素的影响,主管们可能提拔的是自己的亲信而不是一个胜任的人选。有时候,主管们并不希望自己的得力下属被调到其他部门,因为这样会影响本部门的工作实力。

(2)布告法

布告法的目的在于让企业中的全体员工都了解哪些职务空缺,需要补充人员,使员工感觉到企业在招募人员这方面的透明度与公平性,并有利于提高员工士气。布告法是在确定了空缺岗位的性质、职责及其所要求的条件等情况后,将这些信息以布告的形式公布在企业中一切可利用的墙报、布告栏、内部报刊上,尽可能使全体员工都能获得信息,所有对该岗位感兴趣并具有该岗位任职能力的员工均可申请此岗位。目前在很多成熟企业中,张榜的形式由原来的海报形式改为在企业的内部网上发布,各种申请手续也在网上完成,从而使整个过程更加快捷、方便。一般来说,布告法经常用于非管理层人员的招聘,特别适合于普通职员的招聘。布告法的优点在于让企业内更多的人员了解到此类信息,为企业员工职业生涯的发展提供了更多的机会,可以使员工脱离原来不满意的工作环境,也促使主管们更加有效地管理员工,以防止本部门员工的流失。它的缺点在于这种方法花费的时间较长,可能导致岗位较长时期的空缺,影响企业的正常运营。而员工也可能由于盲目的变换工作而丧失原有的优势。

(3)档案法

人力资源部门都有员工档案,从中可以了解到员工在教育、培训、经验、技能、绩效等方面的信息,帮助用人部门与人力资源部门寻找合适的人员补充岗位空缺。员工档案对员工晋升、培训、发展有着重要的作用,因此员工档案应力求准确、完备,对员工在岗位、技能、教育、绩效等方面信息的变化应及时做好记录,为人员选择与配备做好准备。值得注意的是,这里所说的"档案",应该是建立在新的人力资源管理思想指导下的人员信息系统,该档案中应该对每一位员工的特长、工作方式、职业生涯规划有所记录,将过去重"死材料"的防范型档案转变到重"活材料"的开发型思路上来,为内部有效管理和用人做好准备。在现代档案管理基础上,利用这些信息帮助人力资源管理部门获得有关岗位应聘者的情况,发现那些具备了相应资格但由于种种原因没有申请的合格应聘者,通过企业内的人员信息查找,在企业与员工达成一致意见的前提下,选择合适的员工来担任空缺或新增的岗位。

(4)内部选拔人才的方式案例

①台阶巡回式。美国柏克德公司层层设有训练机构,并在总公司设立"管理人员训练中心"。首先,他们从专业管理人员和工程师中选拔出基层领导的候选人,鼓励自学,并分批组织训练,再从中选拔出需要的基层领导人员。其次,从基层领导人员中挑出一些人,分别给予专业训练,使他们担任专业经理的职务。最后,再从这些专业经理中选择合适人员,经过训练,以补充高层经理的需要。选择公司经理,不但按台阶走,而且在某一层台阶上,把学习、训练、进修和工作实践结合起来,因而称为"台阶巡回式"选拔方法。

②工作调换式。在日本丰田公司的人事劳动管理制度上,把管理人员和工人的位置都放在同一待遇的体系中,公平竞争,在职务晋升、福利等一切待遇上完全一样。丰田公司把员工实践能力作为选拔的基本标准,并以工作调换的方式开发培养。对各级管理人员,丰田公司采取五年调换一次工作的方式进行重点人才培养,通过几年的转换岗位,使其全面掌握各方面的知识,逐步成为一名全面的管理人才。

③马拉松式。日本西武公司提出了马拉松式经理选拔方法。能言善道、思维敏捷而又自命不凡的人,基本上不会被安置在主要岗位上。公司表示,一项工作如果不做上20年,就不会成为真正的专家。西武公司的高尔夫球场的经理,多半在同一职位上持续干了10～15年;轻井泽高尔夫球场自从1972年开业以后,经理一直是同一人;万一提早受命调动,大多是因为工作中有失误所致。当然这种方式有其优点,也有其缺点。

④褒奖失误式。凭"错"用人,褒奖失误。这里的"误",并非主观失误,而是客观失误。成功的企业家认为,如果受聘人员在一年的任职工作期间不犯"合理错误",意味着此人没有

创造性、竞争力,心理素质和工作能力都需打个问号。美国大众广告公司为各部门经理建立了名为"DOOBIE"的被抱怨奖,以鼓励他们大胆提出其尚不成熟的设想。美国加拿大安索资源有限公司,对那些为管理人员提意见或未经上司批准而行事的职员颁发"鸭头奖"。鸭头意味着远见,鸭颈意味着把你的脖子伸出来。

2)外部招募

外部招募一般有以下几种形式:

(1)广告媒介

许多单位多用媒体广告,如广播、电视、报纸、杂志和张贴等进行招聘宣传,以广告的形式获得所需的人选。好的广告一方面能吸引所需的人员前来应聘,另一方面也扩大了本单位的知名度。在招聘广告中,除了介绍本单位及有关部门职位的情况、职位的要求和待遇、联系方式及电话等以外,一定要选择合适的媒体,以达到预期的目的。如要招聘一名计算机业务人员,将广告登在电子或计算机类报刊上,就比登在农业或机械类报纸上的效果好得多。公开招募是旅游企业向企业内外的人员公开宣布招聘规划,提供一个公平竞争的机会,择优录用合格人员担任企业内部职务的过程。

在当前用人机制灵活、各行各业招募广告几乎是铺天盖地的情况下,为了使招募活动获得成功,旅游企业在招募广告的设计上必须下一番功夫,争取有独到之处,尽量做到措辞严谨,形象、设计别开生面,内容清晰、详尽、引人注目。制订有效的招募广告时,应该注意:

①题材要新颖,具有吸引力,能引起看、阅兴趣。

②广告内容要务实、真诚,不要带有欺骗性。

③广告内容要清晰翔实,应简要说明工作地点、内容、发展前景、应聘条件、待遇、有无特殊要求、招聘方式、时间等。诸如什么"有志者""待遇优厚""不会后悔"之类抽象而无实际意义的说明,没有必要使用。

④广告内容的侧重点要突出。广告中,旅游企业的整体形象固然要适当表述展现,但重点应放在工作及应聘条件的介绍方面,因为这毕竟有别于市场营销之类的广告。

⑤招募广告在使用之前,最好能在旅游企业内部一定范围内,请各层次员工代表审看、阅读,以集思广益,加强广告的效果。

(2)校园招聘

大学是培养人才的基地,因此大学校园便成为专业人员与技术人员的重要来源。旅游企业在设计校园招聘活动时,需要考虑学校的选择和工作申请人的吸引两个问题。在选择学校时,组织需要根据自己的财务约束和所需要的员工类型来进行决策。如果财务约束比较紧张,组织可能只在当地的学校中选择;而实力雄厚的组织通常在全国范围内进行选择。一般来说,企业主要考虑以下标准:

①在本公司关键技术领域的学术水平;

②符合本公司技术要求的专业的毕业生人数;

③该校以前的毕业生在本公司的业绩和服务年限；

④在本公司关键技术领域的师资水平；

⑤该校毕业生过去录用数量与实际报到数量的比率；

⑥学生的质量；

⑦学校的地理位置。

在大学校园招聘中，要排除认为最著名的学校总是最理想的招聘来源这一错误观念，其原因是这些学校的毕业生容易自视清高，不愿意承担具体而烦琐的工作，这在很大程度上妨碍了他们对经营的理解和管理能力的进步。像百事可乐公司就很注重从二流学校中挖掘人才。

一般地，组织总是要极力吸引最好的工作申请人进入自己的公司。组织要达到这一目的需要注意以下问题：一是进行校园招聘时要选派能力比较强的工作人员，因为他们在申请人面前代表着公司的形象；二是对工作申请人的答复要及时，否则对申请人来公司服务的决心会产生消极影响；三是新的大学毕业生总是感觉自己的能力强于公司现有的员工，因此他们希望公司的各项政策能够体现出公平、诚实和顾及他人的特征。IBM 等公司为了做好这一工作，他们确定了一定数量的重点学校，并委派高水平的经理人员与学校的教师和毕业分配办公室保持密切的联系，使学校方面及时了解公司存在的空缺的要求以及最适合公司要求的学生的特征。现在，有不少公司为学生提供利用假期来公司实习的机会，这可以使学生对公司的实际工作、生活有切身的体会，同时也使公司有机会评价学生的潜质。在美国和日本，一些大公司常常在大学生还没有进入毕业年级时就开始展开吸引攻势。这些公司常用的手段包括向大学生邮寄卡片、赠送带有公司简介的纪念品、光盘等。摩托罗拉公司为了使自己的吸引手段能够突出，曾经邮寄过一种像网球罐一样的真空密封罐，里面装着一个手帕，手帕上印有宣传摩托罗拉公司的资料。

一般来说，不同的公司及公司在不同时期对校园招聘的政策会有很大不同。影响公司策略选择的主要因素是劳动力市场。当经济发展迅速，对大学毕业生需求高时，公司会蜂拥进入大学校园。目前，在美国、加拿大、澳大利亚等国，由于部分专业（如通信、电子、MBA 等）人才极度短缺，国外公司往往通过提供各种优惠条件和创新方法来吸引人才，如低息贷款、奖学金、实习机会和工作效率研究等。校园招聘已成为企业争夺人才的重要战略。但这一方法的有效运用要求公司具有培养新进员工、开发其潜能的丰富经验。另一方面，当经济不景气时，对大学生的需求会急剧下降。

校园招聘有两个目的：一是寻找并筛选最优秀的候选人；二是将他们吸引到公司来。为达到上述目的，招聘者应决定哪些人最符合资格要求，还应激发他们对公司的兴趣。在决策过程中，双方应就公司及其产品、一般组织结构、政策、报酬和福利方案、需填补的职位要求等进行交流。

（3）人才交流

随着经济的发展、社会的进步，人才流动的现象越来越普遍，越来越活跃。为了适应这种需求,许多城市出现了人才交流中心或职业介绍所。由于这些机构扮演着双重角色,既为企业、单位选人,同时也为求职者选择工作单位,因此在这里几乎可以找到所有需要的人员。

(4)委托猎头公司

在一些大城市里还出现了不少国外流行的"猎头公司",更可以为企业、单位寻觅到所急需的各类管理人员、专业技术人员,甚至是总经理、副总经理等高级管理人员。

企业在招聘有经验的专业人员和管理人员的工作中,当无合适的其他来源时,可以求助于猎头公司。猎头公司是一种类似于职业介绍机构的就业中介组织,它一般专注于帮助企业寻找适合于特定职位的最有资格的中、高层管理人员和高级技术人员。

猎头公司是为客户公司有偿地工作,而且费用不菲。不论一次搜寻是否招聘到合适的候选人,公司都必须向它支付费用。这些猎头公司通常与他们的顾客保持着密切的业务关系。它们熟知组织及其文化、目标、结构和需要填补的职位空缺。

尽管从表面上看,企业使用"猎头公司"来招聘高级管理人才很费钱,但猎头公司可以为企业节省大量的人力、物力,在招聘一个特定的岗位人才时尤其如此。但是,这种招聘渠道也有其不足之处:猎头公司可能只是急于向你的企业推销它所熟悉的人才,而不是积极地去寻找一个真正适合职位要求的人。

因此,企业在与这些猎头公司合作时,有许多值得注意的问题:

①要了解猎头公司开展人才搜索的范围;

②要向猎头公司说明自己需要哪种人才及理由;

③要设法了解猎头公司直接负责人才搜索的人的能力,不要受其招牌的迷惑;

④要向猎头公司以前的客户了解详细情况,以便对它的信誉度有个比较清楚的认识。

(5)网络招聘

随着信息技术的高速发展,人力资源管理电子化已经成为一种趋势,其中的一个典型就是网上招聘模式的出现。利用传统媒体招聘员工,企业需要投入非常可观的人力、物力和财力,在互联网时代,企业开始从招聘的重负中解脱出来。

网上招聘具有很明显的优势:

①四通八达的网络将打破时间和空间的限制,迅速、快捷、便利;

②扩大宣传范围,降低招聘费用;

③针对职位需求,量身定做申请表格,标准化、数据化的表格具有强大的筛选功能;

④处理程序电脑化,无须再派额外人手,效率提高,成本降低;

⑤即时接受大量的求职信。

在实际运用中,企业往往在自己的企业网站下构建招聘网站,或者通过专业人才招聘网站进行代理。专业人才招聘网站对求职者的登录采取免费的方式,内容包括不同工作的分类,提供全职、兼职和专业知识的服务,并设有搜索功能。比如我国国内的中华英才网(http://www. chinahr.com)就是一个专业的人才招聘网站,很多公司,包括一些知名公司如通用电气、惠普公司、戴尔、英美烟草、中国移动、中金公司等,都是它的客户。

2. 招募简章的设计

旅游企业招募简章(或招募启事)是员工招募的宣传材料,它以广告的方式,向应征对象进行广泛宣传,达到扩大员工招募来源的渠道、促进招募工作顺利开展的目的。同时,招募简章也是旅游企业对外界开展公关宣传推销的一种途径。因此,招募简章除了在选择传播媒介、运用文选技术等业务细节方面要加以研究与处理外,旅游企业的人力资源部门对招募简章的设计与编撰显得尤为重要。

编写员工招募简章,因受传播媒介刊出篇幅即广告开支成本的限制,要求在富有吸引力的前提下,做到内容清楚、要求明确、文字简洁。

旅游企业对社会公开招募简章,在旅游业激烈的经营竞争中,也起到宣传企业、树立企业社会形象的作用。因此,人力资源部要会同公共关系部,对招募简章的排版设计作一番推敲,尽量做到版面美观新颖、标题醒目突出、字体大方,使读者从中领略到企业的服务水准,在广大应聘者即未来的员工心目中建立起对企业良好的第一印象。招募简章的内容一般包括企业介绍、招聘工种或职位、招考要求、甄选方法、录取条件、报考办法、录用待遇等主要情况。

(1)企业介绍

招募简章介绍旅游企业时因受篇幅限制,文字必须简练。介绍要点包括企业全称、企业性质、坐落地点、经营规模、星级水准(或几类旅行社)等。如果企业是在开业前招聘,还应注明开业日期。

(2)招聘职位与招考要求

招募简章对招聘工种或职位及人数可按部门分类。招考要求可分为基本要求与专业要求两类。对应聘人员的基本要求不外乎品学兼优、勤奋上进、容貌端正、身体健康等方面;专业要求则包括年龄、性别、学历、实际工作年限、专业水准(技术等级)、外语能力、体格条件(身高、视力)等方面。为了使应聘者便于检索招聘工种或职位,简章中可将招聘工种与招考要求以表格形式公布。

(3)甄选方法与录取条件

招募简章对应聘者必须经过的报名、考试(面试与笔试)、甄选以及甄选合格者须经过的体检、政审、合同的签订等企业录用的程序与内容作简要的介绍。

(4)报考办法

招募简章应向应聘者宣布报考手续及报名方式。如果采用书面报名方式,招募简章中要规定应聘者来函必须详细写明的内容,如本人经历、学历、特长、志愿及本人近期报名照等个人资料情况,以及报名截止日期、资料邮寄的具体地点;如采用目测报名方式,招募简章则要规定应聘者在约定时间、地点携带本人身份证明、有关学历或技术等级证件、本人近照等办理报名手续。

（5）录用待遇

招募简章对应聘者被考核录用后所享受的待遇的介绍对吸引应聘者起着重要作用。人力资源部门要如实介绍，不能片面追求招聘来源而对应聘者虚加许愿，否则其效果会适得其反。应聘者被企业录用后的待遇一般包括被录用人员的人事编制、工资福利待遇及培训机会等。

以下介绍一则招聘启事（简章）供设计参考。

泰国 Dewetour 旅游公司招聘中文导游

公司简介：

泰国 Dewetour 旅游投资公司是一家经泰国旅游局授权的专业化旅游投资和经营机构，在泰国曼谷及其他主要旅游目的地掌握着丰富的高端旅游接待资源。公司为满足不断扩大的国内赴泰高端人士旅行服务需求，特决定从国内高校旅游相关专业应届毕业生中选拔各项素质优秀者前往泰国进行实训和就业。

此次泰国 Dewetour 旅游投资公司特委托泰国 CIPD 职业经理人学院管理此次实训。

招聘人数：女生 20 人，男生 10 人。

招聘条件：

1.18—25 周岁；

2.男性身高 168～180 cm，女性身高 158～170 cm；

3.五官端正，口齿清楚，表达能力强；

4.责任心强，有良好的职业操守，热爱旅游行业；

5.头脑灵活，有沟通解决问题的能力，善于学习；

6.性格开朗，抗压能力强，能够胜任加班；

7.英文优秀，有泰文基础者优先；

8.导游专业、英语专业、旅游管理专业、空乘专业、酒店管理专业优先。

工作职责：

1.接待赴泰投资、商务旅行、参加峰会会议、体育赛事、高端时尚活动、私人旅游的国内高端人士；

2.为赴泰客人度身定制在泰国的行程安排并随行照料；

3.为赴泰客人讲解泰国景点、文化、历史、宗教等人文风情；

4.为赴泰客人办理延签、返签、出入境手续；

5.应对和解决赴泰游客的突发紧急情况。

工资待遇：

试用期月薪 4 000 元，转正后月薪 6 000 至 10 000 元（不含客户酬谢金和购物提成），公司承担员工在泰期间的工作许可证手续办理、住宿、医疗保险及意外伤害保险。

负责人：王经理

联系方式：010-88999080

邮箱：tcipd@sina.com

---

3. 提高招募效果要注意的问题

组织必须运用一定的策略来提高招募效果。一般来说,提高招募效果要注意以下个几方面:

(1)招募态度要诚恳

组织的招募态度自始至终都将充分体现在招募活动中,每个应征者在求职的过程中都会感受得到。例如,招募广告中,组织声称"聘英才""求贤若渴"。

(2)为应征者着想

为应征者着想,首先要解决人—职匹配的问题。人—职匹配指求职者的素质和条件与待聘岗位的适合程度。其次,要为员工的成长考虑,应鼓励他们自我发展并给予机会。

(3)增强职位吸引力

增强职位吸引力的方法很多,一般都涉及福利待遇以及组织的发展前景等已有条件。

(4)合理设计招募程序

假如求职者按顺序考虑他的职位选择,那么较早地开始招募将大大提高获得合格应征者的可能性。例如,一些高科技公司在大学三年级学习结束的时候,或者是在与大学的合作教育计划中就开始了招募三年级学生中可能的应征者的活动。

(5)在招募中防备弄虚作假

当你自认为终于找到一个急需的人才时,一定要认真核实对方提供的个人简历、推荐信等资料。

(6)拒绝的艺术

如何拒绝应征者的应征,也是一个值得重视的问题。有的企业会给不合格的应征者寄一封热情洋溢的信,感谢这些曾来应征的人对本企业的支持和关注。

任务二　员工的甄选

(一)识别"千里马"

人力资源管理的一项重要任务就是了解人的个体差异,经过鉴定与分析差异之后,才能谋求人与事的密切配合,以求达到"人适其职,职得其人"的目标。这一目标达到了,就能使人们选择合乎自己兴趣与能力的工作,使他们的才能与智慧得以充分发挥,使他们在有利的环境中得到人格的健全发展。同时在社会方面,如果每一种工作都能找到合适的人才去担任,生产效率必然提高,人力资源必然能得到充分的利用。要达到这一目标并不是轻而易举的,必须依赖科学的心理测试方法以及精密的人事甄选程序,以保证测试结果与所选择人员未来的工作业绩相联系。采用恰当的人事甄选方法与程序,对旅游企业招聘到合格员工有着重要意义。

1. 求职申请表的设计

求职者前来应聘,往往需要填写一份求职申请表。求职申请表是招聘工作初选的依据,一张好的求职申请表可以帮助旅游企业减少招聘成本,提高招聘效率,尽快招到理想的人选,所以求职申请表的设计十分关键。

通过求职申请表,人力资源部可以获得求职者的详细资料,为面试工作作准备,同时也为对求职者最终的综合评估提供了客观资料。

求职申请表的内容如下:

求职申请表内容的设计要根据工作岗位的内容或岗位说明书来定,每一栏目均有一定的目的,不要烦琐重复,应着眼于对应聘者初步的了解。通过对求职申请表的审核可以剔除一些明显不合条件者。

设计求职申请表时还要注意有关法律和政策。我国劳动人事法规正在逐步健全,求职申请表的设计要符合这些法规和政策。以美国 1964 年《民权法》为例,该法明确指出凡种族、肤色、宗教、性别或原国籍等项目不得列入求职申请表。为了实施该法律,美国还成立了平等就业机会委员会。

(1)求职申请表的内容应反映的信息

①个人资料:姓名、年龄、性别、婚姻、地址及电话等。

②工作经历:目前的任职单位及地址,现任职务、工资,以往工作简历及离职原因。

③教育与培训情况:应聘者文化的最高学历、学位、专业、所接受过的培训等。

④生活及个人健康情况:包括家庭成员、同本企业职工有否亲属关系、健康情况(须医生证明)等。

⑤兴趣:爱好、体育与其他活动。

⑥其他:包括求职者经历的证明人及联系方式。

每类申请表列述的内容及详细程度则依工作要求而定。一般情况下,各部门服务人员与管理人员的申请表是有差别的,其重点内容与要求都不同。例如,在管理人员的申请表中要重点强调的是工作经验、专业及教育程度;而一般服务人员或导游人员则重点强调职业教育、培训及个人条件、外语水平。精心设计、内容简明、重点突出的申请表对招聘工作有极大帮助。

(2)使用求职申请表时的注意事项

求职申请表是旅游企业对应聘者进行初选的依据。在审查求职申请表时,要采取审慎的态度,要估计材料的可信程度,注意应聘者以往经历中所任职务、技能、知识与应聘岗位之间的联系,要分析其离职原因、求职动机。对于那些频繁离职、高职低求、高薪低就的应聘者要作为疑点一一列出,以便在面试时加以了解。对应聘高级职务者还须补充其他个人材料。经过初审,对明显不符合条件者予以淘汰。求职申请表如表4.2所示,表4.3所示为求职申请表举例。

表4.2 求职申请表范例

申请表			
姓名:	地址:		
电话(宅):	电话(上班):	E-mail(个人):	
申请职位:			
受教育程度:			

日期 自　　至	中学、专科院校和大学名称	所学主要科目	资格

接受过的专业培训

其他资格和技能(包括语言、键盘技巧、驾驶执照等)

工作既往史(自毕业后所有工作过的岗位情况,自目前或最近的工作岗位开始)

日期 自　　至	雇主名称、地址、经营状况特征,包括在军队中的服役	工作岗位和主要职责总结	参加工作与离开工作岗位时的报酬标准	离开或打算离开的原因

续表

你愿意加上的支持你申请的评注

我保证表上所填内容属实。

　　申请者签名：　　　　　　　　　　　　　　　　　　　　日期：

表4.3　步客旅游文化有限公司人力资源专员求职申请表

姓名		毕业学校		专业		学历			一
性别		健康状况		政治面貌		身份证号			寸
联系电话（手机/座机）				E-mail					照 片
家庭联系地址									（可不附上）
应聘职位									

学习经历（高中—大学）	起止时间	学校	各阶段学习成绩			
			前10名	前30名	前50名	后50名

英语水平	CET-4（　　）分　CET-6（　　）分，口语（○优秀　　○良好　　○一般）		
专业英语或其他语种		计算机水平	
所获人力资源师证书	○三级（助理）人力资源师证书　　　　○二级人力资源师证书 ○一级人力资源师证书　　　　　　　　○没有获任何证书		
奖惩情况			

大学期间何时参加何种组织前担任何种职务	起止时间	组织名称	职务
	起止时间	实践内容	证明人及电话

大学期间何时参加社会实践或兼职	
个人特长及爱好	1. 2. 3.

1. 请依此选出三项能够影响你选择工作的关键因素 A. 个人的发展前景　B. 薪酬福利　C. 工作地点　D. 工作的稳定性　E. 和谐的工作环境　F. 企业的发展前景　G. 企业的公众形象　H. 专业对口	请你将你的选择排序：
2. 请依此选出三项你最希望从企业中得到的 A. 较高的经济回报　B. 良好的专业技术　C. 先进的管理办法　D. 较高的职位 E. 较强的综合能力　F. 发挥自我的能力　G. 较高的社会地位　H. 培训机会	多选：
3. 你期望的起步月薪 A. 1 600～2 000 元　B. 2 000～2 500 元　C. 2 500～3 000 元　D. 3 000～3 500 元 E. 3 500 元以上	你的选项：
4. 大学期间你如何支配你的时间？请按比例说明 学习（　%）　运动/休闲/娱乐（　%）　社会活动（　%）　其他（　%）	
5. 你是从哪里获取我们的招聘信息？ ○校园网　○同学　○老师　○海报　○公共媒体广告　○公开招聘会　○亲戚 　○公司见页　○其他＿＿＿＿＿＿＿＿＿	你的选项：
6. 下列哪一项是你最突出的特征？ A. 综合素质高　B. 喜欢挑战　C. 富有爱心　D. 经验和知识　F. 学习能力　G. 其他（请说明）	多选：
7. 请简要描述你加盟步客的理由：	
8. 请简要描述你的职业规划：	

请你签名：

2. 甄选程序

人员选拔工作是一项复杂而又细致的工作,因为各种工作具有不同的要求,对担任者的才智要求也不尽相同。而不同的应聘人员所具备的才能也有高低之分,每个人所具有的才能特点也各异。所以要想为某项工作选一个理想、合适的人去担任并不像一般人想象的那么简单。常用的选拔应聘者的程序依次是:筛选求职函,面试、考核、评估备选对象,利用评估中心作出评估,确定提供、获取推荐应聘者的推荐信,签订雇佣合同以及后续行动等(阿姆斯特朗,2001)。赵西萍(2001)将旅游企业有效的人员甄选过程分为以下6个步骤。

(1) 明确承担此工作的人员必备的条件

为某项工作选人,要确定的第一件事就是这个工作是什么样的。只有对工作进行分析,才能了解实际上希望员工做的是什么样的工作。如果我们不了解干好某项工作需要些什么,又怎能知道什么样的人适合干这项工作呢? 一旦了解了干好某项工作需要些什么,我们就可以确定适于这一工作的人员需要具备什么样的技术、什么样的能力以及什么样的个性特点。因此人员甄选之初要确定成功工作的标准,其次是具有什么特征的人能成功地实现这些标准。例如导游工作要求导游人员表达力强,要善于与客人交流,能讲述风景名胜的历史渊源、文化背景,解答客人提问,处理紧急事件等,因此要求导游人员具有良好的沟通能力、丰富的历史文化知识、随机应变的能力甚至幽默感等,涉外导游人员还要能讲流利的外语,这些特征与导游工作是相关的。当然,不同的工作对工作人员的要求不同,比如,饭店销售人员需要善于社交,而一个一般的饭店工程部员工则对社交能力的要求就不是很严格。许多身体上和心理上的特点,会影响到一个人对其工作完成的好坏,因此某项工作人员选拔的关键在于,所选人员是否具有该项工作所要求的特性。旅游企业的管理人员可以根据招聘规划中的有关内容来确定候选人应具备的条件。

(2) 确定测量要素

人力资源部门确定了胜任空缺职位的人员应具备的特征之后,还要根据这些特征确定对应聘者进行测量的要素,使测量工作具有针对性。

(3) 确定测量的方法以及准备测量所需的材料

一旦确定了测量的特征,下一步就应确定用什么方法来测量这些特征。如是在面谈时对这些特征进行评估,还是用测验来测量? 若用测验进行测量,用哪一项测验? 测量方法确定下来以后,还要准备相应测量方法所需的材料。

(4) 对求职者进行测量

当准备好了测量所必需的材料后,人力资源部门就可以按照要求用这些材料对候选人进行测量了。如果说工作分析的侧重点是"人—工作"系统中"工作"的一面,那么这时测量的侧重点就是"人—工作"系统中"人"的一面了。工作分析为我们提供了某项工作需要什么知识、能力等特征的资料,而这时的测量为我们提供了哪些人具备这些特征的资料。把这两者结合起来,就有可能做到人与工作的最佳匹配,达到"人尽其才""才适其职"的目的。

大多数人在接受测量时都比较紧张,因此人力资源部门的摆设应尽可能使受测者感到舒适和放松,这一点很重要。像安排一个有礼貌的接待员和令人愉快的接待室这样简单的事就能帮大忙。如果我们选用的测量方法是面谈,这一点应特别加以强调。实际上,通过面谈可以很快地与求职者沟通,并使求职者感到放松,求职者越放松,就越能有效地对问题作出反应,因而也就越能恰如其分地使他们自己得以表现。当用测验作为测量方法时,有益于求职者放松的条件尤为重要。许多人在做测验时会紧张和焦虑,如果实施测验的条件不能令人满意,它们就有可能对求职者的成绩产生不良影响,例如,做测验的房间噪声很大,而且有很多干扰,求职者的能力就有可能发挥不出来。

另外,对实施测验的人进行训练,不仅对与求职者建立沟通很重要,而且对正确地使用适当的测验方法(如正确且前后统一地念测验的指导语,掌握适当的施测时间)也很重要。每个参加测验的人做测验的条件必须一样,否则就会损害测验的有效性。

(5)统计结果,作出选择

此即将测量所得结果进行统计计算整理,对统计所得结果进行比较分析,从中作出选择。

(6)追踪调查,完善测量要素

成功的测量方法应保证根据测量因素得到的测量分数与工作绩效之间有显著关系。初次采用的测量要素难免有不完善之处,因此需要在日后的工作中不断调整。当测量分数与选拔人员未来的工作业绩相关性不显著时,说明测量要素中还需补充或删去一些要素,这样才能保证未来的人员甄选工作更加完善。

3.员工甄选的方法

员工甄选的方法主要有面试法、评估中心法、考核法、档案法、调查法及情景模拟法等。

1)面试法

面试法也就是我们通常所说的"面谈法",是旅游企业员工甄选过程中广泛使用而且直接关系到招聘效果的主要方法之一。所谓面试就是指为了进一步了解申请人的情况,如求职者的能力、人格、态度、兴趣等,确定求职者是否符合工作要求而进行的招聘人员与求职者之间的面对面接触。

招聘面试主要有以下几种方式:

(1)计划组织性面试

它是指在面试之前,将面试中会涉及的内容作缜密计划,精心安排,使整个面试不脱离或遗漏所需了解的信息。这种面试方式常选用图表形式列出面试的内容,因此又被称为图表式面试,其所列问题一般要从以下3方面准备:①职务和岗位规范说明书的有关问题;

②申请材料或推荐材料中的有关信息;③从过去面试的经验中总结的有关问题。

（2）启发式面试

它是指由面试考官以简洁、不明确的语句引导应聘者充分表现自己的一种面试方式。这种面试方式的优点是,可以使应聘者在无意识的条件下充分暴露自己的特点,从而使面试考官能真实全面地了解应聘者。

（3）深入式面试

它是指通过对某一重要性质的特定问题进行深入细致的考察,从而达到对应聘者的背景和思想意识深入了解的目的。这种面试方式的提问特点是多问几个"为什么"。

（4）分组面试

它是指由一名或多名面试考官向一组应聘者提问或者由一组面试考官和一组应聘者讨论某一特定的问题的一种面试方式。这种面试方式的优点在于:第一,可以节省面试考官的时间;第二,有利于比较鉴别,从应聘者中选出最优秀的人员。

（5）综合面试

这是指人力资源部门和用人部门同时参加的一种面试方式。在这种面试方式中,人力资源部门负责了解应聘者的背景和非智力因素,用人部门则负责了解应聘者的专业知识和岗位技能。综合面试适合应聘人员比较集中或比较少时进行。

此外,还有逆向式面试、结构化面试、非结构化面试等,应该根据客观需要和单位的实际情况选择。

通常,面试包括如下步骤:

①面试准备(包括确定面试目标、对象等);

②制订搜集有关应聘者信息的计划;

③培训面试者;

④记录和分析面试信息;

⑤面试决定。

其中,"记录和分析面试信息"一步是关键,它主要考察应聘者的思维能力、语言表达能力、计划组织能力、人际合作能力、责任感和进取心、反应能力、自我控制能力、判断能力、领导能力等特点,因此,围绕着招聘面试重点,面试提问内容应该突出其共性与个性。另外,面试提问内容还应突出可评价性、透视性的特点,这就需要具有一定的比重和评价标准。为此,可以作如下设计:

（一）比重(100)

1.外貌仪表方面(20):

a.健康程度(10)。

b.气质(10)。

2.知识方面(20):

a.基础知识水平(主要指外语、计算机水平以及其他证书)(5)。如:请问你的英语水平和计算机水平如何?

b.职业道德(7)。如:你如何看待"跳槽"的问题?或"施于义而得其利"这句话你如何理解?

c.专业知识(8)。如:请介绍一下你的毕业设计情况,或请介绍一下你大学所学的专业。

3.能力方面(40):

a.社交能力(10)。如:你的好朋友多吗?

b.口头表达能力(10)。如:请简单作一下自我介绍。

c.应变能力(8)。如:请举一个你在逆境中如何进步的例子。或我们以前也录用过你们学校的一些毕业生,但不太理想,你如何看待这件事?

d.创新能力(6)。如:你喜欢冒险吗?

e.处理难题能力(6)。如:请列举一下你通过沟通解决问题的例子。

4.性格方面(20):

a.团队精神(4)。如:你习不习惯与别人合作干一件较难的事情?

b.工作热情(6)。如:你愿意加班吗?

c.自信心(6)。如:你认为自己一定能胜任这项工作吗?你心目中的理想报酬是多少?

d.态度(4)。如:如果单位没有录用你,你会怎么想?

(二)评价标准:

1.优秀(90%~100%);2.较好(80%~90%);3.一般(70%~80%);4.较差(60%~70%);5.很差(60%以下)。

根据以上标准评定后,通过对各项的加权求和,得出总分值,从而对应聘者是否具有资格被进一步甄选作出评价。

当然,提问内容的每个方面又都不是孤立的,招聘单位也可以根据自己的实际情况和客观需要把这些问题综合起来进行提问,合理组合,统筹安排。

在面试中,面试考官要规避一些错误,如"眼缘"或"心缘"产生的错误判断,判分时"前紧后松"或"前松后紧","近期效应"或"重要事件效应"产生判断偏差,"涟漪效应"产生的偏差,"重男轻女"或"重关系轻才学"而产生的偏差,等等。

面试考官应掌握以下面试规则:

①面试考官要称职,要有洞察力、判断力、合作力,以及在宏观上、局部上处理问题的能力。

②要把原则性和灵活性结合起来。

③尊重应聘者的利益和个性,不盛气凌人。

④创造一个轻松自如的氛围。

⑤要允许应聘者自由发表意见或看法,但又不可脱离谈话主题。

⑥应尽可能用清楚简明及总结性的话表述看法或作出决定。

⑦双方应该进行互相了解。

⑧提问的宗旨是"问好、问巧",而不是把应聘者"问难、问倒"。

⑨问题安排的顺序应该是先易后难,循序渐进。

⑩要善于恰到好处地转换、收缩、扩展与结束。

⑪要善于发挥目光、点头的作用。

⑫不要误导应聘者。

⑬能够鉴别出应聘者信息的真实性。

⑭要严格把握评分标准的客观统一。

表4.4所示为某企业员工招聘专家面试成绩一览表。

表4.4 某企业员工招聘专家面试成绩一览表

测试时期: 年 月 日

准考证号		姓名		性别		年龄		文化程度	
应聘专业		测评结果				名次排列			
测评阶段	成　绩	评　价							
基础知识 (20分)									
专业知识 (20分)									
应变能力 (10分)									
综合能力 (10分)									
经历状况 (10分)									
事业心 (10分)									
总体印象 (20分)									

测评单位: 　　　　　　　　　　　　　　　　项目负责人＿＿＿＿＿＿＿＿＿＿

填表日期: 年 月 日 　　主考官＿＿＿＿＿＿＿＿＿　填表人＿＿＿＿＿＿＿

招聘面试的 STAR 原则

STAR 是 Situation(背景)、Task(任务)、Actlon(行动)和 Result(结果)4 个英文字母的首字母组合。

通常,应聘者求职材料上写的都是一些结果,描述自己做过什么,成绩怎样,比较简单和泛泛。面试考官则需要了解应聘者如何做出这样的业绩,做出这样的业绩都使用了什么样的方法,采取了什么样的手段,通过这些过程,我们可以全面了解应聘者的知识、经验、技能的掌握程度以及他的工作风格、性格特点等与工作有关的方面。

STAR 原则能帮解决上述问题。

例如,企业需要招聘一个业务代表,而应聘者的资料上写着自己在某一年做过销售冠军,某一年销售业绩过百万等。

我们是不是就简单地凭借这些资料认为该应聘者就是一名优秀的业务人员,就一定能适合自己企业的情况? 当然不是。

我们首先要了解该应聘者取得上述业绩是在一个什么样的背景(SITUATION)之下,包括他所销售的产品的行业特点、市场需求情况、销售渠道、利润率等问题,通过不断地发问,可以全面了解该应聘者取得优秀业绩的前提,从而获知其所取得的业绩有多少是与应聘者个人有关,有多少是和市场的状况、行业的特点有关。

进而,我们要了解该应聘者为了完成业务工作,都有哪些工作任务(TASK),每项任务的具体内容是什么。通过这些可以了解他的工作经历和工作经验,以确定他所从事的工作与获得的经验是否适合现在所空缺的职位,更好地使工作与人配合起来。

了解工作任务之后,继续了解该应聘者为了完成这些任务所采取的行动(ACTION),即了解他是如何完成工作的,都采取了哪些行动,所采取的行动是如何帮助他完成工作的。通过这些,我们可以进一步了解他的工作方式、思维方式和行为方式,这是我们非常希望获得的信息。

最后我们才来关注结果(RESULT),每项任务在采取了行动之后的结果是什么,是好还是不好,好是因为什么,不好又是因为什么。

这样,通过 STAR 式发问的 4 个步骤,一步步将应聘者的陈述引向深入,一步步挖掘出应聘者潜在的信息,为企业更好地决策提供正确和全面的参考,既是对企业负责(招聘到合适的人才),也是对应聘者负责(帮助他尽可能地展现自我、推销自我),获得一个双赢的局面。

2)评估中心法和考核法

使用评估中心法是选拔的一种更具综合性的方法。它结合一定范围的评估技术,具有以下主要特征:

①关注点是候选人的行为;
②在集体训练中会加上面试和考核。
③训练是为了抓住和激发工作的主要纬度。
④候选人的表现以"所要求的能力"等多种形式被测评。
⑤为了达到相互影响、使经历更具开放性和参与性的目的,若干候选人或参与者将被放在一起考评。

⑥为了增加评估的客观性,将用多个评估者或观测者。这其中最好能包括高层管理者,以确保是他们在掌控整个过程。评估者应受过严格的培训。

评估中心法为测评候选人适合组织文化的程度高低提供了良好的机会,一定范围的考核和面试也是这一过程的有机组成部分。评估中心法也会给候选人以感受组织和组织价值的机会,这样他们便会更好地进行自我抉择,决定他们是否来适应组织的需要。一个实施紧凑、组织良好的评估中心法选拔过程,与一个由经理个人或部门经理等以普通而没有专业技巧的方式所作的判断想比,能获得对未来行为的更佳的预知效果。

3)档案法与调查法

档案法是通过查阅求职者的档案材料,以获得对求职者总体的、初步的认识。不管哪一个单位录用一个新职工,事先都要查阅其本人的档案材料。档案中记录了他从上学起一直到现在的经历、家庭状况、社会关系、兴趣爱好,以及现实表现。所有这些材料对预测他将来的工作情况是很有价值的。当然,它也不是十全十美的,也有不足之处:①档案有一部分是本人填写的,可能有不实,甚至有隐瞒的地方。②单位组织的鉴定不一定全能反映其本人的实际情况,有的偏高,有的偏低。有些单位为了把这个人推出去,在鉴定中的评语往往就写得好些,有些本应写的缺点也就不写了,或者含糊地写一两句。③档案中提供了许多求职者的背景材料,但有些情况,如本人态度、工作能力、价值观、性格等就不能全部反映出来。

调查法是通过对求职者熟悉的人的调查了解,得到有关求职者本人情况的信息。调查的对象往往是求职者以前的领导、同事、亲属以及以前所属的人力资源部门等。调查的内容主要是求职者的经历、家庭状况、社会关系、兴趣爱好,以及以前的工作、学习表现等。

4)情景模拟法

所谓情景模拟,就是指根据应试者可能担任的职务,编制一套与该职务实际情况相似的测试项目,将应试者安排在模拟的、逼真的工作环境中,要求应试者处理可能出现的各种问题,用多种方法来测评其心理素质、潜在能力的一系列方法。它是一种行为测试手段。由于这类测试中应试者往往是针对一旦受聘可能从事的工作做文章,所以也被称为"实地"测试。考官将为他们提供有代表性的模拟意见,需要他们完成应聘岗位上的典型任务,然后对其工作质量进行分析。

情景模拟假设解决方法往往有一种以上,而且测评主要是针对应试者明显的行为以及实际的操作,另外还包括两个以上的人之间相互影响的作用。一般情况下,这种测试有时间限制。应试者必须对要做的工作安排轻重缓急,然后在规定的时间内完成尽可能多的任务。

(1)情景模拟原则

在设计情景模拟时,应该考虑以下一些原则:

①应该在明确管理行为要素的定义的基础上进行评价。

②应该采用各种各样的评价方法。

③应该采用各种类型的工作选择方法。

④主试应该知道成功的要诀是什么,他们应该对该工作和该公司有比较深刻的了解,如果可能的话最好能够从事过该工作。

⑤主试应该在情景模拟前得到充分的培训。

⑥观察到的行为数据应该在主试小组里进行记录和交流。

⑦应该有主试小组讨论的过程、汇总观察的结果、评价要素并作出预测。

⑧评价过程应该分解一个个阶段,以推断总体形象、评价总体评分或最终预测的形成。

⑨评价对象应该在一个有确切含义的标准下接受评价,而不应该相互作为参照标准,也就是说事先最好要有一个常模。

⑩预测管理的成功必须是判断性的。

(2)情景模拟的操作程序

①准备工作

情景模拟可以包括许多内容,但它主要的内容有公文处理、与人谈话、无领导小组讨论、角色扮演和即度发言等。各种内容的情景模拟,准备工作是不一样的。例如:

• 公文处理的准备工作:

A.事先要编制好评分标准。

B.公文要与测评目的紧密结合。

C.要规定一个尽可能和真实环境相似的环境。

D.安排一个尽可能和真实环境相似的环境。

E.指导语要清楚、详细。

F.准备好足够的办公用具。

• 谈话的 3 种方法中的一种、两种或三种:

A.扮演者扮演要真实,要有一定的实践经验。

B.要让应试者事先知道将应付某些情景的必要的材料和数据。

• 无领导小组讨论的准备工作:

A.每小组的成员以 5~7 名为佳,不要少于 3 名,也不要多于 10 名。

B.讨论的时间要根据人数多少而事先规定,平均每个人安排 5~10 分钟。

C.讨论时用的桌子最好是圆桌,或者干脆不用桌子,大家围坐在一起,尽量不用长桌,因为长桌有上级和下级之分,要使每个人都认为自己与他人是平等的。

D.讨论前应该向应试者提供必要的背景材料,否则讨论会泛泛而谈,流于形式,这样就不能够显示应试者必要的素质和潜在能力。

E.讨论的内容一般是一个案例。

F.讨论前要规定每个应试者必须最少发言一次,多发言不限制,但每个应试者累计发言时间最多不能超过 15 分钟。

G.准备好评分标准,每个主试人手一份。

H. 主试的人数以 3 ~ 5 人为佳,每项指标以 5 分制评分,以平均数作为该应试者的成绩。

• 角色扮演的准备工作:

角色扮演是情景模拟中的一个重要方法。它就是要求应试者扮演一个特定的管理角色来处理日常的管理事务,以此来观察应试者的多种表现,以便了解其心理素质和潜在能力的一种测试方法。例如,要求应试者扮演一名高级管理人员,由他来向主试扮演的下级作指示、下命令;或者要求应试者当一名车间主任,请他在车间里直接生产。又如,要求应试者给公司总经理充当副总经理,若干主试或其他人扮演其他角色,如总经理、各部门经理、秘书、外单位人员等,在一定时间(如半天),应试者和主试分别按角色进行扮演。这一过程中,可设计各种情景,例如,财务部经理请示员工年终奖金发放问题,人力资源部请批员工招聘方案,产品开发部汇报开发新产品的思路,秘书请示会议安排事项,外单位来电商谈商务问题,公司办公室主任告知刚发生的突发事件并请示处理方法,等等。

在测评中要强调了解应试者的心理素质,而不要根据他临时作出的意见作出评价,因为临时工作的随机因素很多,不足以反映一个人的真才实学。有时可以由主试主动给应试者施加压力,如工作时不合作,或故意破坏,以了解该应试者的各种心理活动以及反映出来的个性特点。

A. 事先要作好周密的计划,每个细节都要设计好,不要忙中出错,或乱中出错。

B. 助手事先训练好,讲什么话,做什么反应,都要规范化,在每个应试者面前要做到基本统一。

C. 编制好评分标准,主要看其心理素质和实际能力,而不要看其扮演的角色像不像,是不是有演戏的能力。

• 即席发言的准备工作:

即席发言是情景模拟的一种形式。它就是指主试给应试者出一个题目,让应试者稍作准备后按题目要求进行发言,以便了解其有别的心理素质和潜在能力的一种测评方法。即席发言主要了解应试者的快速思维反应能力、理解能力、思维的发散性、语言的表达能力、言谈举止、风度气质等方面的心理素质。即席发言的题目往往是作一次动员报告、开一次新闻发布会、在员工联欢会上的祝词等。在即席发言以前应向应试者提供有关的背景材料。

A. 题目可以是一个,也可以是几个,让每个应试者准备的时间应该一样多,准备时间以5 ~ 10 分钟为宜。

B. 事先编制好评分标准,每一种因素都要评分。评分标准主要包括思路清晰、层次分明、语言流畅、观点明确、内容吸引人、能用具体可信的事例说服人、上场镇静、声音响亮、抑扬顿挫、动作自然、口头语少等。

C. 评分要抓住主要的心理素质,但也需要一些细节问题,因为这些细节问题往往反映出一个人的潜在的心理活动和潜在的能力。

②实施评估

一般常用的有下面一些程序:

- 观察行为。
- 归纳行为。
- 为行为打分。
- 制订报告。
- 重新评分。
- 初步要素评分。
- 制订要素评分表。'
- 主试讨论。
- 总体评分。

表4.5所示为某企业员工招聘情景模拟测试成绩。

表4.5　某企业员工招聘情景模拟测试成绩一览表

测试日期：　　　年　　月　　　日

准考证号	姓名	应聘岗位	基础知识(20分)	专业知识(20分)	综合能力(20分)	经历状况(10分)	事业心(10分)	总体印象(20分)	总分(100分)	名次排列	备注

测评单位：　　　　　　　　　　　　　　　　项目负责人＿＿＿＿＿＿＿＿＿＿＿

填表日期：　　　年　　月　　　日　　主考官＿＿＿＿＿＿＿＿＿　　填表人＿＿＿＿＿＿＿＿＿

5)心理测验

所谓心理测验,是指通过一系列的心理学方法来测量被测试者的智力水平和个性方面差异的一种科学方法。心理测验是一种测量手段,一种标尺,它可以把人的心理的某些特征数量化,使之具有客观性、确定性和可比较性。心理测验是判定个别差异的工具,个别差异包括很多方面,并可在不同的目的和不同的情境下研究,这就使测验具有了不同的类别。

旅游企业常用的心理测验方法有能力测验、人格测验、兴趣测验、成就测验等。

(1)能力测验

能力包括两个方面,一方面是指个人到目前为止具备的知识、技能、经验等,即实际能力;另一方面,能力还包括个人的可造就性,即潜在能力。因此有人把测量实际能力的测验称作能力测验,而把测量潜在能力的测验称作能力倾向测验,这两种测验又可细分为若干种类。旅游企业关于能力方面的测验主要是智力测验和技能测验。

①智力测验

智力测验是对解决问题的能力的测验,即被测试者如何在判断、创造以及逻辑思维方面使用自己智力的测验。智力测验注重测量一般能力。智力是完成任何一项工作的前提和保证。因此,在人员选拔过程中,往往首先确定所需的最低智力分数线,用智力测验作最初的筛选。

国外旅游企业在人员选拔过程中常用"奥蒂斯独立管理心理能力测验(the Otis Self-Administering Test of Mental Ability)"。测验集体进行,所花时间很短,适用于筛选不需要很高智力的、级别较低的工作的求职者,如旅游企业中的服务人员、文员、低层管理人员等。这一测验对筛选级别较高的工作的求职者不太适用。该测验包括难易不同的75项,主要内容有计算题、空间判断、词汇、句意以及类推判断等。时间为20～30分钟,适合对象是高中生或成年人。

对于高级经理人的挑选,常采用威克斯勒成人智力量表(WAIS)。这是一种用时很长的个人测验。韦克斯勒成人智力量表由两部分组成——语言部分和操作部分。这两部分包括11个小测验。语言部分有如下小测验:资料、理解、算术、相似性、数字广度和词汇。操作部分包括数字符号、填图、分组设计、拼图和实物装配。这样可以得到两种智力量度和总分。

②技能测验

这是指在一定条件下,用于测试某人掌握的知识或技能所达到的程度。国外旅游企业常使用"差异性测验系统(the Differential Aptitude Test Battery)"测试员工。该系统共包括8个组成部分,每部分单独测试一种能力,如描述能力、数学计算、抽象能力、空间能力、系统能力、办公室文秘能力以及拼写和讲话能力等。每项测验需要6～35分钟,所有试题共需3小时零6分钟。对于旅游企业出纳员、簿记员、秘书及其他工作的申请者可进行简单的学识和技能测验。但是,在使用该项测验时要明确一点,即测验不合格并不意味着总体不合格,而只表明需要进一步培训。对旅游企业不同工作、工种,可对申请人进行不同的测验,例如,对于饭店的厨师或帮厨人员可以用食品制作来测验其掌握的烹饪知识与实际操作技能;对于餐厅服务员可以用服务知识和摆台以及看台服务考核其技能;对于酒吧服务员,可用饮料知识、调酒以及收账业务操作测试其学识和技能;对于出纳员及接待员,可用普通接待知识、办公器械的操作能力以及找付业务测试其技能。

（2）人格测验

人格有广义和狭义之分。广义的人格是指一个人的整体精神面貌,即个体所具有的所有品质、特征和行为等个体差异的总和。它包括个人所具有的能力、智力、兴趣、气质、思维和情感及其他行为差异的混合体。狭义的人格是指人的兴趣态度、价值观、情绪、气质、性格等内容。这里我们谈及的是狭义的人格。人格测试就是用业已标准化的测验工具,引发应测者陈述自己的看法,然后对结果进行统计处理,研究分析,从而对人的价值观、态度、情绪、气质、性格等素质特征进行测量与评价的一种心理测试方法。

在招聘工作中,对应试者的人格测验也是一项极为重要的工作内容,尤其是对那些经常要和其他人有人际交流的候选人的选择,这种人格特性的测验尤为重要,如对将从事推销、公共事业、监督和管理、访谈等工作的人。把人格测试引入招聘工作中,有助于在对应聘者的知识、能力和技能考察的基础上,进一步考察其工作动机、工作态度、情绪的稳定性、气质、性格等心理素质,使考察更全面、科学和客观,从而保证能够选拔出具有较高知识素质、能力素质和心理素质的优秀人才。

人格测验有两大类:一类是自陈法测验;另一类是投射法测验。

①自陈法

自陈法就是自我陈述法,它是一种自我评述问卷。这种问卷向被测者呈现涉及一些具体情境、症候及个人情感等方面的题目,要求被测者根据个人情况,回答每个题目所描述的情况与他们自己的情况是否相符。被测者通过对这些问题的回答表现出他们自己的人格特点。测试题大多采用是非法、选择法。

自陈量表中最盛行的是明尼苏达多项人格测验 TAT。它列出了 550 个涉及 26 个方面的问题,例如,我渴望获得成就,我常常不信任他人,我常常怀疑自己的能力,我不喜欢主动与别人交谈,我常常容易激动,我有时也说谎,我常常做噩梦,我认为生活对我不公平,我喜欢影响别人,等等。被测者对这些问题按"是""不是"来回答,根据他的回答对被测者的人格特征作出评价。

②投射法

本人自陈法是一种主观报告,有相当可信度。但在现实条件下,不排除为了迎合招聘人员而有违心的答案。而投射法测验是给予被测者某种模棱两可的刺激,要求被测者说出这是什么东西,从而使被测者把自己的思想、愿望、希望和情感投射到这个难以名状的刺激中去,使之带上某种意义。经过专业人员的分析,从中了解被测者的人格特征。

投射法较自陈法发生偏差的可能性小。投射法的结构使得被测者不知道测验到底在测量些什么,也不知道自己透露了些什么,故无法故意地制造偏差。在投射法测验中,被测者不能刻意地去描述自己,因此在回答时,即显示了他真正是一个什么样的人。这种测验的问题在于难以建立评价答案的标准。

人格投射测验主要用于临床心理学,用来测量情绪失常的人。不过这种测验在某种程度上也可用于评价高级行政职位的求职者。人格测验用于人员选拔的效度是很低的,不如能力测验。但在工作行为方面,人格测验的效度还是好的。如用于选拔经理,人格测验的效度跟其他测验一样。在文书、办公人员的选拔方面,人格测验不如智力测验,但对实际工作行为表现的测量与其他测验相同,特别是在销售方面,人格测验是最有用的测验。在旅游企业这类服务性行业中,人格测验的效度也较一般能力测验为优,故人格测验是一个有价值的择员工具。对于旅游企业中的员工选拔,人格与能力测验是最理想的预测测验,对于选拔经理、推销员,效度亦不错。

(3)兴趣测验

兴趣测验可以表明一个人最感兴趣的并最可能从中得到满足的工作是什么,该测验是将个人兴趣与那些在某项工作中较成功的员工的兴趣进行比较。它是用于了解一个人的兴趣方向以及兴趣序列的一项测试。人员选拔中应用兴趣测验的基本依据是,如果一个人表现出与某一职业中那些工作出色的人相同的兴趣,那么,此人在这个职业中很有可能得到满足,进而努力工作。如果一个人对某种职业根本不感兴趣,那么此人干这种工作成功的希望就很小。相反,如果工作适合一个人的兴趣,则更有利于他发挥特长,使能力充分体现出来,干好工作。美国康奈尔大学的拉廷博士(Dr. Gerald. w. Latin)在招收餐旅系学生时非常注重学生的兴趣与爱好,他认为,凡是毕业后在餐旅界作出突出贡献者,都有社会活动、权力、对他人控制和自我实现的兴趣。

兴趣似乎在很长时期内是稳定的,并与某些领域的成功有关。但是兴趣不等于才能或能力,对这些特点的测试应与兴趣测试同时进行。此外,被测者很容易在兴趣测试问题的回答上作假,虽然在员工选择中可能用到一些兴趣测试,但是它们主要用于评议和职业的指导方面。

常用的技术方法有斯庄格职业兴趣表(SVIB)和库得兴趣记录(KPR)等。兴趣测验通常列出众多的兴趣选择项,涉及运动、音乐、艺术、文学、科学、社会服务、计算、书写等领域,例如,喜欢踢足球,喜欢看球赛,喜欢听流行音乐,喜欢听交响乐,喜欢看画展,喜欢外出写生,喜欢看爱情小说,喜欢看侦探小说,喜欢看科普杂志,喜欢自己做小家具,喜欢写诗歌,喜欢做数字游戏,喜欢写信,喜欢外出旅游,喜欢独立思考,喜欢下棋,等等。根据被测者对各种兴趣项目的"是"或"否"选择,或依据被测者排列出的兴趣序列,可以对其是否适合某一职业或某一种工作作出判断。

兴趣测验有许多用途,最典型的就是用于员工的生涯规划,因为一个人总是把自己感兴趣的事情做得很好。另外还可以用它作为选择的工具,如果你能选择那些与现职成功的员工的兴趣相似的候选人,那么这些候选人很可能在新的岗位上也能取得成功。

(4)成就测验

成就测验的目的在于测量一个人对某项工作实际上能完成到什么程度。成就测验在人力资源管理上的应用主要有3个方面:①挑选有经验、有专长的新员工;②考核现职员工的工作绩效,作为升迁或调动工作的依据;③评估训练规划。

成就测验的内容不外乎考察被测者对某项工作所具有的技能与知识。例如,对厨师烹调技术成就测试,可让厨师做一道菜,然后对选料和配料、操作、出盘、颜色与式样、速度、味道等方面加以测试,考核厨师烹饪水平与成就。成就测验着重于测验的内容效度(由专家评鉴其内容是否妥当)。

成就测验能分辨出哪些人较有能力去执行某项工作,不管他从前的职业是木匠、机械工、工程师还是非技巧性的职业,也无论他是否想升迁还是调动,成就测验均能有效地给予帮助。

综上所述,心理测验作为人员选拔工具的最大优点在于,心理测验能改进选拔过程;同时,心理测验比较客观,不易受主观偏见的影响。此外,对心理测验作评价研究终究要比对其他选人方法作评价研究相对容易,因为心理测验的结果有准确的定量。心理测验的另一个优点是,在很短的时间内可以获得很多关于某个人的信息。表4.6是某企业员工招聘心理测验成绩一览表。

表4.6　某企业员工招聘心理测验成绩一览表

测试日期:　　年　　月　　日

准考证号	姓名	应聘岗位	智力				创造力				备　注
			抽象思维能力	文字掌握能力	分析判断能力	综合能力	快速联想能力	发散思维能力	独特构想能力	综合能力	

测评单位:　　　　　　　　　　　　　　　　　　　项目负责人＿＿＿＿＿＿＿＿

填表日期:　　年　　月　　日　　主考官＿＿＿＿＿＿＿＿　　填表人＿＿＿＿＿＿＿＿

我们可以在以上主要的方法中作一个选择。库克(1993)所推崇的是由申请表、面试和关于推荐书组成的经典三重组。它们可以由个人材料、评估中心法和心理测试作补充或替换。斯马特(1983)曾宣称在1 000名面试候选人中,仅有94个能够做到在常规面试时作出诚实的反应。泰勒(1998)引入的一些效力研究(图4.2)也显示出常规面试的效力并不高,而评估中心法、心理测试、个人材料以及结构性面试是更准确的选拔方法。但由于各种原因,组织仍然把面试作为选拔的主要方法来运用,而评估中心法则难以适合。但我们可以使面试更具结构性,并以一些考核来作为补充,从而使它的效力得到极大的提高。

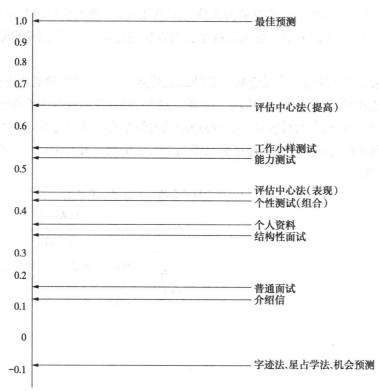

图4.2 一些选拔方法的准确性

(二)招聘评估

一个完整的招聘过程的最后,应该有一个评估阶段。招聘评估包括以下3个方面:

1. 招聘成本评估

招聘成本评估是指对招聘中的费用进行调查、核实,并对照预算进行评价的过程。它是鉴定招聘效率的一个重要指标。

$$招聘单价 = \frac{总经费(元)}{录用人数(人)}$$

作招聘成本评估之前,应该制订招聘预算。每年的招聘预算应该是全年人力资源开发与管理的总预算的一部分。招聘预算主要包括招聘广告预算、招聘测试预算、体格检查预算、其他预算,其中招聘广告预算占据相当大的比例,一般来说按 4∶3∶2∶1 的比例分配预算较为合理。

2.录用人员评估

录用人员评估是指根据招聘计划对录用人员的质量和数量进行评价的过程。

1)录用人员的数量

录用人员的数量可用以下几个数据来表示:

(1)录用比

$$录用比 = \frac{录用人数}{应聘人数} \times 100\%$$

录用比越小,相对来说,录用者的素质越高,反之则可能录用者的素质较低。

(2)招聘完成比

$$招聘完成比 = \frac{录用人数}{计划招聘人数} \times 100\%$$

招聘完成比等于或大于100%,则说明在数量上全面或超额完成招聘计划。

(3)应聘比

$$应聘比 = \frac{应聘人数}{计划招聘人数} \times 100\%$$

应聘比越大,说明发布招聘信息效果越好,同时说明录用人员的素质可能较高。

2)录用人员的质量

除了运用录用比和应聘比这两个数据来反映录用人员的质量外,也可以根据招聘的要求或工作分析中的要求对录用人员进行等级排列来确定其质量。

3.撰写招聘小结

招聘小结的主要内容有招聘计划、招聘进程、招聘结果、招聘经费、招聘评定。

(三)避免甄选过程中常见的问题

由于各种心理因素和环境因素的影响,非测验与测验技术往往会带来一些误差,概括起来主要有以下6种误差:

1.晕轮效应

晕轮效应是一种社会心理现象,是指个体在社会认知过程中,将对认知对象的某种印象不加分析地扩展到该对象的其他方面去的现象。这种现象在用非测验技术选人时很容易出现。例如,招聘人员可能由于某位求职者眼睛炯炯有神、皮鞋擦得锃亮、指甲剪得干净而对这位求职者产生好感,而且这些特点可能会给招聘人员留下很好的印象,以至于使招聘人员对具有这些特征的人的其他方面给予很高的评价。那么,具有这些特征的人就比不具有这些特征的人更可能被录用。这种现象往往是无意间发生的,对于招聘人员来说是很难克服的。

要克服这种现象,主要是加强对招聘人员的专门训练和教育;也可借助标准评价量表,增加招聘人员对求职者评价时的分析判断能力。另外,在评分时,要求招聘人员逐项冷静评分,逐一思考,不要操之过急,不要以笼统的概念以偏概全。

2. 恒长错误

恒长错误是指招聘人员以不同的标准考察不同的求职者,所得考察结果不同。导致这种差异的原因不是求职者的行为表现不同,而是招聘人员对考察标准的理解不同。

3. 制约现象

所谓制约现象,就是成语中所说的"爱屋及乌"现象,即当对某人产生特定印象后,对其他与之相似的人也产生这种印象。例如,有人曾对某个人产生过友善的感觉,后来,对在某些方面(如声音、姿势、面貌等方面)类似此人者会不知不觉地产生友善的感觉。

4. 偶然现象

这是把一些现象片面夸大,从而对求职者产生不正确的认识的现象。例如,招聘人员偶然听到某人有某一缺点,以后考察时就受此影响,总认为这个求职者有此种缺点或毛病,这样,其他方面的打分也就相对降低。

5. 情绪影响

招聘人员的情绪状态也可影响对求职者的评判。招聘人员的喜、怒、哀、乐对求职者的评判可以产生不可思议的影响。

6. 测验技术的效度与信度

效度指招募人员真正测试到的品质与想要测试的品质的符合程度,信度则是指一系列测验所得的结果的稳定性与一致性的高低。这两个指标是测验的过程中所不容忽视的。

在选拔的过程中,有效的测验,其结果应该能够正确地预计应聘者将来的工作成绩,即选拔结果与应聘者以后的工作绩效考评得分是密切相关的。这两者之间的相关系数称为效度系数,它的数值越大,说明测验越有效。

影响效度的因素很多,但主要有以下两个因素。

①测试的长度。如果测试的项目比较多,得到的分数比较高,相关系数可能增加。

②被测者的选择。如果被测者的选择在该团体中不是很典型的,那么该测试所得出的效度也可能不准确。

测验的信度是指当应聘者在多次接受同一测验或相关测验时,其得分应该是相同或相近的,因为人的个性、兴趣、技能、能力等素质,在一定时间内是相对稳定的。如果通过某项测验没有得到相对稳定且一致的结果,则说明测验本身的信度不高。

信度的准确与否与误差,特别是随机误差的关系十分密切,这种误差是各种各样的。比如,被测者的身心健康,参加测试的动机、态度,主试者的专业水平,空气的湿度,测试场地的环境,指导语的差异,题意明确与否,项目的多少等,都会影响测试的信度。因此,为了使心理测试获得有意义的信度,必须严格控制可能影响测试结果的各种主观变量。

在对应聘者进行选拔测验时,应努力做到既可信,又有效。但应注意的是,可信的测验未必有效,而有效的测验必定是可信的。

要点思考

1. 旅游企业招募员工的途径主要有哪些? 各有何利弊?
2. 旅游企业招聘员工在进行面谈时应注意什么?
3. 旅游企业在员工招聘中如何提高招聘的效果? 需要哪些招聘策略和技巧?

案例讨论

引领校园招聘的新时代(2)

对于 Ray 来说,他目前在强生的工作可谓如鱼得水,然而这些都源于他在宝洁 8 年经受的职场历练和在百事 4 年得到的管理体悟。

1998 年,行将从南开大学毕业的 Ray 和其他应届毕业生一样开始寻找职业生涯的起点。那时的校园招聘还没有如今所谓的网上申请,都是企业直接去校园发放纸质的求职申请表。尽管当时的宝洁校园招聘在南开大学发出了 1 000 份申请表,但大学生对于宝洁的热衷程度太高,以至于申请表在当时也是一纸难求。作为学校记者团团长和广播站站长,Ray 虽然没能挤进招聘现场,但还是请负责摄像的老师帮自己拿到了一份宝贵的申请表。最后通过层层严格筛选,他如愿成为了宝洁人力资源部的一员。

设立大学生实习基地

2003 年,Ray 在被公司安排到天津工作后,除了重新熟悉新的领导团队,理顺工厂管理规则,然后再适应工作系统升级的一些重要内容外,他还第一次大规模地和天津当地一些大专院校开始共建实习基地。宝洁的工厂一直都需要招募技术工人,为了更有效地招到合适的人才,Ray 和有关学校洽谈了安排学生到宝洁的工厂实习的合作模式。因为大专的学习年限是 3 年,学校在学生的第三个学年前的暑期时选择 10 名左右的学生到宝洁工厂实习。工厂也会和学生签订实习协议,并为学生提供相应的津贴。在实习结束后,工厂会和学校明确最后确定录用的学生名单,并且在学生毕业前半年就知道明确的信息,让他们有充分的时间寻找新的职业发展机会。

即便是如此简单明了的一个过程，在当时还曾有过一些激烈的讨论和争议。当时争议的焦点在于技术工人究竟是招录本科生还是大专生。很多用人经理都认为本科生的生源质量更好，应该更多地招募本科生，而 Ray 却坚决反对招本科以上的学生做技术工人。之所以坚持这样的观点，是因为在宝洁，管理人员和技术工人的薪资和职业发展路径上有一定差距，如果招进来的都是本科生，他们进公司后就会发现类似的学校、同等的学历，但在薪资和机会上却与别的同学有很大的差距，这就容易造成员工的心理失衡，从而对公司的归属感大打折扣。他的这一观点得到了大家的认可。

后来 Ray 回到了广州总部，天津的同事把这个实习基地进一步跃进式地发展了。从最初的招募不到 10 个大专学历的实习生，一下子扩大到招募几十个实习生，这让当地的大专学校对公司产生了一定的意见，认为公司干扰了学校的教学秩序，让学校变成了宝洁的培训基地。而 Ray 的老板则跟他开玩笑，还一定要他去把这个问题解决了。无论如何，Ray 自己对当时的这段经历感到颇为自豪。因为在学生的实习中，不仅企业和学生双方都有更多的机会相互考察，而且学生在学校的口碑传播，在很大程度上帮助宝洁树立了很好的雇主品牌。

开创宝洁校园俱乐部

在竞争激烈的校园人才市场上，越来越多的招聘方关注在校园提前锁定一批人，并能在前期的校园活动中预先吸引这批人，从而为达成招聘目的打下扎实的基础，这也就是现在越来越受到关注的提前招聘，并逐步成为很多企业 HR 所达成的共识。而这也正是 Ray 建立宝洁校园俱乐部的初衷。

宝洁一直很注重和大学的关系，并且很早就在大学校园中设立了宝洁奖学金。Ray 在接手大中华区的工作后，他发现那些获得宝洁奖学金的学生和最后进入宝洁公司的学生是两个群体，而且这两个群体的相关性不强，这也就意味着很多拿了宝洁奖学金的学生最后并没有能够被宝洁所录用。而造成这种现象背后最重要的原因在于颁奖和招聘的游戏规则完全不同。奖学金谁拿谁不拿，学校说了算，候选人谁录用谁不录用，宝洁说了算，这是两个不同的游戏规则。所以 Ray 就考虑到，既然在学校中耗费了公司的资源和预算，就一定要想办法在学生群体中去营造宝洁的良好口碑，以更好地获得同学们对公司的认知度和美誉度。

从那时开始，Ray 就深刻感受到学生和学校希望企业提前去给他们做职业生涯规划的教育和培训，而企业也希望在校园中培育雇主品牌，培育消费者的认知，所以他就开始搭建校园俱乐部，以此营造一个平台传播宝洁的雇主口碑。有些大学甚至和宝洁开展合作，为学生开设了具有学分的职业生涯选修课，并邀请宝洁的经理人来给学生讲授如何发展自己的职业生涯。2005 年，Ray 在知名院校（如复旦大学、上海交通大学等）一个又一个地开始建立宝洁校园俱乐部，最后一站是在自己的母校南开大学。在母校建立校园俱乐部的场景让 Ray 没齿难忘。在俱乐部成立大会上，曾经给 Ray 颁发毕业证的南开大学校长侯自新教授不仅亲临会场，而且在讲台上为学生们诵念宝洁俱乐部的章程，这大大出乎 Ray 的意料，并让他为之深受感动。后来学生部的老师在私下告诉 Ray,其实学校自己也早就希望一些知名企业在学校建立俱乐部,并草拟了一些方案和章程,但在后来收到宝洁的校园俱乐部执行材料后,就直接放弃了自己的初稿,因为宝洁的校园俱乐部计划非常详尽,这直接帮助了学校,学校当然也乐意选择合作。

那么,缔造了宝洁校园俱乐部以后,谁又将是俱乐部最合适的建设者呢?又该如何推动校园俱乐部有充足的动力构思、策划活动呢? 这些建设者的主力军既不是公司,也不是学校的老师,而是俱乐部所在学校中已经拿到宝洁公司 Offer 的那些应届毕业生,而他们也就顺理成章地成为宝洁公司在学校最好的校园大使。公司给这些校园大使一定的预算,让他们组织一些与职业生涯相关的学生活动。Ray 认为,HR 每天在公司,对于学生的了解总是有限的或者不充分的,而这些已经拿到 Offer 的同学一直成长在校园里,他们更了解同学们的诉求,同时在进入公司之前相对也拥有了更多的闲暇时间,再加上公司对他们充分的信任和预算支持,这就大大增强了这批大使对公司的归属感,从而充分自由发挥自己的创意,精神百倍地去推动宝洁雇主口碑的传播。

问题讨论

1. 宝洁校园俱乐部设计的成功之处是什么?
2. 宝洁招聘的最大特点或吸引学生的优势是什么?

奇思妙想

十个最好的面试问题

● 多纳·德祖比

虽然精明的面试官总是会问为招聘职位定制的问题,但本文所述的 10 个面试问题可用于很多行业和职位。

①根据你对这个职位、我本人以及我们公司的了解,告诉我你觉得你能为公司作出怎样的贡献?

这个面试问题会把人分成两类:有竞争力的人才和庸才。

"那些真正作了准备的人将会非常高兴能有机会回答这样的问题,并在回答中大放异彩、脱颖而出,显示出他们做了能够做的所有功课。"达雷尔·W.格尼说道,他是职业生涯教练及《不要再次申请同一个工作:打破常规、插队、打败其他人》一书的作者。

"那些没准备的人则会结结巴巴,试图拼凑出常规的答案。"

②我们为什么应该雇用你?

这个问题之所以好,是因为它让应聘者自己来陈述是什么让他在充满竞争的市场中显得与众不同,道格·谢德说道,他是纽约会计与金融行业 Winter,Wyman & Company 的负责人和招聘执行主管。

面对讲着类似故事的一沓沓简历,这个问题会帮你识别出最好的候选人。令人信服地解释其独特的经历、教育背景、行业资格证书和个人兴趣将如何有力地推动你公司业务的候选人,一旦被雇用,往往也会为你的公司作出他所说的贡献。

③如果你的职业生涯可以重来,你会做哪些不同的事?

"因为没有人喜欢停留在过去的悔恨上,所以这会是个好问题。"布兰登·考特尼说道,他是波士顿 The Megis Group 集团 Randstad Finance & Accoting 猎头公司的董事长。

让一名候选人阐释他所作的主要决定,突出积极的一面和消极的一面,能揭示出这个人基于专业及个人经验作出深思熟虑的决定的能力。这也能让候选人分享他们对未来的展望和雄心。

④当我联系你以前的主管,并问到你工作的哪个方面最需要改善时,我会得到什么回答?

"我喜欢这个问题,因为这个问题能从候选人那里得到诚实的回答。"伊利诺伊州沃伦维尔的一家职业咨询公司 ResuMayday 的职业生涯教练劳伦·密里根说道。

"没有什么办法能影响这个答案,因为其主管被牵扯进对话当中,候选人知道真相无论如何都会被得知。本质上,它跟'你最大的劣势是什么'是同样的问题,只不过用另一种说法来问罢了。"

⑤请描述一下你曾汇报过的最好的上司。

这是极好的面试问题,因为这会告诉你跟候选人过往的人际关系有关的事,加利福尼亚州门洛帕克 Robert Half Finance & Accounting 公司的招聘经理凯西·唐斯说道。

"因为这会表明候选人的个性和其最适合的工作风格,面试官可以更深入地了解候选人的沟通技巧、工作风格和潜在的文化契合度。"她说道。

接下来可以继续追问是什么使得关系融洽,是个性、表现,还是因为拉拉队长型的上司?候选人是更喜欢自主还是被掌控,或者他是被二者共同驱动去完成组织目标?

⑥什么能激发你的积极性?

⑦什么会使你沮丧?

"连续问第六、第七个问题能更好地了解面试者的动机。"纽约梅尔维尔 Adecco staffing US 的高级副总裁珍妮特·马克思说道。

如果驱动面试者的因素正好与这个职位和你的公司文化相符,那你就找到了一个好雇员。

当候选人谈论过去令他沮丧的事时,会显示出关于他个性、交际技巧和团队工作能力的细节。候选人回答问题时,你可以看其是谈论小烦恼、小愤怒,还是谈论他成功解决冲突、预算或者优先性的方法,后者往往是更具积极智慧的候选人。

⑧请给我讲讲你参与过的最困难的谈判。

"每一份工作都会涉及谈判,问这个问题可以获悉很多,不仅仅是他们直接的谈判技能,还有求职者如何摆脱困境。"马克思说道。

最好是回答这个问题时能阐明问题的两面,然后解释他们如何将观点达成一致,或者如何通过一个流程达到双方都满意的解决方案。

⑨制订有关公司策略的决策时,你如何让你的下属参与其中?

"候选人的回答告诉你一位经理是否足够可靠,是否能让其他人参与到策略性决策制订中"。波士顿一家职业管理公司 Keystone Associates 的高级副总裁杰恩·麦特森说道。

而求职者如何让他的下属参与进来,通过书面沟通、一对一或者小组讨论,也能告诉你很多关于他管理风格的事。

⑩五年后你觉得自己会处于什么位置?

"关于这个问题,候选人说了什么并不重要,关键要看是怎么说的。"华盛顿一家 HR 服务公司 Jumpstart HR 的 CEO 乔伊·V.普赖斯说道。

"当你看到他想到未来时眼睛向上看,那么你就知道这是个有野心的人,这样的人知道他会往哪儿走,并且会尽其所能地确保你的组织能让他到达那个高度。"

(摘自:《人 & 事》,2012(3))

初涉职场

实训项目:模拟招聘。

实训目的:学生了解招聘流程,熟悉简历制作,掌握面试基本技巧,促使其关注自身的职业生涯。

实训任务:

1.设计个人简历;

2.编写招聘规划和实施方案;

3.编写招聘广告;

4.现场模拟面试,评估招聘效果。

考核指标:

1.提供如下书面材料:年度招聘规划书、个人简历表、招聘广告、面试问题清单、面试评价表、录用通知书;

2.小组合作表现。

项目5　绩效管理

☐ **知识目标：** 掌握绩效、绩效管理的概念，掌握绩效考评的目的、作用，掌握旅游企业绩效考评常用的方法，熟悉绩效考评的内容及程序，了解绩效反馈和改进的方法，了解旅游企业在绩效考评过程中的问题及改进方法。

☐ **技能目标：** 运用有效的方法进行绩效考评计划设计。

基本内容

☐ **绩效管理的概念**
　　——绩效　绩效管理
☐ **绩效考评**
　　——绩效考评的概念　绩效考评的目的与作用
☐ **对旅游企业进行绩效考评**
　　——绩效考评的内容和程序　制订绩效考评的标准
☐ **掌握绩效考评的技术**
☐ **绩效考评结果的运用**
　　——绩效反馈　绩效改进　绩效考评中需要避免的问题

惠普绩效管理的特色

绩效管理是管理者与员工之间在目标与如何实现目标上所达成共识的过程,也是促进员工取得优异绩效的管理过程。绩效管理的目的在于提高员工的能力和素质,改进与提高公司绩效水平。著名的惠普公司在这方面为我们提供了一个范本。

一、绩效标准具体实用

惠普在绩效考核上有一个中心思想,就是业绩考核理念,即员工的工作表现以及其自身的发展,是由员工自己把握、经理支撑的。绩效的主体是员工本人,作为经理来说,支撑的作用是支持和帮助。从 HP 考核业绩的评定指标来说,主要是考核以下几个方面:第一是你的业务能力,第二是你的个人素质,第三是生产力,第四是可靠度,第五是团队协作能力,第六是判断力,第七是客户满意度。对于经理来说,还要增加计划及组织能力、灵活性、创造力、领导才能等。

对于员工的业绩指标,公司有具体的要求:一是具体,要求每一个指标的每一个实施步骤都要具体详尽;二是可衡量,要求每一个指标从成本、时间、数量和质量 4 个方面能作综合的考察衡量;三是时效性,业绩指标需要指定完成日期,确定进度,在实施的过程中,管理层还要对业绩指标作周期性检查;四是可实现,员工业绩指标需要和主管、事业部及公司的指标相一致且易于实施;五是以竞争对手为标杆,指标需要有竞争力,需要保持领先对手的优势;六是客户导向,业绩指标应能够达到客户和股东的期望值。在具体操作中,HP 的做法是一般员工与直接经理应就岗位工作目标、应负职责、培训方案以及工作表现、评估准则等进行商讨和评估,并就整体表现进行总结,然后再确定工作目标。第二是目标和成果完成的情况各自怎样等。第三是其他显著成就,虽然不在你去年的业绩计划、业绩目标里,但是由于你的主动性,比如说你参与公司一个跨部门的团队合作项目,帮公司做了全面质量管理等,超出工作范围作出的显著成就也写在这里。这是评估结果,接下来是评估过程,所以第二项是工作表现的评估准则。在评估的时候,通常情况只有 3 个评估标准,而且这 3 个标准都不是打分的:第一个是达到和超过水准,第二个是需要改进,第三个是不合格,经理只需要打钩就可以了。

二、考核结果以"分"体现

在评定过程中,惠普遵循的步骤:协调评定工作,检查标准,确定期望,确定评定时间,进行员工评定,确定工作表现所属区域,检查评分情况得到最终许可,最后将信息反馈给员工。惠普在做完业绩考核,横向对比定薪酬时,对每个人的表现都要进行定级打分。员工的表现好与坏,最后是通过相对定级(PRB)来体现,一共分五级,最低标准要达到 PRB2,判断标准是在你的团队里,如果你感觉到某一个员工还不能独立胜任你认为他应该独立完成的工作,这时你要经常辅导他,要花时间去教他,这时员工的表现是2。依赖于他人,这是不能长久容忍的,他要么尽快提高到3,要么给他增加压力。有可能他会变为PRB1,处于末位淘汰的状态。PRB3是能够独立完成本职工作以内的事情,但是没有额外的贡献,这体现在判断力上,是否提供有建设性的意见,是否帮别人实施过有建设性的意见,并且最后能够拿到结果。通过他人取得成绩,这是PRB4,这个级别的要求就更高了,除了完成本工作之外,能够借助资源来超额完成任务。这个小组织里有一件事谁也完不成,因为他认识某一个跨部门的人而完成了,这是他的本事,说明他善于建构资源网络,能够影响在他控制范围之外的资源。最后是发挥领导力,这是PRB5,这种人是你要栽培的接班人,同时也是你为公司培养的人才。PRB5的员工是团队的核心,他能够协助你去激发和调动管理者的团队,PRB5不一定是经理,他也许是一个普通员工,但也可以作出非常大的贡献,被高层领导愿意拿到重要场合去谈论和分享。

三、奖优罚劣按绩付酬

业绩考核完成之后,就要根据考核结果奖优罚劣、按绩付酬。HP评判按绩付酬有一些标准,比如说我这个部门的经理要和其他部门经理对比,如果评判的这个人是一线经理,需要通过和其他部门的经理接触和了解来看他们的情况。主要的评判是判断个人结果、团队精神、客户满意度、自我发展。最后是要综合评比,公司有一个薪酬委员会,对全公司报上来的表现等级进行最终汇总和评估,最后作一个平衡,定出PRB等级。

惠普决定薪酬有两个方面:第一是工作的价值,第二是绩效。工作的价值是职位的市场价值,这是你左右不了的,是市场行情,如每年HP中国都会请咨询公司调查包括HP在内的16家在中国的外企,以决定每一个工种的价值,当然你能够决定的是你的表现。这两部分决定你的薪酬,工资加薪水和员工福利是总报酬。

个人业绩的差异和工资有何关系?对HP来说,一些低复杂性的工作,工资的差距就不大,比如低工种、前台和接待员,他们的工资肯定不会相差很大,但是如果要招一个营销总监,可能差距就相当大了。

四、组织绩效满意为主

惠普绩效管理的一个重要方面是对组织进行绩效管理,管理的对象是公司绩效。惠普用4个指标来衡量组织绩效管理,分别是员工指标、流程指标、财务指标和客户指标。其中,员工满意度调查是员工指标中的重要一项。在总结各种影响员工工作表现的因素以后,惠普提出一个待遇适配度、满意度和重要性并重的员工满意度分析方法。薪资并不是员工唯一的需求,员工的工作行为还取决于老板素质、岗位的适配性、能力的增长性、工作挑战性和休假长度及质量等其他因素。问题的关键是怎样来衡量这些指标。惠普的方法是:对每一项指标都要从适配度、满意度和重要性3个方面用具体的可比较的数据作出衡量。比如员工对目前岗位的认可度,对直接上司的认同度,对工作前景的展望,公司都会把这些看起来无法衡量的指标化为数据进行比较,这些数据是从平常众多的调查表中总结出来的,具有非常高的有效性和可靠性。组织绩效评估的员工指标除了员工满意度外,还有人才流失率和员工生产率等,这些因素看起来无法衡量,但却可以从平时的工作中作出记录,点点滴滴,就可以汇成大海。

（摘自:《企业改革与管理》,2011(2)）

启发思考

1.惠普的绩效管理对旅游企业人力资源管理有何启示?

2.绩效管理主要解决哪些关键问题?

理论要点

一、绩效管理的概念

（一）绩效

员工的绩效表现是企业实现发展目标的最小要素。绩效是指一个组织为了达到目标而采取的各种行为的结果。绩效又分为组织绩效和员工绩效。员工绩效是指员工在某一时期内的工作结果、工作行为和工作态度的总和;组织绩效是指组织在某一时期内组织任务完成的数量、质量、效率和盈利状况。在本项目学习中主要讲的是员工绩效的管理。

绩效具有多因性、多维性和动态性3个特点。绩效的多因性是指绩效的优劣不仅仅受某一个因素的作用,而是受到多种因素的共同影响。这些因素主要有员工的技能、工作态度和工作环境等。绩效的多维性是指员工的工作绩效可以从多方面表现出来。工作绩效是工作态度、工作能力和工作结果的综合反映。绩效的动态性指绩效处于动态的变化过程中,不同时期员工的绩效有不同的表现。

（二）绩效管理

绩效管理是企业管理员工绩效的一种体系。企业员工绩效管理是以目标为导向,在管理者与员工确定目标、任务以及要求的基础上,共同制订并促进组织与个人创造高业绩,成功地实现企业目标的过程。

绩效管理把员工的绩效提升到管理层面上,通过对员工绩效高低的考评,保持对员工的有效反馈,从而激发员工的工作热情和创新精神。通过绩效信息的分析,帮助员工提出改进措施,制订有效的培训规划,将员工的职业生涯规划与企业的发展紧密结合起来。

二、绩效考评

(一)绩效考评的概念

管理员工的目的就是为了使用好员工,从管理到使用的中间过程就是评估。经验表明:公正、客观地评估一个员工比管理好一个员工更难。为了表示对员工评估的公正和公平,企业往往制订了详细的考核制度,但在实际工作中,考核不能正确地衡量一个员工的实际工作能力,它只是一个员工遵守纪律程度和本职工作业绩的分值化表现,对于员工的个性、能力、特长,考核体系是无法表现的,因此对于员工的评估不能简单地等同于考核,考核只能作为评估的一个参考。

旅游企业员工绩效考评,是旅游企业的人力资源部门或业务部门主管,在依照若干项目或目标对员工某一阶段工作行为进行切实记录而形成的对被考评员工工作意见的基础上进行的有次序、有系统和科学的分析与评价,从而公平地确定被考评员工在旅游企业中的价值。员工绩效考评是旅游企业人力资源管理的一项重要内容。

绩效考评包括员工素质评价和业绩评价两个方面(见图5.1)。素质评价涉及评价对象的性格、知识、技术、能力、适应性等方面的情况。而业绩评定一般又包括工作态度评定和工作完成情况评定。工作态度评定是对员工在工作时的态度所作的评定,它与工作完成情况的评定相互关联,但二者的评定结果也可能不一致。工作完成情况评定是业绩考评最基本的核心内容,它一般要从工作的最终结果(工作的质与量)和工作的执行过程两个方面进行分析。

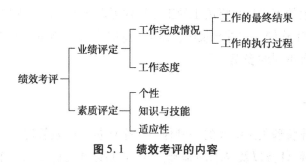

图5.1 绩效考评的内容

(二)绩效考评的目的与作用

员工绩效考评是旅游企业人事决策的依据。通过建立科学的员工绩效考评制度,旅游企业的人事管理部门可以积累可靠的人事管理资料,用以公平而合理地执行员工的晋级、调职、加薪、奖励、惩戒或辞退等一系列人事决策提供确切的事实依据。例如,在考评过程中,员工被发现有某种才能,可以成为决定提拔、调动或向其他重要工作变动的重要依据。若员工工作无能,绩效考评结果很差,则可能会被降职、解雇或调做其他更一般的工作。主管人员必须力求以客观的态度来评价员工的能力。

具体而言,绩效考核主要有以下6方面的作用:

①为员工的薪酬调整、奖金发放提供依据。绩效考核会为每位员工得出一个评价考评结论,这个考评结论不论是描述性的,还是量化的,都可以为员工的薪酬调整、奖金发放提供重要的依据。这个考核结论对员工本人是公开的,并且要获得员工的认同。所以,以它作为依据是非常有说服力的。

②为员工的职务调整提供依据。员工的职务调整包括员工的晋升、降职、调岗,甚至辞退。绩效考核的结果会客观地对员工是否适合该岗位作出明确的评判。基于这种评判而进行的职务调整,往往会让员工本人和其他员工接受和认同。

③为上级和员工之间提供一个正式沟通的机会。考评沟通是绩效考核的一个重要环节,它是指管理者(考核人)和员工(被考核人)面对面地对考核结果进行讨论,并指出其优点、缺点和需改进的地方。考核沟通为管理者和员工之间提供了一个正式的沟通机会,利用这个沟通机会,管理者可以及时了解员工的实际工作状况及深层次的原因,员工也可以了解到管理者的管理思路和计划。考核沟通促进了管理者与员工的相互了解和信任,提高了管理的穿透力和工作效率。

④让员工清楚企业对自己的真实评价。虽然管理者和员工可能会经常见面,并且可能经常谈论一些工作上的计划和任务。但是员工还是很难清楚地明白企业对他的评价。绩效考核是一种正规的、周期性对员工进行评价的系统,由于评价结果是向员工公开的,员工就有机会清楚企业对他的评价。这样可以防止员工不正确地估计自己在组织中的位置和作用,从而减少一些不必要的抱怨。

⑤让员工清楚企业对他的期望。每位员工都希望自己在工作中有所发展,企业的职业生涯规划就是为了满足员工的自我发展的需要。但是,仅仅有目标而没有进行引导,也往往会让员工不知所措。绩效考核就是这样一个导航器,它可以让员工清楚自己需要改进的地方,指明了员工前进的航向,为员工的自我发展铺平了道路。

⑥企业通过及时准确地获得员工的工作信息,为改进企业政策提供依据。通过绩效考核,企业管理者和人力资源部门可以及时准确地获得员工的工作信息。通过这些信息的整理和分析,可以对企业的招聘制度、选择方式、激励政策及培训制度等一系列管理政策的效果进行评估,及时发现政策中的不足和问题,从而为改进企业政策提供有效的依据。

总之,科学地运用员工绩效考评手段可以使员工、管理人员、旅游企业均有所收益。

管理实务

任务一 对旅游企业进行绩效考评

一、绩效考评的内容和程序

(一)绩效考评的基本内容

员工考评的对象、目的和范围复杂多样,因此考评内容也颇为复杂,但就其基本方面而言,主要包括德、能、勤、绩4个方面。

①德:员工的道德品质、思想觉悟、政治倾向、价值取向等。德是一个人的灵魂,它决定了一个人的行为方向——为什么样的人生目的而奋斗;决定了行为的强弱——为达到目的所作努力的程度;决定了行为的方式——采取什么手段达到目的。

德的标准不是抽象的,而是随着不同时代、不同行业、不同层级而有所变化。在改革开放的今天,德的一般标准是坚持党的基本路线,坚持集体主义价值观,富有使命感、责任心和进取精神,遵守职业道德,遵纪守法等。德的考评对各级领导尤为重要。

②能:员工从事工作、完成一定任务所具备的实际工作能力,也包括一个人的潜能。一般包括动手操作能力、认识能力、思维能力、研究能力、应变能力、社会适应能力、创新能力、表达能力、组织指挥能力、协调能力、决策能力等。对不同的职位,员工能力的要求应有不同的侧重。

③勤:勤奋敬业的精神。主要指员工的工作积极性、创造性、主动性、纪律性和出勤率。不能把勤简单地理解为出勤率。出勤率高是勤的一种表现,但并非内在的东西,他也可能是出工不出力,动手不动脑。真正的勤,不仅出勤率高,更重要的是以强烈的责任感和事业心,在工作中投入全部的体力和智力,并且投入全部的情感。因此,人事考勤工作应将形式的(表面)考勤与实质的(内在的)考勤结合起来,重点考评其敬业精神。

④绩:人员的工作效率与效果,包括完成工作的数量、质量、经济效益、社会效益及群众威望。数量、质量、效益之间,经济效益与社会效益之间,都是对立统一的、辩证的关系。在考评和评价人员的绩效时,应充分注意这一点。对不同职位,考评的侧重应有所不同,但效益应该处于中心地位。在考评"绩",时,不仅要考评人员的工作数量、质量,更应考评其工作因满足社会需要所带来的经济效益和社会效益,即工作的社会价值。

在具体实施考评时,德、能、勤、绩往往又可被分解成若干子项目,如对组织忠诚度、知识水平等,从而使考评更加客观、可行。表5.1显示的是可以用作旅游企业员工绩效考评内容的项目范例。

表5.1 绩效考评的子项目范例

员工特征	员工行为	工作结果
工作知识	按时完成任务	销售额
健康状况	服从命令	客房入住率
眼手协调能力	及时报告问题	客房利润率
外语知识	设备维护	服务质量
成就感	遵守规则	浪费
对组织忠诚度	维护记录	顾客投诉
诚实	按时出勤	事故
创造性	提交建议	设备维修
领导能力	不吸烟	服务客户数量
沟通能力		顾客满意程度
团队精神		

选择哪些项目作为具体考评的内容取决于考评的目的。例如,为了奖金的合理发放,就应该选择反映员工工作结果的项目来进行评价;如果为了安排员工参加培训,应选择工作知识等员工的个人特性作为评价内容;如果要剔除最没有价值的员工,就应该选择违反纪律、违反工作规程的行为或产生的不良后果作为考评内容。表5.2是一个饭店客房部员工考核的范例。

表5.2 员工工作表现考核

	(一)工作守时与考勤	员工是否守时及经常保持出勤?
一、态度	1.员工保持很好的考勤记录,在考核期内绝无迟到或缺席 2.员工能够基本保持良好的考勤记录,在考核期内曾有少于3天的缺勤记录 3.员工保持平平的考勤记录,在考核期内偶有迟到并有超过4天的缺勤记录 4.员工考勤记录甚差,在考核期内经常迟到并有缺勤超过5天的记录	
	(二)主动性	即使没有提醒,员工能否主动担负起自己的职责?
	1.能主动应付工作,善于发挥能力和智慧去完成工作 2.基本能够主动地完成经常性的工作,偶尔会有所疏忽 3.工作中需要提醒才能完成本职任务 4.需要经常催促,不能主动完成工作任务	
	(三)礼貌与合作性	员工对上司、同事及客人是否谦恭有礼?员工是否十分乐意地与上司、同事及下属协调地工作?
	1.非常注重礼貌待人接物,经常保持和颜悦色,乐于助人 2.基本能做到彬彬有礼,乐于与人合作 3.只对喜欢的人有礼貌,愿意分工合作 4.没有礼貌,不愿分工合作	

续表

二、品行	职业道德	员工是否值得信赖并对委派工作谨慎尽责？
	1. 非常值得信赖,经常准时按要求完成指定工作,极少需要督导	
	2. 大多数情况都可以信赖,只是偶尔需要督导	
	3. 在完成工作前需要经常查核	
	4. 不能信赖,需要经常密切监督	
三、能力	工作知识 与技能	员工是否了解自己工作的一切功能、要求及责任？员工具备的技能如何？
	1. 对本职工作各方面有充分认识,极少需要指导	
	2. 对本职工作多方面基本上有足够的认识,偶尔需要指导	
	3. 对本职工作某方面缺乏认识,经常需要指导,并需要继续培训	
	4. 对本职工作多方面缺乏认识,经常需要指导,并需要继续培训	
四、业绩	工作质量	员工是否处事严谨并且不易出差错？员工的工作是否有条不紊,容易使人接受？
	1. 工作做得很好,极少出差错	
	2. 工作良好,稍有些错处,极少犯相同错误	
	3. 工作表现平平,要经过审核才能被接受	
	4. 处事十分粗心大意,经常犯同样的错误	

总评分	适合晋升	降级	予以转正
	表现满意	表现一般	延长试用期/不予录用
	1. 是一位工作表现一贯卓越的非常好的员工		
	2. 是一位有能力去完成预期的工作,表现良好的员工		
	3. 是工作表现较好的员工,在若干方面具备长处,但仍需改进,以收到更好的工作效果		
	4. 是一位工作表现平平的员工,需要继续努力,以求达到更佳工作表现		
	5. 员工需要改善工作表现,才能达到基本的工作要求		

(二)绩效考评的程序

绩效考评的程序按绩效考评工作实施的先后顺序和步骤,一般包括制订绩效考评标准体系;实施绩效考评,即对员工的工作绩效进行查、测定和记录;将绩效考评结果的分析和评定与既定的标准作对照进行分析与评判,从而获得绩效考评的结论。

1. 绩效指标和绩效标准的设计

(1)制订绩效规划

在绩效规划阶段,管理者有责任向员工明确组织的期望,并和员工就工作目标和标准达成一致,避免在以后的考评中产生争议。一般绩效规划都是做一年期的,可在年中修订。通常,绩效规划需要人力资源管理专业人员、员工的直接上级(各个职能部门的主管)和员工本人三方面共同来制订,人力资源管理部门担负监督和协调绩效管理过程的主要责任。

(2)确定绩效目标

绩效管理的成效大小体现在是否设定关键绩效指标,关键绩效指标一般根据不同岗位的工作任务和特点为从事该岗位工作的员工量身定做,尽可能具体、量化,通常有4种类型:数量、质量、成本和时限。数量指标如营业额、利润率等;质量指标如客户满意度、员工满意度等;成本指标指管理费用、员工工资等;时限指标如饭店的入住登记时间、上菜时间、结账时间等。

(3)确定绩效目标达成的标准

数量化绩效目标,设定的考评标准常常是一个范围,如果被考评者的绩效表现超出了标准的上限,则说明被考评者作出了超出期望水平的卓越表现,反之,则表明该被考评者存在绩效不良问题,需要进行改进。非数量化的绩效目标,设定标准时往往从客户需要的角度出发,需要在回答"客户期望被考评者做到什么程度"的基础上来确定绩效标准。标准的设定必须符合 SMART 原则,即具体(Specific)、可衡量(Measurable)、可实现(Attainable)、相关(Relevant)、有明确的时间要求(Time-bound)。

2. 实施绩效考评

一般而言,完整的绩效考评的实施过程包括以下步骤(见图5.2)。

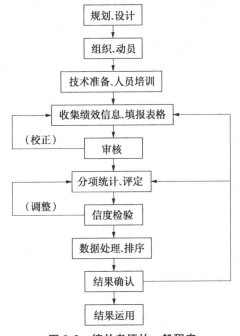

图5.2 绩效考评的一般程序

（1）规划、设计

一旦要对员工进行考评，单位领导人和人事主管部门应着手制订考评活动的实施规划，明确考评目的、要求和内容，设计考评方案和具体执行办法，发布相应的文件。

（2）组织、动员

成立相应的组织机构和工作小组，指定工作人员，明确职权划分。在考评对象或全体工作人员范围内进行实际操作前的动员，说明考评的目的、内容、方法、要求及考评结果的运用方式，从而端正态度，消除有意无意的抵制情绪和抗拒心理。

（3）技术准备和人员培训

根据工作分析的结果确定具体的考评标准，准备考评所需的各种表格和工具。对考评工作人员进行特别的培训，提高他们的业务能力，减少评定中人为的非正常误差。培训的内容一般包括两个方面：①培养正确的态度，提高对绩效考评及其意义、人力资源开发与管理和考评关系的认识。②提高专业知识和技术水平，包括考评中容易产生错误的原因及防止对策、考评方法、文件资料和数据处理的方法、专用工具与设备的使用技术，等等。

（4）搜集绩效信息、填报表格

按照拟订的考评方案，搜集考评所必需的绩效信息（其中包括日常工作记录等资料）；安排有关人员填写各种考评表格，以期全面反映考评对象的绩效情况。

绩效信息的数据搜集和分析是一种有组织地、系统地搜集有关员工工作活动和绩效的过程。对绩效信息的记录与搜集可积累一定的关键事件和相关信息，通过对知识、技能、态度和外部障碍4方面的因素分析来诊断员工绩效，找出潜在的问题。与员工绩效有关的信息主要有：工作目标或任务完成情况的信息；来自客户积极的和消极的反馈信息，工作绩效突出的行为表现；绩效存在问题的行为表现等。绩效信息的来源可以是企业中的全体员工和与之相关的客户。搜集的渠道包括员工自身的汇报和总结、同事的共事与观察、上级的检查和记录、下级的反映和考评以及相关客户的考评。在整个绩效实施过程中必须注意：搜集信息的目的要明确，要让员工参与信息搜集，要把事实和推测区分开来。

可以采取的方法有：

①观察法。管理者直接观察员工在工作中的表现并将之记录下来的方法。例如，主管人员看到某个员工对顾客不耐烦，或看到某个员工主动帮助其他同事做工作等，都可以进行记录。

②工作记录法。通过工作记录体现员工工作目标的完成情况，可由员工本人、同事或者上级主管记录。例如，客户记录表格中有服务人员与客户接触的情况，财务数据可以体现销售额等。

③他人反馈法。管理者从员工服务的对象那里得到员工工作绩效信息。例如，通过发放顾客满意度调查表或与顾客进行电话访谈等方式了解员工的绩效；对于职能部门，可从其提供服务的其他部门的员工那里了解信息。

（5）审核

对搜集和填报的初始信息资料进行审查与核实，剔除虚假信息，修正有误差的资料。

（6）分项统计与评定

对不同的考评指标，按标准或专门设计的方法进行分项计数或计量统计计数。而对不可直接统计分析的指标项目，由特定的评议委员会（小组）按照标准系统设计的规则和数据加以评定。

（7）信度检验

对分项统计和评定质量进行检查和验证，提高统计的准确性和评定的一致性。若发现统计和评定质量不符合要求，应及时反馈调整，复核统计或重新评定。

（8）处理与排序

按一定的规划，将分项统计和评定的结果加以综合运算，根据运算结果区分绩效水平的优劣、等级，作为相关决策的依据。

（9）考评结果的确认和通告

对排序所得出的人员考评的初步结果加以确认，对不合理的考评结果与排序需通过复评予以调整或重新评定和分析。然后将最终结果在一定范围（大到全体员工，小到考评对象本人）进行通告。如有人对考评结果不服，必要时可再次进行复评。

（10）结果运用

按最终确定的考评结果，对考评对象的职务、职称、工资、奖惩、培训等作出合理的安排。

二、制订绩效考评的标准

一个行之有效的绩效考评体系的建立，必须有一套客观、可靠的绩效考评标准，使员工绩效的量度有据可依。绩效标准包括员工工作的若干有考评价值的方面，它是员工被期望达到绩效的水平。从合理的角度看，绩效标准应使员工有机会得以超过标准并实现组织目标，也表明未达此目标的绩效是无法让人满意的。

绩效考评标准由3个要素组成：标准强度和频率、标号、标度。

所谓的标准强度和频率，是指评价标准的内容，也就是各种规范行为或对象的程度或相对次数。标准强度和频率属于评价的主要组成部分。标号，是指不同强度的频率的标记符号，通常用字母（如A、B、C、D等）、汉字（如甲、乙、丙、丁等）或数字来表示。标号没有独立的意义，只有赋予它某种意义时，它才具有意义。标度，就是测量的单位标准。它可以是经典的测量尺度（即类别、顺序、等距和比例尺度），也可以是现代数学的模糊集合、尺度；可以是数量化的单位，也可以是非数量化的标号。总之，可以是定量的，也可以是定性的。标度是评价标准的基础部分，它同评价的计量与计量体系有密切的关系。

在绩效考评中,各种内容、标度和属性的标准之间存在着密切的内在联系,它们相互依存,相互补充,相互制约,组成一个有机整体,这就是考评标准体系。

(一)绩效考评标准的类型

绩效考评标准从不同的角度可以有不同的分类。

(1)按评价的手段分,可把评价标准分为定量标准和定性标准

①定量标准,就是用数量作为标度的标准,如工作能力和工作成果一般用分数作为标度。

②定性标准,就是用评语或字符作为标度的标准,如对员工性格的描述。

(2)按标准的属性分为绝对标准、相对标准和客观标准

①绝对标准,就是建立员工工作的行为特质标准,然后将达到该项标准列入评估范围内,而不在员工间相互作比较。绝对标准的评估重点在于以固定标准衡量员工,而不是与其他员工的表现作比较。

②相对标准,就是将员工间的绩效表现相互比较,也就是以相互比较来评定个人工作的好坏,将被评估者按某种向度作顺序排名,或将被评估者归入先前决定的等级内,再加以排名。

③客观标准,就是评估者在判断员工所具有的特质,以及其执行工作的绩效时,对每项特质或绩效表现,在评定量表上每一点的相对基准上予以定位,以帮助评估者作出评价。

(二)绩效考评标准的特征

一般而言,一项有效的绩效考评标准必须具有下列8项特征:

①标准是基于工作而非基于工作者。绩效考评标准应根据工作本身来建立,而不管谁做这项工作。每项工作的绩效考评标准应只有一套,而非针对每个工作的员工各订一套。

②标准是可以达到的。绩效考评的项目在部门或员工个人的控制范围内,而且是通过部门或个人的努力可以达成的。

③标准是为人所知的。绩效考评标准对主管及员工而言,都应是清楚明了的,如果员工对绩效考评标准概念不清,则事先不能确定努力方向;如果主管不清楚绩效考评标准,则无法衡量员工表现之优劣。

④标准是经过协商而制订的。主管与员工都应同意该标准确属公平合理,这在激励员工时非常重要。员工对自己参与制订的标准往往会自觉遵循,达不到标准而受相应的惩戒时也不会有诸多抱怨。

⑤标准要尽可能具体而且可以衡量。绩效考评的项目最好能用数据表示,一般属于现象或态度的部分,因为抽象而不够具体,就无法客观衡量比较。有句管理名言说:"凡是无法衡量的,就无法控制。"

⑥标准有时间的限制。绩效考评资料必须定期迅速而且方便地取得,否则某些考评将因失去时效性而没有多大的价值。

⑦标准必须有意义。绩效考评项目是配合企业的目标来制订的,所采用的资料也应是一般例行工作中可以取得的,而不应是特别准备的。

⑧标准是可以改变的。绩效考评标准并非一成不变,必要时应定期考评并予以改变。也就是说,绩效考评标准可以因新方法的引进、新设备的添置或因其他工作要素的变化而变动。

(三)绩效考评的主体

所谓考评主体,即由谁来进行考评。员工在旅游企业中的关系是上有上司,下有下属,周围有自己的同事,对外有客户、消费者,他们都有可能成为员工绩效考评的主体。

合格的绩效考评主体应当满足的理想条件是,了解被考评者职务的性质、工作内容、要求、考评标准及企业有关政策;熟悉被考评者本人的,尤其是本考评周期内的工作表现,最好有直接的近距离密切观察其工作的机会;此人应当公正客观,对考评对象不存在偏见。

1.直接上司

直接上司是旅游企业员工考评中最常见的主体,如饭店的客房服务员由楼层主管考评,楼层主管由客房部经理考评。直接上司常常熟悉员工工作,而且也有机会观察员工的工作情况。他们握有奖惩手段,无此手段的考评便失去了权威。但他们在公正性上不太可靠,因为频繁的日常直接接触,很易使考评掺入个人感情色彩。所以有的旅游企业用一组同类部门的管理人员共同考评彼此的下级,只有一致的判断才作为结论。

2.同级同事

员工的同事能观察到员工的直接上司无法观察到的某些方面,尤其是员工的工作场所与主管的工作场所是分离的时候,如需要外出带团的导游人员、公关销售人员等,直接上司通常很难直接观察到员工的工作情况,这时同事的意见是直接上司考评的很好的补充方式。他们对被考评的职务最熟悉、最内行,对被评同事的情况往往也很了解。但同事之间往往存在竞争关系,评价意见在作为职位晋升、奖金分配参考时,会出现偏差。采用这种考评主体的前提条件是,同事之间必须关系融洽,相互信任,团结一致,相互间有一定交往与协作,而不是各自为政地独立作业。同事评价意见不适合用来制订人事决策。

3.下属

下属的评价有助于主管人员个人的发展,因为下属可以直接了解主管人员的实际工作情况、领导风格、调解矛盾的能力、规划与组织的能力等。在使用下属评价时,双方开诚布公、相互信任是非常重要的。但需要注意的是,当员工认为评价工作的保密性不够时,那么他们会给予上级过高的评价。通常,下级的评价只作为整个考评体系的一部分。

4. 员工自评

采用这一方法有助于调动员工参与考评活动的积极性,减少员工在考评过程中的抵触情绪。但自我评价的问题是自我宽容,常常会产生与上级主管不一致的评价结果,因此比较适合用于个人发展规划,如培训,而不适合用于人事决策。

5. 客户评价

旅游企业向消费者提供的是面对面的服务,因此消费者的评价对旅游企业来说是很重要的。虽然消费者的评价目的与组织的目标可能不完全一致,但他们的评价结果有助于为晋升、工作调动和培训等提供依据。客户评价意见可以通过顾客填写意见表、电话调查等形式获得。

6. 360°绩效考评

360°绩效考评也称全方位绩效考评,即采用上司、同事、下属、客户评价及员工自评相结合的方法对员工进行评价。这种方法可以全方位、多角度地对员工进行考评,考评结果也较为公正客观,是目前国际上流行的考评方法。但采用这一方法程序复杂,成本较高,因此多用于重要人员的考评。

任务二 掌握绩效考评的技术

在员工绩效考评过程中,往往需要采用一定的技术、方法。

1. 直接排序法

直接排序法是一种相对比较的方法,主要是将员工按照某个评估因素上的表现从绩效最好的员工到绩效最差的员工进行排序,是一种定性绩效考核评价方法。具体做法是将所有参加评估的人选列出来,就某一个评估要素展开评估,首先找出在该因素上表现最好的员工,将其排在第一的位置,再找出在该因素上表现最差的员工,将他排在最后一个位置,然后找出次最好、次最差,以此类推。评估要素可以是整体绩效,也可以是某项特定的工作或体现绩效的某个方面。直接排序绩效考核能较容易地识别好绩效和差绩效的员工,如果按照要素细分进行评估,可以清晰地看到某个员工在某方面的不足,以利于绩效面谈和改进,适合人数较少的组织或团队,如某个工作小组和项目小组。在直接排序法中,考评人员按绩效表现从好到坏的顺序依次给员工排序,这种绩效表现既可以是整体绩效,也可以是某项特定工作的绩效。

规模较小、人员较少的旅游企业适合用这种方法。如果需要评估的人数较多,超过20人时,此种排序工作比较烦琐,尤其是要进一步细分要素的话。另外,严格的名次界定会给员工造成不好的印象,最好和最差较容易确定,但中间名次是比较模糊和难以确定的,不如等级划分那样容易让人接受。

2. 配对比较法

配对比较法就是针对某一绩效评估要素,将每一个员工都与其他员工相比较来判断谁"更好",记录每一个员工和任何其他员工比较时被认为"更好"的次数,根据"更好"的次数的多少给员工排序。如表5.3、表5.4所示。通过配对比较而得出的次序,得到的评估更可靠和有效,但和直接排序法相似,仅适合人数较少的情况,且操作比较麻烦。排序法与配对比较法有一个共同的问题:在排序中每个人的排位是唯一的。这意味着任何两个员工的表现必能分出先后,但事实上这是不可能的。通常某些员工的表现相差无几,难分好坏,用这两种方法不能很好地反映员工的业绩状况。

表5.3　配对比较法

对比员工 ＼ 员工	A	B	C	D	E
A	—	较差	较好	较差	较好
B	较好	—	较好	较差	较好
C	较差	较差	—	较差	较好
D	较好	较好	较好	—	较好
E	较差	较差	较差	较差	—
次数	2	1	3	0	4
排序(从好到坏)	3	4	2	5	1

表5.4　配对比较法应用举例

姓名 ＼ 对比人	A	B	C	D	E	"+"的个数
A		−	+	+	+	3
B	+		+	+	+	4
C	−	−			+	1
D	−	−	+		+	2
E	−	−	−	−		0

3.强制比例法

强制比例法是按事物"两头大、中间小"的正态分布规律,先确定好各等级在总数中所占的比例。例如若划分成优、良、劣 3 等,则每等级分别占总数的 30% ,40% 和 30% ;若分成优、良、中、差、劣 5 个等级,则每等级分别占 10% ,20% ,40% ,20% 和 10% 。然后按照每人的绩效的相对优劣程度,强制列入其中的一定等级。按照这种方法,考评人员可以把员工划分为几个等级,每一个等级规定一定人数。例如,只允许主管把 10% 的员工列入"优秀",另外 10% 列为"差",然后再把一定比例的员工列为"较好""一般"和"较差"。

在采用这种方法时,员工的绩效可能不适于分配进设定的等级。比如绝大部分员工的绩效都比较好,一定要把 30% 的员工归入"较差"或"差"就不合理。

4.关键事件法

按照这种方法,主管或负责考评的其他管理人员把员工工作中发生的好的及不好的事情像记日记那样记录下来。这些事情经过汇总后就能反映员工的全面表现。根据这些可以对员工进行考评。采用这种考评法时,必须对从上次考评到本次考评这一段时间内发生的每件事情及时作好记录,包括正反两方面的事迹,使考评尽可能公平正确。关键事件法一般有 3 个基本步骤:①当有关键事件发生时,将其填在要事记录表中;②摘要评分;③与员工进行考评面谈。表5.5 给出了一个要事记录表的样本。

表 5.5　关键事件记录表

说明:根据下列各项指标填写员工好的和差的工作事件。			
员工姓名:			
项　目	日　期	观察到的事件	
遵从上级指导			
工作质量			
提出建议			
主管签名:		日期:	

5.目标管理法

目标管理(Management By Objectives,MBO)法是通过考查员工工作目标完成程度来实现工作绩效考评的一种方法。目标管理法一方面强调员工工作成果的重要性,一方面强调个人和组织目标的一致性,减少主管人员将工作考评重点移向偏离组织目标的情况。

目标管理法的实施步骤如图 5.3 所示,在确定组织目标的基础上确定出部门的目标,然后由部门领导就本部门的目标与下属展开讨论,并帮助员工制订出个人的工作计划,进而确定个人工作目标。在其后的工作绩效考评中,将员工的工作成果与预期的工作目标进行比较,并共同讨论比较结果,及时提供反馈。

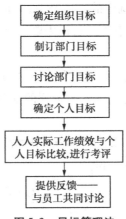

图5.3　目标管理法

实施 MBO 有 6 个步骤。

第一步,管理者确定企业下一个评价期所应达到的目标。这些目标常用营业额、利润、竞争地位或企业内人际关系来表示。

第二步,说明该企业状况,如谁在哪个部门,每个人都在干什么。回答了这些问题后,管理者要审议每个人过去的工作,并注意对每个人能寄托什么希望。

第三步,管理者为参与者逐一确定下一个考评期的目标。做法是:

①要求每个员工列出根据自我实际情况为下一年度所定的目标,并确定日期共同进行讨论。

②管理者根据对员工基本素质、工作表现和潜能的了解,拟出希望员工下一年度达到的目标。

③在一定的范围内,召集有关人员共同审议这两个目标的清单,力求使两个目标基本吻合,然后一起确定员工在下一年度应达到的目标。

④自己随时准备帮助员工实现目标。

第四步,设计年度目标工作单,帮助员工制订具体措施去实现这些预期目标。这种工作一般分为 3 部分:

①目标的确定。

②为实现目标应采取的措施。

③分段评价实现目标进展情况的方法。

作为管理层人员,为员工制订工作目标,这是关键的环节,但更重要的是要帮助员工找出、制订实现目标的具体措施。这就需要:一是反复指向工作目标,促使员工对实现预期目标的具体措施进行认真考虑;二是帮助员工考虑有没有与以往不同的具体措施,而且这些做法是否有可能在现实工作中加以实施;三是了解员工过去的做法,并将自己的想法归纳起来;四是询问员工的想法并发表自己的意见;五是对各种意见进行研究,再选择出切实可行的具体措施予以实施。

第五步,在考评期内,应经常关注和不断检查每个员工的目标是否能够达到。尤其需要重点检查的,一是此人是否在朝着既定的目标努力;二是到每次分段检查时,此人离目标还有多远;三是经过若干时间的实践,有哪些目标需要修改;四是从已有的情况分析,此人还需要哪些帮助方能实现目标。

第六步,当目标管理循环即将结束时,需要每一个员工对照目标清单,准备一份简要的绩效说明,对照目标衡量成果,并为制订下次考评的新目标和实现这些目标作准备。MBO考评范例如表5.6所示。

表5.6 MBO考评样表

员工姓名:		考评时间段:		考评主管:
考评目标	测后标准	目标实现状况		实现目标的方法
		目标要求	实现状况	
1. 服务质量	顾客赞扬次数	2次	由1次增加到3次	提高外语口语水平
2. 团队精神	与同事争执次数	1次	由2次减至不再发生	提高自我控制能力
3. 工作纪律	迟到次数	不再发生	仍然迟到一次	改变交通工具或提早上班的出发时间
…	…	…	…	…

MBO是当今世界上较为流行的一种管理方法,具有目标明确、民主性、培养性等特点,即考评双方共同制订的明确的目标会对考评对象产生牵引力,往往由下级自主执行。MBO法因而也是在旅游企业中运用较多的考评方法,无须上级时时加以督导,在目标制订和执行过程中融合了个人培养的因素。当然,目标管理法的实施中也存在一些问题,主要是重结果,轻行为,因人而异地设定目标易出现"其乐不均",整个过程费时费力等。

6. 等级评估法

等级评估法是绩效考评中常用的一种方法。根据工作分析,将被考评岗位的工作内容划分为相互独立的几个模块,在每个模块中用明确的语言描述完成该模块工作需要达到的工作标准。同时,将标准分为几个等级,如"优、良、合格、不合格"等,考评人根据被考评人的实际工作表现,对每个模块的完成情况进行评估,总成绩便为该员工的考评成绩。

7. 小组评价法

小组评价法是指由两名以上熟悉该员工工作的经理组成评价小组进行绩效考评的方法。小组评价法的优点是操作简单,省时省力,缺点是容易使评价标准模糊,主观性强。为了提高小组评价的可靠性,在进行小组评价之前,应向员工公布考评的内容、依据和标准。在评价结束后,要向员工讲明评价的结果。在使用小组评价法时,最好和员工个人评价结合进行。当小组评价和个人评价结果差距较大时,为了防止考评偏差,评价小组成员应首先了解员工的具体工作表现和工作业绩,然后再作出评价决定。

8. 书面描述法

一种由评价者按照规范的格式写下员工的工作业绩、实际表现、优缺点、发展潜力等,然后提出改进建议的定性评价方法即是书面描述法。

任务三 绩效考评结果的运用

(一)绩效反馈

1. 定义

绩效反馈,就是将绩效评价的结果反馈给被评估对象,并对被评估对象的行为产生影响。绩效反馈是绩效管理过程中的一个重要环节。它主要通过考核者与被考核者之间的沟通,就被考核者在考核周期内的绩效情况进行面谈,在肯定成绩的同时,找出工作中的不足并加以改进。绩效反馈的目的是为了让员工了解自己在本绩效周期内的业绩是否达到所定的目标,行为态度是否合格,让管理者和员工双方达成对评估结果一致的看法;双方共同探讨绩效未合格的原因所在并制订绩效改进规划,同时,管理者要向员工传达组织的期望,双方对绩效周期的目标进行探讨,最终形成一个绩效合约。

评价仅仅是一种手段,绩效考核的积极目的是使员工了解业绩目标与企业之间的关系,反馈评价信息,促进员工的发展,通过帮助员工执行企业任务时认识和利用自身全部潜能来提高工作业绩,当员工意识到自身的长处与缺点,并清楚如何提高自己技能和素质时,考核的目的就达到了。由于绩效反馈在绩效考核结束后实施,而且是考核者和被考核者之间的直接对话,因此,有效的绩效反馈对绩效管理起着至关重要的作用。

在整个考评过程结束后,旅游企业的人力资源部门要继续通过各方面的信息反馈,对员工考评的结果进行检验与考评,这是确保考评工作能取得预期效果的必要步骤。人力资源部可以从被考评员工本人及其所在部门的上司与同事等各方面搜集反馈信息,并认真地分析这些信息,从中获得对考评工作在组织准备、实施过程、效果反应等多方面的意见或要求,便于今后不断改进考评工作,达到更完满的结果。

2. 方式特征

不管考核期限有多长,管理者对下级员工的反馈应该是每天、时时都在进行。这种反馈必须是长期不间断的行为。

绩效反馈有两种方式:团队反馈与一对一反馈。团队反馈,是指一个人给大家反馈。一对一反馈,则是一个人给另一个人进行反馈。

绩效反馈的特征可以总结为以下几点:

①要描述,不要判断。

②要侧重表现,不要攻击性格。

③要有特指。

3. 基本原则

(1)经常性原则

绩效反馈应当是经常性的,原因有两点:首先,管理者一旦意识到员工在绩效中存在缺陷,就有责任立即去纠正它。如果员工的绩效在 1 月份时就低于标准要求,而管理人员却等到 12 月份再去对绩效进行评价,那么这就意味着企业要蒙受 11 个月的生产损失。其次,绩效反馈过程有效性的一个重要决定因素是员工对于评价结果基本认同。

(2)对事不对人原则

在绩效反馈面谈中双方应该讨论和评估的是工作行为和工作绩效,也就是工作中的一些事实表现,而不是讨论员工的个性特点。员工的个性特点不能作为评估绩效的依据,比如个人气质的活泼或者沉静。但是,在谈到员工的主要优点和不足时,可以谈论员工的某些个性特征,但要注意这些个性特征必须是与工作绩效有关的。例如,一个员工个性特征中有不太喜欢与人沟通的特点,这个特点使他的工作绩效受到影响,这样关键性的影响绩效的个性特征还是应该指出来的。

(3)多问少讲原则

管理者在与员工进行绩效沟通时遵循 20/80 法则:80% 的时间留给员工,20% 的时间留给自己,而自己在这 20% 的时间内,可以将 80% 的时间用来发问,20% 的时间才用来"指导""建议""发号施令",因为员工往往比经理更清楚本职工作中存在的问题。换言之,要多提好问题,引导员工自己思考和解决问题,自己评价工作进展,而不是发号施令、居高临下地告诉员工应该如何做。

(4)着眼于未来的原则

绩效反馈面谈中很大一部分内容是对过去的工作绩效进行回顾和评估,但这并不等于绩效反馈面谈集中于过去。谈论过去的目的并不是停留在过去,而是从过去的事实中总结出一些对未来发展有用的东西。因此,任何对过去绩效的讨论都应着眼于未来,核心目的是为了制订未来发展的规划。

(5)正面引导原则

不管员工的绩效考核结果是好是坏,一定要多给员工一些鼓励,至少让员工感觉到:虽然我的绩效考核成绩不理想,但我得到了一个客观认识自己的机会,我找到了应该努力的方向,并且在我前进的过程中会得到主管人员的帮助。总之,要让员工把一种积极向上的态度带到工作中去。

(6)制度化原则

绩效反馈必须建立一套制度,只有将其制度化,才能保证它能够持久地发挥作用。

4.绩效反馈的内容

(1)通报员工当期绩效考核结果

通过对员工绩效结果的通报,使员工明确其绩效表现在整个组织中的大致位置,激发其改进现在绩效水平的意愿。在沟通这项内容时,主管要关注员工的长处,耐心倾听员工的声音,并在制订员工下一期绩效指标时进行调整。

(2)分析员工绩效差距与确定改进措施

绩效管理的目的是通过提高每一名员工的绩效水平来促进企业整体绩效水平的提高。因此,每一名主管都负有协助员工提高其绩效水平的职责。改进措施的可操作性与指导性来源于对绩效差距分析的准确性。所以,每一位主管在对员工进行过程指导时要记录员工的关键行为,按类别整理,分成高绩效行为记录与低绩效行为记录。通过表扬与激励,维持与强化员工的高绩效行为。还要通过对低绩效行为的归纳与总结,准确地界定员工绩效差距。在绩效反馈时反馈给员工,以期得到改进与提高。

(3)沟通协商下一个绩效考评周期的工作任务与目标

绩效反馈既是上一个绩效考评周期的结束,同时也是下一个绩效考评周期的开始。在考核的初期明确绩效指标是绩效管理的基本思想之一,需要各主管与员工共同制订。各主管不参与会导致绩效指标的方向性偏差,员工不参与会导致绩效目标的不明确。另外,在确定绩效指标的时候一定要紧紧围绕关键指标内容,同时考虑员工所处的内外部环境变化,而不是僵化地将季度目标设置为年度目标的四分之一,也不是简单地在上一期目标的基础上累加几个百分点。

(4)确定与任务目标相匹配的资源配置

绩效反馈不是简单地总结过去的上一个绩效周期员工的表现,更重要的是要着眼于未来的绩效周期。在明确绩效任务的同时确定相应的资源配置,对主管与员工来说是一个双赢的过程。对于员工,可以得到完成任务所需要的资源。对于主管,可以积累资源消耗的历史数据,分析资源消耗背后可控成本的节约途径,还可以综合有限的资源情况,使有限的资源发挥最大的效用。

(二)绩效改进

由于受考评中各种因素的影响,信度和效度再高的考评体系也会大打折扣。因此,应采

用一些措施,使考评有效性最大化。改进绩效考评常用的方法如下:

①克服对绩效考评的"先天性心理障碍"。这种先天性心理障碍可能是因为一次失败使用的经验,使被考评者对绩效考评的功能有疑,也可能是因为对实施绩效考评的一些前提认识不清所致。为了克服这些负面影响,在员工进入组织前的指导性培训阶段,即应告知绩效考评的有关制度和程序;明确考评目的,究竟是为了评定绩效、为了确定培训对象、为了调整薪资,还是为了提高员工的素质水平;关于实施绩效考评的一些先天限制也要提出来,避免错估与不当期望,使员工能够有正确的心理准备,这样执行的失败率才能大为降低。

②根据具体的考评目标和工作内容,拟订考评标准。这些标准要和工作相关,并有客观的信息作为考评依据。

③依不同的工作岗位和业务性质,确定各部门、各类人员的考评时间安排。

④设定绩效考评适用且切实可行的实施程序。整个考评过程应包括收集情报,比较考评结果与所设定的标准;此外,更重要的是,员工要能接受并认为是公平的,并因而能进一步制订一套改进规划。

⑤确定考评执行人员,并对其进行考评目的、工作内容、技术方法等方面的专业训练,从而减少考评误差。

⑥建立正规的、公开的反馈制度(如考评结果的公布等),让员工(包括考评对象本人)了解考评的程序和方法,知道考评的结果。

⑦请员工进行自我评估,以减少与主管的摩擦。员工的绩效目标与绩效标准的达成、绩效考评的组织,均以"员工参与"为前提。自我评估是相当好的一种方法。因为员工的参与,就是一种承诺,有了承诺,员工自然会较多地投入到绩效考评中。员工如能根据原先参与设定的绩效标准进行自我评估,就能更客观与体谅地接受考评结果,减小主管的压力。

(三)绩效考评中需要避免的问题

尽管绩效考评对旅游企业有着十分重要的意义,但在实际运用中,却存在着各种问题,使绩效考评执行不到位,只是流于形式,不够公正客观,从而影响员工的积极性。这些问题主要表现在以下几个方面:

1.绩效考评标准的问题

①绩效考评很难考评创意的价值。例如,为了迎合即将到来的旅游旺季,旅行社准备新增一些特色旅游线路,并派专人负责这项工作,包括具有创意的旅游线路的设计,与交通部门、目的地饭店、景点等部门的联系协调,以使游客的旅游活动顺利进行;同时对导游人员进行培训,提高他们的外语水平、接待技术、相关知识水平,结果该季销售额较往年同期大幅度上升。这时要区别这一结果哪些来自旅游新线路的设计、协调人员的创意性工作,哪些源于导游人员的业务水平的提高是很难的。

②绩效考评很难评估团队工作中的个人价值。在一个相互协作的团队中,一项工作成

果的取得是团队共同努力的结果,这时,评估个人贡献的大小就比较困难。比如一个大型宴会的成功与销售人员的宣传,人力资源部门的人员调派(当餐饮部人员紧张时,需要其他部门人员的协助)及餐饮部从主管到服务人员,从酒吧、西餐厅到厨房等各个部门、各个成员的配合,这时很难评价他们哪一个人贡献更大一点。

③绩效考评的标准往往忽略了外在因素。在两个员工同样努力工作的情况下,也会由于种种个人无法控制的外在因素的影响导致绩效截然不同。比如对饭店服务员来说,客人的表扬或投诉是绩效考评时的一条很重要的标准。但水平相似的两个服务员,如果一人遇到的是十分挑剔的客人,而另一人遇到的客人却十分随和,两人的工作绩效会有较大差别。

④受评员工对考评的漠不关心。主管的偏见可使员工成为牺牲品。由于主管的主观成见或员工间无意中造成的小差错,都可能产生绩效考评的错误。就员工本人而言,多数人认为绩效考评过程不够严密,往往自己表现好的一面难被主管发现,因此他们常认为中等评价,如"普通""尚可""合乎要求"等,只不过是敷衍了事、令人泄气的评语。因而员工可能会在考评过程中采取不服务或不合作的态度,拒绝提供有关的考评资料,使考评不能顺利进行。

2. 绩效考评过程的不足

①绩效考评过程涉及大量信息的浓缩和分析,故工作量较大。首先,考评人员必须仔细观察员工的行为和工作成果,一次次存入短期记忆库。由于考评是一个相对较长的阶段性工作,短期记忆必须被浓缩存入长期记忆库或付诸文字记录。当需要作出判断时,将相关信息从记忆库中调出来,然后将它与绩效标准作比较。其次,绩效考评的完成是建立在从记忆库调出的汇总信息和考评者有意或无意地附加上的其他信息的基础上的。这样,就能发现绩效考评过程的先天不足:人的记忆总是不客观的、靠不住的,尤其是相当长的一段时间内的记忆,即使有文字记录的信息,信息也可能被扭曲,考评中的偏差是很难避免的。

②在许多旅游企业中,几乎没有制订出合理的考评步骤,有时仅把考评当作整顿纪律的一种方式。考评工作也不能定期或经常性地进行,使得主管无法及时得到员工工作实际状况的信息,而员工也无法得到来自主管的改进工作的合理指导与建议。

③对考评结果不采取措施。在一些旅游企业中,考评人员可能制订了考评步骤并填写了各种考评表,但对考评结果却不加以分析利用或不能采取相应的措施。要保证考评中得到的各种资料发挥作用,只有对它们加以利用。考评工作不能做完就弃置一边,不能等到下次考评时再说,而可以在两次考评之间做跟踪监督、辅导以及商讨等工作,使员工不断改进工作。这样的绩效考评才真正有意义。

3. 绩效改进中的误区

绩效评估实施成功与否,关键在于绩效评估的结果如何应用。考评者往往受个人认识偏见的影响,在看待问题,尤其是看待他人时形成歪曲的社会知觉,对别人的行为作出错误的判断,使考评结果缺乏真实性和可靠性。

①晕轮效应。考评人在对被考评人绩效进行考评时,把绩效中的某一方面甚至与工作绩效无关的某一方面看得过重,从而影响了整体绩效的考评。晕轮效应会导致过高评价或过低评价。例如,小秦较会处理人际关系,谈吐彬彬有礼,考评人对她有好感,就认为她各方面能力都强;相反,小何平时不修边幅、上班经常迟到,考评人就会对他产生工作极不负责的强烈印象。其实,小何在工作中创造力很强,工作实际成效并不比小秦差。

②近因效应。一般说来,人们对近期发生的事情印象比较深刻,而对远期发生的事情印象比较淡薄。在绩效考评时往往会出现这样的情况:考评人对被考评人某一阶段的工作绩效进行考评时,往往只注重近期的表现和成绩,以近期印象来代替被考评人在整个考评期的绩效表现情况,因而造成考评误差。有的被考评人往往会利用这种近因误差效应,如在一年中的前半年工作马马虎虎,等到最后几个月才开始表现较好,照样能够得到好的评价。

③感情效应。人是有感情的,而且不可避免地会把感情带入他所从事的任何一种活动中,绩效考评也不例外。考评人可能随着他对被考评人的感情好坏程度自觉或不自觉地对被考评人的绩效考评偏高或偏低。为了避免感情效应造成被考评人绩效考评的误差,考评人一定要克服绩效考评中的个人情感因素,努力站在公平客观的立场上,力求公正。

④暗示效应。暗示是人们的一种特殊心理现象,是人们通过语言、行为或某种事物提示别人,使其接受或照办而引起的迅速的心理反应。考评人在领导者或权威人士的暗示下,很容易接受他们的看法而改变自己原来的看法,这样就可能造成绩效考评的暗示效应。例如,在企业评选“先进工作者”时,首先企业领导会对员工谈谈评选的重要意义,之后他们往往会有意无意地提到“大家工作都很努力,尤其是某某,特别具有敬业精神,在本职岗位上勤勤恳恳,做出了不平凡的成绩……”之类的话,这样,似乎不再需要评选,某某就被“任命”为“先进工作者”了。在考评中,暗示效应引起的误差是难免的。为了防止这种误差,在考评中,领导者或权威人士的发言应放在最后,这样他们的讲话就难以起到暗示作用了。

⑤成见效应。考核人员因经验、教育、世界观、个人背景、人际关系等因素而形成的固定思维,对考核考评结果产生刻板化的影响,通俗的说法是“偏见”“顽固”等。成见效应是绩效考核中的常见问题,需要进行考核培训以及心理辅导,使考核人员纠正可能导致不正确结果的个人错误观念。例如考评人是技术工程出身的,往往不自觉地认为文科出身的销售人员不学无术,只会“耍耍嘴皮子”而已,那么他在考评时对文科出身的销售员的评价就不会太高;而企业要提拔公关经理时,也会倾向于选拔文科出身的员工,往往认为他们有较强的沟通能力,而认为理科出身的员工笨嘴拙舌、不善辞令,这样,他们就忽视了考察员工本身的能力。事实上,理科出身的某位员工可能比文科出身的候选人更能言善辩,善于协调各种关系,但由于人力资源部门的偏见,使他错失了这一职位。这就是惯性思维——偏见造成的误差。

⑥居中趋势。大多数员工的考核得分都居于“平均水平”的同一档次,并往往是中等或良好水平。这也是考核结果具有“集中倾向”的体现。与过宽或过严倾向相反,管理者不愿

意给员工们"要么优秀、要么很差"的极端考评,无论员工的实际表现如何,统统给中间或平均水平的考评。但实际上这种中庸的态度,很少能在员工中赢得好感,反而会起到"奖懒罚勤"的副作用。采用等级考评法(而不是使用行为尺度考评法)就能够避免这种居中趋势。

4.绩效考评需注意的其他事项

①注意考评评估方法的适用性。运用绩效评估不是赶时髦,而是要运用科学的方法来检查和评定企业员工对职位所规定职责的履行程度,以确定其工作成绩,从而促进企业的人力资源管理,提高企业竞争力。当前,一些企业在进行绩效评估时,盲目运用所谓新兴的绩效评估方法,结果导致评估失败。任何绩效评估方法都不是十全十美的。没有最好的绩效评价工具,只有最适合本企业的绩效评价工具。简单实用或复杂科学,严厉或宽松,非正式的考核方式或系统性的考核方式,不同规模、不同文化、不同阶段的企业要选用不同的方式。因此,因地制宜,顺势而为,选择适合企业自己的绩效评估方法方为明智之举。

②注意评估员工的表现力。员工在企业的表现力主要体现在3方面:一是工作业绩。这是最为重要的,例如,销售人员业务成交次数及给公司带来的营业收入、作业人员的错误率等都应作为绩效评估的指标。在进行这类数字考核时,要注意理解这些数字所代表的真正意义,切不可迷信数字。二是员工在工作团队中的投入程度。可请员工为自己的工作团队打分,以了解团队中每名成员在扮演主管、部属、同事时是否尽到应尽的责任。三是员工对顾客的贡献程度。可请顾客评估员工的表现,即使没有代表公司对外接触的员工,他们一样有顾客,如为公司的另一个部门服务,另一个部门的员工就是这些员工的顾客。

③注意评估标准的合理性。绩效评估标准是对员工绩效的数量和质量进行监测的准则。企业在进行绩效评估时,要充分考虑标准的合理性,这种合理性主要体现在5个方面:一是考核标准要全面。要保证重要的评价指标没有遗漏,企业制订的各种考核标准要相互补充,扬长避短,共同构成一个完整的考核体系。二是标准之间要协调。各种不同标准之间在相关质的规定性方面要衔接一致,不能相互冲突。三是关键标准要连贯。特别是关键绩效指标应有一定的连贯性,否则不仅不利于考评工作的开展,而且可能导致员工奋斗目标的困惑。四是标准应尽可能量化,不能量化的要细化。确保绩效评估的公正性和可行性。倘若绩效量度的内容过于笼统,量度的方法不明确,员工完全有理由认为考核结果是由考核者主观臆断而作出的判定,无任何客观标准和实际意义,只不过是形式上"走过场",从而产生不满和抵触情绪。五是要根据团体工作目标而非个人来制订考核标准,同时针对不同层次员工和不同年龄员工的特点来制订考核标准,使标准具有针对性。

④注意提高员工的满意度。绩效评估是一把"双刃剑",正确的绩效评估能激起员工努力工作的积极性,可以激活整个组织;但如果做法不当,可能会产生负面结果。绩效评估要体现公正、合理、公开,才能起到激励作用。企业在进行绩效评估时应尽力使绩效评估制度完善,尽量令员工满意。但是,员工对绩效评估或奖罚仍有可能产生不满,当员工的不满得不到舒解,就有可能引致不理想的工作态度和行为。企业的管理者在绩效评估过程中应尽

力地去了解、发现员工对评估的不满,进而寻找员工不满的原因,制订措施解决不满。因此,企业应设立正式的绩效考核怨诉程序,若员工对部门考评结果不满可以上诉至企业的考评小组,为员工设置畅通的申诉渠道,这样员工不但可以通过正式的途径表达不满,而且知道能将自己的不满上达管理层,同时亦可使管理人员积极面对工作,不作回避,以积极的态度解决问题,从而使员工的不满逐渐降低,逐步培养起员工对企业的向心力,使员工的个人目标与企业的整体目标协调统一。同时,企业应创造条件让员工有更出色的表现,把员工当作企业的合作者而不是打工者,把绩效评估同员工的职业生涯规划、企业的培训规划有机地结合起来,而不仅仅局限于员工的薪资、奖金、任免。

⑤注意评估过程的完整性。完整的绩效评估过程包括事前沟通,制订考核标准,实施考核,考核结果的分析、评定,反馈、控制5个阶段。而人力资源主管们通常忽视了最前面和最后面的两个重要过程。尽管人力资源部把绩效评估系统和政策设计得比较完美,但如果事前没有和部门主管进行有效的沟通,得不到很好的理解和认同,结果肯定是白费劲。要知道绩效评估的主要执行人是各部门直接主管,而不是人力资源部。绩效评估的结果是必须让员工知道的,这就是绩效评估的反馈。如果企业作了绩效评估后,却不让员工知道评估的结果,而只作为内部掌握,这种做法就发挥不了绩效评估应有的目的,从而使绩效评估工作前功尽弃。此外,绩效评估的效果能否充分发挥,也取决于相关的跟进措施。主要体现在:平时的目标跟进和绩效辅导是否及时?评估后能否给予相应的奖惩或改进?能否不顾情面明确指出下属的不足?是否建立了员工投诉渠道?评估结果能否有效地运用到培训中去?如果这些措施不完备,绩效评估效果就无法保证。

要点思考

1. 什么是绩效考评?旅游企业为什么要进行绩效考评?

2. 绩效考评的内容包括哪些方面?

3. 旅游企业进行绩效考评时常用的方法有哪些?如何运用?

案例讨论

阿米巴中国造——奖与惩:量化考核带来持续改善

澳洋顺昌的"中国式阿米巴"体系中,财务核算与ERP是本,权责利对等是根,强势文化与民主思维是魂。

稻盛和夫创立的阿米巴是把组织分解成一个个小团体,通过独立核算加以运作。设立阿米巴有几个前提条件:能够独立核算、有明确收入、能够计算出获得收入的支出、必须是独立完成业务的单位、能够贯彻公司整体的目标和方针。

澳洋顺昌以每个"活动"考核方式的类同为原则,以流程岗位为基础,将整个公司分解成

26个独立核算单元。核算单元人数不一,如加工部门的核算单元多达百余人,营业支援部门中可能两个人就成为一个核算单元。核算单元虽然大多在同一部门,但不以部门为界,同一部门内也会有多个核算单元,如营业支援部就有4个核算单元。核算单元相当于内部创业单元,施行财务的独立核算。

四种考核

采用阿米巴经营的公司,"收入"来自3个内部机制:订单生产、库存销售和公司内部购销,各个核算单元都是盈利单位,通过核算对阿米巴的情况了如指掌。基于"单元总包,主管分配"的管理思想,澳洋顺昌采取4种考核方式(见表5.7)。一是直接效益法,如销售部门的提成制,生产单元的计件制;二是间接效益法,主要针对后台支持部门与前方直接效益部门的效益联动;三是日常工分法,这是澳洋顺昌考核方式中最大的原创,主要针对难以量化的财务、人事和营业支援部等后台支持部门,以工分数进行考核;最后是项目工分法,这是日常工分法的补充,主要针对专业部门,如信息部和工程部,以项目制方式结算。

表5.7 澳洋顺昌的4种绩效考核方法

考核方案	考核方法	考核对象
效益VS目标	直接效益法	与工作意愿或工作表现直接关联度较高的工作业绩
	间接效益法	与工作意愿或工作表现有一定关联的工作业绩
	日常工分法	一定周期内,工作内容重复且工作量和工作强度较为稳定的工作业绩
	项目工分法	一定工作条件下(主要指限定时间、限定资源等)具有明确目标的非常规性工作

工分考核法

只有量化的数据才能进入ERP,才能独立核算。澳洋顺昌的工分法不考核个人,而是考核到流程,评价到"活动"。由于已经将后台支持部门员工的工作全部分解为"活动",分布于各个流程之中,公司可以根据每个"活动"的工作难度系数赋予其工分数。难度系数由部门主管协助公司设定:

定额工分=工作量×工作难度;

实得工分=定额工分×效果评分(见表5.8)。同时,工分单价=公司工资预算总额/公司总工作量,如2010年澳洋顺昌的工分单价是19.2元。这样,核算单元薪资总额=考核实得工分×工分单价。

表5.8 流程工分设定与评价得分举例(出口业务流程)

流程名称			出口业务流程			
活动序号	活 动	岗 位	定额工分	评价组评分/%	评价委员会调整后得分/%	实得工分
1	制作结转申请资料	关务助理	500	70	72	360
2	结转申请审批	报关员	600	60	55	330

续表

流程名称			出口业务流程			
活动序号	活 动	岗 位	定额工分	评价组评分/%	评价委员会调整后得分/%	实得工分
3	出口报关资料准备	关务助理	700	90	95	665
4	跟进客户进口报关	关务助理	800	92	94	752
5	跟进报关行出口报关	报关员	900	97	85	765
6	出口报关单处理及归档	关务助理	100	81	75	75
7	出口收汇核销	报关员	400	82	80	320

对于员工来说，每个月的首发工资是预算工资总额的80%，剩余20%作为季度奖金进行考核，按季度考核结果，以季度为周期发放。如果考核达不到80分，不会扣首发工资，但部门主管会考量该员工的人岗匹配问题。工资预算以平均考核80分为基准编制，公司承诺工资预算总额会尽数发出。每次考核以80分为基准进行加权，即全体核算单元考核的加权平均分一定是80分，在技术上保证了预算总工资的全额发放。对于季度奖金，各个核算单元之间是零和的竞争机制。评价组对各"活动"初步打分，当场公布分数，如果员工不服，可以当场进行解释，评委酌情作出修改或不修改的决定。如果评委不修改，员工还是不服，则可以申诉到由5个高管组成的流程评价委员会作裁决，每季度都有一两位员工申诉到评价委员会。最后，由评价委员会公布最终结果。

二次分配机制

各个核算单元根据各种考核方法所获得的业绩（利润或活动的评分）核算出该单元奖金总额，奖金的二次分配则由核算单元负责人来决定，除了一些指导意见（如一定要对员工区别对待）之外，公司不作任何干预。在二次分配中，核算单元负责人的主观影响比较大，充分考验负责人的团队领导力，对于培养后备高管是极好的锻炼。二次分配中留存的灵活性也是适应于中国文化的。

稻盛和夫常说"要在土表正中相扑"，即要在有回旋余地的正中央竭尽全力。澳洋顺昌的4种考核与二次分配相结合的方式，激发了每个核算单元员工的"创业"激情，基于中国人"宁为鸡头，不为凤尾"的特质，为他们提供一个合理公正的平台。为进一步强化核算单元的创业特质，澳洋顺昌对生产部门100%采取计件制，对销售部门100%采取直接效益法，对后台支持部门则采取混合制，不断加大直接效益法的考核占比，强化创业基因。

问题讨论

1.绩效管理在人力资源管理中有何作用？这些作用在澳洋顺昌公司是如何体现的？

2.澳洋顺昌公司绩效管理体系最大的优点是什么？

奇思妙想

外资企业的员工绩效考核方法

1. 人格特质类考核方法

人格特质类考核方法所关注的是员工在多大程度上具有某些被认为对企业的成功非常有利的人格特质,如品德、工作积极性、团队意识、创新精神、领导力等。如果员工在这些方面表现较好,那么员工的绩效水平的分数就较高。人格特质类考核方法中最常用的是图尺度评价法(GRS)及其各种变体。

2. 行为类考核方法

行为类考核方法通过考察员工在工作中的行为表现,将员工的行为表现与组织希望员工所表现出的行为进行对比,从而确定绩效水平。这其中常用的方法有关键事件法(CIA)、行为锚定等级评价法(BARS)、行为观察评价法(BOS)等。

3. 结果类考核法

Bemardin 等人将绩效定义为"在特定的时间内,由特定的工作职能或活动产生的产出记录,工作绩效的总和相当于关键和必要工作职能中绩效的总和(或平均值)",这是"绩效为结果"的典型观点。基于这种理解,研究者们认为注重目标与结果的差异是绩效管理的一个好办法。

不难看出,这三类考核方法都是以组织的目标作为基准,用以检验员工的人格特质、工作行为或工作结果是否达到了组织的要求,将找出其中的差距并缩小差距作为绩效管理的根本目的,这同时也是公司进行员工培训的最根本的出发点。

初涉职场

实训项目:设计绩效指标和绩效标准。

实训目的:培养学生利用理论知识解决实际问题的能力、信息处理的能力及团队作业的能力。

实训任务:

1. 学生以小组为单位,选定一家旅行社、景区或饭店,搜集和分析该旅游企业的绩效管理信息;

2. 为该企业设计绩效指标和绩效标准。

考核指标:

1. 绩效管理信息分析;

2. 绩效指标和绩效标准的设计;

3. 团队作业能力。

项目6 薪酬管理

☐ **知识目标**: 了解薪酬管理在企业人力资源管理中的重要作用，掌握薪酬及薪酬管理的概念、战略意义、特征、内容及薪酬管理的目标，掌握薪酬体系设计的原则、设计流程、影响因素，掌握旅游企业中薪金、奖励、福利等制度的设计方法，了解薪酬管理战略实施中的相关问题。

☐ **技能目标**: 运用恰当的方法和流程，进行薪酬制度的设计。

基本内容

☐ **薪酬管理在企业人力资源管理中的作用**
——薪酬管理的困难性　满意度的重要性及决定因素

☐ **薪酬**

☐ **薪酬管理**
——薪酬管理的战略意义　战略性薪酬管理的特征　薪酬管理的内容　薪酬管理的目标

☐ **旅游企业薪酬制度的设计**
——旅游企业薪酬制度的建立　薪酬体系的设计原则　薪酬体系设计的流程　薪酬制度的策略性选择　影响薪酬制度的因素　薪金的模式设计　奖励制度设计　福利制度设计　应时应地的薪酬调整

☐ **战略性薪酬管理在旅游企业中的实施**
——制订有效的薪酬激励计划　实施战略性薪酬管理　战略性薪酬管理实施中要避免的问题

案例阅读

飞马信息科技有限公司的辞职风波

飞马信息科技有限公司是一家民营科技企业,该公司的主营业务是医院信息管理系统(Hospital Information System,简称 HIS),是国家卫生部评审合格并准予在国内医院推广使用的 HIS 软件商之一。1995 年该公司以西源市人民医院为试验基地,以西源大学信息学院为技术背景,以开发行业用户为市场切入点,几年的时间里,公司从 10 几个人的小公司,50 万元的借款逐步发展为现在 7 250 多万元总资产,170 多名员工,年产值过 2 000 万元的高新技术企业,产品已销往全国十多个省市,在同类 HIS 软件中名列第一,而且好评如潮。

但 1999 年 3 月初,看着案头市场部李文达经理的辞职报告,飞马公司的总经理张元陷入了深深的不安与困惑。

市场部李经理 1995 年 10 月加入飞马公司,他为人直率,性格外向,尤其擅长人与人之间的感情联络,这一点对做市场的人员来说是非常重要的。李经理运用他个人的特长,带领市场部的人员雷厉风行,为公司立下了汗马功劳。但是,近一段时间来李经理的情绪很不稳定,几次向公司提出辞职,原因是李经理的工资自从他加入公司以来只增加了一次,现为 3 000 元/月,外加 0.2% 的业务提成,差旅费实报实销。李经理私下认为,他从加入飞马到现在已经 5 年时间了,薪资却只加了一次,刚来公司时,公司正在创业时期,他不顾个人的利益得失,总希望先干出成绩来,待到公司壮大以后老板一定不会忘记他。可是,公司到现在都没有提到加薪的事。3 000 元/月对李经理来说有些拮据,每月只能留很少一点钱自己节约着用,大部分寄回湖南老家给父母和妻子。1999 年 3 月李经理收到一份创新软件有限公司的聘书:

尊敬的李先生:

我公司衷心邀请您加入创新软件公司,您的起步薪资为 5 000 元/月加 0.35% 的业务提成,另给 10% 的股份,还可解决家属的户口及孩子的入学问题,详情请来面谈。

商祺!

创新有限公司董事长:梁××

李经理知道该公司也是一家开发医院信息管理系统的同行业竞争对手,该公司在短短两年时间里,市场份额占了同行业的 20%,该公司的不断发展主要依靠了江南大学管理学院和医学院的有力支持,是一家非常有实力的企业。如果李经理改弦易辙的话,意味着飞马公司将失去许多客户。但是创新软件公司给他解决家属问题,这就等于解决他的后顾之忧,李经理的妻子和孩子都在湖南老家山区,孩子要到 4 里以外的地方上学,想到这里,李经理终于呈交了他的辞职报告。

飞马公司的薪资问题由来已久,1999 年 4 月,公司员工为了要求几年来的第二次加薪罢工半天。飞马公司的薪资制度的完善已是势在必行。

启发思考

1. 飞马公司现行薪酬制度存在哪些缺陷？为什么？

2. 公司是否应该留住李经理？若是,该采取什么措施？

3. 公司应如何改进薪酬制度？

理论要点

一、薪酬管理在企业人力资源管理中的作用

一个好的薪酬制度是人力资源管理中一项主要功能,员工会寻找薪资、福利较高的企业工作;企业员工的频繁流动,往往对工作绩效、服务品质及顾客的稳定造成不良影响。薪酬管理是人力资源管理中的一个难点,薪酬管理政策也是公司员工最关心的公司政策之一。

(一)薪酬管理的困难性

薪酬管理是人力资源管理学中理论与实践相差最大的部分,之所以如此,主要是因为薪酬管理有如下 3 个特性:

①敏感性。薪酬管理是人力资源管理中最敏感的部分,因为它牵涉公司每一位员工的切身利益。特别是在人们的生活质量还不是很高的情况下,薪酬直接影响着他们的生活水平;另外,薪酬是员工在公司工作能力和水平的直接体现,员工往往通过薪酬水平来衡量自己在公司中的地位。

②特权性。薪酬管理是员工参与最少的人力资源管理项目,它几乎是企业管理者的特权。企业管理者认为员工参与薪酬管理会使公司管理增加矛盾,并影响投资者的利益。所以,员工对于公司薪酬管理的过程几乎一无所知。

③特殊性。由于敏感性和特权性,每个公司的薪酬管理差别会很大。另外,由于薪酬管理本身就有很多不同的管理类型,如岗位工资型、技能工资型、资历工资型、绩效工资型等,所以,不同公司之间的薪酬管理几乎没有参考性。

(二)满意度的重要性及决定因素

员工对薪酬管理的满意程度是衡量薪酬管理水平高低的最主要标准。让员工对薪酬满意,使其能更好地为公司工作,是进行薪酬管理的根本目的。员工对薪酬管理的满意程度越高,薪酬的激励效果就越明显,员工就会更好地工作,于是就会得到更丰厚的薪酬,这是一种正向循环;如果员工对薪酬的满意程度较低,则会陷入负向循环,长此以往,会造成员工的流

失。员工对薪酬管理的满意度,取决于薪酬的社会平均比较和公平度。社会平均比较是指员工会将自己的薪酬水平与同等行业同等岗位的薪酬进行比较,如果发现自己的薪酬高于平均水平,则满意度会提高,如果发现自己的薪酬低于平均水平,则满意度会降低。薪酬管理的主要工作之一就是对岗位的价值进行市场评估,确定能吸引员工的薪酬标准。公平度是指员工把自己的薪酬与其他员工的薪酬进行比较之后感觉到的平等程度。提高公平程度是薪酬管理中的难点。实际上,人力资源部门不可能在这点上做到让全体员工满意。许多公司之所以实行薪酬保密制度,就是为了防止员工在得知其他员工的薪酬水平后降低对薪酬管理公平度的认同。另外,如果没有对公平度的认同,员工也会很难认同薪酬与绩效间的联系,从而降低绩效考评的效果。

二、薪酬

薪酬有狭义和广义之分。狭义的薪酬是指员工因为受雇佣而获得的工资、奖金等以金钱或实物形式支付的劳动回报。广义的薪酬是指经济性报酬和非经济性报酬的总和。其中,经济性报酬是指以货币形式和以可间接转化为货币的其他形式为支付方式的劳动报酬,主要包括工资、奖金、福利、津贴和股权等具体形式。非经济性报酬是指员工个人对企业及工作本身在心理上的一种感受,主要包括对工作的责任感、成就感等。薪酬构成内容如表6.1所示。

表6.1 薪酬构成内容

经济性报酬			非经济性报酬		
直接的	间接的	其他	工作	企业	其他
基本工资、加班工资、奖金、奖品、津贴	公共福利、保险、退休金、培训、住房、餐饮	带薪休假、休息日、病假、事假	有兴趣、挑战性、责任感、成就感	社会地位、个人成长、价值的实现	友谊、关怀、舒适的工作环境、便利的条件

三、薪酬管理

(一)薪酬管理的战略意义

薪酬管理是在组织发展战略指导下,对员工薪酬支付原则、薪酬策略、薪酬水平、薪酬结构、薪酬构成进行确定、分配和调整的动态管理过程。薪酬管理要为实现薪酬管理目标服务,薪酬管理目标是基于人力资源战略设立的,而人力资源战略服从于企业发展战略。战略性薪酬管理就要以企业发展战略为依据,根据企业某一阶段的内部、外部总体情况,正确选择薪酬策略、系统设计薪酬体系并实施动态管理,使之促进企业战略目标实现的活动。

实施战略性薪酬管理主要有以下现实意义：

1. 应对变化的需要

市场需求的变化、竞争对手的变化、资源供应的变化、相关宏观政策的调整,都将引起企业生产经营管理的变化,将给企业薪酬策略和整体薪酬管理带来重大影响,为此,需要及时调整薪酬管理策略以适应外部环境变化。

2. 企业改革的需要

企业改革已经进入攻坚阶段,改革是深层次的、根本性的。改革主要强调资源、资产、债务、股权、业务、机构、人员、利益关系八方面的重新组合,其中,利益关系的重组,要与前7个方面重新组合相匹配。所谓利益关系的重组,就是企业整体分配关系的调整,就是薪酬体系及其他分配制度的重建。

3. 科学管理的需要

企业使命和企业愿景决定企业的发展战略,其中,制度建设对企业发展战略起到了巨大的支撑作用,这些制度主要包括战略决策管理制度、生产运行管理制度、市场营销管理制度、技术研发管理制度、战略性薪酬管理制度、财务会计管理制度、新型用人管理制度等。在这些制度建设的基础上形成科学的管理体制。其中,战略性薪酬管理是科学管理制度的有机组成部分。科学管理体制还要求科学的组织机构设置、岗位配备相配套。

(二)战略性薪酬管理的特征

战略性薪酬管理的特征主要体现在以下3个方面:

(1)与组织总体发展战略相匹配

薪酬战略作为组织总体战略系统的一个子战略,必须与组织总体发展战略的方向、目标相一致,必须体现和反映组织发展模式与趋势,贯穿并凝聚组织文化和经营理念,反映和体现组织发展不同阶段的特征。它应依据组织总体发展战略来制订,根据组织总体战略来确定薪酬的水平与结构、薪酬的文化理念、薪酬的管理与政策。这样,战略性薪酬管理与组织总体发展战略才能形成整体协调、相互促进的互动关系。

(2)总体性与长期性

战略性薪酬管理是一种具有总体性、长期性的薪酬决策与薪酬管理。总体性指它是对整个组织的薪酬从总体上构建一个系统性的决策与管理模式,而不是仅对某个部门、某些人员的薪酬决策与管理。长期性是指这种薪酬决策与管理模式的构建不能仅考虑组织的状态,还要考虑组织长远发展的趋势,适应组织长期发展的需要。所以,一个组织的薪酬战略要特别重视两个原则:系统性原则和动态发展原则。

（3）对组织绩效与组织变革具有关键性作用

并非任何薪酬决策都属于薪酬战略，只有那些对组织绩效与组织变革具有重大影响的薪酬决策才属于薪酬战略的内容。战略性薪酬管理对组织绩效与组织发展的关键作用主要体现在强化对员工的激励，激发员工的积极性与创造力，增强组织的外部竞争力，强化组织的团队精神与凝聚力，提高薪酬成本的有效性。薪酬管理的作用如图6.1所示。

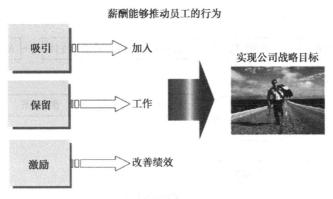

图6.1 薪酬管理的作用

（三）薪酬管理的内容

薪酬管理包括薪酬战略制订、薪酬体系设计和日常薪酬管理3个方面，如图6.2所示。

1.制订薪酬战略

薪酬管理的目的是为了实现企业战略。为了使薪酬管理成为企业战略成功的关键因素，薪酬战略应以企业的总体战略为基础，依照企业的人力资源战略来制订。

2.薪酬体系设计

薪酬体系设计主要是薪酬水平设计、薪酬结构设计和薪酬构成设计等构成。薪酬设计是薪酬管理最基础的工作，如果薪酬水平、薪酬结构、薪酬构成等方面有问题，企业薪酬管理不可能取得预定目标。

3.日常薪酬管理

日常薪酬管理是由薪酬预算、薪酬支付、薪酬调整组成的循环，这个循环可以称为薪酬成本管理循环。薪酬体系建立起来后，应密切关注日常薪酬管理中存在的问题，及时调整公司薪酬策略，调整薪酬水平、薪酬结构以及薪酬构成，以实现效率、公平、合法的薪酬目标，从而保证公司发展战略的实现。

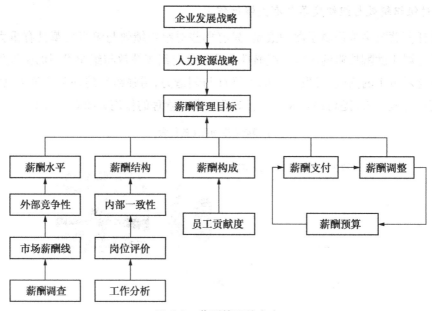

图 6.2　薪酬管理的内容

(四)薪酬管理的目标

旅游业是一个劳动密集型行业,大多数员工是产品的直接生产者。根据香港的有关统计,仅饭店的薪酬就占饭店总支出的70%,所以员工薪酬是旅游企业成本的重要组成部分。其次,薪酬代表员工在企业中受重视的程度,从薪酬的多少,员工能推测其在企业的重要性和价值,所以薪酬存在一种象征意义,是影响员工工作态度和行为的重要方面。再者,薪酬制度如果设计合理、运用恰当的话,可使员工对企业有满足感,在工作上能很好地表现;如果处理不当,则将直接影响员工的士气和积极性。因此,不论从财务角度还是从人力资源管理角度来看,薪酬都是企业管理的重要方面。薪酬制度目标反映了企业管理的目标,可以从以下4个方面考虑:

1. 激励目标

金钱对员工的激励作用不容忽视,金钱满足人们的需要,体现员工的价值。Vickie Siu 在"What Motivates Hong Kong's Hotel Employees"一文中对饭店几个不同部门的调查显示:所有激励因素中金钱的激励作用位于前三位。同样,在旅行社竞争十分激烈的今天,薪酬也是导致人才流失的重要原因,所以成功的薪酬制度(如效益工资、奖励制度等)可以吸引优秀的员工,降低员工的流失率,促使员工努力工作,使企业员工更具有互助性、合作性(如团体奖)。员工通过薪酬不仅能从企业得到生活保障,而且还得到自身价值的实现以及生活的乐趣,所以激励员工应该成为薪酬目标的重要方面。

2.效率目标

效率目标包括两个层面:第一个层面是站在产出角度来看,薪酬能给组织绩效带来最大价值;第二个层面是站在投入角度来看,实现薪酬成本控制。薪酬效率目标的本质是用适当的薪酬成本给组织带来最大的价值。

正如报酬专家理查德·汉得森(Richard Hendeson)所言:"可能没有一种商业成本比劳动力成本更可控制和对利润有更大的影响。"劳动力成本在我国旅游企业成本中所占的比例很大,对利润的影响也大,所以当旅游企业出现效益不理想时,多会伴随压支或裁员;有的旅行社如果出现利润危机,也会采取合并一些部门、一人兼多职的办法,减少人员开支,但由此带来的后果是影响服务质量,如车票不能及时落实、临时变化不能及时处理,尤其是在旺季往往会出现人手紧张的情况,所以旅游企业在控制人员的同时,还要重视薪酬成本的控制及薪酬目标与企业长期效益目标的统一。

3.公平目标

公平目标包括3个层次:分配公平、过程公平、机会公平。

①分配公平是指组织在进行人事决策、决定各种奖励措施时,应符合公平的要求。如果员工认为受到不公平对待,将会产生不满。

员工对于分配公平的认知来自于其对工作的投入与所得进行主观比较而定,在这个过程中还会与过去的工作经验、同事、同行、朋友等进行对比。分配公平分自我公平、内部公平、外部公平3个方面。自我公平,即员工获得的薪酬应与其付出成正比;内部公平,即同一企业中,不同职务的员工获得的薪酬应正比于其各自对企业作出的贡献;外部公平,即同一行业、同一地区或同等规模的不同企业中类似职务的薪酬应基本相同。

②过程公平是指在决定任何奖惩决策时,组织所依据的决策标准或方法符合公正性原则,程序公平一致,标准明确,过程公开等。

③机会公平指组织赋予所有员工同样的发展机会,包括组织在决策前与员工互相沟通,组织决策考虑员工的意见,主管考虑员工的立场,建立员工申诉机制等。

4.合法目标

合法目标是企业薪酬管理的最基本前提,要求企业实施的薪酬制度符合国家、省区的法律法规、政策条例要求,如不能违反最低工资制度、法定保险福利、薪酬指导线制度等的要求规定。旅游企业在制订薪酬制度时,要成为社会秩序的维护者,依法制订有关薪金(加班费、保障最低工资)及津贴(养老金、工伤补偿、失业保险)政策,这不但有利于维护员工与企业的关系,也利于旅游企业的公众形象,在知法用法的同时避免了不必要的诉讼或罚款,用法律武器维护了自身权益。

管理实务

任务一　旅游企业薪酬制度的设计

（一）旅游企业薪酬制度的建立

1. 工资制度

工资制度在企业薪酬管理实践中，根据薪酬支付依据的不同，有岗位工资、职务工资、技能工资、绩效工资、工龄工资、薪级工资等薪酬构成元素。通常企业选择一个或两个为主要形式，其他为辅助形式。选择并确定工资制度形式是很关键的，这体现着公司的价值导向。

（1）岗位工资制

岗位工资制是依据任职者在组织中的岗位确定工资等级和工资标准的一种工资制度。岗位工资制基于如下两个假设：第一，岗位任职要求刚好与任职者能力素质相匹配，如果员工的能力超过了岗位要求，则意味着人才的浪费；如果员工的能力不能完全满足岗位要求，则意味着任职者不能胜任该岗位工作，无法及时、保质保量地完成岗位工作。第二，岗位工资制的理念是：不同的岗位将创造不同的价值，因此不同的岗位将给予不同的工资报酬；同时企业应该将合适的人放在合适的岗位上，使人的能力素质与岗位要求相匹配，对于超过岗位任职要求的能力不给予额外报酬；岗位工资制鼓励员工通过岗位晋升来获得更多的报酬。

（2）职务工资制

职务工资制是简化了的岗位工资制，职务和岗位的区别在于，岗位不仅表达出层级，还表达出工作性质，比如人力资源部主管、财务部部长等就是岗位，而职务仅仅表达出层级，比如主管、经理，以及科长、处长等。职务工资制在国有企业、事业单位以及政府机构得到广泛的应用。职务工资制只区分等级，事实上和岗位工资具有本质的不同，岗位工资体现不同岗位的差别，岗位价值综合反映了岗位层级、岗位工作性质等多方面因素，是市场导向的工资制度。而职务工资仅仅体现层级，是典型的等级制工资制度。

职务工资制的特点和岗位工资制的优缺点近似，但相对于岗位工资制，职务工资制有个最大的特点是：根据职务级别定酬，某些人可能没有从事什么岗位工作，但只要到了那个级别就可以享受相应的工资待遇，这是对内部公平的最大挑战。

（3）技能工资制

技能工资制是根据员工所具备的技能向员工支付工资，技能等级不同，薪酬支付标准不同。技能工资制和能力工资制与岗位工资制、职务工资制不同,技能工资制和能力工资制是基于员工的能力,不是根据岗位价值的大小来确定员工的报酬,而是根据员工具备的与工作有关的技能和能力的大小来确定其报酬水平。

技能通常包括3类:深度技能、广度技能和垂直技能。深度技能指与所从事岗位工作有关的知识和技能;深度技能表现在能力的纵向结构上,强调员工在某项能力上不断提高,鼓励员工成为专家;广度技能指与所从事相关岗位工作有关的知识和技能,广度技能表现在能力的横向结构上,提倡员工掌握更多的技能,鼓励员工成为通才;垂直技能指的是员工进行自我管理,掌握与工作有关的规划、领导、团队合作等技能,垂直技能鼓励员工成为更高层次的管理者。

(4)能力工资制

能力工资制是根据员工所具备的能力向员工支付工资,员工能力不同,薪酬支付标准不同。在人力资源开发与管理中,能力多指一种胜任力和胜任特征,是员工具备的能够达成某种特定绩效或者是表现出某种有利于绩效达成的行为能力。

根据能力冰山模型,个人绩效行为能力由知识、技能、自我认知、品质和动机五大要素构成。知识是指个人在某一特定领域拥有的事实型与经验型信息;技能指结构化地运用知识完成某项具体工作的能力,即对某一特定领域所需技术与知识的掌握情况;自我认知是个人关于自己的身份、人格以及个人价值的自我感知;品质指个性、身体特征对环境和各种信息所表现出来的持续而稳定的行为特征;动机指在一个特定领域自然而持续的想法和偏好(如成就、亲和力、影响力),它们将驱动、引导和决定一个人的外在行动。其中,知识和技能是"水面以上部分",是外在表现,是容易了解与测量的部分,相对而言也比较容易通过培训来改变和发展;而自我认知、品质和动机是"水面以下部分",是内在的、难以测量的部分,不太容易通过外界的影响而得到改变,但却对人员的行为与表现起着关键性的作用。

技能工资制和能力工资制的理念是:"你有多大的能力,就有多大的舞台。"技能工资制和能力工资制真正体现了"以人为本"的理念,给予员工足够的发展空间和舞台,如果员工技能或能力大大超过目前岗位工作要求,将给员工提供更高岗位的工作机会,如果没有更高层次岗位空缺,也将给予超出岗位要求的技能和能力额外报酬。

(5)绩效工资制

绩效工资制是以个人业绩为付酬依据的薪酬制度,绩效工资制的核心在于建立公平合理的绩效评估系统。绩效工资制可以应用在任何领域,适用范围很广,在销售、生产等领域更是得到大家认可,计件工资制、提成工资制也都是绩效工资制。

绩效工资制的优点是:

①有利于个人和组织绩效的提升。绩效工资制的采用需要对绩效进行评价,给予员工一定的压力和动力,同时需要上级主管对下属不断进行绩效辅导和资源支持,因此会促进个人绩效和组织绩效的提升。

②实现薪酬内部公平和效率目标。因为根据绩效付酬,有助于打破大锅饭、平均主义思

想,鼓励多劳多得,从而实现薪酬的内部公平以及提高效率这两个目标。

③人工成本低。虽然对业绩优异者给予较高报酬会给公司带来一定程度人工成本的增加,但事实上,优秀员工报酬的增加是以给公司带来价值为前提的,员工获得高报酬的同时,公司获得了更多的利益;另一方面,公司给予业绩低下者较低薪酬或淘汰业绩低下者,会大大降低工资成本。

绩效工资制的缺点是:

①短视行为:由于绩效工资与员工本期绩效相关,易造成员工只关注当期绩效,产生短视行为,可能为了短期利益的提高而忽略组织长远的利益。

②员工忠诚度不足。如果绩效工资所占比例过大,固定工资太少或者没有,由于保健因素的缺乏,容易使员工产生不满意;另外,这种工资制度不可避免会有员工被淘汰,员工流动率比较高,这两方面都会影响员工的忠诚度,影响组织的凝聚力。

(6)组合工资制

组合工资制在企业薪酬管理实践中,除了以岗位工资、技能工资、绩效工资中的一个为主要元素外,很多情况下是以两个元素为主,以充分发挥各种工资制度的优点。常见的组合工资制度有岗位技能工资制和岗位绩效工资制。

①岗位技能工资制。岗位技能工资制是以按劳分配为原则,以劳动技能、劳动责任、劳动强度和劳动条件等基本劳动要素为基础,以岗位工资和技能工资为主要内容的企业基本工资制度。技能工资主要与劳动技能要素相对应,确定依据是岗位、职务对劳动技能的要求和员工个人所具备的劳动技能水平。技术工人、管理人员和专业技术人员的技能工资可分为初、中、高三大工资类别,每类又可分为不同的档次和等级。岗位工资与劳动责任、劳动强度、劳动条件三要素相对应,它的确定是依据三项劳动要素评价的总分数,划分几类岗位工资的标准,并设置相应档次,一般采取一岗多薪的方式,视劳动要素的不同,同一岗位的工资有所差别。我国大多数企业在进行岗位技能工资制度改革中,除设置技能和岗位两个主要单元外,一般还加入工龄工资、效益工资、各种津贴等。

②岗位绩效工资制。岗位绩效工资制得到广泛应用是因为在当前市场竞争中,为了激励员工,将员工业绩与收入联系起来是很多企业采取的办法。除了在企业中得到广泛应用之外,很多事业单位也采取岗位绩效工资制度。事业单位的岗位绩效工资由岗位工资、薪级工资、绩效工资和津贴补贴4部分构成。事业单位员工可分为专业技术人员、管理人员、技术工人、普通工人4个序列。

绩效工资一般是上级主管部门核定绩效工资总量,由各单位自主制订绩效工资分配方案,可以采取灵活多样的分配形式和办法。

(7)五级工资薪酬法

岗位月薪不是一个固定值,而是存在一个区间,在这个区间内每个岗位又分为五等工资。这五等工资的制订方法就是五级工资薪酬法。一级对应的是"欠资格上岗",二级对应的是"期望",三级对应"合格",四级对应"胜任",五级对应"超胜任"。

（8）菲尔德薪酬法

薪酬的"酬"固然是吸引和留住人才的关键，但"薪"也是必不可少的前提。所谓"薪"，就是物资，人都是受利益驱动的，不要指望员工在不给任何工资的情况下就去干活，任何一件事情都应该有利益驱动，企业的任何一个职位上的功能都应该和经济利益挂钩。如何挂钩，就是薪酬管理的艺术，尤其是对于营销人员，其提成机制的设计直接影响着营销体系的健康度和稳定度。

（二）薪酬体系的设计原则

建立科学合理的薪酬制度有助于旅游企业更好地实现人力资源的开发与管理。薪酬设计的目的就在于建立科学合理的薪酬制度，在这一过程中要遵循下列原则：

（1）公平原则

公平原则是指薪酬收入高低相对公平，包括外部公平和内部公平两个方面的含义。外部公平是指薪酬水平在行业内是有竞争力的，也就是保证其薪酬对人才的吸引力。内部公平是指薪酬制度制订的过程对所有员工是公平的，员工付出劳动后所得薪酬与其他员工相比较是公平的，换言之，内部公平体现在薪酬制度建立的过程与结果之中。

（2）合法原则

薪酬水平的确定受政府相关法律、法规和政策的影响，这就要求企业在设计自己的薪酬制度时遵守相关的法律、法规和政策，这也是企业制订薪酬制度必须遵守的基本原则。

（3）竞争性原则

竞争性原则指企业员工的收入水平依据战略要求是具有竞争性的。企业想要获得具有竞争力的优秀人才，就必须制订出一套对人才具有吸引力并在同行业中具有竞争力里的薪酬体系。企业在设计薪酬时必须考虑到同行业整体薪酬水平和竞争对手的薪酬水平，以保证企业的薪酬水平在市场上具有一定的竞争力，能充分地吸引和留住企业发展所需的关键性人才。

（4）激励原则

在薪酬制度的制订过程中，要分析员工的期望，尽可能满足员工合理的期望，这样的薪酬制度才能对员工产生激励作用。

（5）经济原则

经济原则要求在薪酬制度的制订过程中，要注意控制薪酬总额，要使企业有一个合理的利润积累，这样才能在吸引和保留人才的同时，保证企业的可持续发展。

（6）战略导向性原则

战略导向性原则是指结合企业发展战略需要订立的企业薪酬政策。合理的薪酬制度有助于企业发展战略的实现。在进行薪酬设计时，必须从企业战略的角度进行分析。要分析薪酬要素中哪些因素相对重要,哪些因素相对次要,并赋予这些要素相应的权重,从而确定各个职位价值的大小,并在此基础上进行薪酬制度设计,较好地体现企业战略发展的要求。

(三)薪酬体系设计的流程

薪酬体系设计的流程如图6.3所示。

图6.3 薪酬体系设计流程图

1)职位分析

对职位进行科学的分析是做好薪酬设计的基础和前提。通过职位分析可了解某一特定工作或职位的目的、任务或职责、权力、隶属关系、工作条件、任职资格等相关信息,并根据这些信息确定完成工作要求员工所必须具备的能力和资格。完成职位分析,就可以得到企业的岗位结构图和职务说明书体系。

2)职位评价

在职务分析的基础上,通过职位评价来确定职位之间的相对价值,从而建立起企业职位的价值序列,根据这个价值序列来确保薪酬体系设计过程中的内部公平。

3)薪酬调查

薪酬调查的选择对象一般是本地区与自己类似的或与自己有竞争关系的企业。调查对象选择好后要进行调查职位的选择,所选择的职位应是与本企业性质和内容相似的职位,这些职位在不同的企业之间具有可比性。

通过薪酬调查可以了解本地区旅游企业现行的薪酬水平,调查结果可以作为薪酬水平定位和调整的重要依据。在某些情况下,薪酬调查所发挥的作用比组织内部进行的职位评价更大。通过薪酬调查还能了解竞争对手的薪酬策略,增强薪酬决策中的针对性。在对调查数据进行整理分析的基础上,得出被调查的市场的薪酬水平,并据此绘制薪酬水平曲线,作为薪酬水平定位的参考依据。

薪酬市场调查的步骤如下:

(1)确定调查目的

首先应当明确调查的目的要求和调查结果的用途,然后再开始组织薪酬调查。调查的结果可以为整体薪酬水平的调整、薪酬差距的调整、薪酬晋升政策的调整、具体岗位薪酬水平的调整等提供参考依据。

(2)确定调查范围

①确定调查的企业在选择薪酬调查的具体对象时,要坚持可比性的原则,即选择被调查的具体企业时,要选择其雇用的劳动力与本企业具有可比性的企业。

②确定调查的岗位为了实现薪酬调查的目的和要求,在明确了所要调查的行业和企业范围之后,接下来的一项重要任务是选择哪些岗位进行调查,是选择操作性、技术性岗位,还是包括所有的各种类型的岗位。

③确定需要调查的薪酬信息:与员工基本工资相关的信息、与支付年度和其他资金相关的信息、与企业各种福利规划相关的信息、与薪酬政策诸方面有关的信息。

④确定调查的时间段。

(3)选择调查方式

一般可采取如下的调查方式:

①企业之间相互调查;

②委托中介机构进行调查;

③采集社会公开的信息;

④调查问卷。

(4)统计分析调查数据

统计分析调查数据可采用下列方法:

①数据排列法;

②频率分析法;

③趋中趋势分析法;

④离散分析法;

⑤回归分析法。

(5)提交薪酬调查分析报告

薪酬调查分析报告应包括薪酬调查的组织实施情况分析、薪酬数据分析、政策分析、趋势分析、企业薪酬状况与市场状况对比分析以及薪酬水平或制度调整的建议。薪酬水平处于领先地位的企业,应关注处于75%～90%处的薪酬水平;薪酬水平低的企业应关注处于

25%处薪酬水平;薪酬水平一般的企业应关注处于50%处的薪酬水平。

4)薪酬水平定位

在分析其他企业的薪酬调查数据后,根据企业的实际状况确定薪酬水平。清楚了市场薪酬水平以后,确定采取何种薪酬策略,是领先策略、跟随策略还是滞后策略。薪酬策略选择取决于企业的经营状况、支付能力和员工素质等多方面因素。企业根据其实际经营状况和支付能力,选择合适的薪酬策略来支持企业人力资源的开发与管理。

5)确定薪酬结构

薪酬结构的确定是建立在职位评价结果和薪酬水平定位基础之上的一个重要步骤。薪酬结构包括每一个职位或职位等级的工资范围,等级数,每一等级的最高工资、中位工资和最低工资。饭店通过确定合理的薪酬结构,有利于体现薪酬的内部公平。一方面,在工作任务、责任和工作条件上差别很大的员工会被支付不同的报酬;另一方面,在本质上没有什么明显差别的职位会得到差别不大的报酬。

6)薪酬体系的实施和调整

薪酬体系一旦制订,就应该在相当长的一段时期内,稳定地、切实有效地加以执行。但这并不意味着薪酬制度是一成不变的。随着时间的推移、外部环境的变化和企业自身的发展,薪酬制度要适时作出相应的调整。一般来说,薪酬制度需要在以下几个方面保持持续性的调整:

①奖励性调整。这是针对员工作出了突出的成绩或重大的贡献之后进行的奖励,目的是为了使他们保持这种良好的工作状态,同时对其他员工也起到行为引导和激励的作用。

②生活指数调整。这是为了补偿员工因通货膨胀而导致的实际收入减少而进行的薪酬水平的调整。

③效益性调整。是指企业经营效益良好,利润水平较高时,普遍提高员工的薪酬水平;当效益不好时,可能下调员工的薪酬水平。效益性调整可能是非永久性的、浮动的。一般而言,效益性调整应针对所有员工。

④工龄调整。是指随着员工工龄的增加,逐年调升员工的薪酬水平。因为工龄的增加通常意味着工作经验的积累和丰富,也有利于促使员工对企业长期忠诚。

(四)薪酬制度的策略性选择

1)基于工作的薪金制度

基于工作的薪金制度,是以员工从事的工作(岗位)为根据,决定员工基本薪金。这一制度是在工作分析的基础上作出工作评价——根据工作分析系统比较及评价各类工作的内容和重要性,强调有系统的理性化的评价过程。

2)基于资历的薪金制度

基于资历的薪金制度是根据员工所具备的一些条件(如技术、知识、能力、经验和工龄)决定其薪金水平。这一制度强调团队合作(家族式文化)和灵活的工作作风(发展式文化)的企业文化。

它的优点是增加了企业工作的灵活性,员工可以从事不同的工作而不影响其薪酬;它鼓励员工不断学习知识和技术(即使有时员工的新知识和技术不能立即应用),满足员工自我发展的需要。随着员工技术的增加,企业可灵活调动员工,减少瓶颈情况的出现。以饭店为例,饭店工程部的大部分工作是设备的定期维护及低值易耗品的补充、设备的大修及重要的故障排除,一般请供应厂商专业技术人员参与,所以有人建议多在工程部等一些技术岗位实行基于经验、能力的薪金政策,以减少不常用的工种,提高工程部的工作效率。同样在旅行社,有的旅行社鼓励不同岗位的员工都取得导游资格,这样在旺季时可以缓解人手的不足。

这一制度的缺点在于:为员工具有而企业不需要的技能付酬,有时会增加企业的费用。旅游企业较少采用基于资历制订薪金的制度,但多半会借鉴资历薪金的一些参数,如技术和经验等。

3)不同竞争环境中的薪酬策略

同其他企业一样,旅游企业薪酬制度一旦制订,都具有相对的稳定性,这一稳定性是企业薪酬制度适应企业竞争策略的一个反映。企业在发展阶段的竞争策略是提高竞争力,所以薪酬制度采用吸引策略,即采用低薪金、高奖金、低福利政策。在稳定期,由于竞争激烈、对手众多,如果企业有相当的优势,可以采用高薪金、高福利政策,以稳定员工队伍,但以低奖金政策,减少人员成本。有一家五星级饭店的老总就曾说过:"五星级饭店员工的餐厅也应该是五星级的,我们员工的福利就应该是首屈一指的。"老总能如此说是因为这家饭店在当地很有实力。但如果企业竞争处于优势,优势又不很明显,从保存实力角度看,采用有竞争力的薪酬政策还是明智的。

4)旅游企业薪酬的未来发展趋势

由于现代企业越来越重视员工的灵活性和对他们的授权,所以薪酬有这样一种趋势——依据能力付酬。这种根据胜任工作的能力来付酬的方式能进一步满足员工的需求,由于它不是根据工作说明书规定的活动和责任为员工付酬,所以测评体系和报酬体系都倾向于引导员工绩效的提高,薪金的秘密发放方式将有助于实现这一方式。

这种根据员工绩效的提高程度支付报酬的方式与传统的薪金方案不同。传统的薪金方案以工作说明书为基础,根据薪金结构表制订薪金等级,加强层级观念和指导员工行为。付薪流程如图6.4所示。

工作评价(建立秩序) ➝ 强化等级 ➝ 工作付酬 ➝ 工人努力 ➝ 利润增加

图 6.4　传统的薪酬流程

薪酬制度的一种发展趋势是从根据职位付酬转向根据员工的综合状况付酬。企业的关注点从制订等级和指导员工行为转向了鼓励员工参与企业事务,提高忠诚度,以绩定酬。如图 6.5 所示。

奖励付酬 ➝ 激励(团队/群体激励) ➝ 评价 ➝ 分享(收益分享)

图 6.5　非传统的薪酬流程

通过比较发现,传统的薪酬制度中员工是孤立和被动的,企业的管理强调"等级"和秩序,员工缺少参与,企业与员工的关系是:企业为员工的工作付酬,员工为企业增加利润,企业有可能发展而员工不一定有发展。非传统的薪酬提倡分享企业收益,重视通过奖励付酬发挥员工的参与性与能动性,使企业与员工共同发展。

(五)影响薪酬制度设计的因素

1)法律、法规因素

旅游企业人员流动大,人员素质复杂,涉及工种广泛,而法律、法规是影响企业薪酬制度的首要因素。《劳动法》是我国保障员工合法权益的基本法,其中很多条款都与企业薪酬制度的制订有关,如同工同酬、员工的最低工资、加班和福利报酬等。

旅游企业在制订薪酬制度时不能由于员工不同的民族、年龄、残疾、性别等原因对员工有所歧视,还要遵守其有关薪金和福利的规定。

此外,《劳动法》中有关工时与薪酬的规定还有:

第三十六条　国家实行劳动者每日工作时间不超过八小时、平均每周工作时间不超过四十四小时的工时制度。

第三十七条　对实行计件工作的劳动者,用人单位应当根据本法第三十六条规定的工时制度,合理确定其劳动定额和计件报酬标准。

第四十四条　有下列情形之一的,用人单位应当按照以下标准支付高于劳动者正常工作时的工作报酬:

(一)安排劳动者延长工作时的,支付不低于工资的百分之一百五十的工作报酬;

(二)休息日安排劳动者工作又不能安排补休的,支付不低于工资的百分之二百的工作报酬;

(三)法定休假日安排劳动者工作的,支付不低于工资的百分之三百的工作报酬。

第四十五条　国家实行带薪年休假制度。劳动者连续工作一年以上的,享受带薪年休假。具体办法由国务院定。

有关社会保障的条例:

第七十二条 社会保险基金按照保险类型确定资金来源,逐步实行社会统筹。用人单位和劳动者必须依法参加社会保险,缴纳社会保险费。

第七十三条 劳动者在下列情形下,依法享受社会保险待遇:(一)退休;(二)患病、负伤;(三)因工伤残或者职业病;(四)失业;(五)生育。劳动者死亡后,其遗属依法享受遗属津贴。劳动者享受社会保险待遇的条件和标准由法律、法规规定。劳动者享受的社会保险金必须按时足额支付。

我国为了建立完善的社会保障体系,不但在法律上已经规定了企业的义务,同时也出台了相关的政策措施保障员工的权益,旅游企业也应认真考虑相关的法规,在制订有关制度时加以重视。

2)社会因素

(1)社会环境变化

当前,我国的社会环境发生了巨大的变化,社会保障体系日趋完善,企业福利随之发生了重大变化。

(2)社会薪酬水平

同行业的薪酬水平及其他行业薪酬水平都为企业薪酬的制订提供了参考,使企业在横向与纵向比较中确定薪酬水平。

(3)社会消费支出(生活水平变化)

随着生活水平的提高,员工对薪酬的期望也会提高,旅游企业要注意物价涨浮对员工生活的影响,为调整薪酬政策提供依据。

(4)人才市场供求状况

市场人才供应充足,则薪金福利下调空间较大;若市场人才供应不足,则旅游企业更有可能提供优厚的条件吸引人才。

3)组织因素

(1)报酬政策

旅游企业的报酬政策(如节假日薪酬政策、加班薪金政策、薪金的增长与降级政策、工作时间考勤政策、见习薪金的规定、薪金支付方式说明、薪金扣除的规定、假期规定等)也影响员工薪金和福利,是企业薪金和福利制度的指导。

例如某饭店为控制人员成本并且严格员工素质可能有这样的报酬政策:新员工的见习期为3个月,见习期间领取临时薪金,3个月后经考核合格后,方可领取正式薪金;饭店员工经常在节假日上班或在一般的工作日加班,饭店依照国家有关政策制订薪酬制度,但是如果企业为了减少人工成本支出,则对节假日薪酬及加班薪酬政策的规定是:"各部门在向人力资源部报告本月出勤情况时,加班必须是零。"另一项规定:"如果员工加班,部门可根据营业情况为员工补休。"那么尽管很多企业的薪酬制度中有加班一项,但只能是员工薪金单上的一个项目,部门经理多会在一个部门营业不很紧的时候让员工休息,哪怕是半天,哪怕员工并不真正需要休息。这种灵活薪酬制度也反映了企业控制成本的目标。"零加班"做法在一些外资饭店是很普遍的,其中的利弊值得讨论。总之,企业的报酬政策是影响企业报酬制度的一个重要因素。

（2）企业的财务状况

旅游企业的财务实力,是人力资源管理活动的主要限制之一,它主要规范了人力资源管理在薪酬和福利等多方面的能力。有的企业财务能力有限,在薪酬水平、福利措施方面都不能和有实力的竞争对手比,素质高的员工往往被吸引到有实力的企业中去。但是如果财务实力不足的旅游企业采用较富弹性的管理,企业主管与员工多接触,了解员工的期望和需要,提供升职机会并在工作设计上配合,通过双方密切的关系,建立感情,企业仍可以获得员工的满意和高效率的工作。

4）员工因素

具体来讲,员工的劳动量、职位的高低（高职位的人负有更大的责任,其决策对组织的生存与发展会产生重大的影响,多给予较高的薪酬）、技术和培训水平（员工为求得技术的提高,参加各类培训,为补偿其精神和物质上的损失,多给予较高的薪酬）、工作时间、工作条件、劳动力潜在替代物等都是影响薪酬的重要因素。

从宏观看,随着我国旅游事业的飞速发展,员工的素质和观念也发生了重大变化,旅游客源市场日益丰富。早期从事旅游业的员工走向成熟,大批有丰富经验、熟悉旅游市场的人员走上管理岗位;一批应届大、中专毕业生充实到饭店、旅行社中;技术单一的下岗员工加入到旅游行业;社会择业观念发生重大变化;劳动者流动增加等,这些变化使得薪酬形式更加丰富,薪酬变得更加灵活。由于员工素质的提高,使得员工对薪金的期望值增高,更关心薪金体现出的生存保障、个人价值以及自我发展。总之,员工的素质也是影响薪酬制度的一个重要因素,根据员工为工作的付出,需要制订薪酬、提高薪酬的有效性将是人力资源部门需要解决的一个主要问题。

（六）薪金的模式设计

根据现有旅游企业的发展状况,薪金结构常用的主要有3种形式,分别被称为结构式薪金、岗位等级薪金和计件式薪金。企业可根据部门的具体情况选择采用。

1）结构式薪金模式

结构式薪金（又称结构式工资）主要由基础工资、职务工资、工龄工资、效益工资、补贴（津贴）等部分组成。其中基础工资又称固定工资,效益工资又称浮动工资,有时以奖金形式表现。

　　基础工资是结构式薪金中相对固定的那部分,它具有维持和保障企业员工基本生活的职能。职务工资是旅游企业根据工作分析中有关职务(或岗位)的要求而确定的工资,如总经理的职务工资是4 500元/月,副总经理的职务工资是3 000元/月,部门经理的职务工资是2 000元/月等。工龄工资是按企业员工的工龄或工作年限而确定的工资。根据员工的生理规律,一般20—40岁的员工工龄工资系数(影响薪金等级的一个数量级)比40—55岁的员工工龄工资系数高,工龄工资也就高。效益工资又称奖励工资,它以浮动形式根据企业的效益好坏和员工完成工作的产量基数而确定。

　　结构式薪金模式操作简单,具有直观、简明的特点,适合中、小型及人事管理简单的旅游公司、饭店等企业。

2)岗位等级薪金模式

　　岗位等级薪金制(又称岗位等级工资制)是按照各个不同的岗位和每一个岗位中不同等级而确定薪金标准的薪金制度。企业确定岗位等级的指标至少包括所任岗位的规模、职责范围、工作复杂程度、人力资源市场价格4方面的内容。其中,岗位规模是指该岗位对企业的影响程度、管理监督人数及下属劳动复杂程度;职责范围指完成工作独立性难度、沟通频率和方式;工作复杂程度指任职资格、解决问题难度、工作环境;人力资源市场价格要考虑人才流向和获取所需人才的难度。这4个因素能描述出各个岗位和岗位内部各个等级之间的劳动差别和工资差别。图6.6以饭店为例说明薪金等级,该饭店共分为7级,除第七级外,一至六级分别与管理层的职位相对应。总经理为一级,副总经理、驻店经理、总工程师、总会计师为二级,A级经理(工作量与责任较大、技术要求高的部门经理,如餐饮部、客房部、前厅部、康乐部等)、工程师、大堂副理、总经理办公室主任为三级,以下依次类推。这一分级方式适合小型饭店。

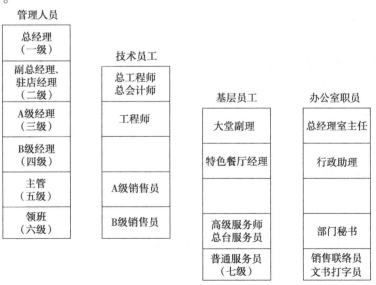

图6.6　某饭店薪金等级

3）计件式薪金模式

计件薪金（又称计件工资）是根据员工所完成工作（如饭店可以按客房出租率、餐厅营业额、商品销售量等）的数量、质量和所规定的计价单价核算（按每间客房、每桌宴会等），而支付劳动报酬的一种报酬形式，其数额由工作标准和工作时间决定，体现了按劳分配的原则。计件工资能反映出不同等级员工之间的劳动差异，又能反映出同一级员工之间的实际劳动差别。以饭店为例，由于客房清洁工作通常都要求服务员按照固定程序独立完成工作，所以客房清洁员多采用计件工资制，如果员工完成某一数量并且保证质量，就能按工作的房间数量提取工资。计件工资制也潜在着一系列的心理学问题。员工的潜能常常不能彻底发挥，主要是因为员工的心理因素限制了输出。许多员工之间的团体已经形成了工作常规，这一常规通常会成为输出的障碍。如果某些员工的工作量超过了这一常规，就会因受到团体压力而减少输出。抵抗计件工资制的动机有5种：

①计件论酬，若产量太高，工作标准有被提高的可能，造成短期内收入较多，一旦工作定额被提高了，员工则必须付出更大的劳动力才能得到与从前相等的工资。

②人们常假定，若能力高者产量大、收入高，则大多数能力差者都会失业，因而限制输出量，这样可以保障团体中效率较低者的工作。

③如果大家都争着赚钱，团体中的社会结构就会被扰乱，竞争将导致彼此间的不信任及个人孤立，因此只好限制输出量。

④员工有一种控制个人行为、摆脱被管理者操纵的意识。

⑤员工为长久的利益，会尽力压低工作标准。

因此，使用计件工资制要考虑周全，否则会导致员工对薪金不满，降低工作质量，与管理层发生争执。

（七）奖励制度设计

奖励包括物质奖励和精神奖励两种形式。物质奖励又称奖金，需要公司支付一定数量的货币。表现形式有发放物品、支付货币、组织旅游等。精神奖励的表现形式可以是表扬、鼓励，还可能是更有利的成长机会，如培训、升迁等。奖励的根本目的是激励员工。

奖金是对旅游企业员工付出的超额劳动或优秀表现而支付的一种劳动报酬，它是员工薪金的一种必要的补充形式，能够较及时、准确地反映员工所支付的劳动数量和劳动成果的实际变化情况，起到薪金所不能起到的激励作用。

1）奖励制度设计原则

旅游企业奖励制度的设计要结合企业目标与策略，并遵循公平、竞争、激励、经济、合法的原则，除此之外，还需注意以下几点：

（1）体现人力资源政策

当企业采用吸引策略时，奖励制度注重竞争性，吸引优秀人才加盟；如果企业的人才观是培养和发掘本企业的优秀人才，采用的是"投资策略"，则奖励设置就应多样，奖励制度在设计时不但重奖优秀者，更重鼓励进步者。

（2）反映企业目标

企业发展有长期目标和短期目标，例如有的旅行社的长期目标是成为世界一流旅行社，那么培养和鼓励开拓型的人才是其奖励政策的重要方面；有的饭店近期要参加一个烹饪比赛，希望借此机会推出一些创新菜点，于是设立创新奖。总之，旅游企业宜向员工明确组织的希望，并将企业目标与奖励制度结合起来，以引导员工的行为。

（3）突出重点

奖励项目不宜过多，否则不但公司的目标不明确、不利于执行，而且万一出现财务危机，也容易失信于员工。

（4）明确奖励对象

努力工作的员工，不见得是有成效的员工，破格提升和奖励工作能力强、贡献大、绩效卓著的员工能激励其他员工努力工作。

（5）及时奖励

及时奖励是指在员工的工作成绩出现后及时加以肯定或给予奖励，这样不仅能够发挥奖励的功效，而且还增强了员工对奖励的重视。逾期或迟来的奖励，不仅会失去奖励的意义，甚至会使员工感到多此一举或对奖励产生漠视心理。

2）旅游企业的奖励制度

（1）佣金制

佣金制是旅游企业产品销售工作中广泛采用的一种奖励制度。它是一种按销售数量或销售额的某一百分比来计算的报酬。佣金以3种方式纳入对销售人员的报酬分配：直接佣金、薪水加佣金以及红利。

在直接佣金制度下，销售代表得到其销售总额的某一比例。不过，最通行的做法是将销售佣金和薪水并用。这种并用措施是将薪水的稳定性与佣金注重业绩的一面结合为一体。虽然两者的分割比例因行业和其他因素而不尽相同，但比较普遍的分割比例是薪水占报酬的80%，佣金占20%左右。

咨询专家批评说，许多销售佣金方案过于复杂，以致难以对销售人员形成刺激；而另一些方案则过于简单，着重点只放在如何确定销售人员的报酬上，而置企业目标于不顾。另外，多数企业只注重销售总量的增长。重视销售量并没有什么不对，但如果将其作为唯一的工作考核标准，可能并不利于发挥员工的最大潜能。反之，如果采用多样性的工作考核标准,如果将销售人员获得新客户的数量、能够体现企业销售计划的高价值与低价值产品的销售比例等也作为工作考核标准,那么销售业绩反而可能会更上一层楼。

①单纯佣金制

对销售人员而言,单纯佣金制是一种风险较大而且挑战性极强的制度。阿凯是 A 公司的推销员,她的合同中规定,每推销一件产品。可以提成 3.5%,这 3.5% 就是提成比率。

$$收入 = 每件产品单价 \times 提成比率 \times 销售的件数$$

假设她 3 月份推销了 180 件产品,每件以 100 元卖出,则她的收入是:

$$180 \times 100 \times 3.5\% = 630(元)$$

但是若遇上工厂停工,或市场不景气,阿凯的日子就不好过。

②混合佣金制

每个月都推销那么多产品对阿凯来讲简直是太难了,于是她投靠了有 300 元底薪的 B 公司。B 公司推销员的工资是这样计算的:

$$收入 = 销出产品数 \times 单价 \times 提成比率 + 底薪$$

尽管提成比率略低,仅为 2.5%,但每月能保证 300 元入账,也挺划算,同样是销售出 180 件单价 100 元的产品,阿凯的收入是:

$$180 \times 100 \times 2.5\% + 300 = 750(元)$$

比原来的工资还多了 120 元。

可是没过多久阿凯就发现,尽管都是 100 元的产品,但 B 公司产品的销路实在太差了,自己不仅常吃闭门羹,还经常被客户奚落,根本不如在 A 公司干得痛快,但自己又怎能再回 A 公司呢?

③超额佣金制

C 公司的产品卖得很红火,令阿凯怦然心动,但一看它的报酬,又眉头一皱,不行,还得仔细算算:

C 公司的薪酬是这样计算的:

$$收入 = 销出产品数 \times 单价 \times 提成比率(一般为 2.5\%) - 定额产品数 \times 单价 \times 提成比率$$

原来必须完成一定的定额才能开始有所收入。按 3 月份销售的平均水平看,100 元产品平均每人销出 600 件,于是平均工资是(定额为 200 件):

$$100 \times 600 \times 2.5\% - 100 \times 200 \times 2.5\% = 1\ 003(元)$$

做得好的员工还会收入更高,这么一算使阿凯下定决心投奔 C 公司。

从以上 3 种佣金制不难看出,根据产品销售状况不同,应制订不同的员工奖励制度;只有这样,才能保证在最少奖金支出的基础上实现最大的激励效果。

(2)团队奖励制

图 6.7 列出了企业设立团队奖励的某些原因。以团队为对象的奖励是否有效,在很大程度上取决于团队规模的大小。如果团队规模过大,员工就会认为,他们个人的努力对整个团队工作业绩的影响微不足道,因而对作为结果的最终奖励的作用也必定是微乎其微的,员

工易产生不满情绪。因此,企业通常侧重针对小规模团队设计奖励方案。企业实行团队奖励的原因,在于越来越多的复杂工作需要依靠员工的相互协作。当团队规模较小且相互依赖程度较高时,以团队为对象的奖励计划就会起到比较明显的作用。

图6.7　企业设立团队奖励的原因

团队奖励的方法主要有两种,一种以节约成本额为基础;另一种以分享利润为基础。

以节约成本额为基础的奖励制度能够使工人努力提高效率,减少工时,节省原料,然后从工人的节约中获得奖金;以分享利润为基础的奖励制度,目的是将企业的部分盈利分给全部有关的员工,以激发员工付出更大努力与最佳的合作精神。

3)奖励种类

①收益分享。让员工参与分享超过常规收益的那部分额外收益,它可以是额外的利润,也可以是额外的产出。收益分享的目的是力图提高员工的努力程度,收益分享部分的派发可以按月份、季度、半年和年度进行,具体情况取决于管理理念和对工作业绩的衡量方式。

②利润分享。利润分享是将企业的部分利润在员工之间进行分配。分配给员工的利润一般在年底分配,由协议来确定。在有些利润分享规划中,员工在年底直接获得应分享的部分,在另一些规划中,利润分配被推迟并置入一种基金,员工在退休或离开企业时带走。

③持股分享。持股分享通常是以员工持股规划分享,员工持股规划是一种比较普遍采用的利润分享规划。员工持股规划使得员工成为其所在企业的持股人。这种方式增强了员工对饭店的认同感、忠诚度和责任心。

(八)福利制度设计

福利是报酬系统的重要组成部分,泛指旅游企业通过举办福利设置建立各种补贴,为员工生活提供方便,减轻职工经济负担的所有间接报酬。员工福利多以实物或服务的形式支付。福利作为社会保障制度的重要组成部分,是消费品再分配的一种形式。

1) 福利的作用

①福利具有维持劳动力再生产的作用。企业中的福利可以满足员工的一些基本生活要求,解决员工的后顾之忧,给员工创造一个安全、稳定、舒适的工作和生活环境,利于其体力与智力的恢复。

②福利是激励员工的重要手段。福利计划的推行有利于满足员工的生存和安全需要,增加职业安全感。

③福利措施体现了企业对员工生活的关心,可以增强员工对企业的认同感,使员工对企业更加忠诚,有助于使员工同企业结成利益共同体。

2) 福利的内容

员工福利的内容由两个方面确定。一方面是政府通过立法,要求企业必须提供的;另一方面是企业自身在没有政府立法要求的前提下主动提供的。我国的法定福利多集中在补助、休假及保险方面。现代旅游企业的福利分为4类。

①集体福利,包括员工餐厅、高级职员公寓、员工倒班宿舍、医务室、浴室、理发室、休息室、存车场、工作服、员工洗衣、员工烫衣、阅览室、员工刊物、员工培训等内容。

②福利费用和补助,包括工伤抚恤金、独生子女费、通勤补助、员工专车、度假旅游补贴、生日贺金等。

③休假,包括婚丧假、事假、年休假、产假、哺乳假等。

④保险,包括养老保险、待业保险、医疗保险等。

员工福利的多少通常由年资和职位决定,与员工绩效关系较小。

3) 影响旅游企业福利的因素

(1) 企业竞争策略

旅游企业竞争策略与福利制度的设计有密切的关系。例如,当某一饭店由于处于竞争劣势,资金不足,需要大量资金开发新产品时,多会取消或暂缓一些福利项目。如取消员工福利中的度假旅游、员工专车等,但有时会增加奖励项目激励员工。相反,当一个企业有相当的实力而且在不断成长时,为了保持其在劳动力市场的竞争力,企业就会设置一些有吸引力的福利项目。

(2) 企业文化

员工福利反映了企业文化,如我国原有国有饭店、旅行社,企业的家族式文化浓一些,强调对员工的关怀与照顾,尽量为员工提供优厚的生活福利。有些国有的旅行社、饭店至今还保留着幼儿园,一方面照顾青年员工的需要,另一方面使老职工得以安置。但以市场式文化为特征的外资饭店,多强调业务经营,不希望过多的福利设施占用企业资金和精力,其福利多采用向社会缴纳费用,采用福利社会化的方式。

(3)员工的需要

员工对福利一般持积极态度,但是对福利的表现形式却有不同的看法。比如,有的员工生活负担较重,希望现金福利多些(实质是希望高薪金、低福利),如果企业将奖励旅游、代金券、实物换成现金,也许会更受欢迎;相反,有些高收入的员工则希望有带薪休假形式的福利,这样可以缓解工作压力,增加与家人团聚的机会;年纪大的员工多希望有足够的保险金,增加职业安全感,减少自己失业、就医的担心;有些员工未婚,负担少,但由于竞争的压力,他们可能更希望有灵活的工作时间,那么企业可能不必投入一分钱,只要工作时间灵活就能使这些员工满意。因此,福利制度的设计,应考虑员工的需要,使员工得到更大的满足。

(4)法规

企业在制订福利制度时要合乎国家对福利制度的相应规定(如职工保险、法定休假日、有薪假期等)。

4)制订福利制度的注意事项

(1)企业条件

一般来说,各类旅游企业的福利项目相差不多,只是企业根据自己的实际情况有所侧重,如,有的饭店自己有旅行社,那么可以利用一些便利条件组织优秀员工旅游;有的饭店由于经费有限不设班车,但认为自己有条件可以使员工餐厅更好,那么员工对福利的满意度可能不会受影响,而且还会有所提高。

(2)选择性

由于员工的情况(如年龄、性别、婚姻状况、收入水平等)不同,所以如果增加员工根据自己的需求选择福利项目的权利,就可以使员工更满意。这种做法被称作弹性福利制度(Flexible Benefits)。弹性福利制度目前在旅游企业中的应用较少,但值得借鉴。

(3)福利信息传递

员工通常对他们从企业所获福利的价值和成本知之不多,但福利信息的沟通是与对福利的满意度密切相关的。为此,许多企业建立了专门的福利信息发布制度,以使员工了解他们所获福利的价值和成本。通常所采取的有关措施包括:在迎新介绍时向新员工阐述福利计划、举行定期的会议、设计专门的宣传品、利用企业内的出版物传递有关福利的信息等。这些措施都可增进员工对各种福利的了解。

许多企业还向员工提供将福利转算为现金额的年度"个人福利清单"。企业每年向员工提供一份退休金报告清单,或将该报告清单的内容包含在员工报表之中。员工报表使每个员工都能了解他自己的福利究竟价值几何。企业的希望是通过使员工了解福利和成本来促使企业更有效地管理各种支出,并增强员工对企业所付出的努力的感激之情。

(4)灵活的福利计划

灵活的福利计划有时也称为"自助餐"计划,该计划允许员工从企业的各种福利中选择他们所偏爱的福利项目。"菜谱"(福利)各式各样,企业可让每个员工在总量限度内自己选择自己的福利组合方案。由于劳动力构成不断变化且越来越呈多样性,灵活福利计划将越来越有市场。

(九)应时应地的薪酬调整

一成不变的薪酬管理是不能适应企业发展的,对于薪酬,应该根据员工的具体表现、企业所处的环境以及企业的经营状况适时地进行调整。

1)奖励性调整

奖励性调整是为了奖励员工做出的优良的工作绩效,鼓励他们保持优点,再接再厉。这就是论功行赏,因此又称为功劳性调整。

当员工工作绩效突出、成绩卓著,不要忘记对他加以奖励,适当调高他的薪酬水平,并明确地告诉他"公司为了表扬你的工作成绩,增加了你的薪水",同时给予口头上的奖励。这样会极大地调动他的积极性和工作热情,同时也激励其他员工向他学习,为公司的发展作出贡献。

2)生活指数调整

生活指数调整是为了补偿员工因通货膨胀而导致的实际收入无形减少的损失,使生活水平不致降低,显示出对员工的关怀。

生活指数调整常用的方式有两类:

(1)等比式调整

等比式调整即所有员工都在原有薪酬基础上调高一定的百分比。这样,薪酬偏高的调升的绝对值幅度较大,似乎进一步扩大了级差,薪酬偏低的多数员工很容易有"又是当官的占了便宜的感觉",从而产生"不公平"的怨言。但等比调整却保持了薪酬结构内在的相对级差,使代表企业薪酬政策的特征线的斜率虽有变化,但却是按同一规律变化的。

(2)等额式调整

等额式调整即全体员工不论原有薪酬的高低,一律给予等幅调升,是按平均率运作的。这样做似乎一视同仁,无可厚非,但却引来级差比的缩小,致使特征线上每一点的斜率按不同规律变化,造成了混乱,动摇了原薪酬结构设计的依据。

(3)效益调整

效益调整是指当企业效益甚佳、盈利颇多时,对全体员工的薪酬普遍调高的措施。

调整方式可以是浮动、非永久性的,当效益欠佳时,有可能调回原来的水平。但是,要注意这类调整应涉及全体员工。否则,将使员工感到不公平,他们会想:企业的经济效益好,还不是大家共同努力的结果,为什么偏偏给他们涨薪水?一旦员工有了这样的想法,将导致工作积极性的降低,自然会影响工作效率,当然也违背了薪酬管理的最基本原则。

(4)工龄调整

工龄的增加意味着工作经验的积累与丰富,代表着能力或绩效潜能的提高。从这一角度来说,工龄薪酬具有一定按绩效与贡献分配的性质。因此,现有的工龄调整应将工龄与考绩结果结合起来,作为提薪时考虑的依据。

任务二 战略性薪酬管理在旅游企业中的实施

(一)制订有效的薪酬激励计划

薪酬是激励员工的重要手段。制订合理有效而具有吸引力的薪酬激励计划不仅能有效地激发员工的积极性、主动性,促使员工努力去实现企业的目标,提高企业的效益,而且能在人力资源竞争日益激烈的知识经济条件下吸引和保留住一支素质良好、具有竞争力的员工队伍。

1)计件工资制

建立有效的计件工资制要求进行职位评价和工业工程设计。职位评价是由管理人员来确定职位的小时工资率。但计件工资的关键问题是产量标准,而这些标准通常是通过工业工程设计制订的,其表达形式一般为单位产品的标准时耗或每小时的标准产量。它便于计算,易于为员工所理解,计量原则公平,由于报酬直接与业绩挂钩而具有很好的激励效果。

2)标准工时制

标准工时制依据工人绩效高于标准水平的百分比付给工人同等比例的奖金。标准工时制具有计件工资制的大多数优点,它便于计算,易于理解;而且,奖励以时间为单位而不是以货币为单位,因此部分工人不再过于倾向将其收入同产量标准挂钩。而且在重新制订小时工资标准后,不必重新计算计件工资率。

3)班组或团队的激励计划

在实际中,有些企业采取班组或团队激励计划。这种计划有以下3种操作形式:

①确定班组中各成员的工作标准,并记录每个成员的产出水平。然后,班组成员按以下3种方式之一计算报酬:a.所有成员都按产量最高的工人的标准计算报酬;b.所有成员都按产量最低的工人的标准计算报酬;c.所有成员都按班组的平均水平计算报酬。

②根据班组或团队最终的整体产出水平确定产量标准,然后,所有成员都根据团队所从

事工作的既定计件工资率获得同样的报酬。

③简单地选定团队所能控制的绩效或生产率的测量标准。

有时,在一个项目小组中,几个职位是相互关联的。一个工人的绩效不仅反映他自己努力的结果,同时也反映其同事努力的结果,这时班组激励就变得很有意义。班组计划还加强了团队制订计划和解决问题的能力,并有助于确保工人的互助合作。

4)短期激励:年终奖

大多数企业都具有旨在激励中高层管理人员提高短期绩效的年终奖计划。不像薪资一样,短期激励奖金的总额很容易随绩效的改变发生波动。

5)长期激励计划

长期激励计划的目的在于为公司的长期发展和繁荣激励和奖励管理人员,并使高层管理人员在决策时更注重公司的长期发展。长期激励的另一个目标是在企业长期成功发展的基础上,通过为高层管理人员提供积累财富的机会鼓励他们与企业共同奋斗。

6)特别福利计划

（1）"金色降落伞"

这是一种特殊的雇佣契约,通常包括一笔为数可观的退职金和其他特殊优惠。而且,如果这些经理人员在更高层领导班子换人之后被毫无理由地解雇,或被新班子降级、免职,这一条款将保证他们得到一笔相当于数年工资的解雇费。这在很大程度上能保证高层的稳定和企业的平稳发展。

（2）"关键经理"的"人寿保险单"

当经理本人退休时,他可以一次性得到包括保险单价值及其增值在内的全部金额;若经理人在退休前死亡,公司将收回本金,其配偶可以得到增值额。

7)利润分享计划

利润分享计划是公司支付,全体员工都能获得以公司的利润为基础的即期和延迟支付金额的任一程序。

在利润分享计划中,大多数员工均可获得一部分公司利润。这项计划既会增加员工的义务感、参与感和合作感,又会减少员工的流动,鼓励员工勤奋工作。

利润分享计划有几种形式。其中,最常用的是现金计划,即每隔一定时间便将一定比例的利润作为利润分享额。

8)员工持股计划

员工持股计划是指由企业内部员工出资购入本公司的部分股权,并委托员工持股会进行运作,员工持股会代表员工进入董事会参与表决和分红。

(二)实施战略性薪酬管理

1. 增强执行力

①明确思路。即从企业科学管理体系着眼,找出薪酬管理系统与执行力系统相交的环节,理顺二者的关系,调整并完善薪酬管理制度,着力解决突出问题,增强执行力。

②理顺二者的关系。一是从企业科学管理体系着眼,了解把握战略性薪酬管理系统与执行力管理系统、竞争力管理系统在企业科学管理体系中的位置。二是了解这3个系统各自的构成。三是将相交环节的建立健全有机结合起来,执行力系统的目标与薪酬系统的策略应衔接,即薪酬策略应服从企业发展战略和执行目标,根据战略和执行目标的要求选择薪酬策略;执行力系统的组织结构与薪酬系统的组织结构应一致,即根据企业战略、流程优化组织结构,以此作为增强执行力和建立薪酬制度的基础;执行力系统的结果评估、反馈改进系统与薪酬系统的绩效管理制度应一致,即二者的评估对象、评估标准、反馈改进措施应一致,以此作为评估执行结果和实际发放薪酬的相同依据。

③有针对性地调整改进薪酬制度,促进增强执行力。一是将薪酬系统的有关组成部分与执行力系统的激励系统对接,首先将薪酬分配功能发挥环节与执行力激励系统对接,使其功能作用与执行力结果好差相一致;然后将薪酬制度、形式的确定、薪酬关系的调整、薪酬的实际发放和薪酬体系的完善与执行力激励系统衔接起来,按其要求作出相应变动。二是根据执行力系统的需要确定薪酬管理的重点,即围绕执行程序、梳理执行中存在问题,寻找出在哪一个或几个环节存在问题,并对问题轻重排出顺序。三是对问题相关人员及其薪酬分配制度等进行分析,看执行力受影响的原因是由哪一部分人的积极性、主动性未调动造成的? 其薪酬制度、形式等方面存在何问题? 应如何解决? 或者全体人员及其分配制度存在问题,应如何解决? 如是执行基础、程序、手段方面存在的问题,则与薪酬分配关系不大,应从其他方面考虑解决问题的办法。四是解决相关薪酬分配问题,增强执行力。将薪酬管理与执行力衔接,主要是解决薪酬发放与完成绩效的关系问题,尤其要关注员工的实际贡献大小和业绩好差,也即执行的结果。为此,要把薪酬分配与绩效考核紧密挂钩,根据绩效结果实际发放薪酬;同时要根据绩效结果对执行力的作用的大小,相应调整薪酬支出的额度,使之形成正相关关系;此外,还要改进分配形式,提高分配的时效性,使薪酬分配向对执行力起作用大的岗位、人员倾斜。

2. 针对性调整改进,促进提升竞争力。

一是确定管理、技术、知识、信息等生产要素作用大的观念。通过宣传、培训,确定新观念,为贯彻落实各种生产要素按贡献参与分配的原则,打好思想基础;研究提出考核认定管理、技术、知识、信息等生产要素作用的办法,将其纳入能力评价体系和绩效管理体系。二是建立适合管理、技术等生产要素分配的制度、方法,即从全面薪酬体系建设的角度,在抓好当期、短期薪酬激励机制建设的同时,探索建立中长期激励机制。年薪制、股权激励、特定福利待遇、特定保险规划等都可试行,并将其与管理、技术、知识等要素紧密联系起来。三是分配向关键、重要岗位和高素质、高技能、高贡献人员倾斜。要以岗位评价、能力评估、创新力评估等为基础,合理拉开差距,分配向管理、技术、知识等决定企业核心竞争力的要素倾斜,开发全体人员的潜能,激发大家的创造性,从而逐步提升企业的竞争力和核心竞争力。四是把薪酬分配的短期激励、中长期激励有机结合起来。建设全面薪酬体系,实行战略性薪酬管理,把按劳分配与按其他生产要素分配结合起来;把现金性报酬和非现金性报酬结合起来;把物质鼓励和精神鼓励结合起来,发挥好薪酬的激励功能,全面提升企业的执行力和竞争力。

(三)战略性薪酬管理实施中要避免的问题

(1)无真正高薪

只有永恒的公平,信任比合约更重要,参与薪酬设计过程跟薪酬高低结果一样重要。一般企业的薪资方案在设计的过程中很少有不同层面的员工代表参加,基本是老板一言堂,缺乏公平性的基础。

(2)高薪与高激励

一味加薪的最大恶果就是破坏公司文化和机制,调整薪酬结构是建立优秀人才体系的关键。没有科学的薪资管理,没有明确的加薪标准,很多企业每年定期加薪,在激烈的市场竞争中加大了企业的负担。

(3)创造增加值

多数企业不相信人力资源管理能给企业带来效益,靠加班加点克扣员工赚取微薄的利润。要竞争什么,就把竞争的要素量化成关键考核指标,建立创造价值的绩效系统能够促进工作效率和劳动价值的提升。

(4)培训的关键

很多企业盲目开展培训,效果很不理想却不知道原因是什么,多归罪于员工不努力,工作不好,不懂感恩。培训的关键是建立一对一的责任体系和个人战略规划系统,形成自我成长人才系统。

要点思考

1. 薪酬制订的目标是什么?影响薪酬制度的因素有哪些?

2. 影响企业福利的因素有哪些?制订福利制度时应注意哪些事项?

3. 薪酬管理的目标是什么?

4. 如何在旅游企业实施战略性薪酬管理?

案例讨论

用产品思维做福利

这个虚拟的大福利平台,为两万多员工提供各种福利服务,他们以怎样的形式来制订和执行福利?如何让每个员工都拥有良好体验呢?

对于绝大多数公司而言,无论规模大小,福利大都是由老板、行政职能部门统一决定,再向员工发布消息。在腾讯,这一常规被打破,关于福利的需求,主要从员工的呼声开始,通过论坛等各种内部渠道搜集意见,再制订策略并执行。10亿安居计划就是这么得来的。

腾讯的企业文化非常开放,员工有权在内部论坛对福利吐槽,相关部门必须一一接纳并尽力解决,每天下班前,都会在论坛上回复同事的疑问,呼声越多,压力越大。正是在用户的督促下,才有了福利这款产品的不断进化。以员工需求为第一出发点,这就是真正自下而上的福利体系,"完全是腾讯做互联网产品的思维"。

腾讯行政部助理总经理Dixon说:"我们的工作就是痛并快乐着。"他负责的餐厅、夜宵等福利,曾遭遇多次改革。再美味的餐厅吃久了也会腻的,"我们只能不断变化,尽量做好,多听他们的意见"。Dixon说。

腾讯拥有许多线上产品,被数亿人使用,然而福利这一项产品,虽然用户只有两万人,但投入了巨大的人力、物资和时间。人、时间、钱,构成了福利的基础条件,还有很多企业尚未发现,钱只是充分条件,并非必要条件。有心的人和足够的时间,才能把钱用到最值得的地方。

在一家两万多人的公司,无论大小福利,都需要庞大的资金支持。腾讯的福利设计团队坦言:腾讯确实投入了巨资。但是,有钱的企业很多,有钱就能做好福利吗?至少在腾讯,我们无法画下这个等号。

负责员工生活福利的Dixon告诉记者:"中秋月饼和端午粽子,每个企业都会发,费用也都差不多。但在腾讯,我们提前4个月左右开始筹备,从包装设计到符合健康美味的要求,从情感沟通到互动需求,一一考虑到位。考虑到深圳员工大部分背井离乡,每逢佳节思乡情绪更浓,腾讯将水果、粽子、月饼等福利延伸到家属,员工可在内部论坛登记家庭地址,即可寄回老家,我们只是多花了一点邮费,这个费用还不及一盒高级月饼。"

对待一盒月饼、一篮水果都如此用心,并非钱能做到。这一切的用心都源于老板马化腾对员工福利的无比重视。究竟投入了多少资金,Dixon言:"把那副扑克牌上的福利,乘以我们的员工数目,应该可以算出来!"

2.5万人的圣诞晚会,背后有无数人半年的付出;10亿的安居计划,背后有一套完全信任员工的申请机制;4个月时间精心设计的月饼和粽子,背后有一份为员工考虑更多的用心;1 000多元的昂贵座椅,除了价格令人羡慕,挑选的过程更让人感到有爱;做好员工福利确实是一笔不小的开支,但有钱远远不够。

腾讯大福利平台的核心团队成员对记者说:"腾讯在高速发展,聚集了非常多的优秀人才,腾讯薪酬定位是高竞争力的薪酬体系加上有特色的福利体系。薪酬相对容易模仿,而福利却难以简单复制。"

围绕面子文化和家文化做福利

"围绕爽字做文章,让员工 high 起来",激励实践效果很明显,有两个数据可以证明:一是 2011 年德邦员工满意度高达 78%,远高于 IBM、中国移动等顶着最佳雇主头衔的企业;二是 2011 年德邦的员工离职率不及竞争对手的 1/3,总监及以上管理人员离职率近乎为零。

为什么这套思路和体系这么管用? 关键在于德邦吃透了中国文化,一个是面子文化,一个是家文化。

德邦校招时喜欢挑选家庭条件不好的学生,那些寒门学子大都有这样几个特点:家庭条件不太好,上进心强,吃苦耐劳,不热衷也不善于处理人际关系,他们有改变自己和家族命运的强烈动机。

因此,他们更看重雇主几点:企业发展前景好、自己有发展空间;晋升靠业绩和能力,自己努力就能掌控命运;公司能给他和家人面子。"能同时做到这三点的公司,员工谁都抢不走。"人力专家如是评价。德邦的激励体系恰好全做到了。

在此,我们着重讲讲德邦是如何给足员工面子的。主要体现在两个层面,一是亲情 1+1 计划,即每个月给父母寄 200 元钱,很多人对每月 200 元非常不敏感,但在农村却不是一笔小数目。一位德邦员工告诉记者,他的父母逢人就说小孩找了个好单位,说德邦又大又好。这种情况下,员工还会、还敢打歪主意跳槽吗?

其二,是给一定层级以上的员工配商务车,级别越高,车的档次越高,部门负责人配的是五六十万的豪华车,还有打高尔夫的福利。想想大学毕业没几年,就开上豪车,打上高尔夫,指挥成百上千的手下干活,过年过节还可以开着豪车"衣锦还乡",这种生活是他们在毕业之前做梦都不敢想的,但如今在德邦变成了现实,这让他们在人前非常有面子。

所谓面子文化,说白一点,就是大家都爱面子,以至于死要面子活受罪。德邦的激励体系还体现了重要的一点,即家文化,是员工希望能从公司得到家的温暖和关怀,而公司则希望得到员工的无私奉献和全力付出。这种文化虽然不会以明文标出,但却是中国人心理的底层密码,解开并将这层密码变成激励体系,就能打造执行力强的高绩效组织。

德邦的福利还不错,为什么员工工资不高些呢? 表面上看,搞福利如集体婚礼和亲情 1+1 不但要花钱,而且还操心,把这些钱直接变成工资,员工看得见、摸得着,省时省事,多好。但实际不然,德邦这么做,有非常高明的考虑。

德邦的中高层管理人员大多是内部培养,以坐火箭的速度提拔起来的。如果按照市场薪资水平,他们将拿到很高的工资,但这样会害了年轻管理人员,因为快速提拔也有弊端,是不得已的非常之法,他们的实际能力和岗位任职要求之间还有相当大的差距,给超出其能力和贡献的高工资,和拔苗助长差不多,会给员工一个错觉,觉得自己很厉害。在德邦看来,把员工高配在比他能力高的岗位上,其本身就是给他们最大和最好的福利。

事实上,我们一直强调,以福利为主的激励体系应该受到老板的高度重视,因为激励制度的好坏和激励对象及企业文化高度相关。把 Google 的管理制度搬到富士康,一定会很快毁了这家卓越企业,反之亦然。在设计激励体系时,关键不在有多少专业知识,而在企业内心是不是真想让员工"爽"。

启发思考

1. 以上公司是如何处理福利与薪酬的关系的?
2. 福利在薪酬管理及企业人力资源管理中有何作用?

奇思妙想

特色福利大盘点

福利名称:员工免息住房贷款

标杆企业:腾讯、阿里巴巴、人人网

福利档案:

2011 年 6 月,腾讯投资 10 亿启动安居计划,为已满 3 年的基层员工,在北上广深等一线城市提供免息贷款 20 万~30 万,每年还款一次,无须任何担保,最快 2 天、最晚 5 天即可得到贷款。截至 2012 年 12 月底,已有 815 位腾讯员工享受到该福利。

2011 年 9 月 1 日,阿里巴巴推出"iHome"计划,向员工提供 30 亿元无息住房贷款。服务期限满两年,在工作地购买首套住房都可申请贷款。服务期限两年以上、三年以下的员工,贷款额度上限为 20 万元;三年以上的员工,贷款额上限为 30 万元。

人人网的做法是,根据员工的服务年限和个人当前收入等因素综合评估,原则上服务公司两年以上的员工可以优先申请,可得到 20 万~40 万的无息贷款,还款期限为 6~8 年,贷款购买的住房须为工作地首套住房,但不局限于首付。

新意指数:★★★★★

满意指数:★★★★★

福利名称:亲情1+1

标杆公司:谷歌、海底捞

福利档案:

谷歌的超级福利令很多人艳羡,也经常出台惊人之举:谷歌员工如果在职期间死亡,其配偶或伴侣将在未来十年获得该员工薪水的50%。这项"遗属福利"对所有员工一视同仁。除此之外,配偶还可以获得该员工在公司里的股份。如果他们有孩子,孩子将每月获得1 000美元,直至19岁。如果孩子是全日制的学生,则可以一直领到23岁。

海底捞是餐饮业的典范,将客户服务做到了极致,其员工福利是重要保障之一,海底捞领班以上员工的父母,每个月能领取海底捞给他们特发的工资。钱不多,按照不同的等级,每月几百元。子女做得越好,父母拿的工资会越多。

新意指数:★★★★★

满意指数:★★★★★

福利名称:子女教育补贴

标杆公司:阿里巴巴、海底捞

福利档案:

阿里巴巴在2011年成立了5亿元教育基金,解决员工子女的学前和小学教育问题,同时,给基层员工发放超过4 000万元的一次性物价和子女教育补贴。

海底捞店面经理孩子3岁以下随本人生活的,每月发放300元补助;店长小孩每年额外发放12 000元教育津贴。

新意指数:★★★★★

满意指数:★★★★★

福利名称:特色年会

标杆公司:蚂蜂窝、腾讯

福利档案:

2013年1月6日,蚂蜂窝全体工作人员包机前往巴厘岛举行年会,大约一周时间。一经披露,便引起微博广泛关注和美慕。不少公司每年也有员工旅游活动或者奖励,但蚂蜂窝的新颖之处在于两点:一是全员上下都有份,二是目的地不是国内普通景点,而是海外。这背后是巨大的成本投入。

2012年12月底,准备了半年多的腾讯圣诞晚会,在深圳宝安体育场举行,有两万多员工及家属参加,设置各种奖品,中奖率超过50%。该圣诞晚会虽为公司内部大狂欢,却在深圳口碑极佳,一票难求,更是腾讯员工最感自豪的谈资,马化腾等高管现场表演《Tencent style》,众多员工自编自导自演节目,十多位明星助阵。

新意指数:★★★★

满意指数:★★★★☆

福利名称:自选福利

标杆公司:博雅云峰

福利档案:

作为北大科技园知名企业,博雅云峰倡导自主自选式员工福利,将员工生日、节日、津贴、培训等所有福利集中到一个积分账户,员工可用账户内的积分在其福利商城内自选商超购物卡、垂直电商商品,或保险、培训、旅行等服务。将选择权交给员工,投入没有增加,员工满意度却立竿见影提升。

新意指数:★★★★

满意指数:★★★★

福利名称:让利低价房

标杆公司:海航集团

福利档案:

在海南房价高企的环境下,海航海口海航城以每平方米4 000余元的均价(建筑成本价)面向内部员工出售,并且海航经营层均不允许参与房子选购。与此同时,海航集团保障性员工住房还将在北京、上海、天津、海南、西安、长春、兰州、宝鸡、舟山等建设10 607套,与市场价相比累计让利约达67亿元。

新意指数:★★★★☆

满意指数:★★★★★

福利名称:健康工作环境

标杆公司:Google、Linkedln、Twitter

福利档案:

Google在公司给员工提供瑜珈场地、健身房、攀岩墙、健身课程、跑道,并提供特别的按摩津贴。

LinkedIn的员工则拥有随时可用的健身房,可享受早上的露营、专业的跑道、按摩服务、懒骨头休息室以及午后的瑜珈和彼拉提斯活动。

Twitter则提供免费的健身房会员资格,公司内安排有瑜珈和彼拉提斯课程及攀岩墙。

新意指数:★★★☆

满意指数:★★★★

福利名称:带宠物上班

标杆公司:玛氏

福利档案:

作为全球知名的猫粮狗粮生产商,玛氏允许员工带宠物一起上班,在厂区和办公室内,建立狗狗乐园和猫屋,设有各种器材,宠物们可以享用各种宠物食品,可以在上班时间与主人玩耍。这项特殊的福利对无暇照顾宠物的员工非常有吸引力。

新意指数:★★★☆

满意指数:★★★

初涉职场

实训项目：薪酬方案设计。

实训目的：培养学生利用理论知识解决实际问题的能力、信息处理的能力及团队作业的能力。

实训任务：

1.学生以小组为单位，选定一家旅行社、景区或饭店进行薪酬市场调查，并对调查信息进行分析；

2.为该企业单位做一个薪酬体系设计，特别突出对企业营销绩效管理方面提出建议。

考核指标：

1.薪酬市场分析；

2.薪酬体系设计；

3.团队作业能力。

项目7 激励理论

- □ **知识目标**：了解激励的过程，掌握激励的类型，运用功利理论、内容理论、过程理论等基本理论知识，运用合理的激励方法进行激励制度的设计。
- □ **技能目标**：进行激励制度的设计，改进薪酬管理制度。

基本内容

- □ **激励的过程**
  ——目标动力　生存动力　群体动力
- □ **激励的类型**
- □ **激励理论概述**
  ——功利理论　内容理论　过程理论
- □ **激励理论在旅游企业管理中的运用**
  ——激励的原则　激励策略　激励的成果——工作满意度　罗克式15种激励的规则

案例阅读

硅谷高科技员工的激励

一些人认为，典型的加利福尼亚人与世界上别的地方的人有所不同。尽管这是人们的某种成见，但是至少有一部分加州人确实与众不同。这部分人在硅谷工作，就职于那些推动科技与信息发展的高科技公司。

以他们当中的一员凯西小姐为例，她典型的一天是这样度过的：白天工作 12 个小时后，晚上 9 点锻炼身体，然后接着工作。这就是她一贯的作息安排，每周 6 天，并一直能坚持好几个月。凯西是娱乐产品部的项目经理，主管电脑游戏光盘的制作。她一般每周工作一百个小时左右。和她在硅谷的那些同事们一样，她并不需要遵守严格的时间规定，而只是在自己想工作的时候才工作，只不过她大多数时候都想工作而已。

什么可以激励人们过这样一种生活呢？在硅谷，很多特殊的机会层出不穷，这就为某些人提供了强大的激励机制。在这里，一种普遍的激励因素是金钱。在今天，硅谷有 1/3 以上的高科技公司给员工以股权。因此，在这一行业中，短时间内暴富是完全可能的。而且即使有人赚不到钱，他能得到的基本补偿金也非常诱人。例如，硅谷的软件、半导体工人每年平均可以得到 7 万美元的补偿金，而美国普通工人平均每年只能得到 2.7 万美元。

对于这个行业的人来说，对所从事工作的热爱是另一个重要的激励因素。虽说钱很重要，但很多人承认，如果只是为钱，他们是不会像现在这么努力的。事实上，很多人都认为自己的工作可以与音乐家的工作相媲美，因为工作给了他们发自内心的快乐，工作本身就是最吸引他们的地方。

第三个激励因素是，在硅谷的工作有很高的显示度，容易为人们所认可。相对于其他行业的人来说，他们有更多的机会在顾客中闻名。比如，娱乐产品部发行了凯西监制的游戏光盘，成千上万的顾客会来买这种光盘，并在他们的电脑上使用，她的名字就会出现在制作人员的名单中，就像电影制片人的名字出现在影院中一样。

来自同行的压力和认同也是非常重要的激励因素。这个行业中的人工作时间都很长，这也成了整个行业通行的一种"标准"。人们去上班时就知道自己必定要工作很长时间，这是既定的事实。他们这么做是因为每个人都这样，不这么做的人就会遭到同行的讥讽。

最后一个激励因素是这些工作所提供的自主性。事实上，现在流行的很多管理方式，比如说授权，就诞生于硅谷。诸如惠普和苹果一类的公司已经摒弃了传统组织机构中指令控制式的管理。公司从不对员工的工作时间安排、工作进度以及服装规范等方面加以规定。相反，员工可以来去自由，可以带宠物上班，也可以在家工作。简而言之，他们可以自主选择在何时、何地以及以什么方式开展工作。对于今天的很多员工来说，这种弹性是非常有吸引力的。

启发思考

1. 如何用激励理论来解释硅谷员工的行为？
2. 对于成就、归属和权力的需要是否对这些员工有激励作用？

理论要点

所有的组织都关注采取什么样的做法通过人来实现持续的高标准的业绩,如鼓励、奖励、下放领导权等,还有很重要的一点,通过他们所做的工作以及他们工作时所处的工作环境等手段来最好地激发个人的工作动机,这样做的目的是发展动机进程和工作环境,以此来保证个人的工作成果与管理层的期望保持一致。

激励理论分析动机的过程,它解释工作中的员工就其所作出的努力和做事的方向为什么采取某一种方式,它也描述了组织做什么来激发员工投入精力和能力去促进组织的业绩,同时满足自己的需求。不幸的是,激发动机的方法经常以关于它的运作的设想为基础。动机的过程远比很多人想象的要复杂。人有着不同的需求,为了满足这些需求树立不同的目标,并采取不同的行动来达到这些目标。认为一种激发动机的方法适合所有的情况是不对的。这就是为什么把成绩和报酬相结合作为激发动机的手段这一设想过于简单的原因。如果基于对动机的正确理解,激发动机的行动就能有效进行。

所谓激励,是指发现和引导员工内心的需要,通过各种有效的内外部措施,最大限度地激发员工的工作积极性、主动性和创造性,从而有效地实现组织目标和满足个人需要的过程。

一、激励的过程

(一)目标动力

心理学和行为科学研究表明,人类一切有目的的行为都具有一定的动机性,而人的动机性是由他所体验到的某种未满足的需要所引起的,因为未获得满足的需要会引起个人的内心紧张,从而导致采取某种行为来满足需要,以解除或减轻其紧张程度。

动机是什么? 动机是做一件事的原因。动机涉及影响人以某种方式行事的因素。阿诺德(1991)列举了动机的 3 个组成部分:

①方向——一个人将做什么;
②努力——一个人付出了多少努力;
③坚持——一个人坚持尝试了多长时间。

激发他人的动机就是使他们按照你的方向行事以实现某一结果,激发自身的动机就是独立设定方向,然后采取行动以保证实现目标。动机可以被描述为受目标驱使的行为。当人们预期他们采取的一系列行动可能会使目标实现并得到有价值的奖励———种能满足他们的需求的奖励时,动机就被激发了。

动机得到充分激发的人员目标明确,他们预期他们的行动能实现这些目标。这样的人员可能是自我激发的,只要这说明他们正沿着正确的方向向目标迈进,就是最好形式的动机。然而,大多数人的动机多少都需要被激发。企业作为一个整体可以提供实现高层次的动机的情境,实现这样的动机可通过激发积极性、提供奖励、提供产生满足感的工作、提供学习和发展的机会等手段。但是,在运用激励技能来最大限度地激发员工和充分利用企业提供的激励措施方面仍起着重要的作用。要做到这一点,就需要理解动机的过程,即它怎样发生作用及动机的不同类型。

图7.1所示为与需求相联系的动机过程模式。这指出动机是由有意识或无意识的不满足感促发的。人的需要既可以是生理上或物质上的(如衣、食、住、行等),也可以是心理上或精神上的(如社交、自尊、荣誉、成就等),这些需求产生达到某一目的或获得某物的欲望。于是,人就设立满足这些需求和欲望的目标,并选择预期达到该目标的行为方式。如果目标实现了,需求就得到了满足,那么下一次相同的需求出现时,同一种行为方式将会被重复使用。如果目标没有实现,同一种行为被采取的可能性就较小。这种重复成功行为或行动的过程被称为效应巩固或效应法则(赫尔,1951)。

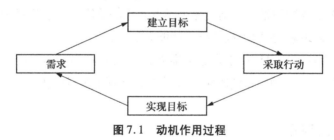
图7.1 动机作用过程

在现实中,人的需要往往不止一种,而是会同时存在多种需要,这些需要的强弱也随时会发生变化,但在任何时候,一个人的行为动机总是由其全部需要结构中最重要、最强烈的需求所支配和决定的,这种最重要、最强烈的需要称为优势需要。人的一切行为都是由当时的优势需要引发的,这种行动的结果(目标达成、接近或失败)又作为新的刺激反馈回来调整人的需要结构,产生新的动机和行为。实际上,人的需要是无穷无尽的,激励也应是循环往复、持续不断的。然而,效应法则受到了阿尔波特(1954)的批评,阿尔波特认为这一理论忽视了期望造成的影响,因此形成了"过去的享乐主义"。

(二)生存动力

生存动力即人们为生存而进行活动的愿望。"生命的目标可以作无限的生存",这是L.罗恩·哈伯德在《戴尼提》中提出的生存动力原则。生存是人类活动的最初动力,也是人类活动的最终动力。

恩格斯在提出"动力的动力"问题后认为:人的劳动目的是为了满足需要。这一论断可以从德国作家托马斯·曼的小说《布登勃洛克一家》中所描写的布登勃洛克家族几代人的发展过程得到反映：第一代人追求金钱，拼命积聚钱财，成为当地的首富。第二代人出身富豪，对追求金钱不感兴趣，转向追求社会地位，当上了议员。第三代人出身在既有钱财又有社会地位的家庭，他们一味追求精神生活。人们总是不会满足前代人追求的目标，而是不断寻找新的方式来满足新的需要。

人的欲望随着客观环境的变化而在不断变化着。正是在原有的欲望得到满足、新的欲望又产生的运动中，才会不断地产生新的动力，推动人类社会的不断前进。

亚伯拉罕·马斯洛（Abraham Maslow）的需要层次理论是最有影响、广为人知的一种人本主义需要理论。这一理论假定人有5种需要，而且是按从低到高的层次排列的，即从最低层次的基本生存需要上升到最高层次的个人成长和发展需要。需要理论假定低层次需要已被满足，紧接着的高一个层次的需要就会成为最主要的需要，需要的满足成为生存动力的源泉。

生存动力分为4个层次，分别为以自我（Self）为出发点的生存动力、以性（Sex）为纽带的种族生存动力、以群体（Group）为对象的生存动力、以人类（Mankind）为目标的生存动力。这4种动力由个体到群体，到整个人类，逐步扩大，形成一个阶梯。总的来说，都以"最佳生存"为核心，由于存在最佳生存的强烈要求，因而形成了不同层次的动力。

生存的动力使人类要求自身不断进步，使个体愿为子女和家庭不断提高生活水平而努力，使人类更有发展基础科学并把科学应用于经济，使群体发展的愿望。人们用生产满足消费，把劳动的物质动因转化成现实的经济动力。所以，美国经济史学家罗斯托认为，"人类的动机和愿望是经济成长的基础"，也是生产力发展的源泉和动力。

（三）群体动力

群体是为了实现某个特定的目标而形成的两个或两个以上相互作用、相互依赖的个体的组合。群体动力是群体成员追求群体目标的精神力量的总和，这一总和与成员们各自原有动力的简单总和是不同的，它通常大于或小于简单总和，即这一总和可能是 $2+2=5$，也可能是 $2+2=3$，原因就是群体成员之间的相互影响和相互激励在起作用。

1. 群体规范

一个群体的成员在彼此相互作用的条件下，会发生一种类化过程，即彼此接近、趋同的过程，使行为趋于一致，从而形成一个群体的内部行为常模，即群体规范（Group Norms），它对人的行为有重要影响。群体规范被群体成员认可并接受之后，它们就成为以最少的外部控制影响群体成员行为的手段。

群体规范有正式的、明文规定的，如企业印制的《员工手册》，其中规定了员工的行为，还附有处罚条例；但大部分则是非正式的、约定俗成的、群体成员自律的一种默契标准，如在公共场合不能批评老板等。

旅游企业群体规范有：

①操作规范。这一类型的群体规范通常表现为对群体中成员的工作行为进行约束,例如饭店客房卫生班正式约定的规范有:与客人沟通的方式,包括如何问候、询问客人,敲门等;但"小组中先到的人取抹布""电话离谁近由谁在三声内接听"等,都是非正式约定。

②形象规范。如导游人员的礼仪,饭店员工的着装、发式,女员工化妆等。这些规范常是旅游企业为保证服务质量而约定的。

③资源分配规范。这类规范涉及员工报酬(奖金额、工作环境)、困难任务的分配、新型工具和设备的分发等。

④社交规范。这类规范来自员工非正式群体,起到约束非正式群体内部成员的作用。

2. 从众行为

一个人在群体中与多数人的意见有分歧时,会感到一种心理紧张,产生压力。有时这种压力非常大,会迫使个体违背自己的意愿,产生完全相反的行为。社会心理学中把这种行为叫作从众行为。但并不是所有群体压力都能影响个体行为,只有个体认为很重要的群体,即参照性群体的规范才能使个体产生从众压力。

一个人的行为有表面反应和内心反应两个层面。表面的反应可表现为从众与不从众,内心的反应则有接受与拒绝之分。在一个人身上,这种内、外界两个层面的反应不一定都是协调一致的,它可以有下列 4 种情况:表面从众,内心接受;表面从众,内心拒绝;表面不从众,内心却接纳;表面不从众,内心也拒绝。旅游企业要通过利用从众行为的积极作用,防止从众行为的消极作用,正确运用从众行为。

3. 群体凝聚力

群体凝聚力(Cohesiveness)指的是群体对其成员的吸引力,成员对群体的向心力,即群体成员之间的相互作用力。群体对成员的吸引力由群体中成员与成员之间的吸引力、群体活动对所属成员的吸引力、群体对满足成员个人需求的吸引力等多种因素结合而成的。

一般来说,凝聚力高的群体比凝聚力低的群体更有效率,但凝聚力与生产效率的关系比较复杂,我们不能简单地认为凝聚力高就好。首先,凝聚力高既是高生产率的起因,又是其结果;其次,二者的关系受群体绩效规范的影响。群体成员之间的友好关系有助于降低紧张情绪,提供一个实现群体目标的良好环境,如图 7.2 所示。

图 7.2　群体凝聚力、绩效规范与生产率的关系

群体的凝聚力越强,群体就越容易追随其目标。如果此时群体的绩效规范比较高(如高产出、高质量、积极与群外员工合作),那么凝聚力高的群体就比凝聚力低的群体生产率高(如 1 区);但如果一个群体的凝聚力很高,绩效规范却很低,群体生产率通常比较低(如 3 区);如果群体凝聚力低,但绩效规范高,群体生产率水平中等(如 2 区),不过比不上凝聚力和绩效规范都高的群体;如果凝聚力和绩效规范都低,群体生产率肯定低于一般水平(如 4 区)。

二、激励的类型

在工作中,激励的产生有两种方式。第一,员工积极性的激发可以通过寻求、找到和执行能给他们带来满足感的工作(或被安排工作)或至少能使他们期望他们的目标实现的工作;第二,管理层可以通过诸如报酬、晋升、表扬等方法来激励员工。

赫茨伯格等(1957)最初鉴别出两种类型的激励:

①内在激励。以一种特定方式或按一种特定方向影响员工行事的因素。这些因素包括责任感(感到工作的重要性,对自己的资源有支配权)、自主权(行事的自由)、运用和发展技能和能力的范围、有利于发展的趣味性强的、具有挑战性的工作和机会。

②外在激励。对员工或为员工所做的激励他们的事,包括奖励,如增发薪水、表扬或晋升,还有惩罚,如惩戒措施、扣发薪水或批评。

外在激励会产生一种迅速有力的效果,但是不持久。内在激励由于涉及"工作生活的质量"(源于内在动机这一概念的一个短语和一次运动),可能具有深远的、长期的效应,因为这是员工固有的,而不是外界强加的。

三、激励理论概述

激发动机的方法以动机理论为基础。最有影响的理论分类如下:

①功利理论。这一理论讲述以奖励或惩处作为手段来保证员工按照应该的方式行事。

②内容理论。这一理论以动机的内容为重点。动机本质上涉及采取行动来满足需求,以及识别影响行为的需求的问题。需求理论由马斯洛(1954)提出。赫茨伯格(1957)在自己提出的二因素理论中列举了他称为"使人满足的东西"的需求。

③过程理论。这一理论以影响动机的心理过程为重点,同时考虑期望(弗鲁姆,1964)、目标(拉萨姆和洛克,1979)和平等观念(亚当斯,1965)。

(一)功利理论

"功利"是一种信念,即如果我们做一件事,就会导致另一件。用最简略的话说,功利理论讲的是人只为钱工作。

该理论产生于19世纪下半叶。它强调的是使工作合理化的需求和经济效益。这一理论假设把奖惩与员工的业绩直接联系在一起的话,他(她)就会有工作的积极性。那么,奖励是很偶尔的,只有在有了有效的业绩之后才会有。功利主义源于泰罗主义,即泰罗1911年提出的"以科学为依据的管理方法"。泰罗写道:除非员工能长期得到较大幅度的加薪,否则要使员工长期地比他们周围的一般人工作更努力是不可能的。

该理论以巩固原则和所谓的效应法则为基础。这种奖励员工的方法一直并且现在也被广泛使用。这种方法在有些情况下是成功的。但是,这种方法的唯一基础是外在的控制体系,它没能识别一些其他的人道的需求。另外,它也没能理解正式的控制体系可能会受到存在于人员之间的非正式的关系的影响。

(二)内容理论

1. 马斯洛的需要理论

该理论的基础是一种信念,即感到不满意的需求会产生压抑和不平衡的状态。为了恢复平衡状态,人就会识别出一个满足需求的目标,并选择一种达到这一目标的行为方式。因此,所有行为都是受到不满足的需求的激发的。

在一段时间内,不是所有的需求对一个人来说都是重要的——有些人可能会比其他人付出更大的努力去实现一个目标,这取决于个人的背景和现状。由于需求和目标之间的关系并非简单,复杂性就因此而增加了。同样的需求可以通过不同的目标来实现。需求越强烈,持续的时间越长,目标的范围也越广。同时,一个目标可能满足不止一种需求——一辆新车在提供交通便利的同时,也为主人提供了向邻居炫耀的机会。

需要理论最初是由马斯洛(1954)提出。马斯洛假想了需要等级的概念,他认为普遍发生在人的身上的需要主要有5种,从基本的生理需要到安全、社会和自尊需要,再到自我实现这一最高级的需要。马斯洛的需要等级如图7.3所示。

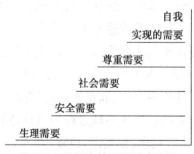

图7.3 马斯洛的需要层次理论

①生理需要——对氧气、食物、水和性的需要。
②安全需要——受到保护以防危险的需要和以防生理需求被剥夺的需要。
③社会需要——对爱情、关怀和集体归属感的需要。

④尊重需要——对自己有稳定的、基础牢固的较高的评价的需要(自尊)和受到他人尊敬的需要(声望)。这些需要可以再分成两类:一类是对成就、圆满、信心、独立和自由的欲望;一类是对名声或地位的欲望,或把它定义为来自他人的尊敬,表现为得到认可、受到关注、受到重视或欣赏。

⑤自我实现需要——发展潜力和技能,成为自己自信能成为的人的需要。

马斯洛的动机理论认为,当较低级的需要被满足后,下一种较高级的需要就占据了支配地位,人的注意力就开始转向实现较高级的需要。然而,自我实现的需要是永远也不可能满足的。马斯洛认为"人是一种需求动物",只有不满足的需要才能激发行为,占支配地位的需要是首要的激发行为的因素。当人沿着需要等级前进时,心理发展就发生了,但是这也不一定就是一个直截了当的进程。即使是暂时占支配地位的需要成为激发因素,较低级的需要仍然存在,个人还是会不断地回到以前已满足的需要上。

马斯洛的理论给人的启示之一是高级的尊重和自我实现的需要给动机提供了最大的动力——当他们被满足时,他们的力量就变得强大,而较低的需要被实现后带来的满足感力量却逐渐减弱。然而,人们所做的工作不一定都能满足他们的需要,特别是当他们做的是常规工作或不需要技能的工作时。

马斯洛的需要理论自身具有一种号召力,一直很有影响。但是这一理论没有经过实证研究的检验,它表现出的明显的僵化一直受到批评——不同的人可能有着不同的优势,很难说人的需求会稳定地沿着等级上升。事实上,马斯洛自己也对这一严格有序的等级的有效性提出了疑问。

2. 赫茨伯格的双因素模式

使人产生满足感的事物和消减满足感的事物的双因素模式由赫茨伯格等(1957)通过对一些会计和工程师产生满足感和不满足感的根源进行调查之后提出。该模式假设人们有能力准确地汇报使他们对工作产生满足感和不满足感的情况,所以要求被调查的人员告知采访者他们对工作感到特别好和特别糟糕的时候以及这样的感受持续多长时间。结果发现,关于"好"的时刻的叙述大多数都与工作的内容有关,特别是与业绩、认可、进步、责任感以及工作本身有关。另一方面,关于"不好"的时刻的叙述大多数都与工作的背景有关。在这些叙述中,公司政策、行政管理、监督、薪水以及工作条件这些词比在关于"好"的时刻的叙述中出现得更多。根据赫茨伯格的观点,这个研究带来的主要启示是:

> 职员的需求分为两种:一种围绕着发展自己的职业作为个人成长的源泉的需求;第二种作为第一种必不可少的基础,与补偿、监督、工作条件和行政管理方面的活动是否公平有关。第二种需求的实现不会激发个人产生高层次的工作满足感及工作的额外业绩。我们所能从满足第二种需求中企盼的是不满足感和不好的工作业绩的预防。

这两种需求构成了赫茨伯格模式的两种因素:一种包含使人产生满足感的事物或激发

动机的事物,因为它们在激发个体做出更好的成绩和努力方面被看作是有效的;另一种需求包括降低满足感的事物,这必然涉及环境,这种需求主要用来防止工作不满足感的产生,对于积极的工作态度几乎没有效果。后者用作医疗用语时叫作卫生因素,意思是预防性的和与环境有关的。

按照双因素理论,成就、承认、工作本身、责任、晋升、成长都是激励因素,重视这些因素可以激励员工。以成长为例,假日集团的培训体系运行得非常成功,集团为员工设计涵盖饭店各个层次的培训方案,每个员工从进入饭店起就有一本培训证书,其中记录了参加培训的课程、已经具有的任职资格。证书体现了员工的能力和价值,很多员工拿着假日的证书在其他饭店都能找到很好的工作。这一制度满足了员工成长、获得承认的需要,起到了极大的激励作用,员工都努力工作,积极参加各类培训以提高技艺。

此外,导致员工不满意的因素主要是公司管理、监督与主管的关系等,所以,有些旅游企业运用多种渠道增加与员工的沟通机会,如生日聚会、建议箱等。运用双因素理论时要注意考虑外部情境因素、员工的素质等个体差异,结合情境、员工素质来辨别哪些因素导致员工的满意,哪些因素导致员工不满意。

赫茨伯格的双因素模式受到过强烈的攻击。由于这一理论在测试满足感与业绩之间的关系方面没有做出尝试,它的研究方法曾遭受过批评。一直有人提出这一理论的二因素本质是采访者使用的提问方式的必然结果。还有人指出,研究所用的样本太小而且面很窄,但是得出的推论却很大而且没有保证,也没有证据证明产生满足感的事物确实有提高生产力的作用。

尽管存在着这些批评(或者说是因为他们,由于他们都是专业学者),赫茨伯格理论还是继续在发展着;因为针对的是非专业人员这一部分的原因,该理论很容易理解,它看起来是以"现实生活"为基础而不是学术的抽象。另一局部原因是该理论的一方面与马斯洛和麦格雷戈的受高度尊重的观点相符,它强调内在动机激发因素的肯定的价值。它也同尊重劳动——工作本身是好的基本观念一致。结果,赫茨伯格对工作改善运动产生了巨大的影响,这一运动旨在设计工作时最大限度地增加机会,使工作能够带来内在满足感,从而提高工作和生活的质量。该理论还强调区分内在动机和外在动机的重要性。

(三)过程理论

过程理论强调的是影响动机的心理过程或力量以及基本需求。它也被称为认知理论,因为它涉及人们对自身的工作环境的认识和他们解释和理解工作环境的方式。根据盖斯特(1992)的观点,过程理论提供了代替马斯洛和赫茨伯格的理论的一种研究动机的更相关的方法。盖斯特提出,这二者的理论已被广泛的研究证明是错误的。

过程或认知理论自然比需求理论对经理更有用,因为它就激励方法提出了更多的现实的指导。这些过程指的是:期望(期望理论)、目标的实现(目标理论)、对公正的感受(公平理论)。

1. 期望理论

期望的概念最初是包含在效价—功利—期望(VIE)理论里。该理论是弗鲁姆(1964)提出的。效价代表的是价值;功利是一种信念,即如果我们做一件事,就会导致另一件;期望指的是一种可能性,即行为或努力会带来结果。弗鲁姆对期望的更详细的定义如下:

当一个人面对会带来不同结果的选择时,很明显,他的行为不只是受到对这些结果的喜好的影响,而且受到结果实现的可能性的影响。期望的定义是可能性的一时的信念,即一种特定的行为会带来一种特定的结果。期望可以从力量的角度来描述。如果主观相信一种行为一定会带来一种结果,就表现了期望的最强大的力量,如果主观相信一种行为不会带来某一种结果,则表现了期望的最小的(或零)力量。

期望的力量可能以过去的经历(巩固)为基础,但是个人经常会面临新的情形——工作的变换,薪水制度的改变,或者是资方施加的工作条件的改变——这样,过去的经历足以使个人判断出变化。在这样的情况下,动机可能会减退。

只有在业绩和结果之间的关系得到清楚的认识而且适用,并且这一结果被看作一种满足需求的手段时,动机才有可能产生。这解释了为什么外在的经济动机,例如积极性或奖金体制,为什么只有在所付出的努力和奖励之间存在着清晰的关系,并且奖励的价值值得所付出的努力的时候才有用,同时也解释了为什么内在的源自工作的动机要比外在的动机力量更强大;内在的动机结果更多地受到个人的控制,个人能更多地依靠过去的经历来说明他们的行为可能会带来什么范围的积极的、有利的结果。

波特和劳勒(1968)把这一理论发展成一个模式,这个模式依据弗鲁姆的思路,指出决定人们付诸工作的努力的因素有两个:

①在个人满足了对安全、社会尊重、自治和自我实现后对他们的奖励的价值。

②个人所理解的奖励由所付出的努力来决定的可能性——换句话说,就是个人对努力与奖励之间的关系的期望。

因此,奖励越大,得到基于努力的奖励的可能性就越大,在某一情况下所需付出的努力也就越多。

但是,如波特和劳勒所强调的,只有努力是不够的。要实现预期的业绩,所付出的努力必须是有效的。除了努力之外,另外两个影响工作业绩的因素是:

①能力——个体的特征,如智力、手工技能、实践知识。

②角色认知——个人想做什么或认为他(她)应该做什么。如果这些与企业期望个人所做的一致的话,从企业的角度来看它们是有效的。如果个人和企业的观点不一致的话,他们就没什么用。

运用期望理论实现激励员工要着眼于解决3种关系,如图7.4所示。

个人努力 $\xrightarrow{a}$ 个人绩效 $\xrightarrow{b}$ 组织奖励 $\xrightarrow{c}$ 个人目标

a.表示努力—绩效关系

b.表示绩效—奖励关系

c.表示奖励—个人目标关系

图 7.4　期望理论

a. 努力—绩效关系:个人认为通过一定努力会带来一定绩效的可能性。

b. 绩效—奖励关系:个人相信一定水平的绩效会带来所希望的奖励结果的程度。

c. 奖励—个人目标关系:组织奖励满足个人目标或需要的程度以及这些潜在的奖励对个人的吸引力。

那么使员工的激励水平达到最大化就必须解决 3 个问题:

第一,在绩效评估中要体现出员工付出的努力。大多数组织忽略这一点,因为组织的绩效评估体系的设计可能是为了评估一些非绩效因素,如忠诚感、创造性或勇气,更多的努力并不一定带来更高的绩效评估结果。所以旅游企业在设计评估体系时要与绩效结合。此外,员工的感觉也影响努力—绩效的关系。员工可能认为自己的上司不喜欢自己(这种知觉有可能是对的,也有可能是错的),不管自己如何努力,也会预期得到一个不好的评估结果,这也会影响有效激励,解决办法之一是进行有效沟通。

第二,对于好的绩效要奖励。如果员工认为绩效—奖励的关系不明确,就难以达到激励的目的。有的旅游企业的员工薪金是基于资历、合作性制订的,这样做某种程度上会弱化员工的努力,而绩效评估结果若是基于上司个人好恶制订,则更会降低激励水平。

第三,奖励对员工具有吸引力。员工努力工作以期获得晋升,但得到的却是加薪;员工希望得到一个比较有趣和具有挑战性的工作,但得到的仅仅是几句表扬的话,这些都不能很好地激励员工。根据每个员工的个人需要设置奖励十分必要,认为所有员工都想得到"同样的东西"而忽视差别化奖励的激励效果是错误的。

2. 目标理论

目标理论由拉萨姆和洛克(1979)发展而来。该理论认为,当个人被给予了一个特定的目标,目标难度较大但可以接受,并且有业绩有反馈的情况下,动机和业绩都较佳。在就设立更高的目标达成一致时,参与是一种重要的手段。难度大的目标必须经过大家同意,实施时必须有指导和建议。最后,为了保持动机,特别是在实现较高目标时,反馈是必不可少的。

艾乃兹和兹顿(1984)强调必须接受目标和对目标执着。他们发现,只要这些需要被认可,要求高的目标能比要求低的目标带来的业绩更大。艾乃兹(1977)也强调了反馈的重要性。罗伯特森(1992)等指出:

目标使个人明白要实现的是哪一层次的业绩,使他们的行为有方向并对他们的行为进行评价;业绩反馈使个人能够回顾在实现目标的过程中他(她)做得有多好,这样,如果需要,就可以对工作策略方面进行调整。

目标理论与 20 世纪 60 年代的管理概念在目标方面是一致的。然而,后者的研究方法官僚化而没有取得那些相关的人的真正的支持,因此经常失败。还有一点很重要的是,它没有确保经理意识到取得一致意见的过程、巩固和反馈的意义并具备实施这些活动的技巧。然而,目标理论在从名声狼籍的目标管理演变而来的业绩管理中起着很关键的作用。

3. 公平理论

公平理论是关于人们对和其他人相比受到的待遇的看法。受到公平待遇就是与另一群体(一个参照群体)或相关的其他人相比受到了公正的待遇。公正涉及感觉和认识,它总是一个比较的过程。公正不是平等的代名词,平等指的是相同地对待每一个人,如果这些人应该区别对待,那么这就变得不公正了。

实际上,公正理论阐述了如果人们受到公平的对待,他们的积极性就会增强,而如果受到不公平的待遇,他们的积极性就会受到挫伤。这一理论尽管可能就士气方面来说很有意义,但它只解释了动机过程和工作满足感这一方面。

如亚当斯(1965)提出的,公平有两种形式:分配公平,指的是员工感觉到他们受到的奖励与他们作出的贡献以及和别人相比是一致的;程序公平或程序正义,涉及员工对公司在实际操作中,比如在业绩评估、提升和纪律方面实施公平的看法。

人际因素与关于工作程序的公平的感受有着紧密的联系。泰勒和比斯(1990)识别了 5 种影响实际操作的公平的看法的因素。这些因素是:

①充分考虑职员观点;
②压制对职员的个人歧视;
③对职员使用一视同仁的标准;
④就职员做出的决定带来的后果提供较早的反馈;
⑤向职员充分解释所做决定的原因。

主要的激励理论如表 7.1 所述。

表 7.1　激励理论概述

种　类	类　型	理论家	理论的总结	启　示
功利理论	泰罗主义	泰罗	如果我们做一件事,它就会导致另一件。如果奖励和惩罚直接与人们的业绩联系在一起的话,他们的工作动机就会被激发。	以积极性来激励员工的做法的基础。通常作为与业绩挂钩的薪水(体制)的理论基础,尽管这很少成为一种有效的激发手段。
内容(需求)理论	需求等级	马斯洛	存在着 5 种需求的等级:生理、安全、社交、尊重、自我实现。高一层次的需求只有在较低层次的需求得到满足后才出现。	集中关注激发员工的各种需求,还要注意一种观念。即已满足的需求就不再有激发作用了。等级的概念没有实际意义。

续表

种 类	类 型	理论家	理论的总结	启 示
双因素模式	通过统计数据表明的使人产生不满足感的事物	赫茨伯格	影响工作满足感的因素有两类：①内在因素（内在的激发因素或使人产生满足感的）、如成绩、认可、工作本身、责任感和发展；②外在因素（外在的激发因素或卫生因素），如薪水和工作条件。	鉴别出一些基础需求。即成就、认可、发展、自治和工作本身。极大地影响了工作改进的方法。引发了大家对两个方面的事物的认识：对内在和外在激励因素的概念的支持，另一个方面是内在激励因素主要是来源于工作本身，这会产生一种更长期的效应。因此，这一理论为另一种设想提供了基础，即奖励制度应该给予经济奖励和非经济奖励两种。
过程/认知理论	期望理论	弗鲁姆、波特和劳勒	动机和业绩受到以下影响：①对努力与业绩之间的联系的认识；②对业绩和结果之间的联系的认识；③结果对于人的意义（价值）。所付出的努力取决于一种可能性，即奖励要依据努力，以及奖励是有价值的。	主要理论阐述了实施奖励的方法，即努力与奖励之间必须有一种联系，奖励应该是可以达到的，也应该是有价值的。
	目标理论	拉萨姆	如果员工有较困难但是共同的目标，并且得到反馈，他们的动机和业绩都会提高。	为业绩管理、目标设定和反馈提供了理论基础。
	公平理论	亚当斯	如果受到公平的待遇，人员的积极性将得到更好的激发。	需要发展公平的奖励和聘用制度。

管理实务

任务　激励理论在旅游企业管理中的运用

（一）激励的原则

激励时应采用以下原则：

（1）公平公正原则

公平公正一方面意味着所有员工在激励面前享有平等的权利和义务，另一方面也意味着奖励的程度与价值贡献度对等。公平公正必然导致价值分配实际上的不平均，而这种不平均正好体现了制度和程序的公平公正。有些管理者愿做"老好人"，幻想皆大欢喜，追求成果分享的平均主义，这是一种实质上的不公平，得不到很好的激励效果，而且可能产生副作用，打击优秀员工的积极性。

（2）及时性原则

激励的成效在很大程度上取决于激励的及时性，当员工出现值得鼓励的行为时，企业应即时采取激励措施，使员工的行为得到肯定和强化。集中式的激励，使当事人的行为示范作用大大削弱，激励效果大打折扣。

（3）适度性原则

激励要适度，过强和过弱的激励不但起不到激励的真正作用，有时甚至还会起反作用。例如：过分优厚的奖赏会使人感到得来轻而易举，或为了得到奖励而采取欺诈行为；过分严厉的惩罚，可能会导致人的恐惧和不服心理，使他们失去上进的勇气和信心；过于吝啬的奖赏，会使人感到这么辛苦不值得，造成对工作热情的严重挫伤；过于轻微的惩罚，可能导致人的无所谓心理，认为小事一桩、无足轻重，不但不思悔改，反而变本加厉。所以，从量上把握激励，一定要做到恰如其分，激励程度不能过高也不能过低。

（4）整体需求原则

对企业内不同工种、不同层次、不同职位、不同年龄结构的员工的各种需求是否给予激励，选择何种激励方式，需根据企业的具体情况，从经营管理的整体出发，尽可能满足员工的需求，使他们发挥应有的潜力，提高工作效率。

（5）自我激励原则

激励的目的是为了激发员工的内在因素，使其内在因素对外界的刺激作出相应的反应。

蕴藏在员工身心之中的内因,只有当员工充分地认识其存在时,才能真正体现出来。因此,激励必须首先帮助员工认识自我,使员工能充分地认识到自己的潜力。其次,各部门、各级主管都应该教育员工,使他们认识到个人需求要得到满足,必须通过自己的不懈努力才能变成现实。

(6)可变性原则

如果同一激励手段不断重复使用,激励效力就会降低,就难以使人保持持续的积极状态,因而不能将激励限于特定的类型。激励方案的设计要有柔性,能够根据激励对象不同的需求期望、不同的情境而灵活地运用不同的激励因素,使员工的积极性不因激励措施的不当而有所减弱。员工的需求是随着年龄、知识和个人事业的发展不断变化的,管理者要能够及时察觉员工需求的变化,及时地改变激励方案,方能实现激励的意义。

(7)物质激励与精神激励相结合原则

物质激励是基础,精神激励是根本。好的激励应该是物质激励与精神激励的有机结合。物质激励是激励的一般模式,也是目前使用最为普遍的一种激励模式。加薪、年终分红、各种奖金、福利奖励、股权等都是物质激励的常用方式。与物质激励相比,精神激励主要是满足员工的精神需求。精神激励相对而言不仅成本较低,而且常常能取得物质激励难以达到的效果。将精神激励和物质激励组合使用,可以大大激发员工的成就感、自豪感,使激励效果倍增。

(8)正强化与负强化相结合原则

强化就是激励,以正强化为主,负强化作为威慑。正强化就是对员工的符合组织目标的期望行为进行奖励,负强化就是对员工的违背组织目标的非期望行为进行惩罚。俗话说"小功不奖则大功不立,小过不戒则大过必生",讲的就是这个道理。

(9)内激励与外激励相结合原则

内激励是指由内酬引发的、源自于工作人员内心的激励,外激励是指由外酬引发的、与工作任务本身无直接关系的激励。内酬是指工作任务本身的刺激,即在工作进行过程中所获得的满足感,它与工作任务是同步的。内酬所引发的内激励,会产生一种持久性的作用。外酬是指工作任务完成之后或在工作场所以外所获得的满足感,它与工作任务不是同步的。由外酬引发的外激励是难以持久的。

(二)激励策略

阿姆斯特朗(2001)认为,影响动机策略的因素以及人力资源使动机达到更高层次的作用如表7.2所示。

表7.2 激励策略

影响激励策略的因素	人力资源(管理)的作用
• 动机过程的复杂性说明以功利理论为基础的方法不可能成功。	• 避免发展或支持那些基于对过程的简单的看法或不能识别个体的为动机提供的策略。
• 如果员工因为他们的地位和他们所做的而受到重视,他们就更可能受到激励。这意味着要关注(员工)得到(别人)认可的基本需求。	• 鼓励发展业绩管理方法,为实现期望和对成绩提出肯定的反馈提供机会。 • 发展奖励体制,为对认可成绩的经济的和非经济的奖励提供机会。但是要记住,经济奖励不一定合适,在设计工作和实施工作时必须考虑期望理论、目标理论及公平理论的方方面面。
• 工作的需求为员工提供了实现目标及得到合理程度的自治的途径,运用技能和发挥能力的范围也应该得到认可。 • 对通过发展能力和职业来成长的机会的需求。	• 对把影响工作动机的因素考虑在内的工作设计方法提出建议,从变化、决策责任和在工作中给予尽可能多的调控方面来充实工作。 • 提供设备和机会,通过自身发展计划的方法以及更多的正式的培训进行学习。 • 发展职业计划方法。
• 企业的价值观和规范形成的企业文化会影响通过直接或间接手段激发人员的任何尝试造成的效应。 • 假如领导层指定方向,鼓励和刺激业绩的产生,并支持职员实现他们的目标和提高他们的业绩,企业的动机就会改进。	• 对支持重视和奖励职员的方法的文化的发展提出建议。 • 设计资历框架,重点放在经理和团队领导应该具备的素质和行为。 • 确保领导的能力在业绩管理和评估得到识别。 • 为发展领导层的素质提供指导和培训。

1. 激励与业绩的关系

对工作满足感的基本要求可能包括相对高的薪水、公平的工资制度、真正的晋升机会、考虑周全的参与性强的管理、工作中的合理的社会交际程度、有趣而富有变化的任务和高度的自主权,对工作速度和工作方法的控制。然而,个人获得的满足感的程度很大程度上取决于他们自身的需求、期望以及工作环境。

但是,目前的研究还没有发现在满足感与业绩之间存在着非常肯定的关系。一个满足的工人不一定是一个高产出者,而一个高产出者也不一定是一个有满足感的工人。关于好的业绩带来满足感而不是相反这一说法还没有得到证实。

2. 激励与货币

货币以薪水和其他报酬的形式出现是最明显的外在奖励,货币满足了大多数人想要的东西。赫茨伯格等(1957)对货币的有效性提出了质疑。他们声称,货币在缺乏时会带来不满足感,而有钱不会带来持久的满足感。这里面就有一些问题,特别是对那些领取固定工资按薪水领薪并不直接从积极性体制中受益的人来说,他们在获得加薪时可能会感觉良好;除了额外收入,货币是高度有形的认可形式,也是帮助人员感到他们被重视的有效手段。但这种喜气洋洋的感觉会很快消失。其他列举的致使产生不满足感的因素,如工作条件或管理的质量等,会在人员没能从工作中获得他们需要的满足感的情况下威慑人心。然而,必须要再次强调的是,不同的人有不同的需求和欲望,赫茨伯格的双因素理论还没有被证实。一些人比其他人更容易被钱激励。不能假设的是,钱以同样的方式以及同样的程度激励每一个人的动机。因此,如果认为引入相关业绩薪水体系(PRP)将会奇迹般地使人员的动机一夜之间转好并使其成为业绩很好的员工,这样的想法是很幼稚的。

钱本身可能没有内在的含义,但是因为它代表着很多无形的目标,它因此获得了意义重大的激励作用。它对于不同的人起着不同的标志作用,对于同样的人在不同的时候也如此。如戈尔德桑普等(1968)从他们所做的关于"富足的工人"的研究中指出的,薪水在选择工作中起支配作用。

经济因素有激励人的作用吗?对于那些被钱强烈激励并有着很高的期望得到经济奖励的人来说,答案是肯定的。但是如果人员不是很自信的话,他们可能对于他们不想得到的奖励不产生积极性。还有的观点认为,外在的奖励可能会侵蚀内在的兴趣——只为钱工作的人会较少从工作中获得愉快,因此可能做不好工作。我们现在确切知道的是,业绩的提高涉及很多因素,而很多这些因素是相互作用的。

因此,钱在恰当的情况下能成为积极的激励因素,这不只是因为人们需要、想要钱,而且因为钱是作为得到认可的一种高度有形的手段。然而,设计不好和管理不好的薪水体制会使人员丧失工作动机。另一位这一领域的研究者是雅克(1961),他强调对于那样的体制的需求是公平的。换句话说,奖励应该清楚地与所做出的努力或所承担的责任的大小相联系。人员不应该得到和他的同事相比少于他应得的钱。雅克把这叫作"公平感受"原则。

3. 需要层次理论运用

旅游企业是劳动密集型的企业,而且从业人员大多数是中青年员工,企业的很多产品的销售需要员工与客人面对面完成。客人的满意是企业的生命线,它依赖于员工的勤奋与热情。旅游企业运用激励时要充分了解和针对员工的需要,如表7.3所示。

表7.3 旅游企业需要层次的应用举例

需　要	表现形式	应　用
生理需要	衣、食、住、行、用	工资、福利、工作环境
安全需要	免受伤害	用工合同、职业保障、意外事故的防止
社会需要	友谊、团体的接纳、组织认同	竞赛评比、良好的企业文化
尊重需要	地位、名誉、权利、责任	相对工资
自我实现需要	有挑战性的工作、能表现和开发自身个性的环境	人与工作的匹配

（1）生理需要

满足员工生理需要即关注员工衣、食、住、行等基本需要。工资和福利是满足这些需要的基本形式，它可以使员工能购买到他们需要的物品。大多数饭店针对行业工作具有连续性、高强度的特点，从员工的生理需要出发，一般都设有清洁卫生的员工餐厅供员工免费用餐，设有倒班宿舍供员工休息。满足员工基本生理需要可以保证员工有充足的精力完成工作。

（2）安全需要

旅游企业中以饭店为例，涉及的安全因素主要有防火、防盗和劳动保护。防火防盗是饭店企业对客服务工作的重要部分，饭店投入了先进的监控系统及训练有素的保安队伍，起到了很好的作用。此外，饭店还可以通过培训员工学会自防自救，并配备相应的劳动保护设施来实现员工的安全需要。

在激励员工方面，旅游企业可以从员工更深一层的人身安全和职业安全角度考虑。为员工提供医疗保险是满足员工人身安全的一个方面。现在很少有企业为员工支付大部分医疗费用，看病、吃药成了普通员工担心的问题，如果企业为员工办理医疗保险，如在饭店内设有医务所，做到小病不出门，同时享受价廉药品的优惠，员工生理需要得到保障，比起不能提供这项保险的企业来讲，旅游企业的这项措施就是激励。类似的还有意外伤害保险等。由于员工的年龄、家庭、负担不同，企业可以建立灵活的福利制度供员工选择或以保险作为奖励激励员工都是很好的办法。

用工保障制度可满足员工职业安全的需要。旅游企业员工流动率很大，饭店如此，旅行社也如此。流动率大，一方面是旅游企业众多，为人才流动提供了空间；另一方面，也有员工自身素质和企业管理不善的原因。在这种情况下，如果哪个企业能注重发展员工的才能，同时提供完善的保障，那它就具有吸引力。

（3）社会需要

社会需要属于个人对情感和归属的需要。爱、交往、情意对于个人来说有两个方面：付出自己的，接受别人的。绝大多数人都希望伙伴之间、同事之间的关系融洽，保持友谊。如果一个人长期处于团体之外，便会产生一种孤独感，精神上不免受到压抑。

社会需要对于一个满足了基本需要的人来说最为强烈，得不到满足可能影响人的心理健康。因此，保持企业很好的人际关系不能简单地就事论事，尤其是旅游企业，员工的热情和勤奋都是企业产品的重要组成部分，更应重视情感和爱的因素。企业应以创造和谐的工作氛围为重要内容，可以通过采用团体活动满足员工的社会需要。

旅游企业组织各种各样的团体活动，如篮球赛、歌咏比赛、郊游等，这些活动发展了员工的个人兴趣，在增加员工结识朋友的机会的同时为员工创造了良好的企业氛围，利于部门间工作的合作，是一条很好的激励途径。

此外,企业的互助金制度、教育培训制度、协商制度,都是从员工需要出发的非常有效的激励办法。

(4)尊重的需要

对于相对成熟的员工,采用协商方式,减少管理者的干预,充分理解员工的自尊,发挥员工自主性,让员工通过主动参与完成工作,能够满足员工的成就感。过多的干涉有时反而会适得其反。企业可以通过人事考核、晋升、表彰、选拔进修等方式使员工得到关注和认可。

(5)自我实现的需要

在旅游企业中有自我实现需要的员工多是一些在工作中具备相关的知识、有一定经验的员工,这些员工有着强烈的发挥自身潜能、实现理想、获得有挑战性工作的愿望。企业通过让其负责一个独立部门的工作或承担一项能发展其能力的重任,可以满足其自我实现的需要。

4. 竞争压力激励

所谓压力(Stress),是指一种动态的条件,在该条件下,个人面临着与其愿望的实现密切相关的机会、限制或要求。人们通常从反面意义上探讨压力,但没有压力感的生活就没有挑战性,没有刺激或变化,压力也有其正面的价值。有调查显示,人们在没有压力的情况下,发挥能力不足自身能力的50%,而在适度的压力下,又常能发挥出自身能力的100%以上,即人们所说的超常发挥。压力能给人们带来一种潜在的得益,运动员或舞台表演者常在关键的场合表现出最好的水平都说明了这一点。由于压力有激发人们潜能的作用,一些企业考虑如何创造压力来激励员工。

竞争伴随着机会、限制或要求,又常在不确定的氛围下进行,所以竞争造成压力。竞争压力至少来源于以下3个方面:

(1)行业竞争

行业竞争有市场份额竞争、销售利润竞争等,这些竞争给企业重要管理者的压力尤为大,会激励企业管理者不断进取。有时管理者通过把竞争带来的危机传达给员工来激励员工与企业共同发展。

(2)有限的机会

成功表明一个人的社会存在价值,是自我实现的体现。员工都有获得成功、求得荣誉的愿望,而愿望的实现伴随着种种要求和限制,升迁、加薪、奖励等的机会总是有限的,竞争不可避免,有的旅游企业设立各种荣誉奖励激励员工,就是希望员工在争取荣誉的竞争中提高绩效。

(3)组织文化

在一个人人不甘示弱、个个争强好胜的组织里,竞争压力很大。现在有的旅游企业还利用"末位淘汰制"制造一种竞争的文化气氛来鞭策后进者。

一定的压力感的确有助于提高员工绩效,由于竞争压力的存在,员工通过较量,优胜者获得成就感和工作的认可而受到激励,组织也通过竞争产生的压力鞭策后进。有关压力与工作绩效二者关系方面的研究很多。人们研究最广泛的是二者的倒 U 形关系模型,如图 7.5 所示。

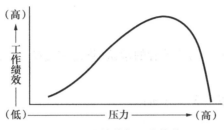

图 7.5　工作绩效与压力的关系

倒 U 形模型的理论基础是,压力感低于中等水平时,它有助于刺激机体,增强机体的反应能力,这时个体的工作会做得更好、更快,并且个体也具有工作热情。对个体施加过大压力,对员工提出过多要求和限制时,会使员工绩效降低。例如,一个饭店餐饮部员工可以利用竞争压力的积极影响在每年秋季技能大赛中发挥出更高的水平,一个厨师会因其代表饭店参加全国性的比赛而精神振奋;但如果长时间地经受压力,哪怕较低水平的压力也会使员工产生低绩效。

由于人们对压力的不欢迎态度,组织在运用竞争压力激励员工时要注意以下 7 个方面:

①竞争的公平性;

②竞争压力与工作相关;

③把握好压力强度;

④协助员工减少影响工作绩效的压力;

⑤压力的结果要满足员工的需要;

⑥重视人与工作的匹配;

⑦重视制度的作用。

5.领导行为

企业的领导者是企业生产经营活动的决策者、组织者和指挥者,也是企业员工的教育者。因此,企业的领导者除去通过各种工作激励人的积极性外,还要通过自己的言行、思想情感影响、激励员工的积极性。

1)行为激励

所谓行为激励是指领导者通过自己高尚的思想品德,以身作则的模范行为影响、激励员工。领导者的思想品德和行为如何,是能否激励员工、带好队伍的关键。古人云:“其身不正,虽令不从;其身正,不令而行。”领导者身不正,说话办事就无力量,以其昏昏,使人昭昭。领导者一要提高自身的素质,包括思想品德素质、知识素质、业务能力素质和作风素质;二要以身作则,遵纪守法、廉洁奉公、身先士卒。要求群众做的,领导要首先做好;要求群众不做的,领导要首先不做。领导者的高尚品质、出众的能力和模范行动,本身就是一种巨大的号召力、影响力和对员工的吸引力,也是对不良风气的约束力。反之,必然是"上梁不正下梁歪"。

2)支持激励

员工的良好行为都希望得到领导者的承认、肯定和支持,这是人们的一种心理需求,也是一种激励因素。

领导支持的含义包括以下 3 个方面:

(1)尊重下级

尊重下级是指尊重下级的人格、尊严,尊重下级的意见,尊重下级的劳动,而不能唯己是才、唯我独尊。

(2)信任下级

信任下级是指用人不疑,疑人不用。领导者要放手让下级人员在其授权范围内大胆工作,充分发挥他们的作用。不要用人而疑,用而不信,大事小事都进言插手,甚至包办代替,更不能安插亲信秘密监视,否则,就不是简单的方法问题,而是品质问题了。

(3)支持、爱护下级

支持、爱护下级是指下级做得对、做得好的时候,要予以承认、肯定,需要表扬和奖励的要予以表扬奖励;对下级的难处要予以理解,对下级的困难要在物质上或精神上帮助解决;对下级工作中的失误,要勇于承担责任,帮助下级总结教训。

3)关怀激励

所谓关怀激励是指领导者对下属在政治上、工作上、生活上给以关怀,激励人的积极性。关怀激励,实际上是一种情感激励。虽然它也要解决一些实际问题,但更重要的是感情的投入。

关怀激励,一是政治思想上关怀,即关心下属思想的进步,政治的发展;二是工作上关怀,即关心下属是否学非所用、对工作是否满意、工作有何困难,帮助其解决,并关心他们的业务水平提高;三是生活上关怀,即关心下级的疾苦,关心他们的衣、食、住、行,在条件允许的前提下,设法满足下属的合理需要。

6.综合激励

在企业实际运作过程中,各个激励理论是相互补充的。如图 7.6 所示是当代激励理论的整合。

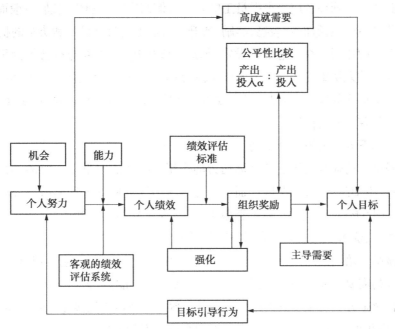

图7.6 当代激励理论的整合

为了实现努力与绩效间的必然联系,组织激励必须满足一些条件。首先员工须具备工作所需要的能力,否则无论他如何努力都不能取得预期的效果。其次,衡量个人绩效的系统须是公平和客观的,不公正的评估系统是不可能正确衡量个人绩效的。评估系统的公平性与员工的个人感受有关,所以运用期望理论又要了解需求理论。第三,奖励源于绩效,而不是资历、个人爱好或其他标准,这样,绩效—奖励的关系才会更加密切,才有利于达到目标。

组织综合激励要注意以下5点:

①关注员工的需求。几乎所有的当代激励理论都认为每个员工都是一个独特的不同于他人的个体,他们的需要、态度、个性各不相同,并且有很多理论在运用过程中都要考虑员工的不同需求,所以需求是组织运用各个理论的基础。如按照公平理论,员工应当感到自己的付出与所得是对应的。如果员工的经验、能力、努力等有明显的付出,则应当在员工的收入、职责和其他所得方面体现出回报。但是,正是因为员工个体需求的差异,导致员工对付出与所得的期望不同,使得员工的公平感不同。

②使人与工作相匹配。大量研究证据表明,将个体与工作进行合理匹配能够起到激励员工的作用。比如,一个人喜欢有挑战、有成就感的工作,那么饭店的房务清洁员就不是合适的选择,但是如果他具备一定的客房服务经验和管理经验,人力部门就可以把他作为房务经理的备选人之一。

③目标对员工是可行的。目标要根据员工的能力和需要设定,如果员工认为目标无法达到,或根本不值得努力,则他们的努力程度就会降低。因而管理者必须保证员工充满自信心,努力达到目标,实现绩效,同时还要让员工感到绩效评估系统是可靠而有效的。

④有针对性的强化奖励。由于每位员工的需要不同,因此对某人有效的强化措施,可能

并不适合于其他人。管理者应当根据员工的差异对他们进行个别化奖励,一般而言,管理者能够支配的奖励措施包括加薪、表扬、奖励、晋升、授权、参与目标设定和决策的机会等。

⑤重视金钱的作用。在考虑目标设定、创造工作乐趣、提供参与机会等因素时,很容易忘记金钱是大多数人从事工作的主要原因,尤其在中国这样一个经济尚不发达的国家,金钱的激励作用占了重要的地位。因此,以绩效为基础的加薪、奖励及其他物质刺激在决定员工工作积极性上起着重要的作用。

可以通过如下方法组织综合激励:

①榜样激励。榜样激励体现了目标动力的作用。榜样的力量是无穷的,大多数人都不甘落后,但往往不知怎么干,或在困难面前缺乏勇气。通过树立先进典型,可以使员工找到一面镜子、一把尺子和一根鞭子,增添克服困难、实现目标的决心和信心。旅游企业可以利用评选优秀员工、优秀班组的办法来激励其他员工。

②培训激励。培训满足人们的成就感,其激励作用是多方面的,它可以满足员工特别是青年员工求知的需要。通过培训,可提高员工达成目标的能力,为承担更大的责任、更富有挑战性的工作及提升到更重要的岗位创造条件。旅游企业员工通过培训可以得到更多的承认、更高的级别和更高的工资,通过培训可以激励员工不断进步。

③任务激励。指利用工作任务本身激励员工。对员工起激励作用的因素分为两类,一类是与员工工作直接相联系的,即从工作本身产生的激励因素,被称作“内在激励”,如一项符合自己专长或兴趣的工作,一个富有挑战性的任务,在工作中取得了成就,帮助了别人,学到了新知识等。另一类是与员工工作间接有关,但不是工作本身产生的激励因素,如工资、奖励、地位、表扬、批评、提升等,被称为“外在激励”。这两种激励都是必不可少的,但“内在激励”付出的代价小,作用持久,因此国外对此特别重视。

④制度激励。企业的各项规章制度一般都与一定的物质利益相联系,对员工的消极行为有一定约束,但规章制度又为员工提供了社会评价标准,提供了行为规范,激励员工向企业需要的方向努力;员工遵守规章制度的情况还与自我肯定、社会舆论等精神需要相联系,因此其激励作用是综合的。例如,企业明文规定企业可以辞退表现不好或技能过低的员工,会对员工造成一定的强制性压力。旅游企业起激励作用的规章制度包括员工守则——员工行为的基本规范;用人制度——涉及个人前途、地位的制度;责任制度——与员工的工作评价有关的制度、考勤考绩制度等。

⑤环境激励。创造良好的工作环境和生活环境,如经理对员工表现出尊重、关心和信任,保持工作群体内人际关系的融洽,及时调解矛盾等,一方面可直接满足员工的某些需要,另一方面,还可以形成一定的压力和规范,推动员工努力工作,形成优秀团队、先进班组等。因此,环境激励也是一个非常重要的激励手段。

⑥荣誉激励。荣誉满足员工“自我实现的需要”,荣誉激励是一种低成本、高效果的激励办法。给员工一定的表扬、称号、象征荣誉的奖品是对员工贡献的公开承认,可满足员工自尊的需要,达到激励的目的。

（三）激励的成果：工作满意度

1.工作满意度

工作满意度是指个人对他所从事的工作的一般态度，它反映了员工对工作的期望与他们实际工作状况之间的差距。一个员工的工作不仅仅是处理文件、驾驶车辆、说服客户等显而易见的活动，任何工作都要求与同事和上司相互交往，遵守组织的规章制度，达到期望的绩效标准，在与理想相距甚远的工作环境中工作等。这意味着员工对他的工作满意或不满意的评价是大量独立的工作因素的复杂组合。这为测量员工的满意度造成了很大的困难。

工作满意度作为激励的成果，代表的是员工的态度，而不是行为及其结果。工作满意度之所以成为管理者所重视的指标，原因有两点：其一，它是与绩效有关的重要因素；其二，因为管理者的价值偏爱。

许多年来，管理者有一种信念：满意的员工比不满意的员工生产率高。工作满意度的重要性不仅体现在它可能对劳动者的生产效率及企业的管理成本产生影响，还体现在它对员工的工作体验、总报酬水平的高低和员工作为组织人的福利水平所产生的重大影响。持强烈人本主义价值观的研究者和管理者都坚持，满意度可以直接作为劳动者福利水平的一个重要指标，满意与否也应成为一个组织合法的目标。

2.影响工作满意度评价的因素

决定工作满意度的重要因素包括富有挑战性的工作、公平的报酬、支持性的工作环境、融洽的同事关系以及员工人格与工作的匹配水平等。

①富有挑战性的工作。员工更喜欢选择这样的工作，因为这些工作能为他们提供使用自己的技术和能力的机会，能够为他们提供各种不同的任务，有一定的自由度，并能得到关于他们工作好坏的及时反馈。这些特性使得工作更富有挑战性。挑战性低的工作使人感到厌烦，但是挑战性太强、难以完成的工作也会使人产生挫折感和失败感，严重的还会产生恐惧感。在中度挑战性的条件下，大多数的员工会感到愉快和满足。

②公平的报酬。员工希望分配制度和晋升政策能让他们感到公正、明确，并与他们的期望一致。当报酬分配建立在工作要求、个人技能水平、工作绩效和市场平均工资水平的基础之上时，就会导致员工对工作较为满意的评价。需要注意的是，报酬与满意度之间的联系，关键不是一个人的绝对所得，而是对公平的感觉。同样，员工也追求公平的晋升政策与实践。晋升为员工提供的是个人的成长机会、更多的责任和社会地位的提高。因此，如果员工觉得晋升决策是以公平和公正为基础作出的，他们则更容易从工作中体验到满意感。

③良好的工作环境。员工对工作环境的关心既是为了个人的舒适，也是为了更好地完成工作。研究表明，员工希望工作的环境是安全、舒适的，温度、灯光、噪声和其他环境因素不要过强或过弱。除此之外，大多数员工希望工作场所离家比较近、干净，设备比较现代化，

有充足的工具和机械装备。

④融洽的同事关系。人们从事工作不仅是为了获得劳动报酬和职业目的,对于大多数员工来说,工作还满足了他们社会交往的需要。所以,友好的和支持性的同事关系会提高员工对工作的满意度。上司的行为也是一个决定满意度的主要因素。研究发现,当员工的直接主管是善解人意而友好的,能及时表扬员工所取得的成绩、倾听员工意见并对员工表现出个人兴趣时,员工的满意度会提高。

⑤员工个性与工作相匹配。每个人都具有不同的职业兴趣、个性和能力,而相应的职业也会存在不同的特性。霍兰德的职业性向选择理论认为,员工的人格与职业的高度匹配将给员工带来更大的满意感。他的逻辑基本上是这样的:当个人的人格特征与所选择的职业的特性相一致时,他们会发现自己有合适的才能和能力来适应工作的要求,并且在这些工作中更有可能获得成功;同时,由于这些成功,他们更有可能从工作中获得较高的满意度。对霍兰德的理论的实证研究几乎都支持了这一观点。

3. 提高工作满意度

①检查一下工作环境是否合适。工作环境不合适,可能是由于企业性质或先天不足造成的,并非一个经营者能控制和改善的。然而,对某些不适当的事情,能够改善的则应当尽量改善。

②人都会认真地考虑自己工作上的每一个机会,这是十分自然的。经营者应考虑一下是否每个人都知道他现在的工作将来会有很好的发展,他所从事的工作是否有不断提高技能的机会,将来的工作是否有合理的保障,若工作表现好,是否能增加工资,是否同工同酬等因素。

③要注意使每一个员工都在合适的位置上。通常,很多人对工作不满足是由于他不适合那个工作位置。一个人的工作若不能适合他的性格、知识、喜好和才能,最容易对工作产生不满。但是"不适合"和"不胜任"的含义不同,经营者在考虑每一项工作和寻找适合这类工作的人时,要注意这两个词的实际含义,应该指定员工去做他喜爱而且能够胜任的工作。

④要使工作安全。如果一个企业出现了严重的意外事故,那么工作的效率就会逐渐下降,如果一连串地发生事故,许多人就会要求调离或干脆辞职去寻求其他较为安全的工作。

⑤要使员工的不满情绪降到最低程度,经营者最好与企业员工建立和善的友谊关系。友谊的建立有许多方法,而建立企业内部的友谊关系将有助于生产和工作质量的改善和效率的提高,使经营者和员工都工作在一个愉快的环境中。

（四）罗克式 15 种激励的规则

积极向上的工作环境,需要自强自信的员工。行为科学认为,激励可以激发人的动机,使其内心渴求成功,使其产生朝着期望目标不断努力的内在动机。在实施激励以前,经理应该清楚,他想激励员工达到什么目标。

罗克是哈佛经营谋略的著名专家,他在2000年8月出版的《激励效率》一书中提出了15种激励方法,被称为"罗克式15种激励规则"。高级管理者非常认同罗克式15种激励规则的可行性,因为它是有超强实战性的。

①目标明确以后,经理就可以为员工提供一份具有挑战性的工作。按部就班的工作最能消磨斗志,公司想要员工有振奋表现,必须使工作富于挑战。

②确保员工得到相应的设备,以便把工作做到最好。拥有本行业最先进的设备,员工便会自豪地夸耀自己的工作,这夸耀中就蕴藏着巨大的激励作用。

③在项目、任务实施的整个过程中,经理应当为员工出色完成工作提供信息。这些信息包括公司的整体目标及任务,需要专门部门完成的工作及员工个人必须着重解决的具体问题。

④做实际工作的员工是这项工作的专家,所以经理必须听取员工的意见,邀请他们参与制订与其工作相关的决策,并坦诚交流。

⑤如果把这种坦诚交流和双方信息共享变成经营过程中不可缺少的一部分,激励作用就更明显了。公司应当建立便于各方面交流的问题,诉说关心的事,或者获得问题答复。

⑥研究表明,最有效的因素之一就是:当员工完成工作时,经理当面表示祝贺。这种祝贺要来得及时,也要说得具体。

⑦如果不能亲自表示祝贺,经理应该写张便条,赞扬员工的良好表现。书面形式的祝贺能使员工看得见经理的赏识,那份"美滋滋的感受"会更持久一些。

⑧公开的表彰能加速激发员工渴求成功的欲望,经理应当众表扬员工。这就等于告诉他,他的业绩值得所有人关注和赞许。

⑨如今,许多公司视团队协作为生命,因此,表彰时可别忘了团队成员,应当开会庆祝,鼓舞士气。庆祝会不必太隆重,只要及时让团队知道他们的工作相当出色就行了。

⑩经理要经常与手下员工保持联系。爱者格拉曼认为:跟你闲聊,我投入的是最宝贵的资产——时间。这表明我很关心你的工作。此外,公司文化的影响也不容忽视。公司要是缺少积极向上的工作环境,不妨把几项措施融合起来,善加利用。

⑪首先要了解员工的实际困难与个人需求,并设法满足,这会大大调动员工的积极性。

⑫如今,人们越来越多地谈到按工作表现管理员工,真正做到以业绩标准提拔员工仍然可称得上一项变革。凭资历提拔的公司太多了,这种方法不但不能鼓励员工争创佳绩,反而会养成他们坐等观望的态度。

⑬谈到工作业绩,公司应制订一整套内部提拔员工的标准。员工在事业上有很多想做并能够做到的事,公司到底给他们提供了多少机会实现这些目标?最终员工会根据公司提供的这些机会来衡量公司对他们的投入。

⑭洋溢着社区般的气氛,就说明公司已尽心竭力要建立一种人人欲为之效力的组织结构。背后捅刀子、窝里斗、士气低落会使最有功欲的人也变得死气沉沉。当今许多文学作品贬低金钱的意义,但金钱的激励作用还是不可忽视的。

⑮员工的薪水必须具有竞争性,即要依据员工的实际贡献来确定其报酬。

上面这些方法其实都是一些实战经验,所谓激励员工,其实就是尊重员工,这也正是当今的员工们最需要的。

要点思考

1.影响群体凝聚力的因素有哪些?讨论凝聚力与生产率的关系。

2.竞争压力激励的方法有哪些?如何合理利用竞争压力来激励员工?

3.讨论如何综合运用激励理论激励员工。

案例讨论

充分体现激励的结构薪酬

陕汽集团构建的可实现充分激励与有效管理的结构薪酬管理体系主要由结构薪酬管理制度、结构薪酬管理组织和结构薪酬信息交互平台3部分组成。结构薪酬构架由固定薪酬、变动薪酬和奖罚津贴3个相互关联、功能各异的模块构成,如图7.7所示。

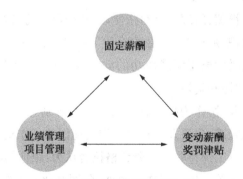

图7.7 结构薪酬构架体系

如图7.7所示,固定薪酬、变动薪酬与奖罚津贴、业绩管理与项目管理共同构成了一个架构稳定的运维三角,同时保证"结构薪酬"这种能实现充分激励和有效管控的薪酬架构的平稳运行。

一、制度建设,搭建结构薪酬架构体系

陕汽集团每年都会制订颁发新的年度工资方案,并根据上年工资方案实际运行情况和实际运行结果的数据分析资料,结合公司发展战略和年度工作方针,应用最新的薪酬分配理念对结构薪酬架构中的模块进行完善和调整。既让企业倡导的行为及时得到价值回报,应用积极强化促使员工自觉自愿采取行动,又利用《岗位工作标准》《作业指导书》规定工作标准和具体职责,通过消极强化,避免员工发生企业不希望出现的举动。通过创新应用的各种管理方法,在修订完善中不断提高企业薪酬制度的针对性、灵活性和前瞻性。

2010年,陕汽集团提出薪酬方案要"有利于激励单位、个人效率和效益的提高,鼓励创新及改善",印发执行了《员工职业生涯发展管理办法》,将岗位工资、技能工资两个模块有机关联,明确规定职位和技能工资依据业绩综合评估结果晋升,岗位工资根据职位级别晋升。将"绩效工资"中的计件工资、销量工资分别切块分割成质量工资、成本工资与利润工资,引导员工"由关注数量向关注效能转变,由发工资向挣工资转变"。

二、模块集成,聚合结构薪酬丰富内涵

设计结构薪酬激励模块之初,设定了全员执行相同计发标准的基本工资,根据实际执行效果,于2008年取消了基本工资,将其额度核入绩效工资,增加工资总额中变动工资部分,引导员工关注企业运营效益;最初设计技能工资拟引导、鼓励员工努力提高个人业务工作能力和专业技能,后来将技能工资扩展为宽带薪酬,取消原依据技术职称、技能等级、行政级别设定的技能工资晋升区间,变其晋升依据为业绩积分,通过业绩积分实现技能工资的不受限晋升,引导员工关注工作绩效和持续创新;岗位工资设定之初向脏、苦、累、险岗位倾斜,实行"一岗一薪",后来实行岗位工资可按技能工资标准对应的职级进行晋升,岗位工资晋升关联着工作业绩和所参与完成的成果数量及在公司项目中担任的角色,引导员工关注基于个人工作职责的月度目标的完成和基于公司年度运营目标层层的分解。陕汽集团在结构薪酬架构搭建、模块集成后,始终以保证企业运营目标实现为终极目的,以满足目标激励需要为制度修订原则,不断丰富各个激励模块的内涵,并通过丰富内涵、强化功能,提升结构薪酬激励制约效果。

三、功能强化,打造结构薪酬激励效果

每年修订支持结构薪酬构架体系运行的年度工资方案,将研究与创新的侧重点放在激励模块的激励制约功能强化上。由结构薪酬架构原仅设立关注产值、产量和销量的绩效工资、计件工资和销量工资到关注效能,并利用新增工资充实新设工资模块,强化其激励、制约功能。图7.8所示为激发员工潜能的效果图。

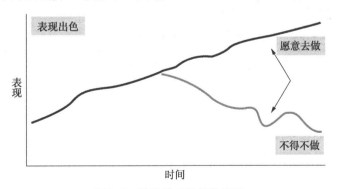

图7.8　激发员工潜能效果图

四、动态完善,实现结构薪酬优化配置

结构薪酬架构在实际运行中一直以动态管理为优化各个模块激励制约功能的重要手段和途径。结构薪酬运行以来,除薪酬管理科每年定期修订完善并印发新的年度工资方案外,人力资源部还会对其他与其密切相关的管理制度进行完善和修订。其中包括推行新的项目管理制度后制订印发的《项目经理年薪及绩效管理办法》,还有鼓励班组员工创新改善,明确规定了班组创新成果认定后奖励标准的《班组创新成果管理办法》。

实行动态管理的结构薪酬架构体系,持续进行的各激励模块功能强化和不断丰富的模块内涵共同构成了一个极具活力和生命力的结构薪酬架构运行体系,在打造企业人力资源优势,保证企业快速、稳定发展中发挥了极其重要的作用。图7.9所示为结构薪酬构架体系主要模块及运作操控图。

图7.9 结构薪酬构架体系主要模块及运作操控图

问题讨论

1. 陕汽集团在薪酬制度中的激励措施体现在哪些方面?

2. 以上薪酬体系激发了员工的哪些潜能?

奇思妙想

微励的威力

　　有时候,人只需要一点点激励,就能够取得巨大的进步。美国两位学者理查德·塞勒和卡斯·桑斯坦称,正确方向上的微小激励能够帮助人们克服与生俱来的惰性,并且带来重大的社会变化。他们把这种效应称为"微励理论(Nudge Theory)"。

　　这两位学者做了一个简单但具有开创性的实验:他们将美国加州圣马可斯地区的家庭分为两组,对其中一组家庭每月的电费账单不作任何改动,而对另一组家庭每月的电费账单作微小的调整,即后者如果本月耗电量低于平均水平,就会收到一张印有微笑表情的电费单,如果高于平均水平,就会收到一张印有皱眉表情的电费单。

　　实验结论非常具有说服力:账单略作调整的这组家庭用户中,耗电量高的开始节省用电,而耗电量低的则会再接再厉。

　　也许两组的区别仅仅是在一张纸上多印了一个黄色的圆圈,但这一微小差别产生的效果却是巨大的。两位学者用"微笑表情"这一实验来说明他们的理论:温和的鼓励便可让人们的行为更加符合社会要求。

微励为何有力?

　　为什么一点小小的激励就能促使人们作出行为改变? 这还要从人类的两个本性说起。

　　首先,人并非总是理性的。塞勒和桑斯坦对新古典经济学中的"理性人假设"提出了质疑。理性人假设认为,人们始终按照理性的方式行事,追求自身福利最大化,主观情绪对于人们的行为不造成任何影响。按照理性人假设,人们都像电影《星际迷航》中的史波克先生一样完全按照逻辑行事,同时具备爱因斯坦的大脑、超级计算机的数据处理能力,以及圣雄甘地的耐心——这些假设看似很完美,但是现实中的人并非如此。

　　实际生活中人们更像霍默·辛普森,明知吸烟有害还是照抽不误,明知吃垃圾食品会变胖却管不住嘴。再比如,人们会购买不合适的保险,却没能为晚年攒下足够的积蓄。总之,人类的行为多种多样,但没有一样是理性的。

　　与新古典经济学不同,行为经济学的核心观点认为情绪同样是决定市场行为的重要因素。人们作决定时,往往基于直觉,而不是对所有选择进行理性分析后再作决定。

　　其次,人是有惰性的。人们本可以换掉自己的电力供应商,节约开支,但通常懒得这么做;人们本可以让自己的手机更加个性化,却依然按照出厂设置使用很多年,只因为嫌阅读说明书太麻烦。桑斯坦坦言自己也不例外,数十年来,他依然收到许多他已经不再看的报纸,仅仅是因为自己一直没有抽时间去取消这些订阅。

　　除了惰性之外,人人都有忙碌的时候、分心的时候、不耐烦的时候、糊涂的时候,这些因素都可能导致人们更倾向于选择"常规模式"。要让人们作出你所期望的行为改变,你需要

"轻推"他们一把。比如,要想让员工缴纳养老金,只需要先为每个员工建立一个养老金账户;如果他们真不想要,他们必须自己去签字销户。

塞勒和桑斯坦认为,我们大多数人都与辛普森先生类似,并不太容易改变自己的本性,但是生活中别人对我们做的一些小事却能激励我们在正确的道路上前行。

简单一点!

微励的类型有很多种,但有一个共同特征:让大家觉得简单易行。如果你想让人们的饮食更健康,你只要让健康食品在餐馆中更突出、更受关注就行。如果你想让人们锻炼身体,只要将楼梯造得更有趣就行。在斯德哥尔摩,已经有许多很好的尝试。比如人们每上一级台阶,就会听到好听的声音。结果是人们开始改走楼梯,很少乘电梯了。

在工作场所中,一些简单的措施也能促使员工采取期望的行为。比如,员工在公司的办公区或者休息区闻到清洁剂的味道,就会自觉地保持桌面干净。再比如,只要宣称公司90%的员工已经及时缴纳了全部税款(正如美国国税局在明尼苏达州的做法),那么剩下10%的人也会很快自觉地全部付清。其实,他们之所以迟迟不交,是因为他们觉得其他员工也在拖延。

正所谓"小改变,大不同",微励理论的广泛应用,将给我们带来一个别样的世界。

微励适用于所有人吗?

虽然目前来看,微励能起到很好的效果,但是微励也是对人们私生活的一种侵犯。比如,在遗体捐献方面,大多数国家采取自愿捐献制度,而在奥地利,如果有人不愿去世后捐献器官,就必须特别申明请医院务必保证所有器官的完整。奥地利的"特别申明制"存在一些道德层面的争议,但是这种方法确实大幅度提高了器官捐献的数量。

微励理论遵循自由主义加家长作风的基本原则。人们可以自由作出各种决定,这属于自由主义;同时他们的行为也可受到家长的约束,这属于家长作风。自由主义和家长作风在这里并不截然对立。例如,餐馆将所有水果摆在外面,是提醒顾客食用更加健康的食物,这是一种微励;而将汉堡直接从菜单上删除,有学者认为则是一种不能让人接受的家长作风。正如胡萝卜加大棒,既有激励,又不断约束,听起来很简单,但实际生活果真这么黑白分明吗?

批评者认为,微励理论常常有人为操控的嫌疑,微励推动者称他们是在为公众谋福利,让世界变得更加美好,但是他们怎么知道人们内心的真实想法?开车上班虽不利于环保,却比挤夹杂着汗臭味的地铁要舒服。长期吸烟严重损害健康,但吸烟能给人带来五分钟的短暂惬意。难道人们不能自己来平衡长远的幸福与短暂的惬意吗?抱有良好意愿的微励是否会越界?是否有人会最终因此受到伤害?

虽然批评很多,但是自由主义家长作风仍然受到追捧。美国民主党如此追捧微励理论,是因为这能从理论上为政府干预找到合理的理由,就像电费账单上的微笑表情。

(摘自:《商业评论》,2012(11))

主动激励：让"会哭的孩子"释放

●李海燕

小孩子不会说话，饥饿时，往往使用哭的手段引起父母的注意。职场上，有些人懂得去诉苦，从而得到自己想要的东西。不少优秀的员工对组织非常信任，认为只要兢兢业业做了，就不会被亏待。但常常是上司根本不承认自己的价值，而那些更精明的员工因为擅长"哭诉"，得到更多支持、安抚以及回报。这真让人泄气和愤懑。

那么，管理者见到哭诉的员工究竟该不该满足其需求？人力资源部门又能做点儿什么？

付出并得到回报是最自然不过的。管理者首先要认清自己管人的职能，在工作中多与员工沟通，了解员工的状态，化被动为主动。既要拥有一双火眼金睛，又要拥有一颗公平公正的心，善解人意的思想。

管理者最需要主动关注员工，并让大家感受到公平的热点时期。如果你不行动，员工往往就要不得已来"哭"，与你沟通并提出自己的困难，以及从侧面透露有其他公司在向他伸出橄榄枝。而一旦出现这种状况，大多数管理者往往承诺给该员工涨工资甚至是多发年终奖金。但这时管理者已从主动转成被动，某些员工会如法炮制，让你陷入更大的两难中。而部分自尊心超强的员工则会选择黯然离开。所以，千万别等，也千万不要让"会哭的孩子有奶吃"成为挽留员工的"锦囊妙计"。

在处理这个问题上，人力资源部自然也需要有所作为。在遇到"会哭的孩子有奶吃"的现象时，人力资源部不能坐等、观望、叹息、无奈，而是要积极处理。首先，了解为什么会出现这样的现象；其次要与管理者及员工沟通以抚平事件；还要审视公司的人力资源政策，是不是没有主动去了解员工？及时给予评价及激励了吗？有没有一套公平公开的人才发展及薪酬调整体系？如果没有，要及时自省并建立，同时培养管理者的"非人的人"的能力，让管理者真正成为领导者，成为员工的导师与教练，让一切积极向上。

当我们学会主动关怀、主动激励，让"哭"转变为"笑"，才能为企业交出了一份满意的答卷。

（摘自：《中外管理》，2012(12)）

初涉职场

实训项目：薪酬方案改进。

实训目的：培养学生利用理论知识解决实际问题的能力、信息处理的能力及团队作业的能力。

实训任务：运用某个激励理论，对该企业单位的薪酬方案进行改进，特别突出对企业营销绩效管理方面的建议。

考核指标：

1. 薪酬体系改进方案；

2. 团队作业能力。

项目8 员工的培训与发展

- □ **知识目标** 了解员工培训的必要性和意义，掌握员工培训的特点、原则，掌握员工培训需求分析的步骤和方法，掌握员工培训的实施步骤，从而掌握建立有效的员工培训体系的手段，了解员工职业发展。
- □ **技能目标** 运用员工培训规划的原则及方法，进行企业员工培训计划的制订。

基本内容

- □ **员工培训概述**
  ——员工培训的必要性 员工培训的意义 旅游企业员工培训的特点和原则
- □ **培训需求分析**
  ——培训需求分析的作用 培训需求分析的主体 培训需求分析的方法 培训需求分析的内容
- □ **员工培训的实施**
  ——培训者 旅游企业员工培训的目标和内容 员工培训的方法
- □ **建立有效的员工培训体系**
  ——建立科学有效的培训体系 "分餐"式员工培训 员工培训课程的开发
- □ **员工职业发展**
  ——职业经历理论 员工职业发展规划

案例阅读

微软员工管理的秘密武器

微软有3万多名正式员工,超过一半的员工是做软件开发的,有1万余人是做营销的,其他几千人分布在各管理部门和法律部门。作为一家知名企业,微软最大的特点是用知识为客户创造价值。与一般制造业不同的是,微软的生产线不是建在厂房里,而是在员工的头脑中。如何通过有效的员工管理让每一个员工开动脑筋充满激情地工作?微软的秘密武器之一是:给每个人以最大的发展机会。

通过多通道晋升,给每个人以最大的发展机会,是微软吸引人才的法宝。

一是提升技术过硬的员工担任经理职务。这一政策的结果也使微软获得了比其他众多软件公司别具一格的优势:微软的管理者既是本行业技术的佼佼者,能时刻把握本行业技术脉搏,同时又能把技术和如何使用技术为公司获取最大利润相结合,形成了一支既懂技术又善经营的管理阶层。例如集团副总裁内森·梅尔沃德(36岁)是普林斯顿大学物理学博士,师从诺贝尔物理奖获得者斯蒂芬·霍金。他负责公司网络、多媒体技术、无线电通讯以及联机服务等。

二是设立技术晋升通道。经理职务对于那些只想待在本专业部门里,并且只想升到本专业的最高位置,而又不必担负管理责任的开发员、测试员和程序员来说,是没有多大吸引力的。这样,职业管理的问题就产生了。微软解决这一问题的主要办法就是在技术部门建立正规的技术升迁途径。建立技术升迁途径的办法对于留住熟练技术人员,承认他们并给予他们相当于一般管理者可以得到的报酬是很重要的。在职能部门里典型的晋职途径是从新雇员变成指导教师、组长,再成为整个产品单位里某个功能领域的经理。同时,微软既想让人们在部门内部升迁以产生激励作用,还想在不同职能部门之间建立起某种可比性。微软通过在每个专业里设立"技术级别"来达到这个目的。这些级别用数字表示,既反映了员工在公司的表现和基本技能,也反映了其经验和阅历。升迁要经过高级管理层的审批,并与报酬直接挂钩。

三是允许员工在企业内流动。即使是技术级别或管理职务上升很快的人,也容易对特定的工作感到厌倦。为了能有效地激发起员工的工作积极性,并挖掘这些天才的潜在创造力,微软允许合格人员到其他专业部门里寻求新的挑战,并且规定人们只有在某一特定领域积累了几年经验之后才能换工作。例如,在项目的两个版本之间给相当数量的人员一次换工作的机会。在公司范围内,还有一定比例的人员在项目之间流动。同时微软并不鼓励所有的人不停地流动,因为微软的大型产品,像Omce,windows和NT,需要花几年时间来积累经验,频繁地变换工作是不可取的。通过合理的人员流动,使优秀的员工不至于在同一工作中精疲力竭,同时,也使产品组和专业部门在不同背景和视角的人员的加入中获得新的发展。

启发思考

1. 微软如何吸引和留用人才的?
2. 员工的职业发展与企业的发展有何关系?

理论要点

员工培训是指一定组织为开展业务及培育人才的需要,采用各种方式对员工进行有工作目的的动机、态度和行为训练,使其适应企业新的要求,更好地胜任现职工作或担负更高级别的职务,从而促进组织效率的提高和组织目标的实现。

旅游企业的培训是使员工的知识、技能、工作态度达到标准要求的过程,即通过改变受训员工的知识、技能、工作态度,从而提高其思想水平及行为能力,以使其有相当的能力去完成现时担当的工作,甚至准备迎接将来工作上的新挑战的过程。

从以上定义中可以看出:①培训的本质是学习;②培训是一个有规划的、连续的系统过程;③培训的终极目标是实现员工个人发展和组织发展的双赢。

(一)员工培训的必要性

变化,是企业环境的永恒主题。应变,是企业发展的基本任务之一。培训,正在成为企业适应不断变化和日趋复杂的环境的过程中日益重要的核心职能。培训工作的质量越来越直接地影响着企业的运行品质。谁拥有高质量的培训者,谁就拥有培训的竞争优势。

毫无疑问,"向培训要效益""以培训谋求发展空间",这些以前还让人有些摸不着头脑的观点,目前正在成为许多企业领导人的共识。越来越多的企业领导人都意识到了培训的重要性。但是,另一种困境也开始折磨企业领导人的神经。一方面,尝到了培训甜头的企业,早已从"尊重知识、尊重人才"的口号中淡出,转向了企业内部培训事务的"耕耘"。本以为从此天下太平,却没想到,硕果初现,便经不住对手企业的招引,踌躇满志,正欲体验一下"运筹帷幄指挥若定"的风光,转眼之间变成了"人去楼空"的凄凉。直叫人感慨有点"惨"。

另一方面,在"人才饥荒"的主旋律中艰难起舞的企业领导人中,有相当一部分却恰恰是"挖墙脚"的"高手"。正因为饱尝了缺少人才的痛苦,所以他们在辨别和使用人才上更有着一般人难得的经验和教训。对于人才,尤其是经营性的人才,很多企业更擅长于随时准备向外界"购买"。

对许多企业领导人来说,之所以觉得培训工作"既重要又茫然",根本的问题在于缺乏清晰自觉的"干部标准"。这种不清晰、不自觉,反映到培训工作的具体实施上,就必然会呈现出一种难以避免的紊乱。紊乱的特征就是"人员的素质要高,但是不知道从哪里'提起',也不明确要提到多高;既说不清楚高的具体指标和内容,也不明确什么时候、哪个阶段应该有怎样的高",这种紊乱的原因正在于企业对自身的培训需求的不明确。

要真正重视培训，真正做好培训，第一件重要的事情，就是搞清楚自己真实的培训需求。这里所说的自己，既可以指企业的整体，也可以是受训者个人。

当人员在知识、技能和态度3个方面的状态低于工作任务所要求的水平时，对企业和个人两方面来说，培训的需求都已经存在了。具体地分析一下，培训需求的产生有3个方面的来源：

①培训是机构不断变化的环境的需要。顾客的需求变化多端，形成了市场竞争形态的多样化，反映在企业内部的工作中，就成了对人员的挑战：新设备、新方法、新流程、新政策、新制度要作出有效的反应，企业的组织和一个人就离不开培训。

②为了较好地完成工作，员工们必须具备一定的技能、知识和经验，成功的机构会通过培训来使他们的员工具备这些素质。

③无知的员工会使企业蒙受很大的损失。缺少培训的员工会在工作中出错，造成资源浪费，变得没有工作热情，返工率高等，从而影响到正常的交易活动。

所以，对员工进行培训是提高员工工作效率的必要手段。《中华人民共和国劳动法》第八章规定："国家通过各种途径，采取各种措施，发展职业培训事业，开发劳动者的职业技能，提高劳动者的就业能力和工作能力"；各级人民政府应当"鼓励和支持有条件的企业、事业组织、社会团体和个人进行各种形式的职业培训"；"用人单位应当建立职业培训制度，按照国家规定提取和使用职业培训经费，根据本单位实际，有计划地对劳动者进行职业培训"；"从事技术工种的劳动者，上岗前必须经过培训"。

（二）员工培训的意义

现代企业的竞争是人才的竞争。旅游企业是劳动密集型的服务型企业，人才的含义更多地体现在员工的整体素质上，人才投资也更多地转化为对员工——旅游企业人力资本的投资。培训作为对人力资本投资的主要形式，日益受到重视。员工培训是全民教育和职工教育的重要组成部分，有利于旅游企业的长远、全面发展，具有十分重要的意义。

1. 适应市场的变化，增强企业竞争优势

旅游企业所处的环境具有复杂多变的特征，市场的竞争在不断升级，而竞争的核心是人力资源的竞争。企业家越来清醒地认识到通过培训培养企业的后备力量，使企业永继经营的生命力，培训是企业发展不可忽视的"人本投资"，是提高企业"造血功能"的根本途径。美国的一项研究资料表明，企业技术创新的最佳投资比例是5∶5，即"人本投资"和硬件投资各占50%。以人本为主的软技术投资，作用于机械设备的硬技术投资后，产出的效益成倍增加。在同样的设备条件下，增加"人本"投资，可达到投1产8的投入产出比。发达国家在推进技术创新中，不但注意引进、更新改造机械设备等方面的硬件投入，而且更注重以提高人的素质为主要目标的软技术投入。事实证明，人才是企业的第一资源，有了一流的人才，就可以开发一流的产品，创造一流的业绩，企业就可以在市场竞争中立于不败之地。

2. 培训可以提高管理人员的管理决策水平

西蒙说过,"管理就是决策"。管理人员要想进行高水平的决策,思维应开阔、深入、灵活,意志要自觉、果断,方法与手段要可行、有效,这样才能保证决策正确。高层管理者的决策正确与否会对工作的社会效益与经济效益产生很大的影响,因此,有必要通过培训提高高层管理者的决策水平。

3. 提高员工综合素质,提高工作绩效

随着现代旅游企业的发展,对员工素质的要求越来越高。无论是管理人员还是基层员工,都应具备完成本岗位工作任务所应具备的专业知识和相关知识,以及相应的管理技巧和服务技能,同时还应具备敬业精神、职业道德与使命感意识。通过对员工不断地培训—工作—再培训—再工作等一系列锻炼,使员工适应新环境,掌握操作技能,不断补充新知识,以适应工作的需要。同时,培训可以充分发挥员工的积极性和创造性,使员工将热情、规范、优质、高效的服务视为自己的责任与义务,从而最终反映在企业的管理水准与经济效益上。

在对美国大型制造业公司的分析中,公司从培训中得到的回报率可达 20% ~ 30%。摩托罗拉公司向全体雇员提供每年至少 40 小时的培训。调查表明:摩托罗拉公司每 1 美元培训费可以在 3 年内实现 40 美元的生产效益。摩托罗拉公司认为,素质良好的公司雇员已通过技术革新和节约操作为公司创造了 40 亿美元的财富。摩托罗拉公司的巨额培训收益说明了培训投资对企业的重要性。

4. 促进沟通,塑造优秀的企业文化

培训能促进企业与员工、管理层与员工层的双向沟通,增强企业向心力和凝聚力,增强员工对企业的归属感和主人翁责任感,塑造优秀的企业文化。企业文化是企业的灵魂,它是一种以价值观为核心对全体员工进行企业意识教育的微观文化体系。企业管理人员和员工认同企业文化,不仅会自觉学习并掌握科技知识和技能,而且会增强主人翁意识、质量意识、创新意识,从而培养大家的敬业精神、革新精神和社会责任感,形成上上下下自学科技知识,自觉发明创造的良好氛围,企业的科技人才将茁壮成长,企业科技开发能力会明显增强。资料显示,百事可乐公司对深圳 270 名员工中的 100 名进行了一次调查,这些人几乎全部参加过培训。其中 80% 的员工对自己从事的工作表示满意,87% 的员工愿意继续留在公司工作。培训不仅提高了员工的技能,而且提高了员工对自身价值的认识,对工作目标有了更好的理解。

5. 为员工的自身发展提供条件

培训不仅对旅游企业有益,对员工的发展也颇有益处,这主要表现在以下 3 个方面:

(1)增长本领,增加收入

员工经过培训,可以扩大视野,增长知识,提高技能,提高服务效率,进而增加个人收入。

例如,为了适应工作需要,一些饭店、旅行社规定了员工一门外语的运用熟练程度和掌握外语的门数,并且将其直接与特设的奖金挂钩。有的员工经过强化和考评,无论是对于工作本身还是对于个人收入的增加,都收到了立竿见影的效果。

(2)为晋升创造了条件

旅游企业的发展,急需更多的有管理能力的人才。培训不仅能使员工出色地完成本职工作,还有助于其扩大知识面和扩展工作领域,并接受新的管理理论的熏陶,为晋升发展创造必要的条件。在旅游企业中,虽然晋升的机会是很有限的,不可能人人都是幸运者,但至少应使员工明白,每个人的晋升和发展的机会是与自身素质和表现联系在一起的,不经过培训,不提高自身的素质和能力,不认真工作,这种机会靠消极的等是等不来的。

(3)提高职业安全感

在具有现代化设备设施的环境中工作,仅有热情是不够的。比如在饭店里,光凭着胆大就敢随意操作具有一定危险性的机器设备是完全不可取的。经过培训,可以使旅游企业员工熟悉业务,成为工作内行,对工作充满信心,在增强职业安全感的同时,使员工人身和企业财产安全相应得到保证。

6. 降低损耗和劳动成本,促进服务质量的提高

研究结果显示,培训可以减少73%左右的浪费。经常性地、及时地对员工进行有规划、有针对性的教育培训,减缓其工作压力,则有助于降低劳动力成本和改进服务质量。一项调查表明,未经培训员工的事故发生率几乎是受过培训员工的3倍,特别是在饭店内较具危险性的机器设备操作岗位尤其如此。究其原因,在很大程度上归因于员工没有受过培训。未经培训员工除了不知如何使用机器设备外,还会由于无知造成心理紧张与不安。

旅游企业要在激烈的竞争中立于不败之地,很重要的因素就是要造就能驾驭不断发展的科技和先进工作方法的高素质员工队伍。员工培训是实现这一方针的重要保证。培训往往意味着员工不断掌握新技术和先进正确的工作方法,改变错误的或落后的工作方法,并补充和增长新的知识。服务质量的提高是综合因素作用的结果,而工作方法的不断改进则是综合因素中不可或缺的一环。

综上所述,对员工进行培训的益处是显而易见的。但如同许多事物一样,培训也不是万能的,它在一定程度上需要同旅游企业的硬件与软件相结合,方能发挥效用。另外,对培训工作的时效性也应有正确的评价。培训工作有的是直接产生效应的,如新员工的岗前培训以及设备的使用培训等。但诸如员工素质的提高,并不能期望通过一两次培训就立即能在各方面显示出来。衡量培训的功用,不能仅仅通过客源和创汇来体现,更多的是通过员工素质的提高、渐进的服务质量和管理水平的提高,进而促进经济效益的提高来体现的。

(三)旅游企业员工培训的特点和原则

旅游企业员工培训既不同于一般意义上的学校普通教育,又有别于其他行业的培训,不

了解和把握其特点和规律,就无法真正达到培训的目的。

1.旅游企业员工培训的特点

1)在职性

所谓在职性,是指培训的对象是有工作的、受多种因素影响和制约的在职职工。这就有别于一般意义上的普通教育。普通教育的对象没有工作的压力,没有家庭的拖累,基本任务就是学习。而职工教育的对象则是以工作和劳动为主,学习必须服从于工作和劳动。这就给职工教育提出了一些要求:

①不能脱离工作与劳动,专业设置要强调实用。

②选用教材要精。

③学制尽可能缩短。

④学习的形式和方法要灵活多样。

⑤教学内容既要有较系统的理论指导,更要与劳动实践相结合。

随着社会的发展,对人的综合素质和理解能力的要求越来越高,因此,教育也要注重素质教育。通过教育不仅能给人以知识与能力,而且能给人以理智与精神。职工教育的这一特点和新形势下的要求,给职工教育带来了不少难度,因此,在进行职工教育时应注意以下两点:

①在学习内容上,如果实用性和针对性不强,满足不了职工希望能学以致用的目的,他们的学习兴趣就不大,缺乏学习的动力。

②在教学方法上,一些学员由于多年来从事一线工作和劳动,实践经验往往比教师还丰富,若教师只是机械地照本宣科,也不会引起学员的兴趣。

2)成人性

所谓成人性,是指成人无论生活和心理特征,较之普通教育的对象都有很大不同,主要表现在以下方面:

①年龄可能较大,机械记忆力有可能减弱。

②学习目的明确,不希望仅仅是空泛地谈理论,而是期望理论联系实际,以求学以致用。

③各种干扰因素较多,容易分散精力。

④理解力强,容易触类旁通,举一反三,结合实际应用效果好。

3)思想性

结合旅游企业的实际情况,经常性地利用多种培训方式对员工进行思想教育、职业道德教育以及心理素质教育,解决认识上的偏差和问题,是提高员工素质、保障工作顺利进行的不可或缺的部分。由于工作的涉外性和分散性,决定了旅游企业教育培训工作应更强调思想政治教育、职业道德教育和外事纪律教育。培训工作的范围和方式更偏向于从本职业、本工作岗位特点出发,提高职工的思想政治觉悟、社会主义旅游职业道德,增强外事纪律观念。

4)针对性

针对性的核心是实用性,主要体现在以下3个方面:

①根据员工需要和岗位需要进行培训。如饭店前台接待人员、餐厅服务员、客房服务员,他们的岗位不同,职能不同,工作内容不同,其培训需求也不同。对于旅行社导游的外语培训,不可能再上语法课,而应传授运用外语于导游讲解的技巧、技能;导游业务培训则一般侧重于案例分析、处理特殊问题的方法以及补充有关的业务知识。培训的内容要紧密结合实际,注意与他们各自承担的工作的相关性。

②要学以致用。员工参加培训学习的目的是为了增加知识,提高技能,学习以后立即用于工作实践。比如,岗前培训是为了让培训对象能适应本职工作。在岗培训是围绕提高本职业务能力而补充有关的知识技能。因此,员工的培训过程与内容要与其实际工作相互渗透,有机结合,使员工通过培训,确实能将所学的知识、技能及时运用于工作,转化为生产力,使工作出现新的起色。

③要强调速成性。饭店、旅行社培训的对象大多是在岗员工,由于工作需要,不可能采取全员脱产培训,培训与工作往往一体化,即以在职培训为主。一方面,员工已具备一定的基础和实践经验,为速成提供了可行性;另一方面,工作具有季节性的特点也对员工培训提出了客观要求。因此要针对这一现状,在时间安排上尽可能做到速成,充分利用工作间隔、经营淡季等在不影响工作的前提下开展培训。

5)多样性

饭店、旅行社的工作特点决定了对于不同的培训对象、不同的工作内容,要分为不同层次和采取不同的方法进行培训。培训活动不是一个封闭的系统,而是呈动态开放性的,这就决定了培训工作具有多样性的特点。多样性体现在多层次、多形式、多渠道等方面。

(1)多层次

饭店、旅行社员工培训,并不是特指某些人,而是对不同层次的人都应该进行培训,即全方位、全员性培训。员工不同的职务、年龄构成、知识结构和专业技术等级决定了不同的工作内容和要求。因此,要划分不同层次和采纳不同的方法进行培训。例如,对于基层员工,虽然主要应侧重于培训其业务技能、技巧,改善服务态度,增强其能力,但同时也可学习基本的管理知识。对层次较低的管理人员,由于他们长期工作在组织业务活动的第一线,经验丰富,但较为系统的管理知识和综合管理能力相对而言比较缺乏,因此,对其进行培训时,除结合工作特点设置培训处理业务活动能力课程的同时,还应考虑适当设置提高他们理论知识方面的课程;对较高层次的管理人员的培训,课程设置要以提高他们的系统理论知识和全面的管理能力为重点。

（2）多形式

多样性的培训内容决定了不可能采用单一的培训形式，培训可以按不同标准划分为不同形式。例如，根据培训时间来划分，有中长期培训、短期培训和速成培训等；根据培训方式来划分，有全脱产培训、半脱产培训、业余学习等；根据培训性质来划分，有岗前培训、在岗培训、转岗培训、岗位培训、技术等级培训、晋升培训等。

（3）多渠道

多渠道培训是指饭店、旅行社不应局限于自身力量，要广开门路和渠道，进行形式多样化的培训。如内部培训、参加讲座培训班、到有关院校进修、委托旅游院校进行骨干强化培训和出国培训等。

6）标准化

标准化是旅游企业培训工作有别于其他行业的一个显著特点。无数事实证明，凡是管理工作卓有成效的企业，都很重视管理规范和服务标准的基础性建设。旅游企业的经营管理要真正上水准，就需要用高标准来实施。

培训工作的标准化是指：

（1）制订工作标准

工作标准包括工作职责、工作程序、工作规则等几部分内容。为了提高服务质量，保护宾客的合法权益，国家旅游局于1997年公布了星级饭店优质服务的10条要求。这实际上也是饭店树立行业新风、对客人实行优质服务基本标准的外化体现。这些标准既是饭店开展优质服务监督、检查、评比的主要内容，也是培训员工的主要依据之一。

（2）严格按照工作规程实施培训

服务质量是通过一定的服务形式表现出来的，有形式但没有实物，所以无法量化，这就容易产生一种模糊的概念，似乎服务质量的标准是不确定的。解决这一困难的办法是实施工作规程。工作规程是以描述性的语言规定服务过程的内容、顺序、规格和标准程序。它是服务规范的根本保证，是服务工作的准则和法规。工作规程的具体实施及服务质量能否保证，在很大程度上取决于员工的素质水平如何。因此，严格按照工作规程标准对员工实施培训，就十分必要了。通过规范化的培训，使员工明白服务标准的内涵，由强制性养成到自觉性养成，从而在工作中按照受训的标准进行规范服务，以达到宾客满意、全面提高旅游企业经营管理水平和服务质量的效果。

7）重视外语培训

这一点是由旅游企业的涉外性决定的。语言是员工与宾客沟通的桥梁，因此员工的外语水平直接影响到能否为宾客提供满意的服务。比如饭店前台接待直接与宾客打交道，提供面对面的服务，如果听不懂客人的话，抑或就是听懂一些，也不善于表达自己的意愿，无法进行双向交流,则会严重影响服务质量。对于旅行社培训工作来说,导游外语培训是在大学外语专业教育基础上的高层次专业培训,其他专业的外语培训也是接近或达到大专外语水平的培训。

8)季节性

旅游接待工作一般有淡、平、旺季,这种接待工作的季节性又因不同国家与地区的旅游者而有所差别。如日本旅游者,每年都有几次相对固定的观光浪潮,如岁末撞钟、八月修学团、十月旅游高峰等。这就给饭店、旅行社的培训工作带来了比较突出的季节性特点。

2. 培训原则

员工培训实质上是被培训员工的学习过程。因此,要想提高培训的效率,就必须了解人类的学习规律。心理学界多年来对人类的学习规律进行了大量的科学研究,提出了一些理论和原则,可以应用于培训活动中。在具体的培训过程中应注意以下原则:

(1)注意原则

在培训中,应使培训活动引起员工的注意与兴趣。培训任务的新异性、奖励的运用、培训与员工需求之间的关系等,都会影响员工的注意与兴趣。

(2)目标订立原则

培训目标的高低也会影响受训者的学习积极性和学习效率。除了在培训之前进行有关学习目的和意义的教育之外,还应尽可能让员工真正地参与制订培训目标,使其对目标产生更强的责任感。同时,目标应该明确具体、易于检查,使员工经过一定的努力能够达到。这种目标与现实之间产生的创造性张力会使员工努力改变现实以减少差距,而不会因目标过于漂渺而自我降低目标,使目标订立失去意义。总的培训目标可以分成若干个子目标,还可以分成长期和短期目标。目标订立是一个动态的系统,在培训初期,可以把目标定得较低一些,使员工能达到自己的志愿水平,增强学习信心。此外,应使培训目标与实际工作任务紧密联系在一起。

(3)教学指导原则

在培训时,注意指导员工掌握利用各种资源的能力。教学应由易到难,随时对学习错误进行分析,指导员工作出正确的反应。同时,应重视员工在年龄、性别、能力、兴趣、个性和态度等方面的个体差异,尽可能采取因人而异的培训方法和教学程序,使每个员工都能达到自己最好的技能水平。

(4)信息呈现与保持原则

培训时,应多采用图解式的、具体的和结构严密的教学材料和信息,尽量少用言语的、抽象的和非结构性的材料。员工对所学信息的保持是一个关键问题。研究表明,分散式练习、教材的使用等,都会促进信息的保持。此外,回忆所学知识时的情境也会影响信息的保持。

一般来说,回忆时的情境与原来学习时的情境越相似,学习效果的转移与保持程度越高。

（5）反馈原则

反馈是指员工获得有关自己完成学习任务情况的信息。这种信息一般都包含在任务里。就像打靶一样,射击后,靶上的枪眼就可以提供结果的反馈信息。如果只练习而不了解练习结果,缺少反馈,学习就不会有很大长进。反馈的内容既可以是学习的定量化结果,也可以是定性的反馈。心理学研究证明,把反馈与有效的学习目标结合在一起,比反馈本身的作用大得多。这就是说,在信息反馈时,应随时对照原目标,树立新的目标。

（6）强化原则

强化是指当某一行为出现后,若得到奖励(称为积极强化),则会增强这一行为出现的可能性;若得到惩罚(称为消极强化),则会减弱这一行为出现的可能性。一般而言,奖励对学习效果的影响要比惩罚好。因为惩罚会导致焦虑及愤怒,以至于影响学习情绪,进而影响学习的效果。但有时紧跟着错误行为之后的轻微惩罚也能得到好的效果。在使用强化时,必须了解人们的动机系统与对惩罚的态度,否则强化起不到应有的作用。例如,如果一个为大家所轻视的被培训者,因某特殊行为而得到奖励时,只会引起此培训团体的排斥与讥笑,在这种情况下,奖励反而造成了相反的后果。

（7）转移原则

培训效果的转移,是指培训中所掌握的知识、技能或态度能够在今后的工作中得到利用的程度,这也是对培训方案的效果的评价。转移可以是正转移,即促进今后的工作;也可以是负转移,即干扰今后的工作。可以通过采用一些方法来增强正转移的效果,其中包括:使培训与工作尽可能相似;提供有关培训任务和技能的各种实例;明确任务的重要特征和一般原则;对今后工作中表现出的所学到的技能和行为及时给予奖励;把培训设计得更具有可实践性,等等。

管理实务

任务一　培训需求分析

培训需求分析,是指在规划与设计每一项培训活动之前,由培训部门、主管人员、工作人员等采用各种方法与技术,对各种组织及其成员的目标、知识、技能等方面进行系统的鉴别与分析,以确定是否需要培训及培训内容的一种活动或过程,它既是确定培训目标、设计培训规划的前提,也是进行培训评估的基础,因而成为培训活动的首要环节。

（一）培训需求分析的作用

培训需求分析作为现代培训活动的首要环节,它在培训中具有重大作用。具体表现在以下 7 个方面:

1. 确认差距

培训需求分析的基本目标就是确认差距,即确认绩效的应有状况之间的差距。绩效差距的确认一般包括 3 个环节:①必须对所需要的知识、技能、能力进行分析,即理想的知识、技能、能力和标准或模型是什么。②必须对当前实践中尚缺的知识、技能、能力进行分析。③必须对理想的或所需要的知识、技能、能力之间的差距进行分析。这 3 个环节应独立有序地进行,以保证分析的有效性。

2. 改变分析

需求分析的一个副产品就是改变分析。由于组织中发生的持续、动态的变革代表了一种主要挑战,改变分析对培训就显得尤为重要。当组织发生变革时(不管这种变革涉及技术、程序、人员,还是涉及产品或服务的提供问题),组织都有一种特殊、直接的需求。那些负责培训开发的人应在制订合适的规划以前迅速地把握这种变革。

3. 由人事分类系统向人事开发系统的转换

当需求分析考虑到培训和开发时,需求分析的另一个重要作用便是促进人事分类系统向人事开发系统的转换。无论是公营部门,还是私营部门,一般都有人事分类系统。人事分类系统作为一个资料基地,在决定新员工录用、预算等的政策方面非常重要,但在工作人员开发计划、培训和问题解决方面用处很小。如果一个人事分类系统不能帮助工作人员确定他们缺少什么技能以及如何获得这些技能,工作人员就不可能在一个较高的工作岗位上开发和承担责任。如果这种系统不能包括培训详细、特殊的需要,它对培训人力资源部门是没有用的。如果它不能分析由任务和技能频率所决定的功能,它就不会形成高质量的目标规划。然而,当培训部门因人事分类系统的设计与资料搜集密切地结合在一起时,这种系统就变得更加具有综合性和人力资源开发导向。

4. 提供可供选择的方法

可能是一些与培训无关的选择,如人员变动、工资增长、新员工吸收,或者是几个方法的综合,所有这些方法的选择都具有不同的培训分类,最好的方法是把几种可选择的方法综合起来,使其形成多样性的培训策略。

5. 形成一个研究基地

一个好的需求分析能够确定一般的需要与"听众",确立培训内容,指出最有效的教导战略,确定特殊的"听众"等。同时,在培训之前,通过研究这些资料,建立起一个标准,然后用这个标准来评估进行的培训项目的有效性。

6. 决定培训价值和成本

如果有了科学的培训需求分析,并且找到了存在的问题,管理人员就能够把成本因素引入培训需求分析中去。需要回答的一个问题是:"不进行培训的损失与进行培训的成本之差是多少?"如果不进行培训的损失大于进行培训的成本,那么培训就是必然的、可行的。反之,如果不进行培训的损失小于培训的成本,则说明当前不需要或不具备条件进行培训。

7. 获取内部与外部的支持

如果一个组织能够证明信息和技能可被系统地传授,就可以避免或减少不利条件的制约。同时,高层管理部门在对规划投入时间和金钱之前,对一些支持性资料感兴趣。中层管理部门和受影响的工作人员通常支持建立在坚实基础上的培训规划,因为他们参与了培训需求分析过程。无论是组织内部还是外部,需求分析提供了选择适当指导方法与执行策略的大量信息,这为获得各方面的支持提供了条件。

(二)培训需求分析的主体

不同的组织以及组织内部的不同单位,培训需求分析的主体是不一样的,一般说来,任何组织和单位的培训都要通过培训部门、主管人员、工作人员来进行。

1. 培训部门

培训部门通常是选择谁需要和谁会获得培训的关键参与者。培训部门经常要负责绩效测试,这种测试是引起新增培训的工作分配或技能提高过程的一部分。为了未来发展,需求分析中心可以选择一些有潜力的经理人员及行政人员参加培训。

培训部门经常负责检查和执行委托培训项目,虽然培训部门不是单独为此类活动负责,但他们一般起主要作用。培训部门通过同主管人员以及工作人员相互作用来指导、劝告、通知和鼓励。培训部门发布布告和清单,和个体工作人员会谈讨论各项选择,与面临各种问题的主管人员一起工作。

2. 主管人员

主管人员也是确定谁会获得培训的关键参与者。主管人员能够使培训决策成为绩效评价系统的一部分。绩效评价本身是需求分析与缺失检查的一种类型,它为培训决策的制订提供了警告性参数。

作为分析和开发过程的一部分,主管人员应该鼓励工作人员提出员工开发计划,或者强调过去培训和开发的员工任务完成报告。员工开发计划需要工作人员详细指明改进知识、技能及能力和策略,而不管其现有水平。

主管人员能够制订出包括单位内多数或所有工作人员在内的部门性培训计划。主管人员有责任考虑呈现于工作人员之中的精选的知识、技能和能力是否能够解释疾病、磨损及意想不到的工作的增加。交叉培训工作人员是帮助主管人员确信不同的工作人员了解一种工作或一系列技能的一项技术。

3. 工作人员

工作人员通过评估他们自己的需要,经常急于改进与其工作有关的技能、知识、能力,并积极寻找培训机会。工作人员需要组织内外的培训规划,他们或者是用公司时间,或者是用个人时间参加培训活动。

(三)培训需求分析的方法

在此,从宏观的角度探讨 3 种方法:必要性分析方法、全面分析方法、绩效差距分析方法。

1. 必要性分析方法

所谓必要性分析方法,是指通过搜集并分析信息或资料,确定是否通过培训来解决组织存在的问题的方法,它包括一系列的具体方法和技术。

①观察法。通过较长时间的反复观察,或通过多种角度、多个侧面,或有典型意义的具体事件进行细致观察,进而得出结论。

②问卷法。其形式是对随机样本、分层样本或所有的"总体"进行调查或民意测验。可采用各种问卷形式:开放式的、投射性的、强迫选择、等级排列等。

③关键人物访谈。通过对关键人物的访谈,应当保证了解到所属工作人员的培训需要,如培训主管、行政主管、专家主管等。

④文献调查。通过对包括专业期刊、具有立法作用的出版物等的分析、研究,获得调查资料。

⑤采访法。可以是正式的或非正式的,结构性的或非结构性的;可以用于一个特定的群体(行政机构、公司、董事会等或者某个相关人员)。

⑥小组讨论。像面对面的采访一样,可以集中在工作(角色)分析、群体问题分析、目标确定等方面。

⑦测验法。可以功能导向,用于测试一个群体成员的技术知识熟练程度。

⑧记录、报告法。可以包括组织的图表、计划性文件、政策手册、审计和预算报告。对麻烦问题提供极好的分析线索。

⑨工作样本法。采用书面形式,由顾问对假设好(但是有关)的案例提供书面分析报告。可以是组织工作过程中的产物(如项目建议、市场分析、培训设计等)。

2. 全面分析方法

全面分析方法是指通过对组织及其成员进行全面、系统的调查,以确定理想状况与现有状况之间的差距,从而进一步确定是否进行培训及培训内容的一种方法。

①计划阶段。一般包括计划范围的确定和咨询团体的任命两部分内容。

②研究阶段。工作分析的规范制订出以后,必须探究目标工作。首先检验的信息是工作说明书。当研究阶段结束后,工作分析人员应该能从总体上描述一项工作。

③任务或技能目标阶段。这一阶段是培训需求分析的核心,有两种方法可以被应用。一种是形成一个完全详细的任务目录清单,即每一项任务被分解成微小分析单位;另一种方法是把工作仅剖析成一些任务,然后形成一个描述任务目录的技能目标。当一个全面的任务目录分析完成以后,下一步就要分析工作人员需要什么类型的培训。

3. 绩效差距分析方法

绩效差距分析方法,也称问题分析法,它主要集中在问题而不是组织系统方面,其推动力在于解决问题而不是系统分析。绩效差距分析方法是一种广泛采用的、非常有效的需求分析法。

绩效差距分析法包括如下环节:

①发现问题阶段。发现并确认问题是绩效分析法的起点。问题是理想绩效和实际绩效之间差距的一个指标,其类型诸如生产力问题、士气问题、技术问题、资料或变革的需要问题等。

②预先分析阶段。也是由培训者进行的直观判断阶段。在这一阶段,要作出两项决定:一项是如果发现了系统的、复杂的问题,就要运用全面性分析方法;另一项是处理应用何种工作搜集资料的问题。

③资料搜集阶段。搜集资料的技术有多种,各种技术在使用时最好结合起来,经常采用的有扫描工具、分析工具等。

④需求分析阶段。需求分析涉及寻找绩效差距。传统上,这种分析考查实际个体绩效同工作说明之间的差距。然而,需求分析也考查未来组织需求和工作说明。既然如此,工作设计和培训就高度结合在一起。可以把需求分析分为工作需求、个人需求和组织需求3个方面。

⑤需求分析结果。通过一个新的或修正的培训规划解决问题,是全部需求分析的目标所在。在对结果进行分析的过程中,通常最终确定针对不同需求采取不同的培训方法及不同的培训内容。

(四)培训需求分析的内容

为了保持竞争力,企业必须不断使员工接受良好的培训。但在具体的培训过程中,首先遇到的问题就是为什么要培训和培训的内容和目标是什么等问题。要解决这类问题,就要对培训需求进行分析。培训需求分析分3部分进行:一是人员分析,就是确定哪些人需要进行培训;二是组织分析,着重于确定培训在整个组织范围内的需求;三是任务分析,就是试图确定培训的内容,即员工完成任务、达到令人满意的工作绩效所必须掌握的知识和技能。

1. 人员分析

人员分析可以帮助管理者确定谁需要接受培训以及培训是否合适的问题。这常常是通过对员工的绩效进行评价来找出存在的问题的。然而在找出了不良绩效之后,还要考虑通过培训是否能解决这些不良绩效的问题。有时候,绩效不良的问题不一定都能通过培训解决。一般来说,人员分析分为两个部分,一是对新员工的培训需求分析,还有就是对现有员工的分析。

(1)新员工培训需求分析

新员工的培训需求主要存在于两个方面:一是技能方面,另一个就是对新环境的适应。首先,要对新员工的背景进行分析,也就是对他已经拥有的技能、知识进行分析,发现其与新岗位要求之间的差距,以进行有针对性的培训。其次,由于新员工对企业环境的陌生感,可能会产生一些顾虑和不确定感,对他们这方面的需求进行分析,提供切实有效的培训项目,使他们尽快地融入企业,认同企业文化,适应企业的工作和生活方式。

(2)在职员工培训需求分析

对现有员工的分析主要是通过绩效评估的方式,找出那些与组织期望绩效有差距的员工,分析他们的差距,从而为提供有针对性的培训作好准备。但在某些特别的情况下,比如企业发生较大变革或引入新技术、新服务时,可能所有的员工都需要接受培训。在对企业现有员工进行培训需求分析时,一是要重视员工本人的参与,还有就是要考虑员工的发展目标。

2. 组织分析

组织分析就是从整个组织的角度出发,关键是要把对培训需求的估计与组织将要达到的目标联系起来。首先确定组织的发展目标和人力资源状况,找到培训的需求所在。然后还要考虑培训发生的环境,也就是对企业内可用于培训的资源以及员工的上司和同事对培训活动的态度等情况进行分析,以明确培训是否符合需要以及培训的可行性。具体地说,组织分析需要关注以下两个方面。'

(1)明确组织的发展目标和人力资源状况

组织分析的目的就是要确定组织中的哪些部门、哪些群体需要培训。所以组织分析的第一个步骤就是要明确组织的发展目标和人力资源状况。不同的发展目标需要不同的培训种类和数量,培训的主题也会由于企业不同阶段的战略目标而有很大差异。使员工的培训和组织的目标相契合是组织分析阶段的重要任务。另外,还要对企业现有人力资源状况进行分析,包括对人力资源总量、组织环境的指标,如罢工、不公正、反复和顾客的抱怨,以及效率指标,如劳动力和原料的费用、浪费、中断运转时间的长短等进行分析,找出现有人力资源状况与组织的发展要求之间的差距。在这个阶段,企业的人力资源信息系统以及其他相关的工作描述等对于信息的搜集会非常有帮助。

（2）分析培训发生的环境

培训的开展需要组织的投入和员工的执行,所以,在制订培训方案之前,弄清组织内可用于培训的资源以及员工对培训的态度是非常重要的。否则,很可能会出现培训方案由于缺少资源或者遭到反对而半途而废的情况。避免徒劳无益的培训方案需要对培训发生的背景进行分析,主要包括对企业内可用培训资源以及受训者的上司和同事对待其参与培训的态度的分析。对于一项培训需求,企业可以通过很多种培训方法和技术来满足,各种不同的培训方法和技术在满足企业各种培训需求上有着各自的优势和劣势,企业可以此来选择最合适的培训方法。

（3）进行资源分析

资源分析应包括组织人员安排、设备类型、财政资源等的描述。人力资源需求必须包括反映未来要求的人力资源计划。因此,如果一个组织计划实施这些技术,他们就需要作一个资源分析,以确定他们是否安排人参加培训以应用这些技术。

3. 任务分析

任务分析是以具体工作为分析单位,分析员工所要完成的工作任务以及成功地完成这些任务所需的技能和知识,也就是确定培训的内容。任务分析的步骤如下:

1）要对需要分析的工作进行描述

通过与有经验的员工、他们的直接上司以及衔接部门的同事进行访谈,还可以利用组织中现有的工作描述、任务特点、绩效标准等文字资料来对该工作进行描述,找出需要的任务,列出一份初步的任务清单。

2）分析任务

对列出的任务清单进行分析,判断出这些任务的重要性、被执行的频率以及完成该项任务所要求的难度,并根据这些资料找出那些重要的、经常被执行的并且具有中等难度以上的任务进行下一步分析。

3）确定任务所需技能

对确定下来的任务,通过访谈或问卷调查或组织内现有的工作信息等资料确定完成每一项任务所需要的知识、技能和能力。

4）战略分析

在战略分析中,有3个领域需要考虑:改变组织优先权、人力资源预测和组织态度。

（1）改变组织优先权

引起组织优先权改变的因素主要有以下5点：

①新技术的引进；

②财政上的约束；

③组织的撤销、分割或合并；

④部门领导人的意向；

⑤各种临时性、突发性任务的出现。

（2）人力资源预测

人力资源预测主要包括3种类型:短期预测,主要指对下一年的预测;中期预测,指对今后2~4年的预测;长期预测,指对今后5年或5年以上的预测。

人力资源预测的内容有需求预测与供给预测。

任务二　员工培训的实施

（一）培训者

从企业培训有效运行的角度来说,作为培训主体的"培训者",必须能够承担这样一些职能：

①分析,认定企业中个人和群体的培训需求；

②制订培训目标；

③设计培训的内容和方法；

④制订与培训相关的管理制度和政策；

⑤研究培训课程的设置；

⑥产生超越竞争对手的实施培训的创造性设想；

⑦对培训的组织和实施进行管理；

⑧评估培训的质量；

⑨评估培训的结果；

⑩管理培训的资源；

⑪就培训为企业高层决策者提供顾问。

培训者至少要扮演以下角色：

①培训的实施者。通过课堂教学、团队练习、群体工作、个人情况督导等方式，为受训人员提供其所需要的知识、条件、信息、绩效反馈。工作的职能包括了会直接影响学习过程的所有行为。

②培训的决定者。要能够就提出怎样的培训计划作出决定。这就要求在培训需求的分析、目标设定、课程的设计、方法的选择、培训课程或活动的效果检验等方面都是个行家里手。

③决策顾问。要能够与经理特别是高层决策人员一起，分析企业现状中的问题，评估解决问题的思路与方案，善于将这些思路对以培训去解决问题的具体方法提出建议并且设计培训计划，在培训目标和政策方面，也能够提出建议。显然，这样的顾问应该是一位咨询专家。

④培训的管理者。要善于审定培训目标、制订有关政策、安排有关计划。这意味着不仅要对培训活动进行计划、组织、控制并致力于培训质量的提高，而且要与其他部门建立广泛而密切的联系，保证恰当的培训工作能够在设计、实施和评估各个环节得到有效的保障，也要在培训运作体系中建立和维护有效的指挥。

从目前中国大多数企业的实际来看，能够在实际运行中体现出"决定""实施""顾问""管理"这4种角色功能的实在不多。从这个角度说，中国很多企业的"培训力"是十分薄弱的。

要做好企业的培训工作，要提升特定企业自身的培训力，才更需要企业的领导人不仅在思想意识上重视培训，更要从管理操作中控制培训工作质量。致力于企业内部培训师资队伍的建设，将是企业领导人面对的又一新课题；而与培训专业公司的调研评估、课程设计、课堂讲授、训练主持等专业人员的良好沟通，也将成为企业领导人的一项重要工作。

（二）旅游企业员工培训的目标和内容

1. 培训的目标

成功的企业应确保通过各种培训使他们的员工对业务更加熟练，以跟上时代发展的步伐以及工作变化的需要。认识到培训对一个健全的组织不可或缺的重要性只是第一步，接下来还要明确各个组织自身的需要并以此确定培训所要达到的目标。

培训的目标应该是提高技术、获取知识、获得敬业的工作态度，这些都和企业整体的发展息息相关。培训要想获得成功，应做到以下几点：

①培训无时不在，它必须成为一个机构的内在组成部分。

②制订出涵盖整个商务过程的工作执行条例。

③能够实行足以确保员工接受有效培训的条例。

④人才培训的对象涵盖企业所有的层次，从最底层到最高层，哪怕是董事会成员，也不

应该拒绝培训。

⑤培训必须由包括经理、员工在内的全体员工共同努力来完成。

⑥培训必须从培训的目标出发,系统地和整个企业活动过程结合起来。旅游企业员工培训是全员培训,其目的是达到全员素质的总体提高。因此,培训的内容应该根据不同对象、不同时期的具体情况加以安排。在培训内容上强调学用结合、按需施教,核心是学习的内容与工作需要相结合。

2. 培训的内容

1)旅游企业职工道德的培训

(1)职业道德认识、情感、意志和信念

这是指人们对职业道德现象的感知、理解与接受的程度。旅游企业职业道德培训教育的首要任务是加强员工对本职工作的道德认识,在服务工作中形成正确的道德观念,逐步确立自己对客观事物的主观态度和行为准则。

职业道德情感是指在道德认识的基础上所产生的对事物的爱憎、好恶、亲疏的态度,它对道德行为起着巨大的推动与调节作用。旅游企业职业道德情感培训教育就是要增强员工对职业活动中各项内容的正确认识,增强员工的责任感与使命感。

职业道德意志是坚持某种道德行为的毅力。它来源于一定的道德认识和道德情感,又要靠长期的实践工作磨练才能逐步完成,它是调节职业道德行为的支持力量。

职业道德信念是人们对道德义务的真诚信仰和强烈的责任感。它是职业活动的最高标准,是道德精神的重要组成部分。

不可否认,无论过去和现在,社会上都存在一部分人对服务行业另眼相看。就旅游企业从业人员来说,也有一部分人曲解了社会分工中人与人之间的关系。这样,会产生一些不良后果,比如,缺乏应有的敬业乐业精神,易产生自我疑虑和自我轻视的意识;心理不平衡,工作中有怨气;等等。结果是员工素质下降,服务意识淡漠,服务工作被动,质量严重下滑。因此,职业道德的培养首先要求员工对职业道德规范有一定的理解,逐步树立职业道德认识、情感、意志和信念。

(2)职业道德行为与习惯

职业道德行为是指人们在相互关系中采取的有意识的、经过选择的、能进行道德评价的行为。职业道德习惯是指人们对被强制灌输的道德认识、道德情感、道德意志、道德信念和道德行为采取积极认同的态度,并转化为下意识的、自觉的理念和行为。

旅游企业职业道德培训就是要通过加强道德认识、增强道德情感和信念、磨炼意志,从而使所有员工在本职工作中追求高尚的行为,并且能形成长期的职业习惯,将职业道德规范自觉地运用到本职工作中去。

例如,饭店职业道德中一项重要内容——服务态度的养成与运用,服务态度可以表现为饭店服务人员按规定向客人提供的服务内容和服务人员的态度。服务内容是实质性的,包括服务人员主动向客人提供规定的服务项目和发自内心的良好服务,使客人得到享受。服务态度是使客人在感官上、精神上感受到的亲切感,这种体验不是抽象的,而往往要通过服务人员的礼节礼仪作为媒介,通过表情、语言和神态等来表示。良好的服务态度是饭店职业道德在工作中的直观反映。

2)知识的培训

员工的素质是知识、能力和政治素质的综合反映。知识的培训对素质的提高起着潜移默化的作用,特别是有关旅游和旅游企业的基本知识,更进一步地制约着服务质量的提高。知识培训是对受训员工按照岗位需要进行的专业知识和相关知识的教育,不一定面面俱到,也不应漫无边际。由于培训对象不同,知识培训的深度、广度和难度应有所区别。对管理人员的知识培训要求有一定的理论深度,要进行职业专门知识、管理知识和政策法规知识等方面的培训。对服务人员的知识培训重点在于掌握本岗位所需的基本知识,如重要客源国的政治、经济、历史、地理和民俗、旅游心理、本地旅游资源和交通、商业情况、饭店礼貌、礼仪以及政策法规知识等。

3)能力的培训

知识培训是培训的基础,而能力培训则是培训的核心、重点。对旅游企业从业人员能力的培训应注重理论联系实际。比如对旅游企业从业人员能力的培训可以通过角色扮演法、案例分析法、情景培训法、集中研讨法和反复的模拟练习、实际操作等形式进行,使其在不同的位置更加深刻地体验他人的心理感受,进而提高其处事能力与应变能力。

4)操作技能方面的培训

旅游企业的服务工作是技能性和技巧性很强的工作。因此,操作技能的培训是员工培训的一项主要内容。例如,对饭店前厅部接待人员的外语会话能力和谈话技巧、问讯、接待、处理投诉技巧的培训;餐厅服务员领位、看台、摆台、上菜、撤盘的培训;商务中心文员的电脑打字培训等。

操作技能的培训既是基础性培训,又是长久的培训,不是可以一劳永逸的培训方式;既有集中培训,也有贯穿于实践过程的实时培训,以求不断让员工掌握最新工作方法,提高工作能力与效率。

3.新员工培训的内容

(1)企业文化培训

企业文化是企业组织成员共有的行为模式、信仰和价值观。为了使新员工了解和融入企业文化,企业应安排新员工接受企业文化培训。这种培训可以简单分为以下3个层面:

①精神层次。采用参观、观看录像和讲授等培训方式,使新员工认识企业的目的、宗旨、哲学、精神、作风和道德标准。

②制度层次。采用讲授、讨论、解释员工守则和角色扮演等培训方式,使新员工熟悉企业规章制度、奖惩制度、考评制度、福利制度和待人接物态度。

③物质层次。了解企业内外环境,包括建筑物、部门和单位的地址和性质以及企业的设备、品牌、声誉、标志和制服等。采用的培训方式有:带领新员工参观、听取讲授和讨论以上所列的相关事宜等。

(2)业务培训

业务培训是指认识企业的工作过程、部门的工作流程和员工自己岗位的职务。培训方法有参观、听取讲授、进行个案分析、模拟训练和角色扮演等。

除了上述的培训外,企业会指派一名"导师"协助新员工融入企业和部门,熟悉自己的工作岗位。导师可以是员工的直属上司,也可以是其他有经验的员工,以师带徒的形式,给予新员工具体、细致、系统的指导和辅导。

(三)员工培训的方法

根据旅游企业的实际状况和培训项目、培训对象的具体情况,灵活选择培训方式,是保证培训取得预期成效的重要条件。究竟选择何种较为理想的培训方式,要综合考虑培训方法的效果、费用与侧重点,以提高素质为目的来加以考虑。

1)讲授法

讲授法就是课程学习法,是通过教师的语言表达,系统地向学员传授知识。在讲授的过程中常常还辅以问答、讨论或者案例分析等形式。传统的讲授法是一种能够以最低成本、最少的时间耗费向大量的受训者提供某种专题信息的方法之一。这种方法适用于以简单的获取知识为目标的情形。讲授法的形式多种多样,主要包括以下几种:灌输式,即讲授过程中的信息输入完全来自培训者,学员只是接受信息;开放式,即学员们首先就活动目标及测评标准达成一致,然后培训者将学生确定的目标进行分解,并设计一定的活动,分头完成这些任务,最终取得预期的效果;发现式,指学员在培训者的指导下进行学习,重新发现,并且独立探求新结论和其他新事物;启发式,指培训者首先讲述一些新信息和结论,然后提出一些问题,以考查学员是否掌握了新信息和结论。总之,不管是何种形式的讲授,它都是一种单向沟通的方式——从培训者到听众。讲授法常用于一些理念性知识的培训。

2)视听技术学习法

通过现代视听技术,如投影仪、DVD、录像机等工具,对员工进行培训。其优点是运用视觉与听觉的感知方式,直观鲜明,比单纯讲授给人的印象更深刻、更有亲切感,容易引起学员的学习兴趣,提高培训效果。但学员的反馈与实践较差,且制作教材和购买设备的成本高,内容易过时。它被广泛地运用在提高员工的沟通技能、面谈技能、客户服务技能等方面,同时也被运用到描绘如何完成某些工作程序等方面,常常与讲授法结合在一起使用,以便向受训者展示真实的生活经历或者实例。

3)讨论法

按照费用与操作的复杂程序,讨论法又可分成一般小组讨论与研讨会两种方式。研讨会多以专题演讲为主,中途或会后允许学员与演讲者进行交流沟通。优点是信息可以多向传递,与讲授法相比反馈效果较好,但费用较高。而小组讨论法的特点是信息交流时方式为多向传递,学员的参与性高,费用较低。多用于巩固知识,训练学员分析、解决问题的能力与人际交往的能力,但运用时对培训教师的要求较高。

4)案例研讨法

案例研讨法就是把在实际生活中已经发生过并记录下来的案例提供给员工进行剖析、研究,在讨论的基础上提出自己的见解,并要求有鲜明的论点和较充分的论据。

案例研讨法的突出特点是注重启发和挖掘员工的分析、判断和决策能力,促使其运用新知识、新方法思考问题,达到借鉴经验教训、分析前因后果、提高处理问题能力的目的。案例研讨法是在静态中通过案例分析,使员工进入模拟的角色。其适用对象多为中层以上的管理者。采用案例研讨法应注意以下两个问题:

①培训者要事先准备好案例材料,并注重案例的典型性、普遍性、实用性,不要在课堂上现编现想现讲,以免影响效果。

②案例讨论法不像定量方法那样存在着单一的解法,而往往有许多种解法。这是由管理问题的特点所决定的,难以求得唯一的最优解。正因如此,宜于充分利用讨论的形式,让员工畅所欲言,集思广益。既不要轻易地以某种解法作为最权威的唯一最优解,也不要争议讨论了半天却没有任何归纳总结,最后不了了之。

5)角色扮演法

角色扮演法是让员工模拟实际情景,扮演各种角色进行训练的一种方法。培训者将员工在工作中存在的有代表性的问题进行总结提炼,让员工扮演某个与自己工作有关的角色,使其体验所扮演角色的感受与行为,从而改进和提高自己在职位上表现出的态度与行为。角色扮演法的适用对象一般为管理人员、服务员。

角色扮演法能激发学员解决问题的热情,可增加学习的多样性和趣味性,能够激发热烈的讨论,使学员各抒己见,能够提供在他人立场上设身处地思考问题的机会,可避免可能的危险与尝试错误的痛苦。但观众的数量不宜太多,表演效果可能受限于学员过度羞怯或过深的自我意识。培训时应注意:要准备好场地与设施,使演出学员与观众之间保持一段距离;表演前要明确议题所遭遇的情况;谨慎挑选表演学员与角色分配,鼓励学员以轻松的心情演出;由不同组的学员重复演出相同的情景;可安排不同文化背景的学员演出,以了解不同文化的影响。角色扮演的效果好坏主要取决于培训者的水平。如果培训者能作出及时适当的反馈和强化,则效果相当理想,而且学习效果转移到工作情景中去的程度也高。

6)网络培训法

网络培训法是一种新型的计算机网络信息培训方式,投入较大,但由于使用灵活,符合分散式学习的新趋势,节省学员集中培训的时间与费用。这种方式信息量大,新知识、新观念传递优势明显,更适合成人学习。因此特别为实力雄厚的企业所青睐,也是培训发展的一个必然趋势。

7)行为塑造法

行为塑造法是指向员工提供一个演示关键行为的模型,并给他们提供实践的机会。该方法基于社会学习理论,适合于学习某一种技能或行为,对于事实信息的学习若采用此法,效果则极不理想。有效的行为塑造培训包括4个重要的步骤:

(1)明确关键行为

关键行为就是指完成一项任务所必需的一组行为。通过确认完成某项任务所需的技能和行为方式,以及有效完成该项任务的员工所使用的技能或行为来确定关键行为。

(2)设计示范演示

设计示范演示即为受训者提供一组关键行为。录像是示范演示的一种主要方式,科学技术的应用使得示范演示可通过计算机进行。示范演示具有以下5个特点:①演示能清楚地展示关键行为;②示范者对受训者来说是可信的;③可以提供关键行为的解释与说明;④能够向受训者说明示范者采用的行为与关键行为之间的关系;⑤能够提供正确与错误使用关键行为的模型比较。

(3)提供实践机会

提供实践机会即让受训者演练并思考关键行为,将受训者置于必须使用关键行为的情景中,并向其提供反馈意见。如条件允许还可以利用录像将实践过程录下来,再一次向受训者展示其自己模拟的正确行为。

(4)应用设计

应用设计即让受训者作好准备,在工作中应用关键行为,以促进培训成果的转化。如可以让受训者制订一份"合约",承诺在工作中应用关键行为,培训者应跟随观察其是否履行了合约并达到预期的目标。

8)参观访问法

参观访问法就是针对某一特殊环境或事件,有规划、有组织地安排人员到有关单位作实地的考察和了解。受训者有针对性地参观访问,可以从中得到启发,受到教育,增加自己的知识和技能。参观访问法主要适用于某些无法或不易于在课堂上讲述的议题。通过参观访问帮助受训者了解现实世界的一些真实情况,了解理论与实际之间的差距。

9)拓展学习法

拓展学习法是指运用结构性的室外活动来开发受训者的协作能力和领导能力的一种培训方法,也是目前使用最为广泛的一种互动训练法。利用自然环境,通过一系列精心设计的活动,使学员在解决问题、应对挑战的过程中,达到"磨炼意志、完善人格、挑战自我、熔炼团队"的素质拓展培训目的。拓展学习法十分有利于培养和开发与群体有效性相关的技能,如自我意识能力、问题解决能力、冲突管理能力和风险承担能力等。通过参加这种活动,受训者对自己与同事之间的交往方式都有了更为深刻的理解。拓展学习法成功的关键因素之一在于它要求全体团队成员参与,从而能够在练习中发现有碍群体有效性发生的一些群体动态属性,然后对此加以讨论。拓展学习法也有其弊端:它对受训者的身体素质要求非常高,在拓展学习中的体力要求以及受训者在练习中经常需要彼此之间的接触等情况,有可能导致企业在不经意的时候遭遇被起诉的风险,而起诉的原因则包括人身伤害、故意增加情景刺激负担、侵犯个人隐私等。这会给组织带来一定的风险,这些风险有时是因私怨、感情不和而导致的故意伤害,而不能将其归咎于疏忽。因此,对于拓展学习法的开展应采取慎重态度。

任务三　建立有效的员工培训体系

培训体系是否有效的判断标准是该培训体系是否能够增加企业的竞争力,实现企业的战略目标。有效的培训体系应当具备以下特征:

(1)有效的培训体系以企业战略为导向

企业培训体系是根源于企业的发展战略、人力资源战略体系的,只有根据企业战略规划,结合人力资源发展战略,才能量身定做出符合自己持续发展的高效的培训体系。

(2)有效的培训体系着眼于企业核心需求

有效的培训体系不是头疼医头,脚疼医脚的"救火工程",而是深入发掘企业的核心需求,根据企业的战略发展目标预测对人力资本的需求,提前为企业需求做好人才的培养和储备。

(3)有效的培训体系是多层次全方位的

员工培训说到底是一种成人教育,有效的培训体系应考虑员工教育的特殊性,针对不同的课程采用不同的训练技法,针对具体的条件采用多种培训方式,针对具体的个人能力和发展规划制订不同的训练规划。在效益最大化的前提下,多渠道、多层次地构建培训体系,以达到全员参与、共同分享培训成果的效果,使得培训方法和内容适合受训者。

(4)有效的培训体系充分考虑了员工的自我发展需要

按照马斯洛的需要层次论,人的需要是多方面的,而最高需要是自我发展和自我实现。按照自身的需要接受教育培训,是对自我发展需要的肯定和满足。培训工作的最终目的是为企业的发展战略服务,同时也要与员工个人职业生涯发展相结合,实现员工素质与企业经营战略的匹配。这个体系将员工个人发展纳入企业发展的轨道,让员工在服务企业,推动企业战略目标实现的同时,也能按照明确的职业发展目标,通过参加相应层次的培训,实现个人的发展,获取个人成就。另外,激烈的人才市场竞争也使员工认识到,不断提高自己的技能和能力才是其在社会中立足的根本。有效的培训体系应当肯定这一需要的正当性,并给予合理的引导。

(一)建立科学有效的培训体系

员工培训体系包括培训机构、培训内容、培训方式、培训对象和培训管理方式等,培训管理包括培训规划、培训执行和培训评估3个方面。建立有效的培训体系需要对以上方面进行优化设计。

1.培训机构

企业培训的机构有两类:外部培训机构和企业内部培训机构。外部机构包括专业培训公司、大学以及跨公司间的合作(即派该公司的员工到其他企业挂职锻炼等)。企业内部培训机构则包括专门的培训实体,或由人力资源部履行其职责。企业从其资金、人员及培训内容等因素考虑来决定选择外部培训机构还是企业内部培训机构。一般来讲,规模较大的企业可以建立自己的培训机构,如摩托罗拉公司的摩托罗拉大学和明基电通的明基大学等。规模较小的公司,或者培训内容比较专业,或者参加培训的人员较少,缺乏规模经济效益时,可以求助于外部培训机构。

2.培训对象

根据参加培训的人员不同,可分为高层管理人员培训、中层管理人员培训、普通职员培训和工人培训,应根据不同的受训对象设计相应的培训方式和内容。一般而言,对于高层管理人员应以灌输理念能力为主,参训人数不宜太多,采用短期而密集的方式,运用讨论学习方法;对于中层管理人员,注重人际交往能力的训练和引导,参训规模可以适当扩大,延长培训时间,采用演讲、讨论及报告等交错的方式,利用互动机会增加学习效果;对于普通的职员和工人培训,需要加强其专业技能的培训,可以大班制的方式执行,长期性地延伸教育,充实员工的基本理念和加强实务操作。

3.培训方式

从培训的方式来看有职内培训(On-the-job Training)和职外培训(Off-the-job Training),职内培训指工作教导、工作轮调、工作见习和工作指派等方式,职内培训对于提升员工理念、人际交往和专业技术能力方面具有良好的效果。职外培训指专门的培训现场接受履行职务所必要的知识、技能和态度的培训,非在职培训的方法很多,可采用传授知识,发展技能训练以及改变工作态度的培训等。职内培训和职外培训相结合,对不同的培训内容采用不同的方式,灵活进行员工培训。

4.培训规划

员工培训的管理非常重要,有效的培训体系需要良好的管理作为保障。培训规划涵盖培训依据、培训目的、培训对象、培训时间、课程内容、师资来源、实施进度和培训经费等项目。

有效的培训体系要求在制订培训规划时应当因循拟订的管理程序,先由人力资源管理部门(或者培训主管单位)分发培训需求调查表,经各级单位人员讨论填写完毕,直属主管核定后,人力资源管理部门汇总,拟订培训草案,提请上一级主管审定,在年度规划会议上讨论通过。在培训方法方面,应当考虑采用多种方式,对演讲、座谈、讨论、模拟等方法善加运用,可以增强培训效果。同时在培训内容上,最好能够采用自主管理的方式,由员工与主管或讲师共同制订培训目标、主题,场地开放自由化,可以增强员工学习意愿,提升学习效果。

1)搜集培训需求信息

搜集培训需求信息的常用方法有员工行为观察法、问卷调查法、资料搜集法和讨论法等。培训需求分析调查表如表8.1所示。

表8.1 培训需求分析调查表

岗位:		在岗时间:			
职务:		在职时间:			
年龄:	性别:	前一个职务:			
		优	良	中	差
工作技能熟练程度:					
自我感觉当前工作表现:					
培训需要		是		否	
1.当前您在工作中最大的困难或存在的问题是什么?					

续表

2. 为弥补不足,当前您最需要的培训是什么?	
填写时间:	地点:
备注: 1. 根据实际,如实填写。 2. 字迹清晰。 3. 请于　　年　　月　　日前将本表送回。	

2）分析培训需求

培训需求分析的最终目的是确保培训的针对性和实用性,通常分为以下两个步骤:

①发现和搜集培训信息是培训需求分析的前提和基础。

②结合企业组织分析、工作分析、人员分析、绩效分析的内容和结果,对搜集的培训需求信息进行分析。

3）确认需求分析结果

4）拟订培训规划

（1）拟订培训规划书的步骤

①确定培训需求。

②确定培训的目标。

③确定培训费用。

④确定培训规划。

⑤确定培训内容。

⑥确定培训形式和方法。

（2）培训规划书的内容

通过培训需要分析,明确了培训需求之后,人力资源部就可以制定一个系统完整的培训规划。培训规划制定一般包括以下内容:

①培训项目的名称。

②培训目的。从企业的发展战略和整体上明确培训所要解决的问题和要达到的目的。这是培训工作的方向性内容,同时也是培训结束时的检验依据。

③培训需求。这是培训规划的依据和基础,表明企业发展目标与现实状况之间的差距,通过培训要消除这些差距,达到饭店的目标要求。

④培训对象。培训所针对的人员构成，包括具体岗位、部门、学历以及参加培训人员的其他要求。

⑤培训目标和内容。培训目标是指培训后的员工所达到的工作要求。设置培训目标一般包括 3 个层次：a. 内容，即企业期望员工做什么事情；b. 标准，即企业期望员工以哪种标准来做事情；c. 条件，即在什么状况下达到这种标准。例如，某饭店对客房服务员进行培训，其培训目标设置就是：培训结束，员工应当能够在不求助他人的情况下（条件要素），在 25 分钟之内（标准要素）把客人的空房间打扫干净（内容要素）。

⑥培训方式。培训采用何种形式和方式进行，是脱产还是业余，是课堂教学还是工作实践中师傅带徒弟或是外出实习考察，是用现成教材还是以企业的文件代替，培训地点是在企业内进行还是到社会上借教室等。

⑦培训时间。培训时间分 3 个层次的内容：整个培训规划起止时间、培训规划中每个项目花费的课时、每个培训项目安排的具体时间。

⑧培训师资。培训师资为委托外部人员任教还是企业内部部门经理或资深员工任教，不同的选择适合不同的课程和对象。例如，新员工的入职培训一般包括企业内部企业文化培训、规章制度及各部门工作的业务知识培训等，一般由企业内部部门经理或资深员工来完成。而英语和礼仪内容的培训则请外部专家辅导，对于老员工的晋升培训，所需的市场竞争和管理内容一般请外部教师完成。

⑨组织实施培训的部门和人员。一般中小型企业由人力资源部负责，大型企业由专门的培训部负责。明确开展培训的职能部门和责任人，有利于工作协调，职责落实，是培训效果的保证。

⑩培训考评及反馈。为检验培训效果，所有的培训必须进行考评。培训规划应对考评方式（笔试、面试、操作）加以明确，以便在时间、人员、费用等方面作出全面安排。考评的成绩有培训完时计算和培训后一段时间内的工作能力提升两种，后者是一种比较科学的方法。

⑪培训费用。一般指培训规划实施过程中需要的直接费用，包括师资、场地、设备、教材、资料印制、组织管理、后勤保障等需要的费用。培训费用构成一般包括以下内容：a. 场租费。b. 培训设备、设施费。借助现代化的教学设备，如语音室、多媒体电教室等。c. 外聘教师讲课费。由于培训涉及的领域日益拓宽，培训科目多样化，企业自有的师资力量不能满足所设科目的日益增长的需要，需借助大专院校和相关机构的力量，聘用外部师资，建立自己的师资库。d. 教材费。e. 培训管理费用。包括培训部专职管理人员、讲师及教员的工资、福利、办公费用等。f. 交通差旅费。g. 其他支出。例如，员工参加培训损失的生产率（或当受训者接受培训时代替其工作的临时工成本），实际操作材料费用等。

饭店员工季度培训规划表如表 8.2 所示。

表 8.2　饭店员工年度培训规划表

举办培训班名称		本年度举办期数		培训地点		培训教授	
培训目的					预算费用		
培训对象		培训人数		培训时间		主办单位	
培训目标							
培训性质							
培训科目	科目名称	授课时间	讲师姓名	教材来源	教材大纲	备　注	
培训方式							
培训进度	周　次	主要培训内容				备　注	
	第一周						
	第二周						
	第三周						
单位申请人:							

5)在培训中对需求进行调整和修订

5.培训执行

培训规划制订后,就要有组织规划地实施。从实际操作层面上讲,应注意以下几个问题:

①执行培训时最好与考核相结合,重视过程控制,观察培训过程中参训者的反应及意见。培训是持续性的心智改造过程,所以员工在培训过程中的社会化改变比训练结果更值得关注。

②培训规划执行时应当注重弹性原则和例外管理。对于一般性的训练,可以统筹办理,由人力资源管理部门主要负责;对于特定性的培训,应采用例外管理,由各个单位根据具体

情况弹性处理。

③培训活动应注意事前沟通,从而加强学习互动,营造良好的学习氛围,逐步建立学习性组织。

6. 培训评估

员工培训的转移是培训中最重要的步骤,也是被许多培训项目所忽视的步骤。员工培训效果的转移是指把培训的效果转移到工作实践中去,即工作效率提高多少、工作绩效改善多少等,和培训目标息息相关。因此,正确评价培训的转移效果是最终衡量一次培训是否有效的关键。

评价培训的转移效果要注意以下几点:

①要取得相关职能部门的支持。

②评价工具要有较高的有效性。

③要有时间性。有的培训效果立竿见影,例如知识和技术上的培训,可以在培训后立刻显现出来;而有的培训效果要在一段时间后才能有效,例如行为和态度的转变。

④要真实。即使有的培训结果无转移,也要真实地反映,这样才能吸取教训,以利于以后的改进。

由于培训的基本目的是使学员实现系统的行为变化,因此,只是在培训后进行成绩测定,不能全面地评价培训的真正作用和转移效果,用评价设计可以克服这一缺点。评价设计是指通过科学的设计,建立一定的条件,进行对有关培训转移效果的评价。

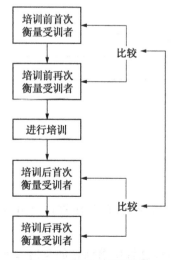

图 8.1　时间序列评价法

1)培训效果评估的方法

(1)时间序列评价法

这种方法是将时间因素列入考虑范围,背后的假设是:受训员工不管是否接受培训,其本身也可能在改变。因此,旅游企业应对受训者在受训前和受训后作多次衡量,记录不同参考点的数据,以便比较。只要发现受训前的变化和受训后的变化出现显著差异,便证明培训是有效的,如图 8.1 所示。

(2)培训前后控制法

有时候改变是全面的,即受训员工在改变,没有接受训练的员工也在改变,即改变不一定来自培训。因此,方案的设计将员工分成两组,这两组是以随机抽样选出来的,以证明两组原先并无特定差异。一组为控制组,一组为试验组,只有试验组接受培训。在培训结束后,再对两组进行衡量,比较衡量结果。当只有试验组改变而控制组没有改变时,才能证明受训员工的改变来自于培训效果的转移,如图 8.2 所示。

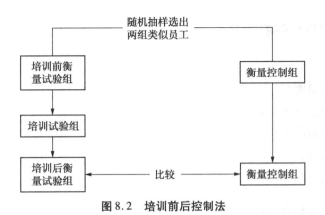

图8.2 培训前后控制法

(3)训练后控制

由于衡量方法或内容本身有限制,导致接受衡量的员工在接受第一次衡量后,会加强他们应付类似衡量的能力。为避免产生这种不良后果,企业应在培训后进行衡量。接受衡量的对象仍分为试验组和控制组。当接受过培训的试验组的表现比没有接受培训的控制组的表现好时,就证明培训有效,如图8.3所示。

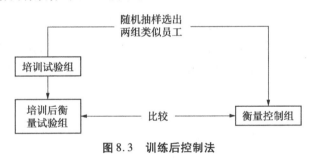

图8.3 训练后控制法

2)培训效果评估的内容

完整的培训评估应包括两部分内容:过程评估和结果评估。过程评估用来检查整个培训过程是否存在问题,即需求分析、规划和设计、实施阶段可能出现的问题;结果评估是要确认培训是否达到预期目标,从而判断培训的有效性,是培训评估中最重要的内容。具体有以下几项:

①培训内容是否按规划顺利完成;

②受训员工实际接受程度如何,是否对工作有指导意义;

③培训后的员工有哪些变化;

④培训师资的水平与质量如何;

⑤培训的时间、地点是否适合;

⑥培训投资与收益分析;

⑦培训中成功与失败之处,还需作何改进。

3）培训效果评估的步骤

①分析培训需求；

②确定评估的目的；

③建立培训评估数据库；

④确定培训评估的层次；

⑤调整培训项目；

⑥沟通培训项目结果。

4）撰写培训效果评估报告

将有关评估过程、数据、分析结果等内容进行整合，形成一份综合性的评估报告。评估报告包括以下主要内容：

①摘要——对整个报告的简要综述，概括评估的主要结果和建议。

②项目背景——培训项目的总体说明，包括对需求分析的概括，培训的总体目标、培训方案的概要等。

③评估目的——详细说明评估目的、各层次的评价目标。

④评估方法和策略——评估层次、评估过程、评估方案、评估方法、评估工具等。

⑤数据搜集和分析——数据如何搜集和何时搜集、数据分析的方法、分析结果的解释等。

⑥项目成本——分类汇总各项成本和总成本。

⑦反映效果——详细说明学员对项目的反应和满意程度。

⑧学习效果——详细说明学员对新知识、技能和态度的掌握和接受情况。

⑨应用效果——详细说明学员对所学内容的实际应用情况，包括主要的成功之处和不足。

⑩业务影响——说明作为培训结果的业绩改进程度。

⑪ROI——比较项目收益和成本，用投资回报率的比值显示结果。

⑫无形收益——对与项目有关的无形指标（无法核算经济价值的指标）加以说明。

⑬支持因素和障碍——找出对项目实施起积极作用的各种因素，以及项目实施中的问题和障碍，为以后的培训和业绩改进提供参考依据。

⑭结论和建议——综述各层目标的实现情况，提出项目的改进建议。

（二）"分餐"式员工培训

员工培训要根据员工培训需求和知识需求做多样化的"分餐式"员工培训，绝不能做一刀切式员工培训，充分满足员工的培训需要，提高员工培训的实效性。

首先，要建立员工学习培训长效机制。要考虑到班组的工作性质、员工的特点、员工的文化程度和作息规律等实际,并与企业重点岗位、关键人员等重点员工培训相结合,建立员工日常学习培训的长效机制。

其次,要创新员工学习培训方式。根据企业、员工的不同特点,员工培训方式要灵活多样。如针对年龄较大的员工的培训,要充分发挥其动手能力强的优势,避免记忆力差的劣势,将员工培训的内容侧重于实际操作、修旧利废知识,而对年轻员工开展培训时,要着重理论和实际操作技能的同步发展,着力提高其动手能力,并可以采取老员工和年轻员工结成师徒对子的方式,让他们相互帮助,取长补短。

(三)员工培训课程的开发

企业必须将员工的培训与开发放在战略的高度来认识。员工培训有的能立竿见影,很快会反映到员工工作绩效上;有的可能在若干年后才能收到明显的效果,尤其是对管理人员的培训。因此,许多企业将培训看成是只见投入不见产出的"赔本"买卖,往往只重视当前利益,安排"闲人"去参加培训,而真正需要培训的人员却因为工作任务繁重而抽不出身,结果就出现了所学知识不会用或根本不用的"培训专业户",使培训真正变成了只见投入不见产出的"赔本"买卖。因此,企业必须树立战略观念,根据企业发展目标及战略制定培训规划,使培训与开发同企业的长远发展紧密结合。

员工培训应当有明确的针对性,从实际工作的需要出发,与职位特点紧密结合,与培训对象的年龄、知识结构、能力结构、思想状况紧密结合,目的在于通过培训让员工掌握必要的技能以完成规定的工作,最终为提高企业的经济效益服务。只有这样,培训才能收到实效,才能提高工作效率。

培训与开发的内容,除了文化知识、专业知识、专业技能的培训内容外,还应包括理想、信念、价值观、道德观等方面的培训内容。而后者又要与企业目标、企业文化、企业制度、企业优良传统等结合起来,使员工在各方面都能够符合企业的要求。

全员培训就是有规划、有步骤地对在职的所有员工进行培训,这是提高全体员工素质的必经之路。为了提高培训投入的回报率,培训必须有重点,即对企业兴衰有着重大影响的管理和技术骨干,特别是中高层管理人员、有培养前途的梯队人员,更应该有规划地进行培训与开发。

任务四　员工职业发展

在职业发展的过程中,人力资源规划、招聘和培训等人力资源管理活动起着十分重要的作用。从组织的观点看,职业发展能降低员工流动带来的成本。如果企业帮助员工制订职业规划,这些规划可能与组织密切相连,因此,员工就不大可能离开。热心于员工的职业发展同样能鼓舞士气,提高生产率,并帮助组织变得更有效率。事实上,组织对员工的职业发展感兴趣对员工也有积极的影响,在这种情况下,员工认为企业把他们看作是整体规划的一部分而不仅仅是一些数字。重视职业发展对员工看待他们的工作和雇主的方式也有积极的影响。比如,人力资源规划不仅可以预测企业中的职位空缺情况,而且能够发现潜在的内部候选人,并能够弄清楚了为了使他们适应新职位的需要,应对他们进行哪些培训。另外,企业不仅能够运用定期的绩效考评来确定员工工资和薪金,而且可以发现员工的发展需要并设法使这些需要得到满足。换句话说,所有的人力资源管理活动不仅能够满足企业的需要,而且能够满足个人的需要。一方面,企业从更具有献身精神的员工所带来的绩效中获利;另一方面,员工则从工作内容更为丰富、更具挑战性的职业中获得收益。

(一)职业经历理论

每个人的职业都要经过几个阶段,因此,必须了解这种职业周期的重要性。职业周期之所以重要,是因为一个人所处的职业阶段将会影响其知识水平以及对各种职业的偏好程度。一个人经历的主要职业阶段包括以下 5 个阶段:

1. 成长阶段

成长阶段大体上可以界定为从一个人出生到 14 岁左右这一年龄阶段上。在这一阶段,个人通过对家庭成员、朋友以及老师的认同以及与他们之间的相互作用,逐渐建立起自我的概念。在这一阶段的一开始,角色扮演是极为重要的。在这一时期,儿童将尝试各种不同的行为方式,而这使得他们形成了人们如何对不同的行为作出反应的印象,并且帮助他们建立起一个独特的自我概念或个性。到这一阶段结束的时候,进入青春期的青少年(这些人在这个时候已经形成了对他们的兴趣和年龄的某些基本看法)就开始对各种可选择的职业进行某种现实性的思考了。

2. 探索阶段

探索阶段大约发生于一个人刚涉足工作到 25 岁之间的这一年龄段。在这一时期,个人将认真地探索各种可能的职业选择。他们试图将自己的职业选择与他们对职业的了解以及通过学校教育、休闲活动和业余工作等途径所获得的个人兴趣和年龄匹配起来。在这一阶段的开始时期,他们往往会作出一些带有试验性质的较为广泛的职业选择,试图通过变换不同的工作或工作单位选定自己一生将从事的职业。这是年轻人就业初期试探职业生涯的必然趋势。处于这个年龄阶段的员工希望经常调换不同工作的愿望十分强烈,如在本单位得不到满足,则往往会跳槽,因此这一年龄段的人跳槽率高。从企业的角度来说,应了解就业初期青年人的这一特点,给予其选择职业方面的引导,并努力为他们提供多种工作,特别是具有挑战性又能引起他们兴趣的工作机会和他们自我探索的机会。然而,随着个人对所选职业以及自我的进一步了解,他们的这种最初选择往往会被重新界定。到这一阶段结束时,他们已经选定一个比较恰当的职业,并作好开始工作的准备。

人们在这一阶段以及以后的职业阶段,需要完成的最重要任务是对自己的年龄和天资形成一种现实性的评价。类似地,处于这一阶段的人还必须根据来自各种职业选择的可靠信息作出相应的学习决策。

3. 确立与发展阶段

这一阶段发生在一个人的25—44岁,是大多数人工作生命中的核心部分。有些时候,个人在这段期间(通常是希望在这一阶段的早期)能够找到合适的职业并随之全力以赴地投入到有助于自己在此职业中取得永久发展的各种活动之中。人们通常愿意(尤其在专业领域)早早地就将自己锁定在某一已经选定的职业上。然而,在大多数情况下,在这一阶段人们仍然在不断地尝试与自己最初的职业选择所不同的各种努力和理想。

这一阶段本身又由3个子阶段构成:

(1)尝试阶段

尝试阶段发生在一个人的25—30岁这一年龄段。在这一阶段,个人确定当前所选择的职业是否适合自己,如果不适合,他(她)就会准备进行一些改变。

(2)稳定阶段

到了30—40岁这一年龄段,人们就进入了稳定阶段。在这一阶段,人们往往已经定下了较为坚定的职业目标,并制订了较为明确的职业规划来确定自己晋升的潜力、工作调换的必要性以及为实现这些目标需要开展哪些教育活动,等等。

(3)职业中期危机阶段

在30多岁和40多岁之间的某个时段上,人们会进入一个职业中期危机阶段。在这一阶段,人们往往会根据自己最初的理想和目标对自己的职业进步情况作一次重要的重新评价。他们可能会发现,自己并没有朝着自己所梦想的目标靠近,或者在已经完成了他们自己所预定的任务之后才发现,自己过去的梦想并不是自己所想要的全部东西。在这一时期,人们还有可能会思考,工作和职业在自己的全部生活中到底占多大的比重。通常情况下,在这一阶段的人们第一次不得不面对一个艰难的抉择,即判定自己到底需要什么、什么目标是可以达到的,以及为了达到这一目标自己需要作出多大的牺牲。

4. 维持阶段

这一阶段的年龄一般为45～60岁。处于这一阶段的人,当然尚有出成果和发展的可能,但相对来说,他们对成就和发展的期望减弱,希望维持或保留自己已取得的地位和成就的愿望则加强;同时,他们也希望更新自己专业领域的知识或技能,以免被裁员,或者便于在被裁员时另谋其他出路。大多数处于这一阶段的员工都有自己的规划,一方面希望再出一些成果,但更多的则注意更新自己的知识和技能或学习其他领域的知识技能。从组织的角度看,则更要关心并提供有利于他们更新知识、技能或学习其他新领域知识、技能的机会。

5. 下降阶段

这一职业阶段的年龄一般指 60 岁以后的员工。我国一般男性员工的退休年龄在 60 岁左右,在西方,例如在北美则一般在 65 岁左右。在这一阶段,许多人都不得不面对这样一种前景:接受权力和责任减少的现实,学会接受一种新角色,学会成为年轻人的良师益友。再接下去,就是几乎每个人都不可避免地要面对的退休。这时,人们所面临的选择就是如何去打发原来用在工作上的时间。

(二)员工职业发展规划

职业发展规划是企业和员工长期利益的统一,每一家具有高度责任感的企业都有义务为其员工指明职业发展方向,设计职业发展通道,使员工看见个人发展的希望,实现人才的长期稳定。职业规划包含 3 个方面的含义。

①组织开发并在组织内部向员工通告职业选择权,向员工传递组织内所存在的职业选择,就能实现员工职业目标的职业道路向员工提出详细的建议,在新的职位出现和老的职位被淘汰时,人力资源管理部门负责使这些信息能马上被员工了解。

②员工有了个人职业规划,采取一系列的实际行动,如要虚心接受公司各方面专家和直接管理者的有关职业发展的指导和建议,要进行自我评价,选择一条正确的职业道路,接受公司组织的一系列培训,并加强各方面的学习等。

③直接管理者引导员工如何进行职业发展,帮助员工评估结果。管理人员起顾问、评价者、教练和指导者的重要作用,以推进下属的职业发展。

职业发展规划通过以下 4 个方面得到实施。

1. 员工对自己能力、兴趣以及职业发展的要求和目标进行分析和评估

以前,不少员工,特别是文化知识水平较低的员工在寻找工作时,没有认真地对自己的能力、兴趣以及自己职业发展的要求和目标进行过分析和评估,而是盲目地寻找工作或就业。然而,也有不少员工,特别是接受过良好教育的员工,无论是在经济发展状况较好而就业较容易的时期,还是在经济萧条难于就业的情况下,都重视寻找既具有挑战性同时自己又有兴趣的工作,即使是暂时未能如愿,他们也会按自己已定的发展要求和目标不断而又有规划地去追求。这种追求建立在对自己的能力、兴趣、人生发展需求和目标进行科学的分析和评价的基础上,以确定自己合适的职业生涯目标和职业生涯发展路线。对自己上述方面的分析和评价不是一劳永逸的事情,而是较长时期地进行自我解剖、自我分析的不断往返的过程。

2. 组织对员工个人能力和潜能的评估

企业组织能否正确评价每个员工个人的能力和潜能是人力资源规划制订和实施的关

键。它对组织合理地开发、引用人才和个人职业规划目标的实现都有极其重要的作用。组织评估是要利用相应的信息对员工的能力和潜力作出客观公正的评估。这些信息主要来自对员工的绩效评估,也包括反映该员工的受教育状况和以前工作经历等信息的人员记录。组织对员工个人的评估通常应由人力资源人员和员工的直接管理者共同进行。

就企业组织来讲,大都通过对员工工作的绩效考评这一传统的方法来对员工的能力和潜力进行评估。当然,这种传统的方法是建立在"从过去的表现可以看到目前的表现,而从过去和目前的表现则可以预测出未来的表现"的传统观念基础上的。其实,这种方法存在着很多问题,甚至会造成很多失误。

第一,工作绩效考评不可能真正评估出一个人的能力和潜力。因为在工作绩效考评中往往会因评估人的偏爱或歧视以及考评体系的局限而造成低效度或低信度。

第二,即使通过工作评价,发现某些员工在目前自己的工作岗位上干得不错,也无法确认他具有能力和潜力去从事更高或更复杂的工作。同样,也不能说明某些在目前工作岗位上干得不理想的员工就不能胜任更高级、更复杂的工作。因此,这种传统的考评方法已受到了严峻的挑战。

西方许多企业组织从20世纪70年代起,逐渐采取更为科学的"心理测试和评价中心"的方法来测评员工的能力和潜力。西方国家的许多大企业组织都设有自己的能力和潜力测评中心,都有一支经过特别培训的测评人员队伍,通过员工自我评估以及测评中心的测评,能较确切地测评出员工的能力和潜力,对员工制订自己切实可行的职业规划具有重要的作用。

3. 组织提供职业信息传递和职业道路引导

从员工的角度讲,要想制订切实可行的职业发展规划,就必须获得组织内有关职务选择、职务变动和空缺的工作岗位等方面的信息。同样,从企业组织的角度来说,为了使员工的个人职业规划目标定得符合实际并有助于其目标的实现,必须注意公平地将有关员工职业发展方向、职业发展途径以及有关职位候选人在技能、知识等方面的要求,利用企业内部报刊、公告或口头传达等形式,及时地传递给广大员工,以便对该职位感兴趣又符合自己职业发展的员工进行公平的竞争。职业发展就是员工能有逻辑性地从一个工作岗位转移到另一个更高、更复杂、对其更有吸引力的工作岗位上去。

职业道路引导指明了组织内员工可能的发展方向及发展机会,组织内每一个员工可能沿着本组织的职业道路变换工作岗位。现代职业发展规划的职务允许有能力、有潜力的年资较浅的员工进行跳跃式的升迁,也允许横向性的平调。从组织角度来说,不能只依赖于空缺的岗位,而要创造更多的岗位或新的职位,让更多的员工的职业规划目标得以实现,同时,要严格地根据公平竞争的原则、公平合理的测评方法选拔人才。

4. 提供职业咨询

职业咨询是指整合职业规划过程中不同步骤的活动。它是伴随着整个职业生涯发展过程的多次或连续性咨询活动。在职业发展过程中,有可能出现许多员工无法预测或必须面对的难题,如职位升迁、跳槽、职能转换、人际关系等。职业咨询可以为员工解决职业发展中的困惑,为员工作出明智选择提供参考意见和决策支持。企业组织的人力资源开发部,以及各级管理人员要切实关心每个员工的职业需要和目标的可行性,并要给予他们各方面的咨询,以便使每个员工的职业规划目标切实可行,并得以实现。从咨询人员来说,要搞好咨询或指导,就要切实地了解信息,从各方面的信息资料分析中对员工的技能和潜能作出正确的评价,并在此基础上对他们的职业规划目标实现的道路或途径提出建议或指导。在西方企业员工职业规划咨询中,员工往往会向其上司或人力资源开发部门的人员进行咨询,提出类似于下面的一些问题:

①我现在掌握了哪些技能?我的技能水平如何?我如何去发展和学习新的技能?发展与学习哪方面的新的技能为最可行、最好?

②我在目前工作岗位上真正的需要是什么?如何才能在目前的工作岗位上既达到使上司满意,又使自己满意的程度?

③根据我目前的知识与技能,我是否可以或可能从事更高一级的工作?

④我下一步朝哪一个职位发展为好?如何去实现这个目标?

⑤我的规划目标定得是否符合本组织的情况?如我要在本组织实现我的职业规划目标的话,我应接受哪方面的培训?

当然,各级管理人员和人力资源开发部门的工作人员,作为为企业员工制订职业规划并实现其目标的咨询人员,应协助员工回答上述一系列问题。在咨询过程中,要在对过去技能和潜力进行正确评估的基础上,根据本组织的实际要求和可能,协助其制订出切实可行的职业规划,并对其职业规划目标的实现途径进行具体的指导和必要的支持。

要点思考

1. 员工培训在人力资源开发与管理中的作用是什么?

2. 人员培训应遵循哪些原则?旅游企业主要的培训形式有哪些?

3. 请你结合实际,说说如何克服员工培训与开发过程中的误区。

4. 如果要求你进行一次饭店新员工的定向培训,你将如何操作?

案例讨论

迪斯尼乐园的员工培训

到东京迪斯尼去游玩,人们不大可能碰到迪斯尼的经理,门口卖票和检票的也许只会碰到一次,碰到最多的还是扫地的清洁工。所以东京迪斯尼对清洁员工非常重视,将更多的训练和教育集中在他们身上。

1. 从扫地的员工培训做起

东京迪斯尼扫地的有些员工，他们是暑假工作的学生，虽然他们只扫两个月时间，但是培训他们扫地要花 3 天时间。

◆学扫地　第一天上午要培训如何扫地。扫地有 3 种扫把：一种是用来扒树叶的；一种是用来刮纸屑的；一种是用来掸灰尘的，这 3 种扫把的形状都不一样。怎样扫树叶，才不会让树叶飞起来？怎样刮纸屑，才能把纸屑刮得很干净？怎样掸灰尘，才不会让灰尘飘起来？这些看似简单的动作却都要严格培训。而且扫地时还另有规定：开门时、关门时、中午吃饭时、距离客人 15 米以内等情况下都不能扫。这些规范都要认真培训，严格遵守。

◆学照相　第一天下午学照相。十几台世界最先进的数码相机摆在一起，各种不同的品牌，每台都要学，因为客人会叫员工帮忙照相，可能会带世界上最新款的照相机来这里度蜜月、旅行。如果员工不会照相，不知道这是什么东西，就不能照顾好顾客，所以学照相要学一个下午。

◆学包尿布　第二天上午学怎么给小孩子包尿布。孩子的妈妈可能会叫员工帮忙抱一下小孩，但如果员工不会抱小孩，动作不规范，不但不能给顾客帮忙，反而会给顾客增添麻烦。抱小孩的正确动作是：右手要扶住其臀部，左手要托住背，左手食指要顶住颈椎，以防闪了小孩的腰，或弄伤颈椎。不但要会抱小孩，还要会替小孩换尿布。给小孩换尿布时要注意方向和姿势，应该把手摆在底下，尿布折成十字形，最后在尿布上面别上别针，这些内容都要认真培训，严格规范。

◆学辨识方向　第二天下午学辨识方向。有人要上洗手间，"右前方，约 50 米，第三号景点东，那个红色的房子"；有人要喝可乐，"左前方，约 150 米，第七号景点东，那个灰色的房子"；有人要买邮票，"前面约 20 米，第十一号景点，那个蓝条相间的房子"……顾客会问各种各样的问题，所以每一名员工要把整个迪斯尼的地图都熟记在脑子里，对迪斯尼的每一个方向和位置都要非常明确。

训练 3 天后，发给员工 3 把扫把，开始扫地。如果在迪斯尼里面碰到这种员工，人们会觉得很舒服，下次会再来迪斯尼，也就是所谓的引客回头，这就是所谓的员工面对顾客。

2. 会计人员也要直接面对顾客

有一种员工是不太接触客户的，就是会计人员。迪斯尼规定：会计人员在前两三个月中，每天早上上班时要站在大门口，对所有进来的客人鞠躬、道谢。因为顾客是员工的"衣食父母"，员工的薪水是顾客掏出来的。感受到什么是客户后，再回到会计室中去做会计工作。迪斯尼这样做，就是为了让会计人员充分了解客户。

3. 其他重视顾客、重视员工的规定

◆怎样与小孩讲话　游迪斯尼有很多小孩，这些小孩要跟大人讲话。迪斯尼的员工碰到小孩在问话，统统都要蹲下，蹲下后员工的眼睛跟小孩的眼睛要保持一个高度，不要让小孩抬着头去跟员工讲话。因为那是未来的顾客，将来都会再回来的，所以要特别重视。

◆怎样送货　迪斯尼乐园里面有喝不完的可乐，吃不完的汉堡，享受不完的三明治，买不完的糖果，但从来看不到送货的。因为迪斯尼规定在客人游玩的地区里不准送货，送货统统在围墙外面。迪斯尼的地下像一个隧道网一样，一切食物、饮料统统在围墙的外面下地道，在地道中搬运，然后再从地道里面用电梯送上来，所以客人永远有吃不完的东西。从这些可以看出，迪斯尼多么重视客户，所以客人就不断去迪斯尼。去迪斯尼玩 10 次，大概也看不到一次经理，但是只要去一次就看得到他的员工在做什么。这就是前面讲的顾客站在最上面，员工去面对客户，经理人站在员工的底下来支持员工，员工比经理重要，客户比员工重要。这个观念人们应该建立起来。

问题讨论

讨论迪斯尼乐园员工培训与企业利益的关系。

奇思妙想

联想："入模子"文化培养

"入模子"就是用强化培训的方式让不同背景的新员工很快适应联想文化，能用同一种声音说话，这是联想新员工入职培训最重要的一个目的。此外，公司会为每一位新员工指定一名指导人，一般由其直线经理或部门资深员工担任，为新员工提供个性化、多层级的指导。

P & G：注重仪式

培训课程结束后，公司中国区最高职位领导将为新员工主持毕业典礼仪式。在宝洁，新员工在培训组织中扮演领导角色，经过一段时间的培训，新员工会自己做一些活动，用所学的东西编排节目。同时，宝洁会让新员工明白：第一印象往往是不正确的，每个人都有自己的做事风格。

海尔：说出你的心里话

海尔给每个新员工发放"合理化建议卡"，让员工说出自己的想法。对于合理的建议，海尔会立即采纳并实行，还会给予提出者一定的物质和精神奖励；而对不适用的建议也会给予积极回应，让员工有被尊重的感觉，更敢于说出自己的心里话。

玫琳凯：着手细处贴心服务

上班第一天，玫琳凯的新员工都会收到一份"大礼"——醒目的立牌上有中英文欢迎词。培训专员会给每位新员工发放一个文件袋，里面装有公司资料、规章制度、工作证及 E-Leaming 系统的用户名和密码。此外，电脑、电话、文件架、印有公司标识的笔记本、圆珠笔等办公必需品早就准备妥当。

微软(中国):"传、帮、带"

　　熟练员工教育新雇员是微软入职培训的一大特色。公司会把一些重要的培训计划放在员工网站的主页上,员工可根据自己的需要向上级提出申请参加这些培训。有些"导师"通常是员工所在部门之外的资深员工,微软的目的在于为员工多创造了解自己工作领域之外业务的机会,以培养其本职工作之外的能力并发现其自身的潜能。

初涉职场

　　实训项目:培训方案设计。

　　实训目的:将员工培训内容的理论与实际相联系,掌握员工培训的流程、内容、方法与评估设计。

　　实训任务:

　　1. 以小组为单位选定一家旅行社、景区或饭店,搜集为该旅游企业做培训的需求信息,并分析培训需求;

　　2. 为该企业拟订一套培训规划和培训评估方案。

　　考核指标:

　　1. 提供的培训规划和培训评估方案;

　　2. 现场小组答辩评议;

　　3. 团队合作表现力。

项目9 劳动关系

- [ ] **知识目标：** 了解劳动关系的概念、相关理论及劳动关系的不同模式、我国劳动关系的现状和发展趋势，掌握劳动合同签订的内容和过程，掌握劳动争议的类型、原因和解决方法。
- [ ] **技能目标：** 劳动合同的撰写、签订、变更及解除；解决劳动争议。

基本内容

- [ ] **劳动关系概述**
  ——劳动关系的概念　劳动关系的相关理论　劳动关系的不同模式　我国劳动关系的现状和发展趋势
- [ ] **劳动关系的确立与调整**
  ——劳动合同的含义　订立劳动合同的过程
- [ ] **处理劳动争议**
  ——劳动争议的类型　诱发劳动争议的因素　预防劳动争议的途径　劳动争议的解决

案例阅读

2010 年十大劳动争议案件回放（1）

一、深圳，员工"N 连跳"

2010 年 5 月间，某公司先后有 13 名员工坠楼。虽然在首起坠楼事件发生后，公司方面采取了诸多措施加以防范，但仍未有效阻止类似事件的发生。5 月 27 日，中央部委联合调查组紧急启程前往深圳，调查组成员由人力资源和社会保障部、全国总工会、公安部组成，人保部长尹蔚民亲自带队。至此，公司"十三连跳"事件暂告一段落，人们对此事件的思考和争论却一直没有有间断过。

某公司"N 连跳"，可算得上是 2010 年度中社会上最具争议的话题之一。接二连三发生的员工坠楼案，让公司措手不及，外界更是冠以"N+1 跳"的称呼。有人分析，员工连跳不止，源于工作环境太差、压力太大、收入过低等因素。也有人臆测，可能是因为公司的赔付标准太高，才让员工甘愿"以身试险"，各种议论猜测层出不穷。经过有关部门的介入调查发现，公司用工虽存在加班超时和部分企业未按时足额缴纳住房公积金外，其他方面基本还称得上比较规范。

二、佛山，员工集体罢工

2010 年 5 月佛山市规定，将最低工资标准从每月 770 元调整为每月 920 元。在上述规定公布后，位于该市境内的某有限公司从员工原有的职能工资中划出一部分纳入底薪，从而使得工人的基本工资达到 920 元的法定要求，但是工人到手的总收入并没有任何改变。随即，员工开始集体罢工，前后经历了与公司的多次交涉谈判。6 月，双方达成正式协议，公司最终同意加薪 500 元，调整幅度超过 30%。

三、上海，员工因侵犯商业秘密而获刑

胡某原籍中国，现为澳大利亚籍，系某公司上海办事处首席代表，刘某、葛某、王某三人为某公司中方雇员。2009 年 7 月，胡某及三名雇员刘某、葛某、王某被上海市国家安全局刑事拘留。2010 年 3 月，上海市第一中级人民法院对胡某、刘某、葛某、王某四人作出判决。同日，澳大利亚力拓股分有限公司发表声明称，公司已经掌握了充分证据，证明原驻中国上海首席代表胡某等四名员工在中国期间曾参与了不光彩的活动，这与公司的道德标准格格不入。公司决定解聘胡某、刘某、葛某、王某四名员工。

四、沈阳，超市女工被罚案

宋女士系沈阳某大型超市店内促销员，工资由促销产品公司发放。2010 年 5 月 17 日早上，刚刚上班的宋女士突然内急，看到送货车内有两张旧卫生纸，于是急忙抓起后匆匆方便去了。次日早上，宋女士被带到了防损科，工作人员询问宋女士是否偷拿了超市的物品。随后，工作人员找来宋女士的同事，经证实，宋女士于 17 日早上因内急没带卫生纸而拿了超市的两张旧卫生纸。

随后，该产品公司通知宋女士，因其偷拿超市物品，致使公司被超市方面罚款 1 500 元，这笔罚款将由她本人承担，费用将从其工资中扣除。宋女士的工资为每月 1 200 元，所以在接下来的一个月，她没有领取到一分钱的工资。同时，宋女士还发现，超市方面发放的员工卡也被注销，她已经不再是超市内的促销员了。

宋女士找到超市的防损科负责人，负责人解释说，超市规定"赠品与商品相同"，但鉴于宋女士的"具体情况"，因此只对她所负责促销的企业罚款 1 500 元钱，并没有处罚宋女士本人，罚款转移到宋女士身上，那是促销企业与宋女士之间的问题。

五、无锡，加班工资惹争议

2007 年，张某至无锡某酒店担任客房部服务员。双方劳动合同中约定，加班工资计发基数的月标准为最低工资标准。2010 年 5 月，张某提出辞职并办理了离职手续。此后，双方因加班工资金额认定产生争议，经劳动部门仲裁，裁决酒店支付张某加班工资 9 800 余元，张某不服裁决诉至法院。

庭审中，张某出具了考勤表、工资清单等，证实其工作时间为白班 8：00—12：00，13：00—17：00；夜班 17：00—次日 8：00。2008 年 7 月至 2010 年 1 月上夜班 160 天。2010 年 2 月至 2010 年 5 月上夜班 28 天。其主张夜间延时加班工资应按实际工作时间核算计 2 万余元。而酒店则抗辩指出，已向区劳动人事局申请对从事一线服务操作岗位人员实行以年为周期的综合工时工作制，并得到了批准。酒店未要求张某延时加班，故无须支付加班费。

法院经审理，认为张某夜班劳动强度与工作时间明显不一致，完全认定张某的夜班时间为工作时间明显不合理，故法院对夜晚延时加班时间予以了折算，认定张某每个夜班延时加班时间为 7 小时。同时，按《江苏省工资支付条例》不低于工资 150% 支付加班工资的标准，最终判令酒店支付张某加班工资 9 800 余元。

启发思考

1. 试分析深圳某公司问题的原因。作为一家用工数量庞大的企业，如何进行员工管理，才能避免类似事件的发生？

2. 佛山某公司的做法存在哪些问题？

3. 超市对宋女士的处罚是否有法律依据？这一问题如何处理较为妥当？

理论要点

（一）劳动关系的概念

劳动关系是指劳动力所有者（劳动者）与劳动力使用者（用人单位）之间，为实现劳动过程而发生的一方有偿提供劳动力，由另一方用于同其生产资料相结合的一种社会经济利益关系。具体的劳动关系又被称为劳动关系、劳使关系、雇佣关系甚至产业关系等。一般来说,劳动关系或雇佣关系是指私有经济中的劳动关系,它反映的是雇主与员工之间的关系。

劳动关系是人力资源管理的重要内容之一,它所涉及的主要内容包括劳动者同用人单位在劳动用工、工作时间、休息休假、劳动报酬、劳保福利、劳动培训以及裁员下岗等方面所形成的劳动关系。同时,劳动关系还涉及代表单个劳动者利益的工会同用人单位在就业、报酬、奖金、考评、社会保险、裁员等方面的参与决策所形成的劳动关系。

一般来说,市场经济下的企业劳动关系要涉及企业管理者、劳动者和政府三方,也就是说,三方利益格局是市场经济下企业劳动关系的外在形式。在这里,政府只是一种身份,其基本职能是代表国家对企业劳动关系进行宏观调控、协调和监督。企业管理者作为财产法人或财产法人的代表,其基本职能是依法全权进行生产经营活动,并负责出资人资产的保值增值。劳动者作为劳动力的所有者,可以任意支配蕴藏在自己体内的劳动力,在劳动过程中向企业让渡自己的劳动力,以换取自己赖以生存和发展的物质资料。

在市场经济发达的条件下,企业劳动关系的主体只有两方,即企业管理者和劳动者。企业管理者在实现资产保值增值的过程中,作为劳动力的需求主体、用工主体,构成企业劳动关系的一方,在劳动过程中处于支配地位;劳动者,在让渡自己劳动力的过程中,作为劳动力的供给主体、劳动主体,构成企业劳动关系的另一方,在劳动过程中处于被支配地位。

要把握企业劳动关系,需要明了企业劳动关系3方面的基本要素:其一,企业劳动关系是在企业实现劳动的过程中所发生的企业劳动力使用者与劳动者之间的关系。企业劳动关系要涉及与企业劳动直接相联系的企业劳动关系的运作、企业劳动立法、企业劳动合同、企业集体谈判、企业集体合同、企业劳动争议和企业工会等诸多方面的内容。其二,企业劳动关系的主体有两个,即企业管理者和劳动者;且只有这两个主体的同时存在,企业劳动关系才有可能成立。其三,企业劳动关系的一方主体——劳动者,只有同企业劳动关系的另一方主体——企业管理者签订劳动合同,并保证合同的履行,企业劳动关系的运作才算开始。

目前,我国的市场经济体制已初步形成,在这一阶段,就企业所有制性质来说,主要存在3种形式的企业劳动关系,即公有制企业的劳动关系、混合型企业的劳动关系和私有制企业的劳动关系。公有制企业的劳动关系主要包括国有企业和集体企业的劳动关系等;混合型企业的劳动关系主要包括股份制企业、合伙制企业和中外合资企业的劳动关系等;私有制企业的劳动关系主要包括内资私营企业、外商独资企业和个体企业的劳动关系等。

(二)劳动关系的相关理论

劳动关系,或更多地称之为劳动关系,其牵涉的范围可由单纯的个人、团体,到复杂的企业组织,影响的层面涉及国家的政治、经济、生活的方方面面。

劳动关系虽然不是新的概念或问题,但成为独立的研究领域,却是近百年来的事。它与工业关系(Industrial Relations)、员工关系(Employee Relations)虽有不同的含义,却常被混用。从学科研究领域的观点看,劳动关系牵涉的范围相当广泛,涵盖雇佣关系的所有相关方面,包括对个体员工、集体员工与其工会、雇主与工会及其环境等的探讨,其中牵涉的对象有员工、管理层、工会以及影响三者互动的政府。

劳动关系是一种复杂的社会现象,根据范衡和平洛特(Farnham & Pimlcltt)、谢洛门(Salamon)、史基斯托克(Sclaienstock)等人的看法,形成了社会行动论、系统理论、统合主义等社会科学的相关理论,可以用来了解其间的关系和行为。

1. 社会行动论

社会行动是社会学研究的对象或分析的单位。社会行动论的学者韦伯(M. weber)认为,任何行动,不论是内在的态度或外在的行动,必定含有行动者的主观意识在里面。帕森斯(T. Parsons)认为,行动的产生是由行动者与外界事物的交互作用而来的,个人对外界事物的知觉,不仅是主观的,同时也是社会的,即支配个人行动的参照架构具有社会文化的性质,而行动的表现方式也是由社会规范来制约的。

从社会行动论者的看法中可以得知,对社会行动的解释须重视行动者个人的主观意识,同时顾及他人及社会文化的因素。如果仅检视行动者可观察的行为,而忽略了情境及对行动的意向或价值,就易造成偏差或误解。因此,持此理论的学者认为,社会行动者受限于他们自己所建构的社会实体中,就如同社会塑造人,人也塑造社会一样。

在劳动关系的冲突上,社会行动论者认为冲突是可以解决的,因为冲突并不一定是敌对的,在意识形态上是可以相互共存的,合作即解决问题的方法,可通过团体协商的方式来达成。总之,社会行动论虽然忽略结构的影响,但重视行动者间的交互活动,最大的贡献是认为个人至少拥有一些行动的自由与影响事件的能力,并强调团体协商是解决劳资冲突的机制。

2. 系统理论

将系统理论运用于社会行为科学的研究,是受自然科学发展的影响。社会行为所处理的问题与变量较自然科学复杂,而且是有生命的和动态的系统,具有目的性、导向性以及内外交互作用等特性。

系统所涉及的范围相当广泛,有具体的物体与抽象的概念或法则、自然的与人为的事件或现象,甚至在个体与其环境产生交互作用的过程中,也存在着许多大小或繁简不一的系统。但不论是何种性质的系统,其组成要素必须要交互作用和相互依存,是一组相关因素所形成的结合体。

首先将系统理论应用于劳动关系的是美国学者邓洛普(J. Dunlop),他于1958年出版了《劳动关系系统》一书,说明了劳动关系的一般理论,并提供了分析的工具,用以解释和了解劳动关系。

邓洛普认为劳动关系的系统不是社会经济系统的一部分,而是与之分开且独特的次级系统,但与经济和政治系统有部分重叠和交互作用。一个劳动关系系统是由4个相互关系的基本要素组成的:行动者、情境、将劳动关系系统结合在一起的意识(Ideology)以及导引行动者的法则。

就劳动关系系统的过程而言,输入部分包括行动者、情境和意识;在转换过程中可采用团体协商、仲裁等方式;输出部分则是形成法则。最后尚需将共同制订的法则再反馈到输入和转换过程,予以修正或检讨。

3. 统合主义

当代民主社会的统合主义(Corporatism)是于 20 世纪 70 年代,学者们注意到国家与人民团体间连结的机制有新的变化而发展出的新典范,用以说明利益团体的组合。

统合主义原本是社会政治的思想或意识形态的学派,将国家视为类似于人体的有机体,它的组成是复杂的、有特殊功能和具有层级的。对于国家与利益团体的组合,统合主义有 4 点基本看法:其一,认为国家的角色不是中立的,而是要运用利益团体来制订政策;其二,国家与利益团体是相互依赖的;其三,利益团体是凭其所在领域中的独占性来获得权力的;其四,利益团体间亦非敌对的,可通过国家制订的法规来解决冲突,故彼此间可以有和谐的关系。

薛密特(Schmitter)将统合主义区分为两种形态:

①社会统合主义。社会统合主义的主要特征是利益团体具有自主性,既不完全受制于国家,也非独立于国家,而是自愿接受国家的安排,同时可自由退出。社会统合主义是在先进的资本主义的民主社会中形成的,例如瑞士、瑞典等国家。

②国家统合主义。国家统合主义的主要特征是利益团体受权威体制的管辖,完全受制和依赖于国家,也即受国家的规范,并与国家配合。两种统合主义的重要区别在于利益团体对国家依赖程度的不同。基本上,统合主义在处理劳动关系时,是通过国家、企业所有者与员工进行制度性协商,制订相关的政策,以降低劳方和资方之间的冲突,进而维持社会的和谐。

上述说明了 3 种与劳动关系有关的理论,由于每种理论对人类的行为有不同的假设,仅一种理论无法解释劳动关系的所有现象,故应综合各种理论,以期对复杂的劳动关系有较多的了解。此外,各种理论有其产生的背景及适用的范围和限制,故应审慎地多方考虑,以免受某一理论所局限。

(三)劳动关系的不同模式

1. 发达国家劳动关系的典型模式

(1)德国模式

德国模式形成于第二次世界大战后的三十多年中,该模式在欧洲地区,特别是北欧的一些社会民主党长期执政的国家非常具有代表性。德国劳动关系的基本格局是政府宏观调控、劳资双方自治、通过集体谈判确保实现公平与效率,劳动自治被视为最有效的劳动关系运行机制。

德国劳资双方的组织都具有集中程度高、实力强大的特点。拥有 8 个产业工会的德国工会联合是全德国最大的工会组织,全德国80%以上的雇主都加入了相应的雇主协会,工会和雇主协会是集体谈判的伙伴,德工联下属的产业工会与相应的雇主协会缔结的集体合同,在整个集体合同中占相当大的比例,这种合同所覆盖的雇员比例高达80%~90%,具有强制性法律效力的集体合同为劳资双方的行为提供了严格规范,从而保持了劳资关系的有序运行。中国台湾劳动法学者黄越钦把德国模式称为"制衡模式",即劳动者以劳工身份参与经营,在制度上参与决定到共同经营,就是所谓的工业民主化。它从消极地保护劳工转而成为积极地让企业经营由劳资双方共同参与决定,此外,完善的劳动司法审判制度,使劳资协议和劳动关系被全面纳入法制化轨道。

(2)日本模式

日本劳动关系的运行机制与欧美国家有相似之处,但又融入了不少东方特色。日本模式被认为是管理主义学派的典型。该学派以一元论为依托,强调员工和管理方的相互信任合作。日本的劳动关系号称有三大支柱:终身雇佣制、年功序列工资制和企业工会。其中前两项与日本家族式的企业经营方式联系在一起。在日本,企业更像一个"家族",企业员工享有长期就业的工作保障,员工按年龄、工龄和学历以及对企业的贡献,可以持续提升工资。企业对这种员工就业和晋升的保障制度,培养了职工对企业的归属感和效忠思想,从而形成了一种主仆式的劳动关系,保持了劳动关系的长期稳定。以企业为单位组成的"企业工会"在企业中发挥着高度合作作用,雇员的工资、工时、福利等劳动条件,一般是由企业工会与企业资方通过集体谈判方式来解决。工会以企业为基础反映了日本劳动关系企业化的重要特征,企业内部劳资关系的和谐得到了社会各方面的重视。

(3)美国模式

以"自由主义"为主要特征的美国市场经济,非常重视市场力量对促进经济发展的作用,认为政府对经济发展只能起次要作用,在劳动关系领域也奉行同样的理念,主张减少对雇主的约束,让市场自己灵活配置包括劳动力在内的各种资源,提高劳动生产率。

美国工会呈多元化格局,结构非常分散,劳资谈判分散于基层单位,如企业、领域、行业等。众多低层次的集体谈判分散了劳方的力量,工人权益的获得与待遇的改善完全取决于所在地方或企业劳资力量对比的强弱。美国政府对劳动关系的干预十分有限,劳动立法功能较弱。对于集体谈判,它只是对程序、原则和谈判主体加以确认,以便进行宏观控制,同时,制订基本的劳动立法,确定最低劳动标准,以保证集体谈判单位外部工人的基本要求,其他事务则由劳资双方自由解决。而一旦劳工运动危及经济的发展和雇主的利益,政府往往会使用权威对工会采取强硬措施。美国劳动者团结欠缺,工会倾向于以短期利益换取长期利益,又不受政府统合,劳动关系模式体现其浓厚的自由化、分散化色彩,劳动关系的平衡与稳定程度比不上德、日这类国家。黄越钦教授将美国劳动关系称为"多元放任模式"。

2. 发展中国家劳动关系的典型模式

发展中国家又称为第三世界国家，主要指亚洲、非洲和拉丁美洲广大地区的一些民族主义国家。这些国家的劳动关系模式种类繁多，但下述两种模式具有一定的代表性。

(1) 政府主导的劳动关系模式

如新加坡、阿尔及利亚等，这些发展中国家的执政党和政府希望能借助工人和工会的力量发展民族经济，所以采取了一些政策措施来保持劳资双方实力的平衡，如规定工会享有某些权力；工会可以代表职工通过集体谈判来调节劳动关系，工会和职工代表还可以在不同程度上参加企业管理等。所以，工会在国家政治、经济和社会生活中发挥着一定的作用。在新加坡，政府确信如果工人认为他们的利益得不到足够的保护，那么持久的产业和平是不可能的。因此，在立法时，注意考虑实现工人享有合理的工资和公平的就业条件的权利以及雇主享有有效管理自己企业的权利，尽量保持两者之间的平衡。在此过程中，政府始终处于主导地位，与工会保持密切的合作关系；工会也非常配合政府的政策，借助政府主导的三方机制，比较平静地处理劳动关系问题。

(2) 充满冲突和斗争的劳动关系模式

在一些缺乏民主甚至实行军事独裁统治的发展中国家，工人和工会的权利得不到应有的承认，工会组织及其活动受到禁止、限制甚至镇压，劳动关系处于十分紧张的状态。由于资方的抵制和劳动法律的缺失，劳资双方的对立与冲突非常激烈。工会运动与国家政治生活的民主化进程同步前进，政治生活的民主化反过来又促进了工会运动的发展，动态的、不稳定的劳动关系并非没有积极意义，因为，在劳资斗争中，工人阶级力量的壮大、实力的增强将推动这类国家构建相应的劳动关系调整机制。

综观上述劳动关系的种种模式可以看出，劳动关系调整机制是规范劳动关系、保持生产顺利发展和社会稳定非常重要的机制。尽管不同国家劳动关系模式有所不同，但在其根本作用方面基本是一致的。

(四) 我国劳动关系的现状和发展趋势

①劳动关系主体初步确立。其标志是：劳动者和企业通过签订劳动合同建立劳动关系的格局已形成；劳动者流动人数、比例、频率明显增多和提高；劳动者和企业双方维护自身合法权益的意识明显增强。但是，劳动关系的主体尚未完全确立，其特别标志是市场经济条件下劳动关系主体自主协商机制尚未建立健全。

②劳动关系日趋多样化、复杂化。从所有制看，当前我国的企业有国有、集体、合作、股份、外商投资、私营等类型；从劳动关系的时间划分，可分成有固定期限、无固定期限、以完成一定工作任务为限等多种时间特性；从劳动关系协调的方式看，有劳动者个人与企业、劳动者群体与企业、工会组织与企业等多种方式。

③劳动争议日渐显性化。这主要反映在劳动争议案件数量多、增幅大,劳动争议涉及的职工人数增多、范围扩大。

任务一　劳动关系的确立与调整

(一)劳动合同的含义

劳动合同是劳动者与企业确定劳动关系、明确双方权利和义务的协议。《劳动法》规定,劳动合同依法订立即具有法律约束力,当事人必须履行劳动合同规定的义务。此规定对于维持一个相对稳定的劳动关系,形成有序、公正的就业市场具有重要意义。

我国自1986年开始对新招员工推行劳动合同,从那时起,开始了我国全员劳动合同的发展。在西方国家,劳动者通过劳动合同确定劳动关系是天经地义的,已深深根植于资本主义社会之中。虽然我国劳动合同的出现较晚,但我国的劳动合同也同国外市场经济国家的劳动合同一样,是确定劳动关系的协议,是对劳动关系的有关内容进行的事先约定。这种约定过程不能采取欺诈、威胁等手段。《劳动法》规定,违反法律、行政法规的劳动合同以及采取欺诈、威胁等手段订立的劳动合同是无效的。而劳动合同的无效,应由劳动争议仲裁委员会或者人民法院确认。

为了保障劳动者的合法权益,《劳动法》规定劳动合同必须具备以下条款:①劳动合同期限;②工作内容;③劳动保护和劳动条件;④劳动报酬;⑤劳动纪律;⑥劳动合同终止的条件;⑦违反劳动合同的责任。

除上述7条必备条款以外,当事人还可以协商约定其他内容。

(二)订立劳动合同的过程

劳动关系确立的标志是劳动合同的签订。劳动者同企业签订了劳动合同,就已经确立了劳动关系,明确了双方的权利和义务。

1.准备谈判

当一个工会取得了谈判代表的权力以后,就能就劳动合同中有关工资、福利、劳动时间和一些其他的雇佣条件同经营者进行磋商、谈判。经营者和工会都有义务积极达成合约。在谈判以前,双方都应当就谈判内容进行一定的准备。事前进行必要的安排,以使谈判产生的合同能够反映己方的利益,并在后期执行过程中,使双方能够很好地遵守合同。

(1)计划的类型

第一类计划为战略计划。它被定义为组织长期发展目标的设定过程,以及决定怎样设立谈判目标以支持这些组织长期目标。第二类计划为策略计划。这是指为达到长期目标而开发的短期策略。这种目标的设定比较细。在战略计划的指导下,它考虑的是怎样做才能实现企业的战略目标。第三类为管理计划。它考虑的是谈判角色与责任的分配以及一些谈判技巧和知识经验的积累与准备。

(2)计划的要素

谈判的计划工作主要涉及4个方面,即设定目标、分析问题、在谈判目标中设定优先要素、了解谈判对手。"设定目标"应当齐备而现实,谈判上限和底线都要确定。"分析问题"包括在谈判中可能产生难题的特殊问题,以及它们产生麻烦的原因;另外还应当利用以前的经验,搜集和研究各种提议的成本和收益,参考类似环境下的一些合同安排。"设定优先要素"则要使已有的相关问题进行重要性排序,以便使自己把握哪些是重要的、是需要付出大量时间与精力力图维持己方利益的,哪些是可以作出适当让步的。"了解谈判对手"则要使自己能够"知己知彼,百战不殆"。

2.集体谈判

集体谈判是劳动合同双方当事人力量平衡的媒介,是订立劳动合同的重要过程。这一部分主要讨论谈判结构的基本类型、谈判过程的特点、谈判的类型和范围。

(1)谈判结构

谈判的结构指的是目前的或计划的集体谈判协议所涉及的参与方。正式的结构由参与合约谈判的经营者和工会组成。非正式的结构则由那些受到谈判利益影响的个人组成。一种谈判的结构可称为模式谈判,它指的是一个经营者同工会的谈判合同可以用于同一产业中的竞争对手。由于同类型的合约影响同一产业中的大多数竞争对手,因而在发展战略中可以不考虑相对劳动成本。当然,这种情况出现于一个经营者同一个行业性工会谈判的情况。还有一种就是一个工会同多个经营者的谈判结构。

(2)谈判过程

谈判过程中,人的行为、态度和谈判程序都对谈判结果产生重大影响。在开始谈判时,重要的问题要确定日程表以及以后谈判的基调。提议怎样引出,新的要求怎样在谈判中提出,这些都是很重要的问题。另外,谈判气氛对谈判起着重要作用。比如,先讨论一个容易解决、很可能达成共识的问题,这样就有可能在谈判双方中建立一种合作、信任的气氛。这种气氛对于以后比较困难的问题的解决非常重要。另外,最初的要求也是关键。一些看似不合理的要求常常能为自己在以后的谈判中留下更多余地,所谓"头戴三尺帽,不怕砍一刀"就是这个道理。而且,在一些不太关键的要求上让步,常常可以带来对方在别的要求上的让步。

提出最初的要求以后,双方就要就这个问题反复磋商。为了使谈判工作继续下去,双方都有可能在己方可接受的范围内进行适当让步。当然,让步的时机非常重要。一个急躁的让步,常常给对方以实力弱或没有准备好的信息,这样可能给己方带来不利的谈判地位。另外,应当事先准备好应付对方各种各样的要求,考虑好对方的提议对己方的影响。只有仔细、完备地分析才能立于不败之地。

(3)谈判类型

谈判按劳动者同用人单位之间处于合作或冲突的不同关系而分为以下3类。

①分配的谈判——一方目的的实现意味着谈判对手的失败。这是一种典型的"零和"谈判,例如工资谈判,工人的所得就是经营者的所失。

②一体化的谈判——一方所得并不意味着对方的所失,常常是一种合作的氛围,更多的精力用于问题的解决。比如一些收益分享计划、提高工作生活质量或提高生产安全性等内容。

③组织内部谈判——在一方内部为消除分歧或达成共识而进行的一种过程。这种谈判形式常常出现在谈判双方正式谈判前的准备阶段。

(4)谈判范围

谈判的范围包括法律规定必须要进行的一些有关条款的谈判。对应于劳动合同中的内容,谈判范围也应包括必备条款与允许条款。我国劳动法规定的劳动合同的必备条款为劳动合同期限、劳动保护和劳动条件、劳动报酬、违反劳动合同的责任等。另外,谈判不能涉及一些非法的内容,比如有性别歧视的条款等。为了便利起见,常将谈判范围分为经济问题和非经济问题。经济问题即为工资和福利,非经济问题指的是劳动条件、劳动规章制度、工作内容、管理人员的职权等。

3. 签订劳动合同

劳动合同经过集体谈判,双方达成共识,签字确定后,就立即生效。我国劳动法第三十三条、第三十四条、第三十五条针对企业集体劳动合同的签订有以下要求:

企业职工一方与企业可以就劳动报酬、工作时间、休息休假、劳动安全卫生、保险福利等事项签订集体合同。集体合同草案应当提交职工代表大会或者全体职工讨论通过。集体合同由工会代表职工与企业签订;没有建立工会的企业,由职工推举的代表与企业签订。集体合同签订后应当报送劳动行政部门。劳动行政部门自收到集体合同文本之日起十五日内未提出异议的,集体合同即行生效。依法签订的集体合同对企业和企业全体职工具有约束力。

4. 修改劳动合同

在实施的过程中,随着客观条件的变化,劳动合同中的有些条款可能已经不适应新的劳动关系的要求,或者发生了劳动合同中未说明的特殊情况就需要修改劳动合同。当然,修改劳动合同需要双方当事人协商一致。在双方确定修改劳动合同之前,任何单方的行动都是违法的。劳动合同的修订,常常伴随着旧有合同的解除。严格地说,劳动合同的修订就已经产生了又一新的劳动合同,具体过程同订立新的劳动合同一样,也需要双方当事人的谈判协商完成。

任务二　处理劳动争议

(一)劳动争议的类型

劳动争议就冲突所涉及的对象而言,可以分为个人争议和集体争议。个人争议就是指冲突面很小,仅仅涉及单个劳动者同经营者的关系。它常常表现为双方对工作绩效的评价有差异,或者双方在某些问题上有分歧。而集体争议就是指引起争议后涉及面广,涉及多个劳动者同经营者的关系。个人争议的影响比较小,但其是劳动争议的主要形式,广泛存在于组织之中。它常常是指矛盾还没有发展到很严重的程度,其解决方式多是以一种私下的、非正式的方式进行的,理解、磋商一致常常能够起到消除矛盾冲突的作用。而集体争议由于涉及面比较大,对企业的影响比较大,它能否得到有效解决关系到企业正常的生产经营活动的有效进行,因而备受经营者的关注。但由于集体争议当事人众多,因而使协调工作强度加大,有时甚至不可能达到完全的协调一致,必须采取程序化的司法程序,以强制手段满足大部分人的要求,解决冲突。

劳动争议就引起冲突的原因而言,可以划分为利益争议和权利争议。利益争议主要是指劳资双方在达成新的集体谈判协议过程中,具体条款之间的分歧或者是对合同中未能体现出来的利益要求之间的分歧。绝大多数的利益争议是采取集体谈判的形式予以解决的。权利争议是指对已达成的合同中的有关权利要求的分歧。一般说来,劳资双方都不能借故对已在合同中体现出来的权利愿望进行修改,因为这样做的话,将会导致修改后的合同对一方有利,而另一方则处于不利地位的不公平状态。因而对于权利之争,常常是借助于司法程序,通过申诉和仲裁程序来解决。

(二)诱发劳动争议的因素

1.员工的不满

员工的不满是多方面的,既有对工作条件的不满,也有对工作待遇的不满,还有同上级个人之间关系不和谐造成的不满等。员工之间相互比较产生的不公平感,也是劳动者不满的原因。研究员工不满产生的原因,尽力消除员工的不满情绪,加强员工同经营者之间的信任与合作,是处理劳动争议最重要的步骤,常能将冲突消除于无形之中。但更重要的是,提高员工的满意度,能更有效地激励员工为企业目标而奋斗。

2. 管理方法和企业文化

几百年的管理实践与理论表明,在一个企业中,如果企业文化的影响力较小,或者企业文化中注重的是一些局部利益、短期利益,强调个人甚于团体,可以预见,这样的企业中,劳资之间将充满不信任感,猜疑的空气弥漫于整个组织,在这种情况下,更容易产生利益要求的矛盾。相反,一些强有力的企业文化,注重向劳动者灌输一种团结协作、长期利益的价值观,劳资之间的信任感大大增强,在这种情况下,不会轻易发生劳动争议。比如,在日本企业中,劳资双方以一种"相互理解"的方式解决争议的情况就比较多,这也是受儒家文化影响的一种价值观的体现。

3. 劳资双方的利益矛盾

从本质上来说,劳动争议是经营者同员工之间不同的利益矛盾产生的。在资本主义社会,经营者代表资产阶级利益。为了获得利润最大化,他们主观上希望降低一切成本,包括工人的工资待遇以及劳动安全、劳动保护的投资,而经济利益是员工所必须争取的。两者的矛盾冲突是必然存在的。当前劳动关系趋于缓和,主要是由于员工斗争力量的加强,资产阶级采取了一定的让步政策。在西方社会,代表员工的有工会,而经营者则有经营者联合会。两者力量平衡常常是影响劳动关系的重要因素。

我国是社会主义社会,生产的目的不是为了获取最大限度的利润,而是为了满足人民群众日益增长的物质文化需要,当然,利润也是企业经营状况的一大衡量指标。劳动者同企业所有者之间没有根本对立的利益矛盾。但随着我国市场经济体制的建立,企业中原有的规划行政化劳动关系逐步由市场契约化劳动关系所替代,因而在企业经营者同劳动者之间,利益矛盾与权利矛盾也不断产生,为新时期的劳动关系中冲突的特点埋下伏笔。旅游企业中的劳动关系一般是以契约的形式订立的,因而旅游企业中的许多劳动争议问题都起源于对劳动合同相关问题的争议。

(三)预防劳动争议的途径

预防劳动争议主要有以下几种途径:

(1)立法

劳动争议的产生,一个很重要的原因是企业各方面往往过于强调自身利益而相互对立。如果通过立法,在调查研究的基础上界定各方的利益,就能避免许多完全凭单方面意志而引起的矛盾。

(2)发挥工会和企业党组织的作用

有的企业不欢迎工会,认为工会只会给企业添麻烦、增负担,他们只看到工会对管理人员制约的一面,没有看到工会对管理工作支持的一面。美国学者苏勒(Randall S. Schuter)认为"成立工会对雇主、员工都很重要。对雇主来说,工会对雇主管理人力资源的能力有很大影响;对员工来说,工会能帮助他们从雇主那里获得必要的东西"。工会可以和管理人员合作,在开展质量检查等活动方面发挥作用,还能帮助管理人员识别工作场所的危险性,改善员工的工作条件。

(3)培训主管人员

劳动关系紧张或劳动争议,很多情况下是由于不合理的报酬、不正当的处罚和解职、侵犯隐私或自尊、不公正的评价和提升、不安全的工作环境等造成的。由于这些因素的存在,迫使管理人员必须掌握处理劳动争议的技巧,加强这方面的能力。

(4)提高员工工作及生活质量

不断努力提高员工工作及生活质量,是从根本上改善劳动关系的途径。组织行为学家西绍尔(Seashore)把工作生活质量定义为"管理者与员工之间联合决策、合作、培植互相尊重的过程"。霍尔把提高工作及生活质量的主要内容归纳为:①吸收员工参与管理;②搞好职务设计,使员工从事更有意义的工作;③安排员工周期性的培训—工作—休息;④帮助员工满足个人的一些特殊要求等。

(四)劳动争议的解决

1.解决劳动争议的原则

(1)调解原则

调解是指在双方当事人自愿的前提下,由劳动争议处理机构在双方之间进行协调和疏通,目的在于促使争议双方相互谅解,达成协议,从而使争议获得解决。用人单位与劳动者发生劳动争议,当事人可以依法申请调解、仲裁、提起诉讼,也可以协商解决。调解原则适用于仲裁和诉讼程序。无论仲裁或诉讼,都应首先进行调解。

(2)及时处理原则

劳动争议关系到员工的切身利益,如不及时迅速地予以处理,势必影响职工的生活和用人单位生产秩序的稳定,所以劳动法规定,提出仲裁要求的一方应当自劳动争议发生之日起60日内向劳动争议仲裁委员会提出书面申请,仲裁裁决一般应在收到仲裁申请起60日内作出。

(3)合法原则

劳动争议要依据国家颁布的劳动法规、规章和政策作出公正处理。达成的调解协议、作出的裁决和判决不得违反国家现行法规和政策的规定,不得损害国家利益、社会公共利益或他人合法权益。

（4）公正原则

这一原则包含两层含义：一是劳动争议双方当事人在处理劳动争议过程中法律地位平等，平等享有权利和履行义务，任何一方都不得把自己的意志强加于另一方；二是劳动争议处理机构应当公正执法，保障双方当事人行使权力，对当事人在适用法律上一律平等，不得偏袒或歧视任何一方。

2. 解决劳动争议的途径

我国 1995 年颁布《劳动法》，为解决劳动争议提供了法律保障。以下主要以劳动法为基础，介绍我国对劳动争议的处理。根据劳动法的规定，我国目前的劳动争议处理机构为劳动争议调解委员会、劳动争议仲裁委员会和人民法院。

（1）通过劳动争议调解委员会进行调解

劳动法规定，在用人单位内部可以设立劳动争议调解委员会。它由职工代表、用人单位代表、工会代表三方组成。在企业中，职工代表由职工代表大会（或职工大会）推举产生；企业代表由厂长（经理）指定；企业工会代表由企业工会委员会指定。调解委员会组成人员的具体人数由职代会提出并与厂长（经理）协商确定，企业代表的人数不得超过调解委员会成员人数的 1/3。调解委员会主任由企业工会代表担任，办事机构设在企业工会委员会。

劳动争议调解委员会调解劳动争议的步骤如下：

①申请：指劳动争议当事人以口头或书面方式向本单位劳动争议调解委员会提出调解的请求，是自愿申请。

②受理：指劳动争议调解委员会接到当事人的调解申请后，经过审查，决定接受申请的过程。受理包括 3 个过程：第一，审查，即审查发生争议的事项是否属于劳动争议；第二，通知并询问另一当事人是否愿意接受调解，只有双方当事人都同意调解，调解委员会才能受理；第三，决定受理后应及时通知当事人作好准备，并告之调解时间、地点等事宜。

③调查：经过深入调查研究，了解情况，掌握证据材料，弄清争议的原委以及调解争议的法律政策依据等。

④调解：调解委员会召开准备会，统一认识，提出调解意见，并找双方当事人谈话和召开调解会议。

⑤制作调解协议书：经过调解，双方达成协议，即由调解委员会制作调解协议书。

（2）通过劳动争议仲裁委员会进行裁决

劳动争议仲裁委员会是依法成立的，是独立行使劳动争议仲裁权的劳动争议处理机构。它以县、市、市辖区为单位，负责处理本地区发生的劳动争议。

劳动争议仲裁委员会由劳动行政主管部门、同级工会、用人单位三方代表组成，劳动争议仲裁委员会主任由劳动行政主管部门的负责人担任。劳动行政主管部门的劳动争议处理机构为仲裁委员会的办事机构，负责办理仲裁委员会的日常事务。劳动争议仲裁委员会是一个带有司法性质的行政执行机关,生效的仲裁决定书和调解书具有法律强制力。

劳动争议仲裁应遵循三原则。

①调解原则:先行调解,调解不成再行仲裁。

②及时、迅速原则:劳动争议仲裁委员会必须严格依照法律规定的期限结案,即"仲裁裁决一般应在收到仲裁申请的 60 日内作出"。

③一次裁决原则:劳动争议仲裁委员会对每一起劳动争议案件实行一次裁决即行终结的法律制度。当事人不服裁决,可在收到仲裁书之日起 15 日内,向有管辖权的人民法院起诉。期满不起诉的,仲裁决定书即发生法律效力。

劳动争议仲裁一般分为 5 个步骤。

①受理案件阶段:即当事人申请和委员会受理阶段。当事人在争议发生之日起 60 日内向仲裁委员会递交书面申请,委员会在收到申请书之日起 7 日内作出受理或不予受理的决定。

②调查取证阶段:仲裁委员会要作详细调查并取得有关证据。

③调解阶段:调解必须遵循自愿、合法的原则。"调解书"具有法律效力。

④裁决阶段:调解无效即行裁决。

⑤执行阶段:仲裁后,要监督双方执行仲裁决议。

(3)通过人民法院处理劳动争议

人民法院受理劳动争议的条件有以下 3 条:①劳动关系当事人之间的劳动争议,必须先经过劳动仲裁委员会仲裁;②必须是在接到仲裁决定书之日起 15 日内向人民法院起诉的;③属于受诉人民法院管辖的。

人民法院只处理如下范围内的劳动争议案件:①争议事项范围:因履行和解除劳动合同发生的争议;因执行国家有关工资、保险、福利、培训、劳动保护的规定发生的争议;法律规定由人民法院处理的其他劳动争议。②企业范围:企业范围是国有企业、县(区)属以上城镇集体所有制企业、乡镇企业、私营企业、"三资"企业。③员工范围:与上述企业形成劳动关系的劳动者;经劳动行政机关批准录用并已签订劳动合同的临时工、季节工、农民工;依据有关法律、法规的规定,可以参照本法处理的其他员工。

要点思考

1. 劳动关系的内涵是什么?

2. 如何订立劳动合同?

3. 劳动争议有几种类型? 如何解决劳动争议?

案例讨论

2010 年十大劳动争议案件回放（2）

六、南京，下班途中车祸身亡，6 年后获工伤认定

吕某是南京市某铁路公寓的一名服务员，2004 年 4 月，吕某在下班途中不幸被货运列车撞倒后身亡。不久，其母为吕某申请工伤认定。2005 年，南京市劳动和社会保障局、江苏省劳动保障厅先后作出该案件不属于工伤的认定，理由是火车不属于机动车范围。其母又向南京市白下区人民法院、南京市高院起诉，均遭驳回。随后，其母多次申请再诉，均未获得支持。

2010 年初，其母再次向江苏省高级人民法院申请再审。她出示《现代汉语词典》中对机动车的解释说，《工伤保险条例》中对"机动车"的解释是广义的，而《道路交通安全法》中对"机动车"的解释是狭义的，原审判决却依据该法对"机动车"的解释，类推适用于《工伤保险条例》中"机动车"的定义，认为火车不属于机动车，故认定吕某被火车撞死不属于工伤是法律适用错误。

2010 年 6 月，江苏高院作出再审判决，撤销一审法院的行政判决；撤销南京市人保局作出的不是工伤的认定；责令南京市人社局于判决生效后 30 日内重新作出具体行政行为。最后，南京市人社局认定吕某为工伤，此时距其去世已有 6 年。

七、天津，存在双重劳动关系，被辞劳动者获双倍工资

付某过去是张家口某建设公司的员工，1989 年他离开公司，但并未办理辞职手续。2008 年 4 月，付某来到天津一家公司担任顾问。2008 年 10 月，公司辞退了他。付某遂向劳动仲裁部门提出了仲裁申请。请求被驳回后，付某提起诉讼，将这家天津公司告上法庭，要求支付其因未签订劳动合同而产生的双倍工资，并给付解除劳动关系的经济补偿金。

2010 年 7 月法院开庭审理此案，并作出判决。法院认为，付某虽然是张家口某建设公司在册不在岗的职工，但自 2008 年 4 月起与被告建立了劳动关系，而被告未与原告付某签订劳动合同，法院认定双方未签订劳动合同的原因在被告，因此判决要求天津公司向原告支付在岗期间的双倍工资。

八、温州，加多宝员工首度胜诉

王某于 2006 年 11 月进入浙江加多宝温州办事处工作。王某称，自 2007 年 4 月开始，每天都要加班 1～2 小时，却得不到任何加班工资。

2009 年 3 月，王某的部门主管劝她自动辞职，承诺可给予两个月工资作为补偿，但她必须先递交离职申请表。王某信以为真，填写了离职申请表，第二天却被告知自己属于自动离职，公司拒绝给予任何补偿。

2009 年 9 月，王某向温州市劳动争议仲裁委员会申请劳动仲裁，劳动局出面调解，但王

某对调解结果不服,遂将用人单位告上法庭,诉请被告浙江加多宝饮料有限公司支付解除劳动合同赔偿金、加班费等。

经过一年多的诉讼,2010 年 10 月 21 日,浙江温州市鹿城区人民法院终于作出判决,认定被告浙江加多宝饮料有限公司单方面解除劳动合同并拖欠员工工资和加班费,判决其给付王某解除劳动合同经济补偿金 11 103 元、加班工资 1 211 元及所拖欠工资的经济补偿金303 元。

九、深圳,员工因社保"缩水"与深圳发展银行当面交锋

深圳发展银行股份有限公司(以下简称深发展)前员工黄某等人离职时发现,深发展一直没有按照员工的实际月工资总额来缴纳养老保险,从而导致他们退休后养老金大幅"缩水"。

黄某等人联合起诉深发展,然而,劳动仲裁和法院却不受理未缴足社保的案件。于是黄某等人向深圳市人社局投诉。但是,深圳市人社局根据《劳动保障监察条例》第二十条规定,"违反劳动保障法律、法规或者规章的行为在 2 年内未被劳动保障行政部门发现,也未被申报、投诉的,劳动保障行政部门不再查处"。黄某等 70 名员工不服市社保局的处理决定,向深圳市政府申请行政复议,市政府作出维持市社保局处理决定的复议决定。

黄某等 70 名员工遂将深圳市人社局起诉至福田法院。2010 年 7 月,本案在深圳市福田区人民法院进行了首次开庭审理。至今,该案仍未公布一审判决。

十、浙江、杭州、北京、天津,摩托罗拉并购案引发"劳资纠纷"

2010 年 7 月,诺基亚西门子通信公司(以下简称诺西)与摩托罗拉公司(以下简称摩托罗拉)联合公布,诺西将收购摩托罗拉的大部分无线网络基础设施财产,中国地区涉及此次收购的相关部门员工将超过 2 000 名。

并购后,由于涉及劳动关系的解除,摩托罗拉需依法或者依约补偿员工月工资,但在这个工资基数和倍数的计算上,摩托罗拉的人力资源部与员工产生很大分歧,难以达成共识。此外,摩托罗拉之前提供了一项补充住房公积金,该福利需要员工连续在摩托罗拉工作三年才能拿到,但由于摩托罗拉公司无线部门被诺西收购,而摩托罗拉公司以未达到三年为由取消了该福利,这导致很多工作未满三年的员工无法享受该福利。

问题思考

1. 如何理解双重劳动关系?
2. 公司裁员应该采用什么方式?

奇思妙想

没错,女老板裁员率低

根据社会心理学和管理学的经验,女性比男性更倾向于跟下属互动和沟通。由西北大

学凯洛格商学院的教授大卫·马察和弗吉尼亚大学教授阿马利娅·米勒发起的研究显示：女老板相对于男老板更不愿意裁员。

2006 年，挪威要求所有上市公司董事会中的女性比例至少达到 40%，否则公司可能会被关闭。马察和米勒采集了 104 家受此影响的挪威企业自 1999—2009 年的会计数据，然后将它们与同行业中规模相仿的挪威企业经营状况进行对比。

他们发现，在大多数方面，除了人力方面的成本增长外，女董事数量的增加并没对企业的收益和成本造成影响。该研究中，人力成本的变动只可能与新上任的女董事有关。这个成本不是来自高工资，而是来自雇用更能干的员工和在经济低迷时不解雇员工。

两位教授推测：首先，女企业家对员工素质的要求可能与男企业家不一样。较早的研究发现，瑞典的女董事比男董事更仁慈或合群。这会导致她们对员工的需求更敏感。其次，女企业家对劳动力成本的认识可能与男企业家不一样，她们认为，从头培养新劳动力更不划算，因此倾向于使用优质劳动力和保留原有雇员。

两位教授还发现，解雇率的下降，并不是由于新任女董事年轻或缺乏管理经验。相反，年龄越大、经验越丰富的女企业家越不愿意解雇员工。

两位教授还对美国公司作了相似的调查。在对 2 000 多家私人企业从 2006—2009 年的经营状况进行比较之后，结果依然是女企业家主管的公司比男企业家主管的公司裁员率低 25%。甚至考虑到公司的财务状况，企业家的经验、年龄和教育背景因素，结论依然如此。

（摘自：《商学院》，2012(12)）

挑战传统的管理理念

●加里·哈默

迄今为止，"管理"的首要同义词是"控制"。在抗击效率低下的过程中，管理者是强制执行者，职责就是确保规则得到遵守、差异降到最低、任务指标完成、惩罚偷懒的人。今天依然如此。员工生产产品、提供服务；管理者负责控制员工。

但是今天，组织面临着新的挑战：社会快速变化、竞争加剧、知识商品化和社会责任需求增加。这些挑战不是靠控制可以解决的。我们需要饱含热情、具有创新精神和适应力强的组织。问题是，这些特征的强度和层级控制呈反比关系。

因为层级制会使人丧失人性。事实上，世界上近 80% 的员工对工作不够投入。他们每天出现在工作岗位上，但是将大部分人性留在了家里。今天，大部分"积极的"管理实践都根植于"Y 理论"，而组织在本质上仍然属于"X 理论"型。

自主性和热情成正比。真正阻碍自主的不是偶然的控制欲，而是根深蒂固的控制结构。同时，大部分公司的战略决策和资源分配是集权管理的，严重削弱了公司的适应力和创新力。当制订战略的职责集中在上层的时候，很多管理者都会阻止变革发生。以控制为导向、自上而下的结构对创新同样不利。当几个关键的企业高管控制了资源分配时，创新不大可能成功，他们通常会过度投资现有业务，会让新的人才和投资计划流产。

现在,一个公司只有完全人性化,才有竞争力。当然,问题是如何付诸实践。我们需要一个彻底、有效的理念来解放员工、废除自上而下的等级制度。与层级制作斗争不容易,首席执行官、副总裁、部门经理唯恐失去他们的特权。

管理者一直在边缘徘徊。精减层级,但是从来没有根除。赞颂授权,但是却不愿意放弃作决策的权力。鼓励员工大胆发言,但是从来不让他们自己选择领导者。谴责层级制度,却没有将它废除。但是最后,我们必须这样做。

未来十年,我们的组织会发展得越来越平衡。自由和控制每天每时在每件事上都会进行决斗。选择何种决策不会由远在千里之外、"家长式"的执行官决定。决策必须由掌握丰富信息的人根据实际情况制订,这个人对公司的目标充满热情,他有自由做正确的事情。

(摘自:《IT经理世界》,2012(21))

初涉职场

实训项目:撰写劳动合同。

实训目的:对撰写的劳动合同找出争议的案例,了解劳动争议仲裁程序和理解劳动法。

实训内容:依据劳动法撰写劳动合同,讨论合同中有争议的地方,确定为仲裁案例进行模拟仲裁。

考核指标:

1. 提供书面的劳动合同;

2. 模拟劳动仲裁;

3. 团队作业能力。

项目10 企业文化与人力资源管理

□ **知识目标:** 掌握企业文化的定义、意义、特征、内容及类型,了解企业经营战略与企业文化建设的关系及企业文化与人力资源管理的关系,掌握企业文化建设的层次、步骤及建设方法等,培养运用企业文化建设促进企业人力资源管理的理念。

□ **技能目标:** 掌握企业文化建设的方法及步骤,进行企业文化建设的方案设计。

基本内容

□ **企业文化的相关概念**
　　——企业文化的定义　文化的意义　企业文化的特征　企业文化的内容　企业文化的类型
□ **企业经营战略与企业文化**
　　——企业经营战略　企业经营战略与企业文化的搭配
□ **企业文化与人力资源管理的关系**
　　——企业文化对人力资源管理的渗透和融合　人力资源管理对企业文化变革的作用
□ **企业文化的建设**
　　——文化层次　建设步骤　运作管理　误区　建设方法
□ **企业文化的"养成"**
□ **人力资源管理活动与企业文化相结合是企业文化形成的关键**

案例阅读

亿贝从西南航空找到了自己

美国亿贝（eBay）公司前首席执行官梅格·惠特曼在她的《价值观的力量》一书中有这样的描述：她每次乘坐西南航空公司的航班时，都能印象深刻地感受到空中乘务员对工作和乘客所展示的态度是如此的一致。这非常独树一帜，让惠特曼惊叹不已。西南航空公司的绝大多数员工都那么友善，充满活力，而没有把客户当作坏人来加以戒备。

也许别人对这些方面未加思考，或是简单地认为西南航空只不过是善于招聘适合工作特性类型的员工罢了。可惠特曼不这样认为，在她看来，你不可能指望仅仅靠招聘这样一个挑选环节，就能把大量非常友善、精力充沛、客户导向的员工组织起来。

恰恰相反，惠特曼相信，西南航空公司的管理者一定非常信奉这样的理念：乘客是重要的合作伙伴，不要只盯着他们的钱包。而西南航空的管理人员也一定是率先以身作则进行示范，然后员工才会逐渐明白：这是正确的，也是公司要求我们的唯一工作方式。

结果，西南航空创造了这样一种飞行体验，即使航班晚点或有一些不便，乘客也能比较体谅。因为乘客看到了乘务人员都在努力解决问题，相信他们已经竭尽全力了。

惠特曼认为：这是一种管理典范，是一种传递信任的典范。惠特曼得出的结论是：企业只能依靠自己来培养和发展它自身的经营风格及特色。

我们说，当产品销售有问题，企业文化解决不了；当财务出现问题，企业文化也解决不了。但是，销售问题、财务问题的背后，一定是人的问题。企业文化能解决人的问题，尤其是人的观念问题。

企业文化就是一言一行。

1998年，惠特曼开始担任亿贝公司的CEO，那时公司只有30名员工，年营业额仅400万美元。但是，到2008年她离任时，亿贝已经成长为一家拥有1.5万名员工、年营业额80亿美元的企业，并作为全球最大的在线电子商务网站跻身《财富》杂志世界500强企业。惠特曼坚信，公司的成长，是价值观的力量。

启发思考

1. 企业文化与企业发展的联系在哪里？
2. 亿贝（eBay）公司的成长重点依靠什么力量？

理论要点

20世纪80年代初，美国哈佛大学教育研究院的教授泰伦斯·迪尔和科莱斯国际咨询公司顾问艾伦·肯尼迪在长期的企业管理研究中积累了丰富的资料。他们在 6 个月的时间里,集中对 80 家企业进行了详尽的调查,写成了《企业文化——企业生存的习俗和礼仪》一书。该书在 1981 年 7 月出版,后被评为 20 世纪 80 年代最有影响的 10 本管理学专著之一,成为论述企业文化的经典之作。它用丰富的例证指出:杰出而成功的企业都有强有力的企业文化,即为全体员工共同遵守,但往往是自然约定俗成的而非书面的行为规范,并有各种各样用来宣传、强化这些价值观念的仪式和习俗。正是企业文化这一非技术、非经济的因素,导致了这些决策的产生、企业中的人事任免,小至员工们的行为举止、衣着爱好、生活习惯。在两个其他条件都相差无几的企业中,由于其文化的强弱,对企业发展所产生的后果就完全不同。

一、企业文化的相关概念

(一)企业文化的定义

企业或公司文化是价值观、规范、信念、态度和设想的模式,它影响着员工行事和完成工作的方式。价值观指的是在人员和企业行事时被认为是重要的东西,规范是不成文的行为规则。文化被看作是一种"企业生活的主观方面的代名词"(梅里森和马丁,1987)。

美国学者约翰·科特和詹姆斯·赫斯克特认为,企业文化是指一个企业中各个部门,至少是企业高层管理者们所共同拥有的那些企业价值观念和经营实践……是指企业中一个分部的各个职能部门或地处不同地理环境的部门所拥有的共同的文化现象。特雷斯·迪尔和阿伦·肯尼迪认为,企业文化是价值观、英雄人物、习俗仪式、文化网络、企业环境。威廉·大内认为,企业文化是"进取、守势、灵活性",即确定活动、意见和行为模式的价值观。

企业文化是一种新的现代企业管理理论。企业要真正步入市场,走出一条发展较快、效益较好、整体素质不断提高、使经济协调发展的路子,就必须普及和深化企业文化建设。企业文化有广义和狭义两种理解。从广义上讲,企业文化是社会文化的一个子系统,是一种亚文化,是指企业在创业和发展过程中形成的共同价值观、企业目标、行为准则、管理制度、外在形式等的总和。从狭义上讲,企业文化体现为人本治理理论的最高层次,特指企业组织在长期的经营活动中形成的并为企业全体成员自觉遵守和奉行的企业经营宗旨、价值观念和道德规范的总和。企业文化是社会文化体系中的一个有机的重要组成部分,它是民族文化和现代意识在企业内部的综合反映和表现,是民族文化和现代意识影响下形成的具有企业特点和群体意识以及这种意识产生的行为规范,是企业内的群体对外界普遍的认知和态度。企业文化是在现代化大生产与市场经济发展基础上逐步产生的一种以现代科学管理为基础的新型管理理论和管理思想,也是企业全体员工在创业和发展过程中培育形成并共同遵守的最高目标、价值标准、基本信念和行为规范的总和。

企业文化是在工作团体中逐步形成的规范。企业文化是为一个企业所信奉的主要价值观,是一种含义深远的价值观、神话、英雄人物标志的凝聚,是指导企业制订员工和顾客政策的宗旨。企业文化是在企业中寻求生存的竞争"原则",是新员工要为企业所录用必须掌握的"内在规则",是企业内通过物体布局所传达的感觉或气氛,以及企业成员与顾客或其他外界成员交往的方式。企业文化就是传统氛围构成的公司文化,它意味着公司的价值观,诸如进取、守势或灵活——这些价值观构成公司员工活力、意见和行为的规范。管理人员身体力行,把这些规范灌输给员工并代代相传。企业文化就是在一个企业中形成的某种文化观念和历史传统,共同的价值准则、道德规范和生活信息,将各种内部力量统一于共同的指导思想和经营哲学之下,汇聚到一个共同的方向。企业文化是经济意义和文化意义的混合,即指在企业界形成的价值观念、行为准则在人群中和社会上发生了文化的影响。它不是指知识修养,而是指人们对知识的态度;不是利润,而是对利润的心理;不是人际关系,而是人际关系所体现的处世为人的哲学。企业文化是一种渗透在企业的一切活动之中的东西,它是企业的美德所在。企业文化是在一定的社会历史条件下,企业生产经营和管理活动中所创造的具有该企业特色的精神财富和物质形态,它包括文化观念、价值观念、企业精神、道德规范、行为准则、历史传统、企业制度、文化环境、企业产品等,其中价值观是企业文化的核心。

(二)文化的意义

弗恩厄姆和甘特(1993)指出:

文化像"社会黏液"把人们黏合在一块儿,因此消除本来是企业生活不可避免的一部分的差异过程。企业文化提供一套共享的意义体系,这是沟通和互相了解的基础。如果这些作用不能以一种令人满意的方式实现,文化就会大大削减一个企业的效率。

①企业文化能激发员工的使命感。不管是什么企业都有它的责任和使命,企业使命感是全体员工工作的目标和方向,是企业不断发展或前进的动力之源。

②企业文化能给员工以归属感。企业文化的作用就是通过企业价值观的提炼和传播,让一群来自不同地方的人共同追求同一个梦想。

③企业文化能加强员工的责任感。企业要通过大量的资料和文件宣传员工责任感的重要性,管理人员要给全体员工灌输责任意识、危机意识和团队意识,要让大家清楚地认识企业是全体员工共同的企业。

④企业文化能赋予员工荣誉感。每个人都要在自己的工作岗位、工作领域多作贡献,多出成绩,多追求荣誉感。

⑤企业文化能实现员工的成就感。一个企业的繁荣昌盛关系到每一个公司员工的生存,企业繁荣了,员工们就会引以为豪,会更积极努力地进取。荣耀越高,成就感就越大,效果就越明显。

有一种说法,一种"好"的文化对企业行为起到积极的影响作用,它能帮助企业创造一种"杰出表现"文化,一种带来高水平企业业绩的文化。一种好的文化与它的组成部分一致,由企业人员共享,它使企业具有独特的特点。然而,业绩好的企业文化只不过指的是任何一个将产生高水平的经营业绩的文化。文化的特性随情境变化很大,而且,所有的文化都是随着时间的流逝而发展的,在某一种情况下某一时期的"好文化"在不同的情况下或不同的时期可能会起不同的作用。不能说一种文化比另一种好,它们只不过在一些方面存在着不同之处。没有理想的文化,只有适合的文化。

虽然不可能确定一种理想的结构或拿出一种发展文化的方法,至少我们可以充满信心地说,深入人心的文化对企业乃至业绩都有极大的影响。如果企业有一种恰当、有效的文化,那么明智的做法是扶持或巩固它。如果这种文化不适合,企业就要作出努力来决定需要做出什么样的改变,并拿出和实施改变的规划。

(三)企业文化的特征

(1)独特性

企业文化具有鲜明的个性和特色,具有相对独立性,每个企业都有其独特的文化淀积,这是由企业的生产经营管理特色、企业传统、企业目标、企业员工素质以及内外环境不同所决定的。

(2)继承性

企业在一定的时空条件下产生、生存和发展,企业文化是历史的产物。企业文化的继承性体现在3个方面:一是继承优秀的民族文化精华。二是继承企业的文化传统。三是继承外来的企业文化实践和研究成果。

(3)相融性

企业文化的相融性体现在它与企业环境的协调和适应性方面。企业文化反映了时代精神,它必然要与企业的经济环境、政治环境、文化环境以及社区环境相融合。

(4)人本性

企业文化是一种以人为本的文化,最本质的内容,就是强调人的理想、道德、价值观、行为规范在企业管理中的核心作用,强调在企业管理中要理解人、尊重人、关心人,注重人的全面发展,用愿景鼓舞人,用精神凝聚人,用机制激励人,用环境培育人。

(5)整体性

企业文化是一个有机的统一整体,人的发展和企业的发展密不可分,引导企业职工把个人奋斗目标融于企业整体目标之中,追求企业的整体优势和整体意志的实现。

(6)创新性

创新既是时代的呼唤,又是企业文化自身的内在要求。优秀的企业文化往往在继承中创新,引导大家追求卓越,追求成效,追求创新。

(四)企业文化的内容

根据企业文化的定义,其内容是十分广泛的,但其中最主要的应包括以下9点:

1. 经营哲学

经营哲学也称企业哲学,源于社会人文经济心理学的创新运用,是一个企业特有的从事生产经营和管理活动的方法论原则。它是指导企业行为的基础。一个企业在激烈的市场竞争环境中,面临着各种矛盾和多种选择,要求企业有一个科学的方法论来指导,有一套逻辑思维程序来决定自己的行为,这就是经营哲学。例如,日本松下公司"讲求经济效益,重视生存的意志,事事谋求生存和发展",这就是它的战略决策哲学。北京蓝岛商业大厦创办于1994 年,它以"诚信为本,情义至上"的经营哲学为指导,"以情显义,以义取利,义利结合",使之在创办三年的时间内营业额就翻了一番,跃居首都商界第 4 位。

2. 价值观念

所谓价值观念,是人们基于某种功利性或道义性的追求而对人们(个人、组织)本身的存在、行为和行为结果进行评价的基本观点。可以说,人生就是为了价值的追求,价值观念决定着人生追求行为。价值观不是人们在一时一事上的体现,而是在长期实践活动中形成的关于价值的观念体系。企业的价值观是指企业职工对企业存在的意义、经营目的、经营宗旨的价值评价和为之追求的整体化、个异化的群体意识,是企业全体职工共同的价值准则。只有在共同的价值准则基础上才能产生企业正确的价值目标。有了正确的价值目标才会有奋力追求价值目标的行为,企业才有希望。因此,企业价值观决定着职工行为的取向,关系企业的生死存亡。只顾企业自身经济效益的价值观,就会偏离社会主义方向,不仅会损害国家和人民的利益,还会影响企业形象;只顾眼前利益的价值观,就会急功近利,搞短期行为,使企业失去后劲,导致灭亡。

3. 企业精神

企业精神是指企业基于自身特定的性质、任务、宗旨、时代要求和发展方向,并经过精心培养而形成的企业成员群体的精神风貌。

企业精神要通过企业全体职工有意识的实践活动体现出来。因此,它又是企业职工观念意识和进取心理的外化。

企业精神是企业文化的核心,在整个企业文化中起着支配的地位。企业精神以价值观念为基础,以价值目标为动力,对企业经营哲学、管理制度、道德风尚、团体意识和企业形象起着决定性的作用。可以说,企业精神是企业的灵魂。

企业精神通常用一些既富于哲理,又简洁明快的语言予以表达,便于职工铭记在心,时刻用于激励自己;也便于对外宣传,容易在人们脑海里形成印象,从而在社会上形成个性鲜明的企业形象。如王府井百货大楼的"一团火"精神,就是用大楼人的光和热去照亮、温暖每一颗心,其实质就是奉献服务;西单商场的"求实、奋进"精神,体现了以求实为核心的价值观念和真诚守信、开拓奋进的经营作风。

4. 企业道德

企业道德是指调整该企业与其他企业之间、企业与顾客之间、企业内部职工之间关系的行为规范的总和。它是从伦理关系的角度,以善与恶、公与私、荣与辱、诚实与虚伪等道德范畴为标准来评价和规范企业。

企业道德与法律规范和制度规范不同,不具有那样的强制性和约束力,但具有积极的示范效应和强烈的感染力,当被人们认可和接受后让人具有自我约束的力量。因此,它具有更广泛的适应性,是约束企业和职工行为的重要手段。中国老字号同仁堂药店之所以三百多年长盛不衰,就在于它把中华民族优秀的传统美德融于企业的生产经营过程之中,形成了具有行业特色的职业道德,即"济世养身、精益求精、童叟无欺、一视同仁"。

5. 团体意识

团体即组织,团体意识是指组织成员的集体观念。团体意识是企业内部凝聚力形成的重要心理因素。企业团体意识的形成使企业的每个职工把自己的工作和行为都看成是实现企业目标的组成部分,使他们对自己作为企业的成员而感到自豪,对企业的成就产生荣誉感,从而把企业看成是自己利益的共同体和归属。因此,他们就会为实现企业的目标而努力奋斗,自觉地克服与实现企业目标不一致的行为。

6. 企业形象

企业形象是企业通过外部特征和经营实力表现出来的,被消费者和公众所认同的企业总体印象。由外部特征表现出来的企业的形象称表层形象,如招牌、门面、徽标、广告、商标、服饰、营业环境等,这些都给人以直观的感觉,容易形成印象;通过经营实力表现出来的形象称深层形象,它是企业内部要素的集中体现,如人员素质、生产经营能力、管理水平、资本实力、产品质量等。表层形象是以深层形象为基础,没有深层形象这个基础,表层形象就是虚假的,也不能长久地保持。流通企业由于主要是经营商品和提供服务,与顾客接触较多,所以表层形象显得格外重要,但这决不是说深层形象可以放在次要位置。北京西单商场以"诚实待人、诚心感人、诚信送人、诚恳让人"来树立全心全意为顾客服务的企业形象,而这种服务是建立在优美的购物环境、可靠的商品质量、实实在在的价格基础上的,即以强大的物质基础和经营实力作为优质服务的保证,达到表层形象和深层形象的结合,赢得了广大顾客的信任。

企业形象还包括企业形象的视觉识别系统,比如 VIS 系统,是企业对外宣传的视觉标识,是社会对这个企业的视觉认知的导入渠道之一,也是标志着该企业是否进入现代化管理的标志内容。

7. 企业制度

企业制度是在生产经营实践活动中所形成的,对人的行为带有强制性,并能保障一定权利的各种规定。从企业文化的层次结构看,企业制度属中间层次,它是精神文化的表现形式,是物质文化实现的保证。企业制度作为职工行为规范的模式,使个人的活动得以合理进行,内外人际关系得以协调,员工的共同利益受到保护,从而使企业有序地组织起来为实现企业目标而努力。

8. 文化结构

企业文化结构是指企业文化系统内各要素之间的时空顺序,主次地位与结合方式,企业文化结构就是企业文化的构成、形式、层次、内容、类型等的比例关系和位置关系。它表明各个要素如何链接,形成企业文化的整体模式,即企业物质文化、企业行为文化、企业制度文化、企业精神文化形态。

9. 企业使命

所谓企业使命是指企业在社会经济发展中所应担当的角色和责任,是指企业的根本性质和存在的理由,说明企业的经营领域、经营思想,为企业目标的确立与战略的制定提供依据。企业使命要说明企业在全社会经济领域中所经营的活动范围和层次,具体地表述企业在社会经济活动中的身份或角色,它的内容包括企业的经营哲学、企业的宗旨和企业的形象。

(五)企业文化的类型

1. 按照企业任务和经营方式

迪尔和肯尼迪把企业文化分为4种类型:强人文化;拼命干、尽情玩文化;攻坚文化;过程文化。

①硬汉型文化。这种文化鼓励内部竞争和创新,鼓励冒险,具有竞争性较强、产品更新快的企业文化特点。

②努力工作尽情享受型文化。这种文化将工作与娱乐并重,鼓励职工完成风险较小的工作,具有竞争性不强、产品比较稳定的企业文化特点。

③赌注型文化。它具有在周密分析基础上孤注一掷的特点,是一般投资大、见效慢的企业文化特点。

④过程型文化。这种文化着眼于如何做,基本没有工作的反馈,职工难以衡量他们所做的工作。是机关性较强、按部就班就可以完成任务的企业文化特点。

2. 按照企业的状态和作风

①活力型。其特点是重组织、追求革新,有明确的目标,面向外部,上下左右沟通良好,责任心强。

②停滞型。其特点是急功近利,无远大目标,带有利己倾向,自我保全、面向内部,行动迟缓,不负责任。

③官僚型。其特点是例行公事,官样文章。

3. 按照企业的性质和规模

①温室型。这是传统国有企业所特有的。对外部环境不感兴趣,缺乏冒险精神,缺乏激励和约束。

②拾穗者型。中小型企业特有。战略随环境变动而转移,其组织结构缺乏秩序,职能比较分散。价值体系的基础是尊重领导人。

③菜园型。力图维护在传统市场的统治地位,家长式经营,工作人员的激励处于较低水平。

④大型种植物型。大企业特有。其特点是不断适应环境变化,工作人员的主动性、积极性受到激励。

4. 按照企业对各种因素重视的倾向

①科层型。垄断的市场中从事经营的公司所拥有。非个性化的管理作风,金字塔式的组织结构,注重对标准、规范和刻板程序的遵循,组织内部缺乏竞争,人们暗地里勾心斗角。

②职业经理型。工作导向,有明确的标准、严格的奖惩制度,组织结构富于灵活性,内部竞争激烈。

③技术型。技术专家掌权,家长式作风,着重依赖技术秘诀,职能制组织结构。

(六)企业文化的功能

1. 导向功能

所谓导向功能就是通过它对企业的领导者和职工起引导作用。企业文化的导向功能主要体现在以下两个方面。

(1)经营哲学和价值观念的指导

经营哲学决定了企业经营的思维方式和处理问题的法则,这些方式和法则指导经营者进行正确的决策,指导员工采用科学的方法从事生产经营活动。企业共同的价值观念规定了企业的价值取向,使员工对事物的评判形成共识,有着共同的价值目标,企业的领导和员工为着他们所认定的价值目标去行动。美国学者托马斯·彼得斯和小罗伯特·沃特曼在《追求卓越》一书中指出:"我们研究的所有优秀公司都很清楚他们的主张是什么,并认真建立和形成了公司的价值准则。事实上,一个公司缺乏明确的价值准则或价值观念不正确,我们则怀疑它是否有可能获得经营上的成功。"

(2)企业目标的指引

企业目标代表着企业发展的方向,没有正确的目标就等于迷失了方向。完美的企业文化会从实际出发,以科学的态度去制订企业的发展目标,这种目标一定具有可行性和科学性。企业员工就是在这一目标的指导下从事生产经营活动。

2. 约束功能

企业文化的约束功能主要是通过完善管理制度和道德规范来实现。

(1)有效规章制度的约束

企业制度是企业文化的内容之一。企业制度是企业内部的法规,企业的领导者和企业职工必须遵守和执行,从而形成约束力。

(2)道德规范的约束

道德规范是从伦理关系的角度来约束企业领导者和职工的行为。如果人们违背了道德规范的要求,就会受到舆论的谴责,心理上会感到内疚。同仁堂药店"济世养生、精益求精、童叟无欺、一视同仁"的道德规范约束着全体员工必须严格按工艺规程操作,严格质量管理,严格执行纪律。

3. 凝聚功能

企业文化以人为本,尊重人的感情,从而在企业中造成了一种团结友爱、相互信任的和睦气氛,强化了团体意识,使企业员工之间形成强大的凝聚力和向心力。共同的价值观念形成了共同的目标和理想,职工把企业看成是一个命运共同体,把本职工作看成是实现共同目标的重要组成部分,整个企业步调一致,形成统一的整体。这时,"厂兴我荣,厂衰我耻"成为职工发自内心的真挚情感,"爱厂如家"就会变成他们的实际行动。

4. 激励功能

共同的价值观使每个员工都感到自己存在和行为的价值。企业文化的最高精神需求是一种满足,这种满足必将形成强大的激励。在以人为本的企业文化氛围中,领导与员工、员工与员工之间互相关心,互相支持。特别是领导对员工的关心,员工会感到受人尊重,自然会振奋精神,努力工作。另外,企业精神和企业形象对企业员工有着极大的鼓舞作用,特别是企业文化建设取得成功,在社会上产生影响时,企业员工会产生强烈的荣誉感和自豪感,他们会加倍努力,用自己的实际行动去维护企业的荣誉和形象。

5. 调适功能

调适就是调整和适应。企业各部门之间、职工之间,由于各种原因难免会产生矛盾,解决这些矛盾需要各自进行自我调节;企业与环境、与顾客、与企业、与国家、与社会之间都会存在不协调、不适应之处,这也需要进行调整和适应。企业哲学和企业道德规范使经营者和普通员工能科学地处理这些矛盾,自觉地约束自己。完美的企业形象就是进行这些调节的结果。调适功能实际也是企业能动作用的一种表现。

6. 辐射功能

企业文化关系到企业的公众形象、公众态度、公众舆论和品牌美誉度。企业文化不仅在企业内部发挥作用,对企业员工产生影响,它也能通过传播媒体、公共关系活动等各种渠道对社会产生影响,向社会辐射。企业文化的传播对树立企业在公众中的形象有很大帮助,优秀的企业文化对社会文化的发展有很大的影响。

二、企业经营战略与企业文化

(一)企业经营战略

企业经营战略泛指企业内一连串有系统的和相连的决定或行动,它使企业与其他企业在市场上竞争时能产生某方面的竞争优势。

在企业经营战略的研究中,以哈佛大学波特(Porter)的研究最具影响力。他的研究显示,为了发展或加强企业的优势,企业可使用两大类战略。

1. 价廉竞争战略(Cost Competitiveness Strategy)

此战略务求以价廉取胜,就是在生产同样或类似物品时,借助高科技、生产规模或财务实力等,使企业在生产、采购、销售上节省开支,以致能以低价销售产品。此战略特别适用于以争取市场占有率(Market Share)为目标的企业和一些比较稳定(即科技没有太大变化)的产业。

2. 产品独特性战略(Product Differentiation Strategy)

此战略要求以独特的产品来占领市场。独特性的产品可以两种形式进行:①创新性产品(Innovative Products),即生产和销售竞争者所不能生产的商品;②高品质产品(High Quality Products),即销售竞争者同时出售的商品,但以优质取胜。因此,独特性产品并非以价廉取胜,而是以物美取胜。

在企业决定采取某竞争战略后,人力资源管理应如何配合便成为重要的课题。由于每项竞争战略对员工的工作信念和行为有不同的要求,每个竞争战略的成功与否,完全有赖于员工的信念与行为的配合与否。例如价廉竞争策略是以大规模和稳定的生产技术制造低价产品,因此员工的行为必须稳定而可靠,必须能重复又有效率地工作。产品独特性战略所要求员工的行为和信念则不同。例如创新性产品的推行有赖于员工的创造性(Creativity),员工的独特意见和看法都应加以培养,员工的行为经常是非重复性、非效率性、富有冒险性的。企业最重要的任务是创造一个有利的环境,鼓励员工发挥其独特创见。而高品质产品的生产所要求的员工行为又不同。高品质产品通常需要员工间紧密合作,互通消息,以致能及早发现问题,在现有的生产技术和基础上,不断改进产品质量。

由此可见,竞争战略有赖于人力资源策略和作业的搭配,借助各作业间的配合,如招募、甄选、培训、评估、奖励等,以塑造和影响员工的思想和行为,而这方面的工作正是企业文化的范畴。

(二)企业经营战略与企业文化的搭配

由于企业文化直接影响员工的信念和行为,企业文化必须与企业竞争战略互相呼应,彼此支持。表10.1所示为企业有效的战略与文化的搭配。

表 10.1　企业策略与文化的搭配

竞争策略	企业文化
价廉竞争策略	官僚式文化、市场式文化
创新性产品策略	发展式文化、市场式文化
高品质产品策略	家庭式文化、市场式文化

由于价廉战略需要员工的稳定性和可靠性,官僚式文化是最佳的相应文化;而创新性产品战略要求员工的创新能力,发展式文化便成为最理想的文化模式;高品质产品战略要求员工间的合作、沟通、信任,因此家庭式文化最为理想,而这三种主导文化都需要辅以市场式文化,以使员工同时重视目标的完成。几个大规模的研究显示,市场式文化通常是贯穿于其他主导文化中,而不会有单独存在的情形。

当企业制订竞争战略和选择相应的企业文化类型后,下一步是如何培养独特的企业文化以支持企业战略。人力资源管理战略和作业在这方面扮演着极重要的角色,因为透过人力资源管理的制度,企业可直接影响员工的行为和信念。

三、企业文化与人力资源管理的关系

企业文化理论源于美国管理学界在20世纪80年代初对东西方成功企业的主要特征的研究,由此企业管理跃迁到"以人为本"的文化层面,特伦斯·迪尔和阿伦·肯尼迪等通过实证研究得出:杰出而成功的企业都有强有力的文化。英国组织行为学家约瀚·维克斯从发展的角度指出,企业文化就是各种文化基因相互竞争的积累结果,从经济效益角度分析,企业文化的质量与企业的现实经济效益、动力效益以及人力资源的全面效益都呈正相关发展态势。

（一）企业文化对人力资源管理的渗透和融合

人力资源管理的获取、控制和激励、培训与开发、整合等各项功能的实现都受到企业文化直接或潜在的影响，同时，这些功能的实现又反作用于企业文化的形成、维持及发展。

1. 人力资源的获取

人力资源管理的获取职能主要指的是人才的招聘。传统的人才招聘往往只重视学历与品德的标准等因素，把这些所谓的标准吸纳进企业后，再通过各种途径向这些人灌输公司的企业文化。国外成功企业的经验表明，企业在招聘人才时往往对应聘人进行3方面的测试：知识和技能（看有无能力）、动机和态度（看有无意愿）、工作偏好（看价值观是否契合）。凡是通过了这几方面测试的求职者聘用后都会有较高的成功率。

2. 人力资源的控制和激励

当今时代是一个人力资源决定企业成败的时代。人才竞争加剧，如何吸引和留住企业的核心人才，培养他们对公司的忠诚度，激励他们不断创新奋斗，与企业共同成长，已成为大多数企业面临的一大挑战。企业必须通过制订合理的绩效管理制度并将其与薪酬管理以及人员的升迁、选拔相结合来增加员工满意感，使其安心和积极工作。它一方面是企业文化的体现，同时又对企业文化的形成起到一定的强化作用。

3. 人力资源的培训与开发

这一职能指的是对职工实施培训，并给他们提供发展的机会，指导他们明确自己的长短处与今后的发展方向。组织理论学家路易斯提出，相对于民族的和种族的文化来说，个人参与一定组织文化只是暂时的，而且是自愿选择的。一个人在进入一个新的组织之后，只有迅速地掌握了该组织文化中的核心思想和价值观念，并喜欢多数人赞同的信条时，才能在组织中发挥作用。

4. 人力资源整合

企业文化的实质是以人为本，人力资源管理中一定要建立畅通的沟通渠道，不仅保证信息从上往下流动，而且从下往上的渠道也必须畅通无阻。这样才能了解员工的真实想法，才能管理好员工，激发员工的工作热情。无处不在、畅通无阻、安全有效的对话通道是员工贴近企业的最佳通道，给员工一种心理上的安全感和随和感，进而形成健康活泼的企业文化。

人力资源的这一文化整合功能贯穿于企业发展的全过程，尤其在发生兼并和重组阶段更为明显。为了加强员工对不同文化传统的反应与适应能力，促进不同文化背景的员工之间的沟通和理解，必须进行跨文化培训，根据环境与企业的战略发展要求，建立起企业强有力的独特文化及共同的经营观，而不是简单地套用企业原有的文化模式。

（二）人力资源管理对企业文化变革的作用

在企业文化变革过程中,对人力资源系统进行相应的调整可以促进新的企业文化的形成。企业的人力资源政策直接影响着员工的行为,当人力资源政策发生变化时,员工的行为也会发生变化。企业新的文化内涵重新定义之后,根据新的文化内涵对企业的人力资源系统进行相应调整,可以确保公司的人力资源政策、系统、关键指标等能有效地支持和强化新的企业核心价值观和公司原则,即新的企业文化。具体的影响可以从以下4个方面来实施。

①员工调动。通过人力资源管理过程中的人员外部招聘和内部流动,将新的思想观念和新的行为带到组织中来,影响组织文化。

②人员培训。当组织需要建立并巩固一种新的文化时,可以通过人力资源管理过程中的员工培训让员工了解企业的新文化,学习如何在企业的新文化基础上改变自己的行为。

③绩效评估和激励。为了建立和推行组织的新文化,组织可以修改绩效评估的标准和奖励的标准,以此形成对员工行为的新规范。

④沟通。组织可以通过人力资源管理中的沟通过程来向员工阐明组织文化改变的重要性及其对员工本身的影响,这种沟通过程可以是正式的,如会议、报告、演讲等,也可以是非正式的员工谈话、小范围交流等。

总之,人力资源管理和企业文化两者有着互相依赖、互相依存、密不可分的关系。企业的发展离不开人才,再好的人才也需要在特定的企业环境和文化氛围中施展才能。企业文化所提供的企业价值标准、道德规范和行为准则,不仅成为企业人力资源管理运作中的精神和行为依据,同时又为企业培育高素质的员工队伍创造一个良好的环境和氛围。

管理实务

任务一　企业文化的建设

（一）文化层次

企业文化建设的内容主要包括物质层、行为层、制度层和精神层4个层次的文化。学习型组织的塑造是企业文化建设的宗旨和追求的目标,从而构成企业文化建设的重要内容。

1. 物质层文化

物质层文化是产品和各种物质设施等构成的器物文化,是一种以物质形态加以表现的表层文化。

企业生产的产品和提供的服务是企业生产经营的成果,是物质文化的首要内容。其次企业的生产环境、企业容貌、企业建筑、企业广告、产品包装与设计等也构成企业物质文化的重要内容。

2. 行为层文化

行为层文化是指员工在生产经营及学习娱乐活动中产生的活动文化,指企业经营、教育宣传、人际关系活动、文娱体育活动中产生的文化现象,包括企业行为的规范、企业人际关系的规范和公共关系的规范。企业行为包括企业与企业之间、企业与顾客之间、企业与政府之间、企业与社会之间的行为。

①企业行为的规范是指围绕企业自身目标、企业的社会责任、保护消费者的利益等方面所形成的基本行为规范。企业行为的规范从人员结构上划分为企业家的行为、企业模范人物行为和员工行为等。

②企业人际关系分为对内关系与对外关系两部分。对外关系主要指企业经营面对不同的社会阶层、市场环境、国家机关、文化传播机构、主管部门、消费者、经销者、股东、金融机构、同行竞争者等方面所形成的关系。

③企业公关策划及其规范。

④服务行为规范是指企业在为顾客提供服务过程中形成的行为规范,是企业服务工作质量的重要保证。

3. 制度层文化

制度层文化主要包括企业领导体制、企业组织机构和企业管理制度3个方面。企业制度文化是企业为实现自身目标对员工的行为给予一定限制的文化,它具有共性和强有力的行为规范的要求。它规范着企业的每一个人。企业工艺操作流程、厂纪厂规、经济责任制、考核奖惩等都是企业制度文化的内容。

①企业领导体制是企业领导方式、领导结构、领导制度的总称。

②企业组织结构是企业为有效实现企业目标而筹划建立的企业内部各组成部分及其关系。企业组织结构的选择与企业文化的导向相匹配。

③管理制度是企业为求得最大利益,在生产管理实践活动中制订的各种带有强制性义务并能保障一定权利的各项规定或条例,包括企业的人事制度、生产管理制度、民主管理制度等一切规章制度。

企业的制度文化是行为文化得以贯彻的保证。

4. 核心层的精神文化

核心层的精神文化是指企业生产经营过程中,受一定的社会文化背景、意识形态影响而长期形成的一种精神成果和文化观念,包括企业精神、企业经营哲学、企业道德、企业价值观念、企业风貌等内容,是企业意识形态的总和。

(二)建设步骤

第一步,企业内部要组建企业文化战略委员会等相关部门,由专人负责(最好是企业最高领导),并与专业咨询机构合作组建企业文化执行小组。

第二步,调查分析企业现状、行业态势、竞争状况、企业最终目标等,得出企业存在的必要性、企业发展要求。

第三步,科学性、艺术性地归纳总结企业远景、企业使命、企业精神、企业理念、企业战略、企业口号等。

第四步,依据已提炼出的理念层和企业实际需求,设计企业行为规范,包括员工行为规范、服务规范、生产规范、危机处理规范、典礼、仪式等。

第五步,进行企业形象系统规划,一般要请专业设计机构进行,以确保设计符合艺术性、国际化、高识别性、行业要求等。

企业在以上部分设计规划完成后,应该首先实施企业视觉形象系统的应用,通过视觉形象系统的实施,可以使企业形象在极短的时间内发生巨大的变化,无疑会在社会中、行业中、该企业员工心理产生很大反响,员工对新的形象、新的理念、新的战略目标产生兴趣,油然而生自豪感。在这个时候,贯彻企业精神、企业理念、企业规章制度就会事半功倍,辅之以长期的培训、文化活动,表彰优秀代表人物,倡导英雄事迹。企业风气、企业环境气氛焕然一新,员工个人目标必然会与企业战略目标走向一致,企业文化也逐步走向强势文化。但同时要求企业内要有一支勇于变革的领导团队,能够不断更新和改变企业文化(即企业文化的再定位),塑造尊重人才的高素质职业经理人,为人才创造良好的工作环境,使企业文化在企业战略执行、核心能力营造中始终发挥积极的作用。

(三)运作管理

①企业文化作为一种当代企业管理理论,在于把企业价值观渗透到企业经营管理的各个方面、各个层次和全过程,用文化的手段、文化的功能、文化的力量,去促进企业整体素质、管理水平和经济效益的提高。企业文化运作包括以下3个方面:

a.激励机制。企业文化管理的首要任务是调动人的积极性,其激励方式有目标激励、参与激励、强化激励、领导者言行激励。

b.纪律约束机制。要有明确的规范,落实上不走样,将企业理念贯穿到制度、纪律与行为规范中。

c.凝聚机制。确立广大职工认同的企业价值观,确立企业目标、确立企业人际关系。

②在企业文化管理上,一要处理好借鉴与创新的关系,把握企业文化的个性化、特色化;二要处理好用文化手段管理文化,坚持以文化引导人、培育人;三要处理好虚与实、无形与有

形的关系,坚持内外双修、软硬管理相结合。

(四)误区

误区一:企业文化政治化

在许多企业的走廊、办公室、到各车间的墙上四处可见形形色色、措词铿锵的标语口号,如"团结""求实""拼搏""奉献"等。这些已经被滥用的词汇无法真实地反映该企业的价值取向、经营哲学、行为方式、管理风格,更无法在全体员工中产生共鸣。

误区二:企业文化口号化

把企业文化等同于空洞的口号,缺乏企业的个性特色,连企业的决策者本身都说不清楚其所代表的具象表现,对员工自然无法起到产生强烈的凝聚力和向心力的作用。

误区三:企业文化文体化

有的企业把企业文化看成是唱歌、跳舞、打球,于是纷纷建立舞厅、成立音乐队、球队,并规定每月活动的次数,作为企业文化建设的硬性指标来完成,这是对企业文化的浅化。

误区四:企业文化表象化

有人认为,企业文化就是创造优美的企业环境,注重企业外观色彩的统一协调,花草树木的整齐茂盛,衣冠服饰的整洁大方,设备摆放的流线优美,但这种表面的繁荣并不能掩盖企业精神内核的苍白。

误区五:企业文化僵化

有些企业片面强调井然有序的工作纪律,下级对上级的绝对服从,把对员工实行严格的军事化管理等同于企业文化建设,造成组织内部气氛紧张、沉闷,缺乏创造力、活力和凝聚力,这就把企业文化带到了僵化的误区。

误区六:企业文化营销化

企业在树立自身企业文化时最容易犯的错误是将其看作一种对外的文化,这种文化更多地被当成营销的一种手段。企业文化实际上是目标、价值、信念和行为规范的综合,企业行为的基本核心和指导思想仅仅流于企业文化外表上的概念而忽略其核心价值,那么企业文化对企业没有丝毫的协助。

(五)建设方法

①晨会、夕会、总结会;
②思想小结;
③张贴宣传企业文化的标语;
④树先进、典型;
⑤权威宣讲;
⑥外出参观学习;
⑦故事;

⑧企业创业、发展史陈列室；

⑨文体活动；

⑩引进新人，引进新文化。

（六）4R 路径

第一步，R1——入眼

入眼，是指企业文化的认知。梳理、凝练企业文化的核心：愿景、使命、核心价值观，写成体系（手册），让全体员工认识、感知自己的企业文化。

企业文化是企业具有的，需要全体员工共同认知的。那么如何达到共同认知呢？

①氛围营造

a. 企业文化手册设计、印刷；

b. 氛围营造、策划。

②考核

组织全员进行企业文化考核，采取自下而上的考核。

第二步，R2——入脑

入脑，是指企业文化的认可。通过培训、研讨企业文化核心，让全体员工认可、感觉自己的企业文化。

入脑的主要步骤方法如下：

①宣讲与培训

a. 为高层领导提供企业文化基本知识的宣讲；

b. 为高层领导提供企业文化核心理念的培训；

c. 为中层领导提供企业文化基本知识的宣讲；

d. 为中层领导提供企业文化核心理念的培训；

e. 为基层员工提供企业文化核心理念的宣讲培训。

②考试

a. 借助一些活动，如知识竞赛、诗歌朗诵等方式；

b. 组织企业文化考试。

第三步，R3——入心

入心，是指企业文化的认同，通过讨论、研讨企业文化核心，让全体员工认同、感受自己的企业文化。

①讨论与研讨；

②分专题进行讨论，分层级进行研讨；

③征文、演讲等比赛；

④故事征集；

⑤成果汇报。

第四步,R4——入行

入行,是指企业文化的践行。通过讨论、公开承诺,让理念变成行为,让全体员工践行、体验自己的企业文化。

①汇总讨论成果,形成行为规范;

②汇总故事案例,形成故事集;

③对照行为准则、规范,修正自己的行为;

④理念变为行为;

⑤长期坚持,慢慢养成习惯。

任务二　企业文化建设的策略

(一)企业文化的"养成"

人力资源管理上的差异表现在不同的企业文化之中。企业文化是较为复杂的价值观念体系,行业特征、发展历史、领导风格、人员素质和观念都是影响这一价值体系的变量。一种管理理念或管理方法,在这一企业可以获得极大的管理成效,而在另一企业可能是完全行不通的。但是,这并不是说一个企业的管理理念是不可改变的。为了企业的生存和发展,企业必须不断地吸收先进的管理思想,改进管理方法;但需要作好充分的准备,有规划、分阶段地加以实施,其中最关键的是观念上的改变。

通过或利用企业文化进行管理,是人力资源管理发展到今天的必然要求,也是企业管理当局所追求的最高管理境界,因此,人们把企业文化称为"管理的精髓"是不无道理的。任何企业都有自己的文化,然而这些文化却并不一定都有利于企业经营业绩的不断提高。许多企业把自己的企业文化精练为类似"团结,进取,拼搏,开拓"的标语或口号,但是企业员工的价值观念和行为方式却与该文化大相径庭,其原因就在于这些文化仅仅停留在少数管理当局的理念之中,而员工并没有予以充分的认同。

企业文化是全体员工衷心认同和共有的企业核心价值理念,它规定了人们的基本思维模式和行为模式,或者说是习以为常的东西,是一种不需要思考就能够表现出来的东西,是一旦违背了它就感到不舒服的东西,而且这些思维模式和行为模式,还应该在新老员工的交替过程中具有延续性和保持性。一个优秀的企业,就是要创造一种能够使企业全体员工衷心认同的核心价值观念和使命感,一个能够促进员工奋发向上的心理环境,一个能够确保企业经营业绩的不断提高并积极地推动组织变革和发展的企业文化。

戴高乐将军有一句名言,他说:"主义是暂时的,而民族是永存的。"这就是在历史发展的过程中,社会的形态会发生若干变化,但民族却由于代表其自己民族特点的文化的世代延续性而得以不断地生存和延续。代表其民族特点的文化,是经过长期的历史沉淀而形成的,其中包含了数不清的创新和扬弃,作为一个民族的文化和作为一个企业的文化,都需要漫长的"养成"过程,而绝不是少数人精心地策划一下就可以解决的。但同样可以肯定的是,现代的民族文化和企业文化,不再是纯粹的自然选择过程,而是一个更多需要"人"参与的积极的养成过程。

企业文化的"养成"过程,不是一个(也不是能依靠)自觉的过程,它需要管理当局采用各种形式向全体员工不断地灌输企业的核心价值理念,并通过运用管理权威强化员工对这些价值理念的认同。因为"理念"是一回事,而"认同"是另一回事。没有办法让员工自觉地放弃"我是打工的",而接受"我是主人翁"的价值理念;也不可能仅通过思想教育工作就使人们接受"上班不干活就等于偷老板的钱"的价值观。管理者的权威性和制度的权威性是企业文化养成过程中所不可缺少的手段。

应该认识到:追求卓越的企业就是追求卓越的文化,而成功的企业也必然得力于成功的文化。先进的企业之所以能够战胜落后的企业,就是因为先进企业的文化比落后企业的文化更能适应竞争的要求、更具有生命力的缘故。

文化的发展是一个不断继承和扬弃的过程,当我们需要接受某些异于我们却优于我们的文化时,不能简单地斥责其为"异化",而应视为自身文化的发展。因为,继承包含了继续保持和发扬自我和非我文化中的优点,同时扬弃也包括放弃并改变自我和非我文化中落后及不适应的东西。这也是企业文化发展的准则。

应当赋予企业文化什么内涵和风格呢? 这当然与企业所处地区、行业、发展阶段、员工素质、管理当局的管理意识、管理者等一系列因素有关。但是不管怎样,它必须回答这样几个核心问题:①如何看待顾客;②如何看待员工;③如何思考和定义竞争;④如何考虑对社会和环境的责任;⑤如何考虑合作与竞争;⑥如何认识成本和利润等。从目前成功企业的企业文化的分析中看,他们都非常重视对企业各种"权力人"权力的尊重。惠普的企业文化明确提出:"以真诚、公正的态度服务于公司的每一个权力人"的思想。这与 IBM 公司的:"让公司的每一个成员的尊严和权力都得到尊重;为公司在世界各地的消费者提供最上乘的服务"有异曲同工之处。企业文化必须使每一位权力人满意,他们包括顾客、员工、股东、社会与环境,甚至包括供应商和竞争对手。企业究竟有没有把员工视为企业的权力人? 时常听到管理当局如何让员工努力工作,但很少听到管理当局认真研究他们如何实现对员工所承担的义务(有多少企业认真考虑过对员工应承担什么义务和责任?)的承诺。如果要营造一个使每一位员工都努力工作而不问报酬的环境,那是什么样的环境,那么应该首先想一想,为此你对员工承担了什么? 如果你要员工忠于企业,那么企业对员工的承诺又是什么?

说得更实际一点,企业文化就是通过方针、政策、原则、制度所表达出来的企业核心价值理念。然而,许多企业所推崇的价值理念与他们所执行的规章制度是相互抵触的,有的甚至是背道而驰的。××企业集团提出了"泥饭碗"文化,本意是想建立一个能够使员工不断竞争向上的心理环境,然而又有哪个能人会珍惜这个"泥饭碗"呢!

一句话:要想使员工关心企业,能够与企业同心同德、为企业尽职尽责,最关键的在于员工能否分享企业成长所带来的好处。只有在这种企业文化下,员工才能树立积极的工作价值观,才能真正感受到成功的乐趣,才能体会到人格的被尊重,也才能表现出敬职敬业的精神,公司才真正被员工所热爱。

企业文化的建立和重塑,是目前管理当局最重要的事,是人力资源管理的核心任务,它关系到整个组织系统的运行和发展系统工程。管理的问题是人的问题,主要是管理者的问题,关键在于那些管理管理者的人。正因为如此,在企业文化的建立与重塑过程中,管理者,特别是高层管理者的观念和行为起着至关重要的作用。在企业文化中,管理者是企业利益的代表,是群体最终的责任者,是下属发展的培养者,是新观念的开拓者,是规则执行的督导者。因此,在企业文化建设中,每一位管理者能否把握好自身的管理角色,实现自我定位、自我约束、自我实现,乃至自我超越,关系到一个优秀的企业文化建设的成败。

(二)人力资源管理活动与企业文化相结合是企业文化形成的关键

企业文化与人力资源管理的结合从丰田公司的做法中,中国企业有许多可以借鉴之处。在人力资源管理中,不能仅仅把员工招聘、吸引优势人才看作成功的人力资源管理。要做到"招得来,留得住,用得好",除了人力资源的常用技术手段外,还要把人力资源管理活动与企业文化相结合,把企业文化的核心内容灌输到员工的思想之中,表现在其行为上,这是企业文化形成的关键。具体的人力资源管理与企业文化结合的做法可以从以下几方面出发:

首先,将企业的价值观念与用人标准结合起来。这要求企业在招聘过程中对招聘者进行严格的培训,而在制订招聘要求时要有专家的参与,在招聘尚开始前就已描绘好所要招聘的人员的整体形象,即事前的招聘。在招聘面试过程中,根据分析人的性格特点及价值观念,与面试要求和标准的对照,将不合格的人卡在企业的大门之外,而选择对本企业文化认同较高的人员。在员工招聘过程中,通过事前的招聘,保证了企业招收到适合本企业文化的人。

其次,将企业文化的要求贯穿于企业培训之中。这种培训既包括企业职业培训,也包括非职业培训。尤其是非职业培训,要改变以往生搬硬套的模式,而应采取一些较灵活的方式,如非正式活动、非正式团体、管理游戏、管理竞赛等方式,将企业价值观念在这些活动中不经意地传达给员工,并潜移默化地影响员工的行为。

再次,企业文化的要求要融入员工的考核与评价中。大部分企业在评价员工时,以业绩指标为主。即使有些企业也提出德的考核,但对德的考核内容缺乏具体的解释,也缺乏具体量化的描述,使考核评价时各人根据各人的理解进行,并未起到深化企业价值观的作用。在考核体系内,要将企业价值观念的内容注入,作为多元考核指标的一部分。其中对企业价值观的解释要通过各种行为规范来进行,通过对鼓励或反对某种行为,达到诠释企业价值观的目的。

最后,企业文化的形成,要与企业的沟通机制相结合,只有达到上下理解一致的情况,才能在员工心目中真正形成认同感。这要求人力资源管理不但要处理技术型工作,也不单单是人力资源部门独有的工作,而是要求所有的管理人员参与其中,如此才能形成公司人力资源管理的整体能力,从而形成核心能力,建立起在市场竞争中的特有竞争优势。

要点思考

1. 企业文化的特点是什么?
2. 企业文化对企业发展的意义何在?
3. 企业文化与企业人力资源管理的关系是什么?
4. 如何建设企业文化?

案例讨论

丰田汽车公司企业文化

日本丰田汽车公司成立于20世纪30年代末,公司现有8个工厂,职工人数达45 000人,生产的产品主要是汽车部件,包括钢铁、有色制品、化纤制品、塑料制品、橡胶、玻璃、各种日用品用具等。现在丰田汽车公司的汽车产量仅次于美国通用汽车公司和福特汽车公司,是世界第三大汽车制造公司,美国《财富杂志》1999年全球500强排行榜丰田汽车名列第10,营业收入额超过990亿美元,利润达27.86亿美元,总资产达一千二百多亿美元。

它的成功经验是:积集人才,善用能人,重视职工素质的培养,树立良好的公司内部形象。

较高的教育水平和企业人才培训体系的建立,是企业乃至社会经济飞速发展和跃进的基础。丰田公司的人力资源管理中非常重视企业教育。作为企业文化和人力资源管理结合中的一部分,丰田公司的企业教育取得了很大的成果。这一点,在丰田的企业文化和人力资源管理中得到了证实。丰田公司对新参加公司工作的人员,有规划地实施企业教育,把他们培养成为具有独立工作能力的人。这种企业教育,可以使受教育者分阶段地学习,并且依次升级,接受更高的教育,从而培养出高水平的技能集团。

在丰田,教育的范围不仅仅限于职业教育,而且还进一步深入到个人生活领域。教育的目标具有生活的实际意义而能够为员工普遍接受。员工对这样的教育毫无厌烦之意,这种普遍性的教育,其内容揭开盖子一看,或许有人认为是极其平凡的。但是,这种教育是用哲学的思想贯穿起来并付之实践的。有人问:"丰田人事管理和文化教育的要害和目标是什么?"丰田的总裁曾作了这样的回答:"人事管理和文化教育的实质,是通过教育把每个人的干劲调动起来。"丰田教育的基本思想是以"调动干劲"为核心。

非正式教育,在丰田叫作"人与人之间关系的各种活动",是丰田独有的教育模式,这种教育就是前述的关于人的思想意识的教育。非正式教育的核心是解决车间里人与人之间的关系,培养相互信赖的人际关系。光靠提高工资福利保健等的劳动条件,还不能成为积极地调动员工干劲的主要因素。丰田创造出一系列精神教育的活动形式,这种活动是以非正式的形式和不固定形式的做法进行的。其方法多种多样,把一般单纯由"福利保健"部门处理的事情,作为"培养人才"的基础而纳入职工日常生活之中。

非正式的各种活动有以下两方面:公司内的团体活动、个人接触(PT)运动。

①"公司内的团体活动"是根据员工的特点,将员工分成了更小的团体。团体小可使参加者更加随意、亲近地接触,这对于培养员工的团队意识是很有帮助的。一个人可以根据各种角色身份参加不同的团体聚会。通过参加这些聚会,既开展了社交活动,又有了互相谈心的机会。为了这种聚会,公司建造了体育馆、集会大厅、会议室、小房间等设施,供员工自由使用。公司对聚会活动不插手,也不限制。职工用个人的会费成立这种团体,领导人是互选的,并且采取轮换制。所以每一个人都有当一次领导人来"发挥能力"的机会。这些聚会都有一个共同的条件,就是把这些聚会作为会员相互之间沟通亲睦、自我启发、有效地利用业余时同不同职务的会员相互交流的场所。

②个人接触和"前辈"制度。丰田公司为了让新参加工作的员工熟悉新环境,曾提出"热情欢迎新职工"的课题,在这方面采取了"个人接触"的形式。这种形式的做法是,选出一位前辈,把他确定为新参加工作的职工的"专职前辈"。这位前辈担负着对所有事情的指导工作,这种做法产生了很好的效果,专职前辈的任职期一般为 6 个月。在工作上、生活上、车间里,专职前辈都给以指导和照顾,对人际关系、上下级关系给予协调。公司方面把这个"前辈"的做法加以制度化,此外,还有"领导个人接触"的制度。这是对工长、组长、班长施行"协助者"的教育,是一种进行"商谈"的训练。丰田的管理阶层和骨干很能干,也是因为他们经过这样多方面锻炼的缘故。他们掌握了系统的技术知识,又在车间有了人事管理经验。

另外,还采用"故乡通信"的做法。班组长每月轮流给新职工的家寄信。新员工进公司的第一个月,由组织写信和寄小组照片,寄丰田画报和丰田报。如何使这股团队亲情不断、不倦地持续下去? 这是丰田领导者一直在思考的问题。这个问题不是单纯的福利保健活动,而且要作为企业长远的精神建设方面的问题对待,他们正为开展多种多样的活动而苦思冥想。1970 年以后,20 岁以下的职工占到50%。他们的思想意识、价值观念和欲望的变化层出不穷。为这些人创造一个使他们满足而"有吸引力的工作环境",是很不容易的事情。然而,公司不断地进行积极的努力,继续创造能培养"生存的意义和干劲"的土壤。

从表面上看,丰田的生产体系、企业管理和企业文化很简单。它可以用公司印在 3×5 英寸见方的卡片上的那种口号式的语句来解释:最大限度地流动、消灭浪费、尊重人才。从概念上讲,丰田的企业管理和企业文化并不复杂,但是执行和协调会使人流血、流汗、流泪。"丰田的真正力量在于它的学习能力。它的雇员注意思考问题,为用户着想,这正是丰田生机勃勃的企业文化的源泉"。丰田公司的企业文化与人力资源管理的结合,创造了丰田文化,同时也创造了丰田公司的工业奇迹。

问题讨论

　　丰田文化的主要特点是什么?

奇思妙想

小公司如何才能有"文化"?

　　成功的公司都有强大而独特的文化,但是文化的建立一定要有像谷歌那样的大手笔投入吗?其实不是。Fastcompany网站上的一篇文章指出,改变和建立文化的举措并不会给公司增加成本,如果执行到位,还可以从短期和长期上降低成本。

　　1. **为95%的人制订规则,而非5%**。你的大多数员工工作都很努力,可能有5%的员工不守纪律,不积极,那么不要为了控制这5%而设计规则,这些规则会成为另外95%的负担。

　　2. **庆祝早回家**。并不是说工作的时间越长,就能做更多的工作,聚焦于工作结果,而非投入的时间。如果一个员工刚刚签了一个大客户,完全可以早点离开办公室去打高尔夫。

　　3. **停止抱怨**。不是所有的规则都是不好的。执行一个"不抱怨"规则:不抱怨你的同事或客户,把注意力转移到有深意的思考上,而不是简单的情绪发泄。

　　4. **培养专家**。你的每个员工是否都是他所在领域的专家?鼓励员工调研他们领域的最佳实践,定期与同事分享,用这种方式让他成为该领域的专家。

　　5. **说说未来**。带员工出去喝咖啡,一次一个,问问他几年或10年以后,他们想在哪里。帮助他们达到目标,即使目标跟你的公司不相关。这样,当他和你待在一起的时候,他会忠诚、敬业并充满感激。

　　6. **让员工管理他们自己的精力**。每个人一天中的高低谷都不一样,1/3的员工可能在下午2点到4点感到精力不好,他们需要睡午觉,那就让他们睡。

　　7. **每天都认可你的团队**。员工每天都在努力工作,向他们表达你的感谢。对于直接和你有工作关系的,每周至少向每个人表达两次感谢。

　　　　　　　　　　　　　　　　　　　　　　　　　　(摘自:《创业杯》,2012(4))

初涉职场

　　实训项目:企业文化策划。

　　实训目的:通过探寻企业存在的文化特征,融合企业文化的理论知识。

　　实训任务:学生选定一家旅行社、景区或饭店,了解企业建立发展的历史、战略目标、企业规范、经营理念等,作出调查报告,并进行企业文化策划。

考核指标:

1. 企业文化调查报告;

2. 企业文化策划;

3. 团队协作能力。

参考文献

[1] 程涛.人力资源经理卓越工作手册[M].北京:中国商业出版社,2004.

[2] 顾沉珠.饭店人力资源管理实务[M].南京:东南大学出版社,2007.

[3] 郭成,John Brown.人力资源管理[M].郑州:郑州大学出版社,2004.

[4] 贺湘辉,徐明.酒店人力资源管理实务[M].沈阳:辽宁科学技术出版社,2005.

[5] 赫伯特·A.西蒙.管理行为[M].北京:机械工业出版社,2003.

[6] 加里·德斯勒.人力资源管理[M].北京:中国人民学出版社,1999.

[7] 约翰·科特,等.企业文化与经营绩效[M].北京:华夏出版社,1997.

[8] 隗合东.人力资源经理实战宝典[M].哈尔滨:哈尔滨出版社,2006.

[9] 李志刚.饭店人力资源管理[M].北京:中国旅游出版社,2005.

[10] 李长禄,尚久悦.企业人力资源开发与管理[M].大连:大连理工大学出版社,2007.

[11] 刘桂芬.酒店人力资源管理[M].南京:南京出版社,2003.

[12] 迈克尔·阿姆斯特朗.战略化人力资源基础[M].北京:华夏出版社,2004.

[13] 彭剑锋.人力资源管理概论[M].上海:复旦大学出版社,2005.

[14] 沈文馥.饭店人力资源管理[M].北京:机械工业出版社,2009.

[15] 斯蒂芬·P.罗宾斯.组织行为学[M].北京:中国人民大学出版社,1997.

[16] 万瑞嘉华经济研究中心.WTO后企业人力资源管理策略与实务[M].北京:对外经济贸易大学出版社,2002.

[17] 徐文苑,贺湘辉.饭店人力资源管理[M].北京:清华大学出版社,2005.

[18] 夏兆敢.人力资源管理[M].上海:上海财经大学出版社,2006.

[19] 夏宏毅.人力资源管理战略与实务[M].北京:人民邮电出版社,2007.

[20] 赵西萍.旅游企业人力资源管理[M].天津:南开大学出版社,2011.